COLLECTION

DES MÉMOIRES

RELATIFS

A L'HISTOIRE DE FRANCE,

DEPUIS L'AVÉNEMENT DE HENRI IV, JUSQU'A LA PAIX DE PARIS,
CONCLUE EN 1763;

AVEC DES NOTICES SUR CHAQUE AUTEUR,
ET DES OBSERVATIONS SUR CHAQUE OUVRAGE,

Par M. PETITOT.

TOME X.

PARIS,

FOUCAULT, LIBRAIRE, RUE DE SORBONNE, N°. 9.

1821.

COLLECTION
DES MÉMOIRES
RELATIFS

A L'HISTOIRE DE FRANCE.

MÉMOIRES DE RICHELIEU, TOME I.

IMPRIMERIE DE A. BELIN, A PARIS.

MÉMOIRES

DU

CARDINAL DE RICHELIEU,

SUR LE RÈGNE DE LOUIS XIII,

DEPUIS 1610 JUSQU'A 1620.

AVERTISSEMENT.

On ne connoît que le commencement des Mémoires du cardinal de Richelieu sur le règne de Louis XIII; ce qui en a été publié va seulement jusqu'à l'année 1620; on l'a imprimé pour la première fois en 1730 (1) sous le titre d'*Histoire de la Mère et du Fils*, et comme ouvrage posthume de Mézeray (2). L'éditeur annonçoit dans la préface que le manuscrit original étoit déposé à la bibliothèque du Roi, avec les autres papiers de cet historien (3). Il s'appuyoit sur le témoignage de Larroque (4), qui avoit vu le manuscrit, et sur un article bibliographique du père Lelong (5).

Le manuscrit, cité par l'éditeur et par Larroque, n'existe plus depuis long-temps à la bibliothèque du Roi. Dès le milieu du dernier siècle M. de Foncemagne en a fait inutilement la recherche; on lui a dit qu'il avoit disparu, et il nous a été impossible d'en découvrir même aucune trace sur aucun catalogue.

Voici comment s'exprimoit Larroque, après avoir fait remarquer que les manuscrits de Mézeray ne consistoient guères qu'en notes et en extraits, ou en brouillons informes de ses histoires : « Il faut dire pourtant que l'on voit parmi « les papiers tirés de son cabinet, une espèce de continua-

---

(1) Amsterdam, 2 vol. *in-12*. L'ouvrage a été réimprimé en 1731 avec le même titre, et en 1743 sous le titre d'*Histoire de la Régence*. Toutes ces éditions sont de Hollande. — (2) Mézeray, historiographe de France, mort en 1683. — (3) Après la mort de Mézeray, Colbert fit enlever tous ses papiers qui furent déposés à la bibliothèque du Roi. — (4) Larroque, auteur d'une vie de Mézeray, composée peu de temps après la mort de cet historien, et publiée en 1726. — (5) Bibliothèque historique du père Lelong, première édition, 1719, n°. 8672.

« tion de l'abrégé (chronologique), qu'elle commence au
« mariage de Marie de Médicis avec Henri-le-Grand, par
« manière de récapitulation, et finit à l'année 1619.......
« Certaines descriptions poétiques, en parlant de cette Reine,
« me persuaderoient que ce fragment est encore un écrit de
« jeunesse qui vouloit égayer son style, et qu'il n'est point
« l'ouvrage de Mézeray avancé en âge. »

Ce passage désigne bien clairement l'*Histoire de la Mère et du Fils*, telle qu'elle a été imprimée; ainsi nul doute que Larroque ne l'ait trouvée manuscrite à la bibliothèque du Roi; et comme elle faisoit partie des papiers de Mézeray, on ne doit pas être étonné qu'il la lui ait attribuée. N'ayant pas examiné avec soin le manuscrit, il a dû adopter d'autant plus volontiers cette opinion que Mézeray avoit annoncé le projet de continuer son histoire de France, qui s'arrêtoit à la paix de Vervins [1598]; avant de faire imprimer son abrégé chronologique, il avoit même demandé un privilége pour publier une histoire de France depuis Pharamond jusqu'à l'année 1665 (1).

Mais il y a nécessairement contradiction dans les conjectures de Larroque. Il suppose que Mézeray a écrit l'Histoire de la Mère et du Fils dans sa jeunesse, et que c'est une continuation de l'abrégé chronologique. Or l'abrégé chronologique, d'après la demande formée pour obtenir le privilége, n'étoit point terminé en 1665; Mézeray, qui étoit né en 1610, n'auroit donc pas pu travailler à cette continuation avant l'âge de 56 ou de 57 ans.

L'éditeur de l'Histoire de la Mère et du Fils a évité cette contradiction; il ne considère pas le manuscrit comme une continuation de l'abrégé chronologique; mais, obligé de

(1) Cette opinion étoit tellement accréditée, que Pélisson dit dans son Histoire de l'Académie, en 1662 : « Il a fait imprimer 3 vol. *in-fol.*
« de l'Histoire de France, depuis la naissance de la monarchie jusqu'à la
« paix de Vervins, et il a dessein de la continuer jusqu'à notre temps. »

convenir que, dans l'Histoire de la Mère et du Fils, on ne retrouve ni la façon d'écrire de Mézeray, ni sa manière d'envisager et de présenter les événemens, d'apprécier et de juger les hommes, il essaie d'éluder la difficulté. *Le style pompeux et fleuri fait connoître*, dit-il, *que Mézeray a composé cet ouvrage dans le feu de sa jeunesse, et de temps en temps on s'aperçoit qu'il s'est travesti en courtisan.* Voyons s'il est possible que la chose soit ainsi.

Mézeray, né dans une petite ville de Normandie, vint chercher fortune à Paris après avoir terminé ses études à Caen. Des Iveteaux, son compatriote, lui obtint une place de commissaire des guerres; il fit deux campagnes en Flandres, et renonça à son emploi pour pouvoir cultiver les lettres dans la capitale. La guerre entre la France et les Espagnols n'ayant commencé dans les Pays-Bas qu'en 1635, Mézeray quitta Paris à vingt-cinq ou vingt-six ans, et il en avoit vingt-sept ou vingt-huit quand il y revint. Prétendra-t-on qu'il a composé l'Histoire de la Mère et du Fils avant d'aller à l'armée? Le lecteur le moins exercé y remarquera une justesse d'observation, une profondeur de vues, une maturité de jugement, un sentiment des convenances qui ne peuvent être que le fruit d'une longue expérience dans les affaires, et qui seroient hors de la portée d'un jeune homme de vingt-trois ou vingt-quatre ans. D'ailleurs, Mézeray ne fut connu de Richelieu qu'à son retour de l'armée, et Richelieu seul auroit pu lui fournir la plupart des détails qui se trouvent dans l'Histoire de la Mère et du Fils. Revenu à Paris, il fit des satires pour gagner de l'argent, jusqu'au moment où il fut mis au-dessus du besoin par les libéralités du cardinal, et dès-lors sa grande histoire absorba tout son temps pendant plusieurs années. Il suffit donc de jeter un coup d'œil sur la vie de cet écrivain, jusqu'à l'âge de trente-six ans, pour réfuter ce que l'éditeur avance dans sa préface.

Nous ne nous arrêterons pas à l'article bibliographique du

père Lelong (1), qui n'avoit pas vu le manuscrit de l'Histoire de la Mère et du Fils, et qui n'en a parlé que d'après Larroque (2). D'ailleurs cet article a été rectifié dans la deuxième édition de la Bibliothèque historique de France, donnée en 1769 par M. de Fontette.

A peine l'Histoire de la Mère et du Fils eut-elle paru sous le nom de Mézeray, que de nombreuses réclamations s'élevèrent contre la supercherie ou l'ignorance de l'éditeur. Dès l'année 1732, dans le discours préliminaire des Mémoires historiques et critiques de Mézeray, on disoit : *qu'il n'y avoit pas un seul mot de l'Histoire de la Mère et du Fils qui ne menât à découvrir que son véritable auteur ne pouvoit être que le cardinal de Richelieu.* On prouvoit victorieusement cette assertion par un examen raisonné de l'ouvrage. En 1750 M. de Foncemagne fournit de nouvelles preuves dans sa lettre sur le Testament politique (3); en 1758 Prosper Marchant traita encore la question dans ses Mémoires critiques et littéraires (4), et se prononça dans le même sens.

Non-seulement on remarquoit dans l'Histoire de la Mère et du Fils des particularités que Richelieu seul avoit pu savoir, des détails qui n'avoient pu être racontés qu'à lui seul, et dont il indiquoit la source incontestable, mais on le reconnoissoit dans la manière dont il démêloit les plus secrets ressorts des intrigues les plus compliquées. On faisoit observer que le cardinal n'avoit connu Mézeray que peu d'années avant de

(1) Voici l'article : *Cette histoire est conservée en cahiers dans la bibliothèque du Roi ; c'est une ébauche de la suite de son Histoire de France.* (de Mézeray). — (2) A l'époque où le P. Lelong écrivoit [1719], Larroque n'avoit pas encore publié sa Vie de Mézeray ; mais il l'avoit composée depuis long-temps, comme il le dit dans sa préface. Cette Vie de Mézeray étoit connue à l'avance de beaucoup de monde, et le P. Lelong avoit pris des notes sur le manuscrit. — (3) Première édition de la Lettre sur le Testament politique. — (4) Deux vol. *in-fol.* La Haye, 1558.

mourir, et ne l'avoit pas admis assez dans son intimité pour lui confier des choses qui ne devoient être publiées qu'après lui. On trouvoit dans l'ouvrage la couleur particulière et les défauts du style de Richelieu, de l'emphase, l'abus des tournures et des expressions poétiques, jamais l'espèce de familiarité et de rudesse qui caractérise tous les écrits de Mézeray. On prétendoit avec raison que cet historien n'auroit point fait l'apologie des liaisons du cardinal avec le maréchal d'Ancre; que la haine qu'il portoit aux favoris, se seroit montrée lorsqu'il auroit eu à parler de Conchini et de sa femme. On comparoit l'Histoire de la Mère et du Fils avec le Testament politique; on y voyoit une conformité si parfaite de style, de jugement, d'opinions, de maximes, qu'il étoit impossible de supposer que les deux ouvrages ne fussent pas de la même plume. Aussi a-t-on dit qu'ils servoient réciproquement à prouver que Richelieu étoit l'auteur de l'un et de l'autre.

D'un autre côté, plusieurs Mémoires contemporains attestoient que Richelieu avoit souvent manifesté l'intention d'écrire l'histoire de son temps, et qu'il avoit demandé à différens personnages des relations exactes des affaires dans lesquelles ils avoient été employés pendant les premières années de la régence de Marie de Médicis [1]. Lui-même disoit, dans son épître au Roi qui précède la *narration succincte* [2] : « J'estimai que les glorieux succès de votre Ma-
« jesté m'obligeoient à lui faire son histoire, tant pour
« empêcher que beaucoup de circonstances, dignes de ne
« mourir jamais dans la mémoire des hommes, ne fussent
« ensevelies dans l'oubli, par l'ignorance de ceux qui ne
« les peuvent savoir comme moi, qu'afin que le passé servit

---

[1] Lettre du père Lemoine, placée en tête des Mémoires de d'Estrées. — Mémoires d'Arnauld d'Andilly. — Mémoires de Déageant, etc. — [2] Nous donnerons *la Narration succincte* à la suite des Mémoires du cardinal de Richelieu.

« de règle pour l'avenir. Peu de temps après avoir eu cette
« pensée, je me mis à travailler, croyant que je ne pouvois
« commencer trop tôt ce que je ne devois finir qu'avec ma
« vie. J'amassai, non-seulement avec soin, la matière d'un
« tel ouvrage, mais qui plus est j'en réduisis une partie en
« ordre, et mis le cours de quelques années quasi dans l'é-
« tat auquel je prétendois le mettre au jour. »

A moins de représenter le manuscrit original, on ne pouvoit prouver d'une manière plus convaincante que Richelieu étoit le véritable auteur de l'ouvrage publié sous le titre d'*Histoire de la Mère et du Fils*. Tous les doutes étoient donc déjà levés, lorsque M. de Foncemagne a découvert le manuscrit en huit volumes *in-fol*. Il est intitulé *Histoire du cardinal de Richelieu*. Le premier volume va de 1610 à 1619; le deuxième de 1620 à 1625; le troisième de 1626 à 1628; le quatrième, qui contient l'année 1629, paroît être perdu; le cinquième est consacré à l'année 1630; le sixième va de 1631 à 1633; le septième de 1634 à 1636; le huitième comprend l'année 1637 et les deux tiers de 1638. La naissance de Louis XIV est le dernier événement que l'on y rapporte. On lit à l'avant-dernier feuillet : « Nous
« finirons ici heureusement cette année, nous apprêtant à
« dire la suite de la guerre à l'année suivante. » Ce qui annonceroit une suite, que peut-être Richelieu n'a pas eu le temps de faire. L'écriture est d'un copiste, mais il y a en marge et en interligne des corrections dans lesquelles M. de Foncemagne a cru reconnoître la main du cardinal. M. de Foncemagne pense que ce n'est pas sur ce manuscrit que l'Histoire de la Mère et du Fils a été imprimée. En effet, la récapitulation des événemens, depuis l'année 1600 jusqu'à 1610, ne s'y trouve pas; il commence seulement à cette dernière année. C'est une espèce d'introduction que Richelieu a faite pour la partie des Mémoires qu'il dit lui-même avoir mise dans l'état auquel il prétend les faire paroître.

M. de Foncemagne a d'ailleurs observé, entre l'imprimé et le manuscrit, d'autres différences qui le confirment dans son opinion.

En donnant une description exacte du manuscrit, il ne nous a dit ni comment, ni où il étoit parvenu à le découvrir; mais M. de Fontette nous a appris que c'étoit au dépôt des affaires étrangères. On pouvoit craindre que ce manuscrit précieux n'eût disparu, ainsi que beaucoup d'autres, pendant les troubles de la révolution. Nous avons acquis la certitude qu'il existoit au dépôt.

Plusieurs hommes de lettres ayant obtenu à différentes époques, et récemment encore, la permission de consulter les manuscrits du dépôt des affaires étrangères, et d'y recueillir, pour l'histoire, des matériaux qui ne se trouvent point dans les bibliothèques, nous avions cru pouvoir réclamer la même faveur. Non-seulement M. le duc de Richelieu n'avoit vu nul inconvénient à nous l'accorder, mais il avoit paru désirer que l'on mît au jour un ouvrage qui ne pouvoit que rehausser la gloire du grand cardinal de Richelieu, en faisant connoître le véritable motif de ses actions, trop souvent dénaturées par des détracteurs de mauvaise foi, ou par de maladroits panégyristes. M. le ministre des affaires étrangères avoit partagé l'opinion de M. le duc de Richelieu. Nous avions donc lieu d'espérer que nous pouvions, sinon faire copier le manuscrit complet, du moins en extraire ce qu'il y avoit de plus curieux et de plus instructif; ce travail auroit exigé beaucoup de temps et de soin, sans procurer à notre collection, déjà si riche en mémoires intéressans, d'autre avantage que celui d'éclaircir quelques faits obscurs, peu connus, ou présentés sous de faux points de vue. Néanmoins, nous nous y serions livrés avec plaisir si nous eussions réussi dans nos démarches; mais l'entêtement inexplicable du garde du dépôt l'a emporté sur les dispositions bienveillantes de deux ministres. Nous avons dû consigner ici les demandes que nous avons faites, la bonté avec laquelle elles ont été accueillies, et la cause étrange qui nous a empêchés d'avoir communication du manuscrit.

Ne pouvant offrir à nos lecteurs qu'une foible partie des Mémoires du cardinal, nous avons au moins rectifié plusieurs fautes des premiers éditeurs, et rétabli des lacunes importantes. Ils n'avoient inséré ni la harangue que Richelieu prononça en présentant les cahiers du clergé, lors des Etats de 1614, ni les instructions très-importantes qu'il donna à Schomberg, envoyé en Allemagne au commencement de 1617, ni la déclaration publiée en 1617, contre les princes retirés à Soissons, déclaration minutée par Richelieu et qui dévoile les intrigues des mécontens, quoique ces trois pièces fussent annoncées dans le texte comme devant faire partie de l'ouvrage; mais leur étendue nous a décidés à les placer à la suite des Mémoires, afin de ne pas interrompre la narration. On remarquera que les Mémoires ne donnent que les six ou sept premiers mois de l'année 1615. Il paroît que les cahiers qui contenoient l'histoire des derniers mois, ont été perdus. Cette lacune existe dans toutes les éditions; nous n'y suppléerons que par une note sommaire; les événemens qui ont quelque importance sont rapportés dans la Notice sur Richelieu qui précédera les Mémoires.

Nous avons donné tous les détails que nous avons pu découvrir sur sa jeunesse et sur les moyens dont il s'est servi, soit pour s'élever, soit pour éloigner ou perdre tous ceux qui pouvoient lui porter ombrage. Nous nous sommes arrêtés à l'époque où sa puissance est affermie par la retraite de la Reine-mère et du duc d'Orléans hors du royaume. Le cardinal s'étant rendu maître absolu des volontés de son maître, exerce alors l'autorité royale dans toute sa plénitude; son histoire devient celle du règne de Louis XIII; on la trouvera dans les Mémoires qui font partie de cette collection. Nous avons terminé la Notice par des détails sur le caractère, les mœurs, les occupations et les habitudes de la vie du cardinal : pour ce travail nous avons principalement consulté les écrits contemporains; mais, il faut l'avouer, nous n'avons guères trouvé que des satires ou des apologies. Nous avons vu les mêmes faits, affirmés par les uns de la manière la plus positive, et démentis aussi positivement par les autres ; des motifs différens, attribués aux mêmes actions, des récits et des jugemens contradictoires; le langage de la haine, de l'envie ou de la flatterie, rarement celui de l'impartialité. Comme nous n'avons eu d'autre but que de faire connoître la vérité, nous nous sommes vus forcés de réfuter tantôt les détracteurs, tantôt les panégyristes de ce grand homme, qui ne fut point exempt de foiblesses, mais qui s'est acquis une gloire immortelle par ses talens supérieurs, et par les services qu'il a rendus à l'Etat.

NOTICE
SUR RICHELIEU
ET
SUR SES MÉMOIRES.

Armand-Jean du Plessis, cardinal, premier duc de Richelieu, naquit à Paris le 5 septembre 1585; sa famille, l'une des plus anciennes du Poitou, étoit alliée aux plus grandes maisons de France, et même à la famille royale (1). Il est fait mention de plusieurs de ses aïeux dans les fastes de la monarchie. Dès le règne de Philippe-Auguste, on remarque un Laurens du Plessis, qui suivit ce prince en Palestine, s'y distingua par ses exploits, et fut seigneur de Loriaque en Chypre. Sous les rois Jean II et Charles V, Guillaume du Plessis, troisième du nom, ne se signala pas moins par sa valeur que par sa fidélité. En mourant, il déshérita ceux de ses enfans qui prendroient parti pour les Anglois (2).

François du Plessis, quatrième du nom (3), seigneur

(1) François du Plessis, troisième du nom, épousa Anne Le Roi, qui descendoit de Robert de France, frère de Louis-le-Gros; elle eut en dot la terre de Chillou, dont le cardinal de Richelieu porta le nom dans sa jeunesse. — (2) Guillaume du Plessis laissa trois fils: Pierre, Sauvage et Jean. Le cardinal de Richelieu descendoit de Sauvage, qui avoit fait entrer dans sa famille la terre et le nom de Richelieu, en épousant la fille de Louis Clerembaut, seigneur de Richelieu et de Bécay. — (3) Second fils de Louis du Plessis, premier du nom, et de Françoise de Rochechouart. Son frère aîné, Louis, avoit porté les armes de bonne heure; il étoit déjà lieutenant de la compagnie d'ordonnance

de Richelieu, et père du cardinal, avoit été, dit-on, page de Charles IX. A la bataille de Montcontour, il sauva la vie au duc d'Anjou, depuis Henri III. Il s'attacha à ce prince, qui, lorsqu'il fut appelé au trône de Pologne, l'envoya en avant pour recevoir le serment de ses nouveaux sujets. Après la mort de Charles IX, le duc d'Anjou, devenu roi de France, lui confia son projet de quitter subitement la Pologne, et trouva en lui autant de prévoyance que de résolution. Henri III le chargea de plusieurs négociations importantes, et le fit grand-prévôt de France. A la journée des Barricades, François du Plessis garda la Porte-Neuve, et protégea la retraite du Roi. En 1586, il fut créé chevalier du Saint-Esprit. Henri III ayant été assassiné, il embrassa franchement la cause de Henri IV, combattit à Arques et à Ivry, contribua à la réduction de plusieurs places, et se distingua surtout au siége de Paris. Sa conduite mérita souvent les éloges d'un roi qui savoit si bien apprécier la valeur, et qui le récompensa en lui donnant le commandement d'une compagnie de ses gardes. Du Plessis ne put même pas prendre possession de cette nouvelle charge; les fatigues de la guerre avoient ruiné sa santé; il mourut à Gonesse, le 10 juillet 1590, à l'âge de quarante-deux ans.

Il avoit épousé Suzanne de Laporte, et laissoit trois fils et deux filles : l'aîné, Henri, marquis de Richelieu, suivit la carrière des armes, devint maréchal-de-camp, et fut tué en duel par le marquis de Thémines, en 1618.

du duc de Montpensier, lorsqu'il fut assassiné à Champigny avant d'avoir été marié.

Le deuxième, Alphonse, entra dans les Ordres, fut nommé évêque de Luçon, et quitta bientôt ce siége pour se faire chartreux. Armand-Jean, son frère cadet, étant devenu principal ministre de Louis XIII, le tira du cloître, lui fit donner, en 1626, l'archevêché d'Aix, celui de Lyon en 1628, le chapeau de cardinal en 1629, quoique, d'après la règle établie par Sixte-Quint, deux frères ne dussent jamais porter la pourpre en même temps ; enfin il fut grand-aumônier de France, et chevalier de l'Ordre du Saint-Esprit en 1632 (1).

Françoise, fille aînée de François du Plessis, épousa d'abord Jean de Beauveau de Pimpean, et se maria en secondes noces à René de Viguerod, seigneur de Pontcourlay. Nicolle, sa sœur cadette, fut mariée à Urbain de Maillé, seigneur de Brézé, capitaine des gardes de la Reine-mère jusqu'en 1630 ; puis capitaine des gardes de Louis XIII, et maréchal de France.

Armand-Jean, troisième fils de François du Plessis, n'avoit que cinq ans lorsqu'il perdit son père. Il resta sous la tutelle de sa mère, qui, après lui avoir fait enseigner les premiers élémens des belles-lettres par le prieur de Saint-Laurent, le mit en pension au collége de Navarre, et au bout de quelque temps le fit passer à celui de Lizieux, où il termina sa philosophie. On ne voit pas que dans le cours de ses premières études rien ait annoncé ce qu'il seroit un jour ; du moins les mémoires du temps gardent le silence à cet égard. Aubery lui-même, admirateur si passionné du cardinal, et qui a écrit son histoire en 1660, d'après les

(1) Mort le 23 mars 1653 : il disoit souvent *qu'il aimeroit beaucoup mieux mourir dom Alphonse que cardinal de Lyon.*

notes fournies par la famille, ne donne aucun détail intéressant sur la première jeunesse de son héros.

Comme on le destinoit aux armes, on l'envoya à l'académie, au sortir du collège, et il y entra sous le nom de seigneur de Chillou. Au milieu des exercices, qui absorboient presque tout son temps, on remarqua qu'il n'abandonnoit point la culture des lettres; il y consacroit quelques heures chaque jour. Il étoit encore à l'académie lorsque son frère Alphonse abandonna l'évêché de Luçon pour se retirer chez les Chartreux. La famille de Richelieu étoit peu riche; elle ne voulut point laisser échapper cet évêché, dont elle étoit en possession depuis long-temps (1). Le marquis de Richelieu, qui par ses propres services, et surtout par ceux de son père, jouissoit d'un assez grand crédit à la Cour, obtint la nomination du Roi pour son jeune frère: celui-ci, sans regretter l'état militaire, prit la soutane et se livra avec ardeur aux études théologiques. Ses dispositions naturelles et un travail assidu le mirent bientôt en état de soutenir ses thèses en Sorbonne; étant évêque nommé, le jeune Armand se présenta aux actes en rochet et en camail, étonna l'assemblée par la vivacité de son esprit, par la facilité de son élocution, par la force de ses raisonnemens, et fut reçu docteur tout d'une voix. Ce premier succès lui fit sentir qu'il étoit né pour en obtenir de plus importans. Mais il ne se laissa point éblouir par les éloges qu'on lui prodiguoit (2); et, malgré son extrême jeunesse, il jugea qu'il

(1) Cet évêché avoit été précédemment occupé par Jacques du Plessis, aumônier de Henri II, et grand-oncle du cardinal. — (2) Gamache, l'un des professeurs de Sorbonne, déclara qu'il auroit appréhendé lui-même de lutter contre un si éloquent, si docte et si subtil théologien. (AUBERY, *Histoire du cardinal de Richelieu.*)

ne parviendroit pas à sortir de la classe commune s'il ne préparoit lui-même son élévation, en redoublant de zèle et de travail. Promu si jeune à l'épiscopat, les premières dignités ecclésiastiques s'offroient à son ambition ; mais il falloit qu'il se fît un nom parmi les évêques de France, afin de pouvoir profiter des chances de fortune qui devoient nécessairement se présenter. Armand résolut donc d'approfondir la science de la théologie; il se retira à la campagne, dans les environs de Paris, avec un savant docteur de Louvain, et y resta pendant deux années entières, travaillant plus de huit heures par jour. Il s'exerça principalement à la controverse : c'étoit par là que le cardinal du Perron s'étoit ouvert le chemin des grandeurs (1).

Cependant le jeune évêque faisoit solliciter à Rome l'expédition de ses bulles. Le cardinal du Perron, et le marquis d'Arlincourt, ambassadeur de France près le Saint-Siége, agissoient en sa faveur par ordre exprès du Roi. Mais, comme il entroit à peine dans sa vingt-deuxième année, le pape Paul V faisoit difficulté de lui accorder la dispense d'âge. L'affaire traînant en longueur, Richelieu se décida à aller lui-même à Rome; il fut admis à l'audience du Pape, et le harangua en latin avec tant d'habileté que Paul V lui fit expédier sur-le-champ ses bulles, disant hautement que la grâce demandée étoit au-dessous du mérite du jeune prélat. Il fut sacré par le cardinal de Givry le 17 avril 1607 ; il avoit alors vingt-un ans sept mois douze jours.

(1) Du Perron, né d'une famille calviniste, s'étoit fait catholique, et étoit entré dans les ordres. Ses oraisons funèbres, ses sermons, la conversion d'un grand nombre de protestans, ses succès dans la controverse, lui avoient valu le chapeau de cardinal.

Plusieurs historiens (1) ont répété, après Vittorio Siri, que l'évêque de Luçon, dans sa harangue, trompa le Pape sur son âge; qu'il demanda pardon de cette supercherie lorsqu'il eut été sacré, et que Paul V le lui accorda en riant, et en disant que ce jeune évêque étoit doué d'un rare génie, mais qu'il avoit l'esprit fin et délié. Cette anecdote ne soutient pas l'examen : les bulles étoient sollicitées depuis long-temps, non-seulement par Richelieu, mais par le cardinal du Perron et par l'ambassadeur de France. Le Pape ne pouvoit ignorer l'âge du jeune évêque, puisque c'étoit le seul obstacle à l'expédition des bulles; les pièces avoient donc nécessairement été mises sous les yeux de Paul V, et l'affaire discutée devant lui; il avoit dû s'en occuper d'autant plus sérieusement, qu'elle lui étoit recommandée par le Roi de France, dont la médiation lui étoit nécessaire pour accommoder son différend avec les Vénitiens. Ainsi il est également impossible et que l'évêque de Luçon ait essayé de tromper le Pape, et que le Pape ait été trompé. Nous n'avons parlé de cette anecdote que pour avoir occasion de faire remarquer que les ennemis du cardinal de Richelieu ont répandu les bruits les plus ridicules et les plus absurdes sur plusieurs circonstances de sa vie, et que ces bruits ont été rapportés sans examen par beaucoup d'historiens, soit pour satisfaire leur haine personnelle, soit pour flatter la malignité du public, toujours trop disposé à accueillir les traits qui peuvent ternir la gloire des grands hommes.

Après son sacre, l'évêque de Luçon revint à Paris,

---

(1) Vie du cardinal de Richelieu, par Leclerc. — Anecdotes du ministère du cardinal de Richelieu et du règne de Louis XIII.

où il fut très-bien accueilli par le Roi, qui l'appeloit familièrement son évêque, mais qui ne chercha point à le retenir à la Cour. Le jeune prélat partit pour son diocèse, dont l'administration parut l'occuper entièrement. Son activité naturelle s'y exerça sur les abus, qu'il poursuivit sans relâche; et l'on put dès-lors distinguer en lui cet esprit d'ordre et cette force de volonté qui assurèrent plus tard le succès de ses desseins.

Aussitôt qu'il eut appris la mort de Henri IV [1610], il se rendit à Paris, espérant trouver quelques chances favorables dans les changemens qui ne pouvoient manquer de s'opérer à la suite de ce funeste événement. Afin de se faire connoître, il se livra à la prédication : ses sermons attirèrent les personnages les plus considérables de la Cour; la Reine même parla avec beaucoup d'éloges du jeune orateur, mais elle ne fit rien pour lui, et il fut encore obligé de retourner dans son diocèse. Pendant le séjour qu'il y fit, il se lia avec François Leclerc du Tremblay, capucin connu sous le nom de père Joseph. Ce religieux, à l'âge de vingt-deux ans [1], avoit renoncé à une fortune brillante, refusé un établissement avantageux, et résisté aux instantes sollicitations de sa mère, pour embrasser la vie monastique. Ses talens et son zèle l'avoient élevé promptement aux dignités de son Ordre; il s'étoit fait une grande réputation en prêchant avec énergie contre les désordres qui s'étoient introduits dans l'Église, et surtout dans les couvens, à la faveur des guerres civiles. Les religieuses de l'Ordre de Fontevrault, touchées de ses sermons, l'avoient elles-mêmes prié de travailler à la réforme de leurs communautés.

[1] En 1599.

Il s'en étoit occupé avec succès; mais, pour consolider son ouvrage, il vouloit que madame d'Orléans (1) succédât comme abbesse à madame de Bourbon (2); et cette princesse s'y refusoit.

Le P. Joseph alla consulter l'évêque de Luçon, qui se trouvoit alors dans son prieuré des Roches près Fontevrault. Dès les premières conférences, ces deux hommes surent s'apprécier; le religieux, plus âgé (3) que le prélat, reconnut sa supériorité en s'attachant à lui; il lui laissa tout l'honneur de l'accommodement, et dans cette circonstance, comme dans toutes les autres, il se contenta du rôle secondaire. On dit même que, lorsqu'ils allèrent ensemble à la Cour pour rendre compte de cette affaire, le P. Joseph peignit l'évêque de Luçon à la Reine, comme un homme d'un mérite supérieur, et en état de rendre les plus grands services.

Cependant il ne paroît pas que Marie de Médicis ait cherché à retenir près d'elle le jeune prélat, qui fut renvoyé dans son évêché, où il resta jusqu'à l'assemblée des états généraux de 1614. Richelieu, nommé député de son ordre, fut chargé de présenter les cahiers du clergé au Roi. Dans sa harangue qui a été imprimée, et qui est une des meilleures du temps, on remarque : 1°. qu'il pria instamment le Roi de laisser

---

(1) Antoinette d'Orléans, sœur de Henri I, duc de Longueville, et veuve de Charles de Gondy, marquis de Belle-Isle. En 1599 elle s'étoit retirée au couvent des Feuillantines de Toulouse. Le Pape lui ordonna d'accepter la charge de coadjutrice de Fontevrault, qu'elle avoit d'abord refusée; mais elle obtint de nouvelles bulles qui révoquèrent les premières. Morte en 1618. — (2) Éléonore de Bourbon, fille de Charles, duc de Vendôme, tante de Henri IV. Morte en 1611. — (3) Le P. Joseph, né le 4 novembre 1577, avoit huit ans de plus que Richelieu.

l'administration des affaires à la reine Marie de Médicis, sa mère (1); 2°. qu'il se plaignit de ce qu'il n'y avoit aucun prélat dans le conseil du Roi. Lorsqu'il fut parvenu au ministère, on relut cette harangue avec une curiosité maligne, et l'on crut s'apercevoir qu'il avoit eu beaucoup plus en vue ses propres intérêts que ceux de son ordre et du royaume.

Après les états, Richelieu resta à Paris. Lors de ses précédens voyages il avoit essayé vainement de marcher sur les traces du cardinal du Perron; le succès de ses sermons ne lui avoit valu que des éloges stériles. Ses amis lui présentoient les négociations et les intrigues de Cour comme des moyens plus sûrs et plus prompts pour arriver à la fortune. Il suivit leurs conseils, se lia avec Barbin, alors sous-ministre, et plus tard contrôleur général des finances; fit assidûment la cour au maréchal d'Ancre (2), alors tout-puissant, et ne négligea rien pour se rendre agréable à Marie de Médicis, qui depuis la majorité du Roi conservoit toute l'autorité. Cette princesse, dont il avoit habilement flatté l'ambition dans sa harangue, comme orateur du clergé, le fit grand aumônier de sa maison. Il obtint, peu de temps après, par la faveur du maréchal d'Ancre, la permission de vendre cette charge à l'évêque de Langres, en tira une somme considérable, qui le mit en état de vivre avec splendeur et d'attendre les événemens. Chaque jour il voyoit augmenter son crédit, et les factions qui agitoient la

---

(1) Louis XIII, né le 27 septembre 1601, avoit été déclaré majeur dans le lit de justice tenu le 2 octobre 1614. Les états-généraux furent ouverts le 27 du même mois. — (2) Conchini, maréchal d'Ancre, et Éléonore Galigaï sa femme, exerçoient un empire absolu sur l'esprit de la Reine-mère.

Cour lui présentoient l'occasion de faire remarquer son habileté. La Reine et le maréchal d'Ancre commençoient à le consulter sur les affaires les plus importantes ; il sut se rendre nécessaire, et fut nommé conseiller d'Etat, vers la fin de 1615.

La Reine et le maréchal d'Ancre se trouvoient alors dans une position difficile. Les princes, qui s'étoient ligués au commencement de 1614 contre Marie de Médicis et son favori, et qu'on n'avoit apaisés qu'en leur accordant tout ce qu'ils demandoient (traité de Sainte-Menehould, 15 mai 1614), élevèrent bientôt de nouvelles prétentions. Ils avoient fondé de grandes espérances sur les états-généraux, dont ils avoient exigé la convocation. Trompés dans leur attente, ils se retirèrent de la Cour, et publièrent de sanglans manifestes ; les mécontens et les religionnaires, accourant de toutes parts près d'eux, les mirent en état de lutter contre l'autorité royale. Une armée avoit été nécessaire pour protéger la marche du Roi, lorsqu'il étoit allé épouser Anne d'Autriche à Bordeaux, et terminer le mariage d'Elisabeth, sa sœur, avec le fils de Philippe III. Au retour de cette expédition, le P. Joseph avoit entamé des négociations avec les princes réunis à Saint-Maixent. Le maréchal de Brissac et Villeroy s'étoient rendus près d'eux pour traiter au nom de la Reine-mère, et, après de longues conférences, on avoit signé à Loudun, dans les premiers jours de mai 1616, une paix encore plus favorable aux mécontens que celle de Sainte-Menehould.

Il ne paroît pas que l'évêque de Luçon ait pris aucune part à ce traité, qu'il blâme hautement. « Les « princes, dit-il, reçurent de grands dons et récom-

« penses du Roi, au lieu de la punition qu'ils avoient
« méritée; aussi ne livrèrent-ils pas à Sa Majesté, la
« foi qu'ils lui vendoient si chèrement (1), ou s'ils la
« lui livrèrent ce ne fut pas pour long-temps. » En
effet, le prince de Condé, qui s'étoit engagé à venir
résider à la Cour, restoit dans le Berry dont il avoit
obtenu le gouvernement par le traité de Loudun.
Marie de Médicis, après lui avoir inutilement envoyé
plusieurs députés, fit partir l'évêque de Luçon, qui décida enfin le retour du prince. Mais à peine fut-il arrivé,
qu'il forma de nouvelles cabales, et ne garda plus
aucun ménagement avec la Reine-mère, se croyant
assez fort pour la braver impunément. Parmi les
ministres, quelques-uns étoient en secret disposés à
le servir; d'autres n'osoient se déclarer contre lui.
N'ayant d'abord demandé qu'à partager le pouvoir,
il prétendoit l'usurper entièrement et reléguer Marie
dans un monastère. On dit même qu'il convoitoit la
Couronne; et, si, comme quelques mémoires le rapportent, le mot *barre à bas* (2) a couru parmi ses
partisans, cette opinion acquiert beaucoup de probabilité (3).

Le danger devenoit pressant: on ne pouvoit y
échapper que par un acte de vigueur; la prison des
princes fut résolue, et plusieurs historiens remarquent

(1) Cette paix, sans compter les autres avantages que les princes obtinrent, coûta au Roi plus de 6,000,000, sur lesquels le prince de Condé reçut plus de 1,500,000 fr. — (2) Les armes de la maison de Condé ne diffèrent de celles de France que par une barre placée au milieu de l'écusson. — (3) Richelieu rapporte que le prince de Condé, lorsqu'il fut arrêté, dit au maréchal de Thémines que la Reine ne l'avoit prévenu que de trois jours, et que si elle eût attendu davantage, le Roi n'auroit plus eu de couronne sur la tête.

que l'évêque de Luçon fut un de ceux qui contribuèrent le plus à faire prendre cette détermination : mais on concerta si mal les moyens d'exécution que le prince de Condé seul fut arrêté [1 septembre 1616] ; les autres princes sortirent de Paris, et se retirèrent dans les provinces où ils comptoient le plus de partisans. La Reine avoit besoin d'hommes habiles, fermes et dévoués pour tenir tête à l'orage. Plusieurs de ses ministres, qui jusqu'alors n'avoient trouvé d'autres moyens de ramener les mécontens que de leur accorder tout ce qu'ils demandoient, voulurent encore suivre le même systême. Dès le 6 octobre ils envoyèrent des députés aux princes, et le 16 ils firent publier une déclaration, dans laquelle il étoit dit qu'on ne les considéroit pas comme coupables, et qu'on les tenoit tous pour bons serviteurs du Roi : mais cette déclaration ne fit qu'augmenter l'audace des révoltés ; de nouvelles tentatives ne furent pas plus heureuses. Richelieu, chargé d'aller négocier auprès du duc de Nevers, revint sans avoir obtenu de lui aucune réponse satisfaisante, et les princes commençoient déjà les hostilités sur plusieurs points.

La Reine-mère se décida alors à appeler au ministère l'évêque de Luçon, et à lui donner la principale direction des affaires [30 novembre 1616]. Peu de jours auparavant il avoit été désigné pour une ambassade extraordinaire en Espagne. Cette mission étoit d'une haute importance (1) ; elle étoit de nature à tenter l'ambition de Richelieu, qui d'ailleurs, suivant quelques mémoires, vouloit étudier les forces de la mo-

(1) Il s'agissoit de terminer les différends qui existoient avec l'Espagne, en raison des secours que la France donnoit au duc de Savoie.

narchie espagnole, dont il projetoit déjà l'abaissement (1). Mais, comme il le dit lui-même : *Il y a peu de jeunes gens qui puissent refuser l'éclat d'une charge qui promet faveur et emploi tout ensemble.* Il n'hésita donc pas à accepter, lorsque le maréchal d'Ancre vint lui proposer le ministère de la part de la Reine. Le favori, qui avoit l'intention de le mettre entièrement dans sa dépendance, exigeoit qu'il se défît de son évêché de Luçon; Richelieu s'y refusa, et dès-lors le maréchal le vit de mauvais œil.

La commission de secrétaire d'État lui fut expédiée le 30 novembre; par d'autres lettres-patentes du même jour, le Roi lui donna la préséance au conseil sur tous les autres secrétaires d'État (2).

A peine Richelieu fut-il entré au ministère, que le gouvernement, jusqu'alors foible et incertain dans sa marche, prit une attitude imposante; les princes et les autres chefs des mécontens furent sommés de rentrer dans le devoir, et on se mit en mesure pour les réduire s'ils essayoient de résister. Pendant qu'on levoit des troupes, on envoyoit des négociateurs habiles en Angleterre, en Allemagne, en Hollande, et

---

(1) L'année suivante le P. Joseph alla à Madrid, et y négocia long-temps sous prétexte de faire adopter par le gouvernement espagnol un projet de croisade qu'il avoit déjà soumis au Pape. On dit que le véritable but de son voyage étoit d'acquérir des renseignemens positifs sur les forces des Espagnols. Si ce bruit est fondé, son plan de croisade lui fournissoit les moyens de tout examiner, de tout étudier, sans exciter aucun soupçon. — (2) On ignore l'époque à laquelle il prit le nom de Richelieu. Il paroîtroit naturel de croire que ce ne fut qu'en 1618, après la mort de son frère aîné. Cependant on remarque que dans sa commission de secrétaire d'État, il est nommé *Armand Jean du Plessis*, et que les lettres-patentes qui lui donnent la préséance au conseil, portent *Armand Jean du Plessis de Richelieu.*

on ôtoit ainsi aux rebelles tout espoir de secours de la part des puissances étrangères ; on s'assuroit en même temps des chefs des protestans, toujours disposés à faire cause commune avec les révoltés. Les sommations n'ayant produit aucun effet et les troupes étant prêtes, les princes sont déclarés criminels de lèse-Majesté; trois armées se mettent en mouvement contre eux, et les attaquent à la fois dans la Champagne, dans le Berry et dans l'Isle de France. Les hostilités commencèrent le 17 février, et le 17 avril les rebelles, battus sur tous les points, chassés de leurs places fortes, n'avoient plus d'autres ressources que de solliciter la clémence du Roi.

Un événement imprévu changea subitement la face des choses. Les princes, réduits à la dernière extrémité par la fermeté du ministre, avoient entamé des négociations secrètes avec de Luynes, favori de Louis XIII, et l'avoient trouvé disposé à les seconder. De Luynes faisoit entendre au monarque que les princes n'étoient pas révoltés contre l'autorité royale, mais contre la puissance sans bornes du maréchal d'Ancre, qui gouvernoit sous le nom de la Reine-mère; il lui représentoit cet étranger parvenu comme la seule cause de tous les troubles, et lui inspiroit le désir de sortir de l'espèce de tutelle dans laquelle on le tenoit. Le jeune prince se laissa séduire par les discours de son jeune favori [1], et lui permit d'agir. Luynes étoit redevable de sa fortune au maréchal; mais il avoit contre lui, suivant l'expression de Richelieu, une haine d'envie, la plus maligne et la plus cruelle de toutes. Son âge, sa frivolité apparente,

---

[1] Louis XIII avoit alors quinze ans.

le dévouement absolu qu'il témoignoit à la Reine-mère et aux Conchini, éloignèrent les soupçons, et le maréchal d'Ancre fut tué à la porte du Louvre, le 24 avril 1617, sans que l'on eût eu le moindre indice du complot.

Ce complot avoit non-seulement pour but de se défaire du maréchal, mais d'enlever le pouvoir à la Reine-mère et à ses partisans. Depuis qu'il avoit refusé de résigner son évêché, Richelieu étoit mal avec les Conchini, qui ne dissimuloient point la haine qu'ils lui portoient. Sachant quel étoit leur ascendant sur l'esprit de Marie de Médicis, et ne voulant pas s'exposer à une chute honteuse, satisfait d'ailleurs d'avoir, dans un ministère de quelques mois, soumis les princes, avec lesquels on avoit jusqu'alors été obligé de traiter, il insistoit pour que la Reine acceptât sa démission, au moment où la catastrophe éclata. Luynes n'ignoroit pas la position de l'évêque de Luçon avec le maréchal d'Ancre; il crut donc pouvoir lui faire abandonner facilement le parti de la Reine-mère, et se l'attacher. Il lui ménagea un accueil favorable du Roi, et lui fit conserver l'entrée au conseil. Mais Richelieu voyoit rentrer en faveur ceux qu'il avoit remplacés au ministère, quelques mois auparavant; ne pouvant espérer ni autorité ni crédit, il demanda et obtint la permission de suivre Marie de Médicis, dont l'éloignement étoit résolu. Cette princesse, retirée à Blois, le fit chef de son conseil et surintendant de sa maison. Richelieu n'accepta qu'après avoir encore obtenu l'agrément du Roi et du favori, et se conduisit à Blois avec une extrême circonspection. Mais son séjour près de la Reine-mère, et la confiance entière qu'elle lui témoignoit, suffisoient pour donner de l'ombrage.

Un mois s'étoit à peine écoulé qu'il reçut ordre de se retirer dans son prieuré de Coussay, et, peu de temps après, d'aller résider à Luçon. En vain affecta-t-il d'y vivre dans la retraite, de ne s'occuper que des affaires de son diocèse et de la composition d'ouvrages théologiques, ses ennemis ne l'en accusèrent pas moins de diriger les intrigues de la cour de la Reine-mère, et prétendirent qu'il seroit impossible de maintenir la paix dans le royaume tant qu'il resteroit en France. Cependant Richelieu ne négligeoit rien pour prévenir le coup dont il étoit menacé. Le père Arnoux ayant prêché devant le Roi contre la profession de foi des protestans, et les ministres de Charenton ayant écrit au jeune monarque une lettre dans laquelle ils attaquoient violemment l'église catholique, sous prétexte de défendre la leur, l'évêque de Luçon leur répondit de sa retraite, et publia un ouvrage intitulé : *La Défense des principaux points de notre créance contre la Lettre des quatre Ministres de Charenton, adressée au Roi.* Cette démarche devoit être agréable à la Cour, qui avoit ordonné des poursuites contre les auteurs de la lettre.

Richelieu avoit en outre écrit directement au Roi, afin de détruire les soupçons qu'on élevoit sur sa fidélité. Sa lettre, qui se trouve dans Aubery, est rédigée avec beaucoup d'art; mais elle ne produisit aucun effet; ses ennemis l'emportèrent, et, au commencement du mois d'avril 1618, ils le firent reléguer à Avignon, où il devoit attendre les ordres du Roi. Richelieu ne se laisse point abattre par cette nouvelle disgrâce, qu'il n'avoit pas méritée; il ne songe qu'aux moyens d'abréger le terme de son exil. Voulant persuader à ceux qui le redoutent comme homme d'Etat qu'il a renoncé aux affaires pour ne s'occuper que de théologie, il compose et fait imprimer un second ouvrage qui a pour titre : *L'Instruction du Chrétien ;* il se lie avec le vice-légat Bagny, qui fait agir Paul V en sa faveur. Le Pape représente avec force qu'un évêque ne peut être ainsi tenu éloigné de son diocèse, et il ne dissimule point le vif intérêt qu'il prend au prélat. Malgré ses sollicitations réitérées, on hésitoit encore à permettre que Richelieu allât résider à Luçon. Les circonstances le servirent mieux qu'un si puissant protecteur ; elles le rendirent nécessaire, et le firent rappeler au moment où il l'espéroit le moins.

Marie de Médicis, reléguée à Blois, étoit accablée d'outrages par le favori ; on proscrivoit tous ses serviteurs, on flétrissoit tous les actes de son administration, on la déshonoroit aux yeux de la France et de l'étranger, en la présentant comme l'unique auteur de tous les maux qui avoient désolé le royaume. En vain demandoit-elle à voir son fils afin de se justifier ; on la resserroit chaque jour davantage, on l'entouroit d'espions ; il ne lui étoit plus permis de sortir de la ville ; ses promenades étoient limitées ; on parloit de lui ôter le gouvernement de Normandie, dont elle étoit pourvue ; on ne cachoit même pas le projet de l'enfermer dans un monastère ou dans un château-fort. Cette malheureuse princesse, n'ayant pu fléchir ses ennemis par les déclarations les plus humiliantes qu'on avoit exigées d'elle, et voyant toute l'étendue du danger qui la menaçoit, accepta les offres de service du duc d'Épernon, gouverneur de Metz, et de quelques autres seigneurs mécontens. Suivie d'une seule de ses femmes, elle se sauva du château de Blois au milieu de la nuit [février 1619], par une fenêtre, à l'aide d'une échelle, sortit à pied de la ville, monta en carrosse hors des murs, et alla jusqu'à Montrichard, n'ayant que cinq personnes pour l'escorter (1). A Montrichard elle trouva l'abbé de Ruccelay et l'archevêque de Toulouse, fils du duc d'Épernon (depuis cardinal de La Valette), qui la conduisirent à Loches, où étoit le duc d'Épernon. Le surlendemain, elle partit pour Angoulême, et vit bientôt se réunir autour d'elle un grand nombre de seigneurs qui étoient impatiens de secouer le joug du favori.

Luynes, tenant en prison le prince de Condé, se croyant sûr de la personne de la Reine-mère, profitoit de l'abaissement où les grands avoient été réduits par Richelieu, et ne voyoit plus rien qui pût balancer son autorité : il fut atterré quand il apprit l'évasion de Marie de Médicis. Le nombre des mécontens qui alloient la rejoindre se grossissoit chaque jour ; la guerre civile paroissoit inévitable, et il pouvoit, comme le maréchal d'Ancre, être sacrifié à l'indignation publique. Le P. Joseph et quelques amis de Richelieu profitèrent des circonstances, et parvinrent à lui faire sentir que l'évêque de Luçon pouvoit seul prévenir l'embrâsement général dont le royaume étoit menacé.

(1) La Reine-mère, presque aussitôt que Richelieu eut quitté Blois, avoit négocié avec le duc d'Épernon, qui avoit promis de protéger sa fuite et de lui assurer une retraite ; mais elle avoit suspendu l'exécution de ses projets tant qu'elle avoit eu l'espoir de se rapprocher de son fils. Le danger étant devenu pressant, et les communications difficiles, elle risqua tout pour se sauver. (Voyez la relation de la sortie de la Reine-mère de Blois par le cardinal de La Valette, tome I des *Mémoires pour l'histoire du cardinal de Richelieu.*)

Du Tremblay, frère du P. Joseph, fut envoyé à Richelieu, avec une lettre du favori; le Roi y ajouta de sa main : « Je vous prie de croire que tout le contenu
» ci-dessus est ma pure volonté, et que vous ne me
» pouvez faire un plus grand plaisir que de l'exécuter
» de point en point. » L'évêque de Luçon partit à l'instant; et l'on trouvera dans ses Mémoires des détails curieux sur les obstacles qu'il éprouva en route de la part des commandans, qui ignoroient les ordres secrets de la Cour (1).

Des difficultés, presque insurmontables pour tout autre, l'attendoient auprès de la Reine-mère. Marie de Médicis vouloit à tout prix participer au pouvoir; instruite de la mission du prélat, elle comptoit sur lui pour recouvrer l'ascendant qu'elle avoit perdu. Les seigneurs qui s'étoient déclarés pour elle n'avoient pris les armes qu'afin d'obtenir des avantages pareils à ceux qu'ils avoient déjà obtenus lors des premières guerres civiles. Son nom étoit nécessaire à l'exécution de leurs projets; ils ne pouvoient réussir qu'en la tenant dans leur dépendance, et ils étoient naturellement ennemis de l'évêque de Luçon, qui devoit l'éclairer sur ses véritables intérêts. De son côté, Richelieu aspiroit au maniement des affaires; mais il ne prétendoit y arriver ni en faisant la guerre à son

(1) Leclerc prétend que la Reine-mère ne soupçonna point l'intelligence de Richelieu avec de Luynes, et que le prélat sut lui persuader que l'envie seule de la servir lui avoit fait traverser le royaume avec beaucoup de risque pour se rendre près d'elle. Leclerc, dans cette circonstance comme dans beaucoup d'autres, dénature les faits afin de rabaisser le caractère de Richelieu. Lorsque du Tremblay étoit parti pour Avignon, Luynes avoit envoyé Bouthillier à la Reine, et l'avoit chargé d'instruire cette princesse de la détermination que le Roi avoit prise.

souverain, ni en affoiblissant l'autorité royale, ni en se soumettant aux caprices du favori. Toutes ses espérances se fondoient sur Marie de Médicis, dont le crédit étoit subordonné au nombre et à la puissance de ses partisans, qu'il falloit ménager en mettant un frein à leur ambition. Marie de Médicis, qui avoit été long-temps indécise avant de quitter Blois, avoit été ensuite obligée de partir avec tant de précipitation, que ses partisans n'avoient pu encore rassembler des forces suffisantes pour la protéger. Cependant les troupes du Roi avançoient, et on n'avoit aucun moyen d'arrêter leur marche. On verra, dans les Mémoires de Richelieu, comment il parvint à ménager [30 avril 1619] un accommodement plus avantageux que la position critique des affaires de la Reine-mère ne permettoit de l'espérer. La partie de ces Mémoires qui est imprimée se termine après le récit des incidens qui amenèrent une nouvelle rupture.

De Luynes, qui croyoit avoir anéanti la faction par le dernier traité, viola successivement toutes les promesses qu'il avoit faites au nom du Roi. Afin de se faire au besoin un appui contre la Reine-mère, non-seulement il fit sortir de prison le prince de Condé, et lui donna entrée au conseil, mais il publia une déclaration qui, en justifiant le prince, accusoit Marie de Médicis. Cette princesse, ne pouvant s'abuser sur les intentions du favori, sentit le besoin de s'attacher par des bienfaits l'évêque de Luçon, qui seul pouvoit la sauver. Richelieu devint l'âme de son conseil, et dirigea toutes ses affaires. Le marquis de Richelieu, frère aîné de l'évêque, fut nommé par elle gouverneur d'Angers, qui étoit une de ses places de sûreté, et le lieu où elle alloit fixer sa résidence; lorsque ce seigneur eut été tué en duel par le marquis de Thémines, le commandeur de La Porte, oncle du prélat, fut pourvu de ce gouvernement, et Brézé, son beau-frère, obtint le commandement des gardes de la Reine-mère.

Richelieu voyant que tout se disposoit pour consommer la ruine de sa protectrice, travailla à lui former un parti assez redoutable pour forcer de Luynes à en venir à un nouveau traité. Les députés des protestans, qui étoient assemblés à Loudun, furent accueillis; il attira la noblesse de l'Anjou, et lia des intelligences avec tous les mécontens du royaume. L'arrogance du favori en grossissoit le nombre chaque jour. Les ducs de Mayenne, de Nemours, de Vendôme avoient quitté la Cour sans prendre congé du Roi. Les ducs de Longueville, de Bouillon, d'Épernon, n'attendoient que le signal pour se déclarer. Richelieu s'étoit assuré de toute la côte maritime, depuis Dieppe jusqu'à la Garonne, et une foule de seigneurs lui répondoient des places dont ils disposoient dans les différentes provinces. Cette faction, formidable par le rang et par la puissance de ceux qui la composoient, comptoit un grand nombre de personnages importans, mais n'avoit pas de véritable chef. Richelieu avoit été assez habile pour tenir éloignés les princes qui auroient pu se mettre à la tête des affaires, et les pousser plus loin qu'il ne vouloit.

Les six premiers mois de l'année 1620 se passèrent en négociations inutiles; de Luynes essayoit de tromper la Reine-mère par de nouvelles promesses qu'il n'avoit pas le projet de tenir; Richelieu exigeoit avant tout qu'on exécutât celles qui avoient été faites lors du dernier traité. Ne pouvant rien obtenir par la ruse, le favori se décida à employer la force. Dans les premiers jours de juillet, il conduisit le Roi en Normandie avec huit mille fantassins et huit cents chevaux. Néanmoins il resta étranger aux opérations militaires, et laissa le commandement des troupes au prince de Condé. Le duc de Longueville, qui avoit répondu de cette province à la Reine-mère, ne s'attendant pas à être attaqué si brusquement, n'avoit fait aucun préparatif de défense. Il n'osa attendre l'armée royale à Rouen, et se sauva à Dieppe. Toutes les places ouvrirent leurs portes; la ville de Caen seule soutint un siége de quelques jours; et, la province entière étant soumise avant la fin du mois, Condé fit prendre au Roi la résolution de se diriger, sans perdre de temps, sur l'Anjou.

L'armée royale, dont la force s'élevoit alors à seize mille fantassins et trois mille chevaux, n'éprouva aucun obstacle sur sa route; tout fléchissoit à son approche. Le Roi arriva le 5 août à La Fleche, et se porta le lendemain au château du Verger, qui n'étoit qu'à cinq lieues d'Angers, où résidoit la Reine-mère.

De Luynes, effrayé des succès rapides du prince de Condé, craignoit avec quelque raison qu'il ne devînt tout-puissant en France s'il consommoit la ruine des mécontens, et désiroit plus que jamais de traiter avec Marie de Médicis afin de l'opposer à ce prince. L'évêque de Luçon n'étoit pas moins impatient de traiter; il n'avoit rallié les mécontens auprès de Marie de Médicis que pour prouver au favori qu'on ne manquoit pas impunément de parole à la mère du Roi, et qu'il étoit dangereux de la tenir éloignée de la Cour. Ayant toujours eu pour but de partager et non pas d'affoiblir l'autorité royale, il s'efforçoit d'empêcher la guerre civile, qui ne lui présentoit d'ailleurs que des chances défavorables. Si les mécontens succomboient, il étoit entraîné dans leur chute; s'ils triomphoient, les princes et les capitaines auxquels on auroit dû la victoire, en auroient seuls tiré tous les fruits. Ses intérêts se trouvoient donc d'accord avec ceux de Marie de Médicis et de l'État; mais il étoit difficile de contenir les gens de guerre de son parti qui avoient des intérêts opposés.

Pour que Marie de Médicis ne fût point à leur disposition, il ne laissa réunir auprès d'Angers qu'un corps de troupes peu considérable; il retint les principaux seigneurs dans les provinces où ils s'étoient d'abord retirés, prétextant que leur présence y étoit nécessaire pour s'assurer du pays. Il éluda les propositions faites à la Reine-mère par le duc de Mayenne de se retirer en Guyenne à l'approche de l'armée royale, et, en excitant la jalousie des autres seigneurs contre lui, leur fit approuver la résolution de rester à Angers. Les principaux chefs du parti, éloignés les uns des autres, n'avoient aucun ombrage, et Richelieu, seul auprès de la Reine, ne pouvoit être contrarié dans ses projets. Les hostilités n'avoient pas rompu les négociations. Le prélat et le favori étant également disposés à la paix, qui n'étoit plus entravée par une foule de prétentions particulières, on fut bientôt d'accord, et le traité fut signé à Angers le jour où le Roi arriva au château du Verger.

Les plénipotentiaires du Roi, qui avoient signé le traité le 6, ne voulurent pas partir le lendemain sans avoir vu la Reine-mère et pris ses ordres. Ce même jour,

Bassompierre et Créqui furent envoyés au Pont de Cé (1) pour reconnoître la force et la position des mécontens. Leurs instructions étoient d'escarmoucher et non d'engager une action, parce que l'on avoit déjà eu la nouvelle indirecte de la paix. A l'approche des troupes royales, celles de la Reine prirent la fuite; on entra pêle-mêle avec elles dans la ville, dont le château se rendit à la première sommation; et Marie de Médicis se trouva subitement privée de tout moyen de communication avec les seigneurs de son parti.

Cet échec, qui changeoit la face des choses, donna lieu à de nouvelles négociations, dans lesquelles Richelieu déploya toute son habileté. Il fit remarquer que la déroute de quelques mille hommes étoit loin d'anéantir le parti de la Reine; que ce parti n'en étoit pas moins redoutable dans presque toutes les provinces du royaume, et que si de Luynes laissoit échapper l'occasion de conclure une paix avantageuse, un embrasement général alloit éclater dans tout le royaume. Suivant quelques Mémoires (2), Richelieu déclara qu'il avoit lui-même contribué à la déroute du Pont de Cé, afin de décréditer dans l'esprit de la Reine les seigneurs de son parti, et de les forcer à accepter le traité. Quoi qu'il en fût, le favori auquel le prince de Condé inspiroit toujours les mêmes craintes, et qui ne s'abusoit pas sur les autres dangers dont on le menaçoit, se montra peu difficile pour un accommodement définitif. La paix fut signée le 9 : la Reine revenoit à la Cour avec les

---

(1) Petite ville à une lieue d'Angers. — (2) Mémoires du ministère du cardinal de Richelieu.

honneurs et la considération dus à son rang. On s'engageoit à exécuter le traité d'Angoulême, et on lui promettoit l'entrée au conseil. Le Roi devoit demander le chapeau de cardinal pour Richelieu, dont la nièce, mademoiselle de Pontcourlay, épousoit le marquis de Combalet, neveu de de Luynes. On rendoit la liberté aux prisonniers de guerre, et on accordoit amnistie à tous les anciens partisans de la Reine-mère qui poseroient les armes dans un délai de huit jours.

Il est plus facile de se figurer que de peindre la fureur des mécontens contre Richelieu, lorsqu'ils eurent connoissance du traité. Non-seulement ils se trouvoient privés de tous les avantages sur lesquels ils avoient compté, mais, menacés à l'improviste par une armée victorieuse, à laquelle pouvoient se joindre les troupes de la Reine-mère; n'ayant pas le temps de concerter un plan de défense; n'osant même se fier les uns aux autres, parce qu'ils ignoroient réciproquement leurs dispositions secrètes, une soumission entière étoit le seul parti qui leur restât à prendre, et cette soumission étoit d'autant plus pénible pour eux, qu'ils n'avoient pas l'espérance de pouvoir jamais se relever. Ils ne se bornèrent point à accuser l'évêque de Luçon de les avoir trahis, ils prétendirent que lui seul les avoit provoqués à la révolte pour les sacrifier au favori, avec lequel il n'avoit cessé d'être d'accord pendant le cours de cette intrigue. Le lecteur jugera le degré de confiance que méritent de pareilles accusations faites par des hommes qui considéroient Richelieu comme auteur de leur ruine. Nous ferons observer seulement que la paix, telle qu'elle venoit d'être conclue, et quels qu'eussent été les moyens mis en usage pour la préparer, sauva la France d'une guerre civile qui alloit désoler toutes les provinces, et mit les grands dans l'impossibilité d'exciter de nouveaux troubles. Il est incontestable que cette paix fut due à l'évêque de Luçon, et qu'il rendit le plus grand service à l'État. Dans cette circonstance, comme dans beaucoup d'autres, il sut habilement allier son intérêt avec celui du royaume.

De Luynes, qui tiroit le principal fruit de la paix, chercha à éluder les promesses qu'il avoit faites à Richelieu, dont il redoutoit l'élévation. En demandant pour lui le chapeau de cardinal, il agissoit en secret auprès du Pape, afin de l'empêcher de l'obtenir. Sous divers prétextes il différoit le mariage de mademoiselle de Pontcourlay avec le marquis de Combalet; il tenta même de le rompre; mais la Reine-mère ayant insisté fortement, ce mariage fut conclu en novembre 1620. Marie de Médicis donna deux cent mille livres de dot et pour douze mille écus de diamans à mademoiselle de Pontcourlay.

Ce fut à peu près à cette époque que les protestans, révoltés par les cruautés que l'on avoit exercées dans le Béarn, en y rétablissant la religion catholique, et par les infractions faites à l'édit de Nantes, formèrent des assemblées sur divers points, afin d'empêcher les nouvelles entreprises dont ils se croyoient menacés. De Luynes voulut étouffer le soulèvement dès l'origine : il attaqua les révoltés; et cette guerre, commencée en 1621, interrompue par des traités qui étoient violés presque aussitôt que signés, ne fut terminée que sous le ministère de Richelieu.

Le favori, qui disposoit à son gré du Roi, avoit été créé duc et pair en 1619; avant de marcher contre les protestans, il se fit donner l'épée de connétable, quoiqu'il n'eût jamais porté les armes. Aidé par de bons généraux, il s'empara d'abord de plusieurs places ; mais il échoua devant Montauban, et mourut, dit-on, de chagrin [décembre 1621]. Depuis plus de quatre ans il étoit maître absolu en France. Ses manières affables et la douceur de son administration avoient fait oublier sa conduite à l'égard du maréchal d'Ancre et de sa femme. Il employoit plus volontiers la ruse que la rigueur ; il négocioit avec ses ennemis, et se croyoit assez vengé d'eux quand il les avoit trompés. Ce favori si puissant, qui avoit vu naguères tous les grands du royaume à ses pieds, fut abandonné, même de ses domestiques, dans ses derniers momens ; personne ne lui ferma les yeux, et il ne fut pas plus regretté du Roi que de ceux qu'il avoit servi. Lesdiguières lui succéda dans la charge de connétable.

Après sa mort, le cardinal de Retz et le maréchal de Schomberg prirent les rênes du gouvernement, et le prince de Condé se réunit à eux dans l'espoir de rester bientôt seul à la tête des affaires. Cette espèce de triumvirat fut bientôt rompu par la mort du cardinal de Retz.

Cependant la Reine-mère, qui depuis la paix d'Angers avoit essayé inutilement de rentrer au conseil, y fut enfin admise, mais elle ne put y faire entrer avec elle l'évêque de Luçon; les ministres savoient qu'il seroit bientôt maître des affaires s'il y avoit la moindre part. Elle usa de son crédit pour déjouer les intrigues que l'on continuoit à Rome contre Richelieu, qui obtint enfin le chapeau de cardinal le 5 septembre 1622 (1). Nous passerons rapidement sur les cabales qui agitèrent la Cour pendant l'année 1623 et les premiers mois de 1624. Le Roi, qui ne pouvoit se passer d'un favori, avoit laissé prendre la place du duc de Luynes à Puisieux, fils du chancelier de Sillery; mais le marquis de La Vieuville ayant gagné les bonnes grâces du monarque, avoit fait disgracier le père et le fils, et s'étoit constitué principal ministre. Richelieu ne lui donna pas le temps de s'affermir; il fit solliciter de nouveau par la Reine-mère son entrée au conseil, et menacer d'une rupture en cas de refus. La Vieuville essaya de séduire Marie de Médicis, en lui proposant de se défaire du cardinal, et de partager avec lui-même l'autorité qu'il exerçoit au nom du Roi. Sa proposition fut rejetée, et il n'osa pas engager une lutte qu'il se sentoit hors d'état de soutenir. Après avoir hésité quelque temps il fut obligé de céder; mais il ne négligea rien pour ôter toute influence à un homme qu'il considéroit avec raison comme un rival trop redoutable (2).

(1) On dit que le cardinal fit paroître, en 1622, un ouvrage ayant pour titre : *Histoire de Jean II, roi de Castille, recueillie de divers auteurs espagnols par de Chaintreau.* Cette histoire, si elle est de Richelieu, ne pouvoit être, comme on l'a prétendu, dirigée contre de Luynes, qui étoit mort en 1621, mais contre les favoris. Ce qui est à remarquer, c'est qu'elle fut réimprimée plus tard contre le cardinal lorsqu'il se fut rendu tout-puissant en France. — (2) On trouve dans les lettres de Balzac un passage qui fait connoître la haute opinion qu'on avoit des talens et du génie de Richelieu, et montre qu'on le considéroit comme devant nécessairement être mis à la tête des affaires. « Est-il possible, lui écrivoit Balzac le 10 mars 1624, deux mois avant « qu'il ne fût admis au conseil, est-il possible que ce grand esprit à

Le 29 avril 1624, la Cour étant à Compiègne, Louis XIII dit à sa mère, lorsqu'elle entra dans son cabinet, le matin, suivant son usage, pour l'entretenir des affaires de l'Etat, qu'il vouloit bien à sa considération admettre le cardinal de Richelieu dans ses conseils; que, eu égard à sa dignité, il y siégeroit vis-à-vis du cardinal de La Rochefoucauld et au-dessus du connétable (1); mais qu'il ne traiteroit toutefois d'aucune affaire chez lui, ni avec les ambassadeurs, ni avec les ministres. Cette restriction, dictée par La Vieuville, avoit été adoptée d'autant plus volontiers par le Roi, que le duc de Luynes et tous ceux qui avoient approché de sa personne depuis 1617, s'étoient attachés à lui inspirer les plus fortes préventions contre le cardinal. Richelieu dissimula; il parut entièrement satisfait de la faveur qu'on lui accordoit; il fit même répandre le bruit que les choses avoient été réglées ainsi sur sa demande; que la foiblesse de sa santé lui permettoit bien d'assister au conseil, mais non de se livrer au travail pénible qu'exigeroient la suite des négociations et l'expédition des affaires. On sut bientôt à quoi s'en tenir sur cette feinte modération. A peine entré au conseil, tout plia devant la supériorité de son génie; La Vieuville, qui entreprit de lui résister, fut abandonné

« qui Dieu n'a point donné de bornes, et qui a été appelé, dès
« le commencement de sa jeunesse, pour persuader les rois, pour
« instruire les ambassadeurs, et se faire écouter des vieillards qui
« avoient été de quatre règnes; est-il possible, dis-je, que celui-là
« m'estime, en l'estime duquel tous nos ennemis s'accordent, et il n'y
« a parmi les hommes ni de parti contraire, ni de diversité de créance. »

(1) Ce fut à cette époque que Richelieu publia un mémoire sur la préséance des cardinaux.

par le Roi, arrêté; et il auroit probablement porté sa tête sur l'échafaud, s'il ne se fût sauvé de prison. L'ordre étoit donné de lui faire son procès, pour cause de malversation dans les finances, qu'il avoit dirigées en qualité de surintendant.

Quoique Richelieu ne dût traiter chez lui d'aucune affaire, ni avec les ministres, ni avec les ambassadeurs, un mois après son entrée au conseil, ce fut dans son hôtel que se tinrent les conférences pour le mariage de la princesse Henriette, sœur du Roi, avec le prince de Galles. Cette affaire étoit très-importante, parce qu'elle sembloit assurer l'alliance des Anglois, qui pouvoient faire beaucoup de mal au royaume, en favorisant les protestans de France, ou en se réunissant à la maison d'Autriche; mais elle éprouvoit de grands obstacles à cause de la différence de religion. Tout étant réglé avec les ambassadeurs d'Angleterre, il falloit encore avoir des dispenses du Saint-Siége, et le pape Urbain VIII se montroit peu disposé à les accorder. Richelieu parla au nom de son maître avec une dignité et une fermeté que l'on n'avoit pas remarquées dans le ministère françois depuis la mort de Henri IV. Les premières négociations avoient été entamées par La Vieuville; mais les propositions n'étoient plus les mêmes depuis que Richelieu avoit pris la direction des affaires. Le nonce Spada voulut s'en plaindre: « Ce seroit une belle chose, lui répondit le car- « dinal, si on disoit que La Vieuville avoit fait ce « mariage, et que ceux qui lui ont succédé l'ont « rompu. » Le P. de Bérulle, envoyé à Rome pour presser l'expédition des dispenses, les obtint à la fin, et le traité fut signé à Paris le 20 novembre 1624, par le cardinal de Richelieu et par les ambassadeurs anglois (1).

Une autre affaire non moins importante occupa Richelieu dès son entrée au ministère : c'étoit celle de la Valteline, pays soumis aux Grisons, et qui, étant situé entre le Tyrol et le Milanois, étoit la clef de l'Italie pour la maison d'Autriche. Les Espagnols y avoient bâti des forts sous prétexte de défendre la religion catholique, qui étoit celle des Valtelins, contre les Grisons qui étoient protestans. Les habitans, excités par eux, se soulevèrent en 1620. La France, ancienne alliée des Grisons, et rivale de la maison d'Autriche en Italie, avoit double intérêt à ne pas souffrir de pareilles entreprises; mais la guerre civile dont on étoit alors menacé, ne permettoit pas de penser à une guerre étrangère. On négocia, et les Espagnols, par un traité du 25 avril 1621, s'engagèrent à remettre les choses dans leur premier état en Valteline. Ce traité n'ayant été exécuté ni par les Espagnols, qui conservèrent les places qu'ils occupoient, ni par les Valtelins, qui persistèrent dans leur révolte, le ministère de Louis XIII ne se crut pas assez fort pour lutter seul contre la maison d'Autriche, et se ligua avec Venise et la Savoie [7 février 1623]. Les Espagnols, menacés d'une attaque sérieuse, intéressèrent le Saint-Siége dans leur que-

(1) Le mariage fut célébré le 11 mai de l'année suivante. La Cour conduisit la jeune princesse jusqu'à Amiens. Buckingham, qui étoit venu en France à l'occasion de ce mariage, vit la reine Anne d'Autriche, ne cacha point la passion qu'elle lui inspiroit; ses folies, qui amenèrent deux ans plus tard une rupture entre les deux couronnes, firent presser le départ d'Henriette pour l'Angleterre.

relle; ils offrirent de remettre en dépôt leurs forteresses entre les mains du Pape, qui les fit occuper par ses troupes, mais qui les laissa maîtres du pays. La Vieuville, après avoir tenté d'inutiles négociations à Rome, envoya le marquis de Cœuvres (1) comme plénipotentiaire dans la Valteline, et fit marcher des troupes de ce côté; mais comme on n'avoit confiance ni dans ses talens, ni dans son caractère, ces démonstrations ne produisoient aucun effet.

Il n'en fut pas de même quand Richelieu eut pris la direction des affaires. L'ambassadeur de France à Rome ayant fait une longue énumération des difficultés qu'on lui opposoit, le nouveau ministre répondit: « Le Roi a changé de conseil, et le ministère « de maxime; on enverra une armée dans la Valte- « line, qui rendra le Pape moins incertain et les « Espagnols plus traitables. » En même temps le marquis de Cœuvres eut ordre d'entrer en Valteline, d'où il chassa bientôt les troupes du Saint-Siége et celles des Espagnols. Urbain VIII. s'étoit flatté de conserver ce pays mis en dépôt entre ses mains. Comme l'expédition du marquis de Cœuvres devoit avoir pour résultat de faire rentrer les Valtelins catholiques sous la domination des Grisons protestans, il espéroit que les intérêts de la religion balanceroient ceux de l'État auprès d'un ministre qui étoit membre du sacré collége. Le nonce Spada, chargé de suivre la négociation à Paris, essaya de faire entendre à Richelieu qu'un cardinal ne pouvoit pas se rendre fauteur de l'hérésie. Mais Richelieu lui ferma la bouche en répondant que, lorsqu'il avoit été fait secrétaire d'Etat,

(1) Depuis maréchal d'Estrées.

il avoit obtenu du Pape un bref par lequel il étoit autorisé à traiter de toutes sortes d'affaires qui regardoient le service du Roi, sans encourir d'irrégularité; que d'ailleurs on n'avoit rien fait qui ne fût permis en conscience, et qu'au besoin il le prouveroit par l'avis de cent docteurs de Sorbonne. Le Pape fit d'autres tentatives qui n'eurent pas un plus heureux résultat. Comme il ne vouloit se relâcher d'aucune de ses prétentions, la France et l'Espagne traitèrent sans lui, et le traité de Mouzon [1626] termina cette guerre, à laquelle prirent part plusieurs princes d'Italie. La France conserva son droit de passage dans la Valteline, et les Grisons la haute souveraineté sur ce pays. Le P. Joseph, que Richelieu avoit pris pour confesseur, fut le principal agent des négociations. Quelque temps auparavant, Richelieu avoit renouvelé alliance avec les Hollandois, auxquels il avoit prêté trois millions, et il s'étoit assuré de Mansfeld, chef du parti protestant en Allemagne, par des secours assez considérables en argent.

Le traité avec l'Espagne auroit été plus avantageux si Richelieu n'eût été sérieusement occupé par les mouvemens des protestans en France. Au commencement de 1625, les Rochellois, auxquels on avoit promis de raser le fort Louis bâti près de leur ville, voyant qu'on ne leur tenoit point parole, prirent les armes, firent des courses sur les côtes, et cherchèrent à soulever tous les protestans du royaume. Leurs expéditions ne furent heureuses ni sur terre ni sur mer; vaincus sur tous les points, ils demandèrent la paix, que Richelieu leur accorda à des conditions assez favorables; mais cette diversion le rendit moins difficile avec l'Espagne, qui auroit pu les aider à continuer la guerre. D'ailleurs, depuis son entrée au ministère, il n'avoit pas encore pu faire les préparatifs indispensables pour de grandes entreprises, et il devoit surtout s'attacher à gagner du temps. Les ministres qui l'avoient précédé, et qui ne s'étoient guères occupés que d'intrigues de Cour, avoient laissé presque entièrement anéantir toutes les ressources de l'Etat. Il n'y avoit plus de marine, et on remarque que ce fut avec des vaisseaux anglois et hollandois que Montmorency, amiral de France, battit la flotte rochelloise.

Quoique le cardinal eût eu la précaution de consulter les notables avant de traiter, et que ses traités fussent aussi avantageux que les circonstances pouvoient le permettre, ses ennemis ne se déchaînèrent pas moins contre lui, et l'intérêt de la religion leur servit de prétexte. Ils l'accusèrent d'avoir sacrifié les catholiques aux protestans dans la Valteline, et d'avoir favorisé les protestans en France; ils lui firent un crime de l'alliance contractée avec la Hollande et avec le chef des protestans d'Allemagne; ils publièrent contre lui un nombre incroyable de libelles [1], dans lesquels ils reproduisirent cette accusation sous toutes les formes. Richelieu fit répondre

[1] Le recueil de ces libelles formeroit, dit-on, plus de trente volumes. Le plus sanglant de tous étoit intitulé : *Questions quolibétiques*, etc., dédiées au cardinal de Richelieu ou de La Rochelle. L'auteur étoit loin de prévoir les projets ultérieurs du cardinal, lorsqu'il lui donnoit ainsi par avance le surnom d'une ville dont la réduction devoit bientôt lui acquérir tant de gloire. Aussi Leclerc, écrivain protestant, qui a fait une Vie de Richelieu, observe-t-il, à propos de ces libelles, que jamais le cardinal ne parut si habile homme que lorsqu'on entreprit de censurer les actes de son ministère.

à ces libelles, dont plusieurs furent brûlés en place de Grève ; d'autres événemens appelèrent l'attention publique et mirent fin à cette guerre de plume.

Richelieu étoit maître absolu de l'esprit du Roi, et il vivoit en parfaite intelligence avec la Reine-mère, qui croyoit gouverner sous le nom de l'homme qu'elle avoit placé à la tête des affaires. Mais plus le pouvoir du cardinal s'affermissoit, plus il excitoit la jalousie de ceux qui prétendoient au partage de l'autorité. Le maréchal Ornano, gouverneur de Gaston, frère du Roi, âgé alors de dix-huit ans, éveilla l'ambition de ce jeune prince, qui demanda l'entrée au conseil pour lui-même et pour son gouverneur ; Monsieur seul y fut admis, et le maréchal, ayant cherché à lier une cabale avec les ennemis de Richelieu, fût arrêté. A cette nouvelle, Gaston transporté de fureur vole chez le Roi : *Est-ce vous qui avez conseillé la prison d'Ornano ?* demande-t-il brusquement au chancelier d'Aligre qu'il rencontre. Le chancelier, interdit, répond qu'il en a été surpris lui-même, et qu'il n'étoit pas au conseil le jour où cette résolution a été prise, ce qui étoit faux. Richelieu survient ; le prince lui fait la même question : *Je ne répondrai pas, comme le chancelier,* dit Richelieu, *nous avons l'un et l'autre conseillé au Roi de faire arrêter le maréchal.*(1). La fermeté du cardinal déconcerta Gaston, qui fut obligé de dissimuler son dépit, mais qui attendit avec impatience l'occasion de se venger. Quelques mécontens ne tardèrent pas à lui offrir leurs services, et l'on forma le projet d'enlever Richelieu, qui étoit alors à Fleury. On dit

(1) Les sceaux furent ôtés à d'Aligre et donnés à Marillac.

que la Reine régnante, Anne d'Autriche, jalouse du crédit du cardinal et de celui de la Reine-mère, n'étoit pas étrangère à ce complot; du moins paroît-il certain que la duchesse de Chevreuse, sa favorite, y avoit fait entrer Chalais son amant. Ce fût lui qui révéla tout à Richelieu. Monsieur, accompagné de neuf personnes affidées, devoit aller trouver le cardinal à Fleury, sous prétexte de lui demander à dîner, et se rendre maître de sa personne; on ignore quel sort lui étoit réservé si l'entreprise eût réussi. Le jour même fixé pour l'exécution, le cardinal arrive chez Monsieur, de grand matin, le surprend au lit, le plaisante sur sa paresse (1), lui présente sa chemise et se retire sans rien laisser paroître. Il étoit à l'abri de tout danger; le Roi lui avoit envoyé trente chevau-légers et trente gendarmes, et la Reine-mère tous ses officiers. Le mauvais succès de ce complot n'empêcha pas d'en former d'autres beaucoup plus redoutables par le nombre et par le rang de ceux qui se réunirent contre le cardinal (2). Chalais s'y engagea encore; il fut arrêté, et périt sur l'échafaud, plus coupable, dit-on, aux yeux du cardinal, comme ayant été son rival préféré auprès de la duchesse de Chevreuse, que comme ayant voulu fomenter des troubles dans le royaume. Le bruit courut que sa grâce lui fut promise s'il avouoit tout ce qu'il savoit, et s'il faisoit telles déclarations

(1) Monsieur, afin de couvrir son dessein, avoit annoncé une grande partie de chasse pour ce jour-là. *Vous ne vous êtes pas levé assez matin*, lui dit le cardinal, *vous ne trouverez plus la bête au gîte.* —
(2) Parmi eux on comptoit le duc de Longueville, le comte de Soissons, le duc de Vendôme, le grand-prieur de France son frère, le duc d'Épernon, etc.

qui lui seroient prescrites, qu'il eut la foiblesse de charger les personnes qui lui furent désignées, et qu'on ne lui tint point parole après avoir obtenu ce qu'on désiroit. Quoi qu'il en soit, toutes ces intrigues, qui sembloient devoir entraîner la chute du cardinal, assurèrent plus que jamais sa puissance, et n'eurent d'autre résultat que la perte de ses ennemis. Le duc de Vendôme et le grand prieur de France furent arrêtés; le comte de Soissons n'évita le même sort qu'en quittant le royaume; madame de Chevreuse fut exilée; Anne d'Autriche elle-même fut obligée de paroître au conseil, et d'y entendre lire la déposition par laquelle Chalais l'accusoit d'avoir connu le complot formé pour mettre le Roi dans un couvent, et pour la marier avec Monsieur. Les choses étoient tellement disposées à l'avance, que dans ce moment de crise Richelieu ne craignit pas de s'éloigner de la Cour, et d'écrire au Roi que sa santé ne lui permettoit plus de conserver la direction des affaires. Louis fut obligé de le rappeler, et le ministre parut ne céder que malgré lui aux prières de son maître.

Cependant Gaston avoit fait sa paix avec le cardinal, en chargeant l'infortuné Chalais, et en sacrifiant ses amis. La Reine-mère désiroit vivement la conclusion du mariage que l'on négocioit déjà depuis quelque temps pour le prince avec mademoiselle de Montpensier, fille unique de Henri de Bourbon. Richelieu leva les difficultés [1]. Cette affaire fut terminée le 5 août 1626, malgré la reine Anne d'Autriche, qui espéroit

---

[1] Les principales difficultés avoient été levées par le triomphe de Richelieu sur les grands, qui vouloient faire épouser à Monsieur une

épouser Monsieur, si Louis XIII, dont la santé étoit chancelante, venoit à mourir, et malgré le Roi lui-même, qui craignoit que son frère ne devînt trop puissant en France, s'il venoit à avoir des enfans, lui n'en ayant pas.

Dans les avantages qui furent faits à Monsieur à l'occasion de ce mariage, on reconnoît la sagacité et la prudence du cardinal. On augmenta peu son apanage; des fonds lui furent assignés sur le trésor pour l'entretien de sa maison, ce qui mettoit entièrement le prince dans la dépendance du Roi. Ce fut à l'époque de son mariage qu'il prit le titre de duc d'Orléans. Ornano étant mort en prison, Gaston n'étant plus entouré que des créatures du cardinal, auquel Madame devoit son élévation, Richelieu n'avoit plus rien à redouter de ce côté; la Reine-mère jouissoit de ses triomphes, qu'elle considéroit comme son ouvrage; Anne d'Autriche, humiliée et sans crédit auprès de son époux, étoit réduite à une haine impuissante. Il ne restoit plus que les grandes charges de l'Etat qui pussent donner de l'ombrage au cardinal. Le connétable de Lesdiguières, qui avoit succédé à de Luynes, mourut en septembre 1626; sa charge fut supprimée. Le duc de Montmorency étoit amiral de France; on obtint sa démission en lui accordant des indemnités, et cette charge fut également abolie; Richelieu en exerça le pouvoir sous le titre de chef et surintendant général de la navigation et du commerce de France (1).

princesse étrangère, afin de ménager à eux et à lui des appuis hors du royaume.

(1) Ce titre lui fut conféré en octobre 1626.

Il ne se dissimuloit pourtant point que plus sa puissance augmentoit, plus la haine de ses ennemis devenoit implacable, et qu'ainsi sa vie n'étoit pas en sûreté. Les discussions relatives aux affaires de la Valteline avoient amené une espèce de rupture entre lui et le nonce Spada. Il trouva moyen de s'en rapprocher secrètement, et le nonce alla, comme de lui-même, trouver le Roi, pour l'avertir des dangers qui menaçoient les jours du cardinal. Louis XIII, étonné de recevoir un pareil avis d'un homme qu'il croyoit ennemi de son ministre, voulut qu'à l'avenir Richelieu eût une garde réglée (1); il défendit en outre que personne allât importuner le cardinal pour des affaires particulières. Quant aux affaires publiques, il étoit ordonné de s'adresser aux autres ministres, qui écrivoient, s'il y avoit lieu, au capitaine des gardes pour faire obtenir les audiences.

Libre de tout autre soin, Richelieu put sérieusement s'occuper de l'exécution de deux projets qu'il méditoit depuis long-temps : la réduction des protestans en France, et l'abaissement de la maison d'Autriche. Mais, avant de rien entreprendre, il fit convoquer les notables, dont le concours pouvoit lui devenir nécessaire, et parmi lesquels il ne craignoit pas de trouver des contradicteurs. L'assemblée fut ouverte le 2 décembre, avec les cérémonies d'usage, par le Roi, qui avoit à ses côtés Marie de Médicis et son frère. Il annonça aux notables qu'il les avoit convoqués pour remédier aux désordres du royaume. Le chancelier Marillac prit ensuite la pa-

---

(1) Le Roi lui donna d'abord cent arquebusiers à cheval; cette garde fut dans la suite considérablement augmentée.

rôle; dans son exorde il établit que les rois, lorsqu'ils avoient voulu consulter leurs peuples, avoient tantôt appelé les trois états, tantôt des notables, et il chercha à mettre ainsi sur la même ligne ces deux sortes d'assemblées, si différentes entre elles, d'après les anciennes constitutions de la monarchie. Les deux principaux points de son discours furent, la mauvaise administration des finances (1), et les fréquentes entreprises des mécontens, réprimées jusqu'à ce jour par la sagesse du Roi et de son ministre. Le maréchal Schomberg déclara que désormais il y auroit toujours sur pied trente mille hommes prêts à entrer en campagne, et qu'on indiqueroit les moyens de pourvoir à cette dépense. Richelieu traita les mêmes questions que le chancelier; il fit observer aux notables que, pour rétablir l'ordre, il s'agissoit moins de faire un grand nombre d'ordonnances que de bien assurer l'exécution de celles que l'on feroit. Il reparut à l'assemblée le 11 janvier, et fit lire par le greffier divers articles sur lesquels il prononça une harangue étendue. Ce ne fut pas sans quelque étonnement qu'on l'entendit proposer de modérer les peines établies contre les criminels d'Etat; il demandoit qu'on se bornât à les priver de leurs charges après la seconde désobéissance. Cette proposition fut rejetée ainsi qu'il s'y étoit attendu; mais il avoit trouvé moyen de justifier à l'avance son excessive sévérité envers ses ennemis,

(1) Dans un mémoire lu aux notables par le marquis d'Effiat, qui étoit chargé de présenter l'état des finances, on remarque, entre autres choses, que les tailles montoient par an à près de 19,000,000 fr., sur lesquels il n'en entroit pas six au trésor; le surplus étoit absorbé par les frais de perception.

qu'il fit toujours considérer comme ennemis de l'Etat. Les autres articles concernoient les armemens que les dispositions hostiles des Anglois pouvoient rendre nécessaires, mais qui étoient destinés à agir immédiatement contre les Rochellois.

Les notables furent congédiés le 24 février 1627. Peu de jours après parurent des lettres-patentes par lesquelles le Roi donnoit au cardinal de Richelieu, *son principal ministre* (1), *entrée, voix et opinion délibérative au parlement, tant ès assemblées des chambres, jours de conseil, que plaidoieries, avec le même rang et degré qu'il avoit dans le conseil d'Etat.* Il alla le 22 mars au parlement, faire vérifier ces lettres-patentes, et celles qui lui attribuoient la surintendance de la navigation et du commerce de France. Les personnages les plus distingués de la Cour briguèrent l'honneur d'augmenter son cortége.

La paix conclue l'année précédente avec les protestans, avoit été, comme on l'a vu, commandée de part et d'autre par les circonstances, elle n'avoit satisfait ni le cardinal ni les religionnaires. Ceux-ci croyoient avec raison ne pas avoir obtenu des garanties suffisantes; Richelieu ne vouloit pas seulement humilier ce parti, mais l'abattre entièrement; il n'étoit pas dans l'intention d'exécuter ce qu'il avoit promis. Les Rochellois ne tardèrent pas à s'en apercevoir, et ils envoyèrent demander des secours en Angleterre.

Buckingham, qui avoit été favori du roi Jacques,

---

(1) Dans ces lettres-patentes, Richelieu est désigné comme principal ministre; mais ce titre ne lui fut réellement conféré qu'à la fin de novembre 1629. (Voyez ci-après, page 69.)

exerçoit un empire absolu sur l'esprit de Charles I (1).
On a vu que lorsqu'il étoit venu en France, à l'époque
du mariage de ce prince, il avoit osé offrir presque
ouvertement ses vœux à Anne d'Autriche, et que
ses folies avoient fait presser le départ de Henriette
pour l'Angleterre. Voulant absolument revenir en
France, il fit, dit-on, naître lui-même des difficultés
entre les deux couronnes, et offrit à Louis XIII
d'aller les accommoder comme ambassadeur (2). Le
Roi rejeta sa proposition; il s'adressa au cardinal et
ne put rien obtenir : dès-lors sa correspondance prit
un ton d'aigreur qui annonçoit une prochaine rupture (3). Si on en croit Aubery, le cardinal s'opposa
fortement à un refus dont il prévoyoit les conséquences, et n'obéit que malgré lui aux ordres réitérés du Roi et de la Reine-mère. Quels que fussent
les ressentimens personnels de Buckingham, sa position suffisoit pour le déterminer à la guerre. Le

(1) Le président Hénault, après avoir remarqué que rarement les favoris passent d'un règne à un autre, cite cependant en France le connétable de Montmorency, qui eut les bonnes grâces de Henri II, après avoir joui de la faveur de François I. « Mais si on y prend garde, dit-il,
« ces deux hommes eurent des ressemblances par lesquelles on pourroit
« expliquer la continuation de leur faveur, c'est qu'ils étoient brouillés
« avec leur premier maître lorsqu'il mourut. » — (2) Cette folle passion
de Buckingham pour Anne d'Autriche est révoquée en doute par quelques historiens. Nous avons dû en parler d'après le témoignage de deux
auteurs contemporains : Vittorio Siri, historiographe de France
(*Memorie recondite*), et le comte de Clarendon (*Histoire des
guerres civiles d'Angleterre*). On connoît d'ailleurs les stances présentées par Voiture à la Reine dans les jardins de Ruel. D'autres ont
prétendu que le cardinal de Richelieu, amoureux lui-même de Anne
d'Autriche, étoit jaloux de Buckingham. — (3) Le duc de Buckingham
menaçoit de venir en France si bien accompagné, qu'on ne pourroit
lui en refuser l'entrée.

parlement lui demandoit compte des finances qu'il avoit administrées sous le règne précédent. Une expédition contre la France, et des secours donnés aux protestans de ce royaume, étoient les seuls moyens d'arrêter les recherches, et de se mettre en crédit auprès de la nation. Buckingham fit donc équiper une flotte, et vint, à la demande des Rochellois, attaquer l'île de Rhé. Lors de la descente il éprouva une vive résistance de la part de Toiras, mit inutilement le siége devant le fort Saint-Martin; des secours arrivèrent à temps, et il fut obligé de se rembarquer, après avoir perdu une partie de son armée. Le mauvais succès de son expédition fut dû au cardinal, qui déploya toute son activité dans cette circonstance difficile. Le trésor manquoit de fonds, il engagea toutes ses pierreries, conduisit lui-même jusqu'à la mer les troupes destinées à repousser les Anglois, surveilla l'embarcation et dirigea toute l'entreprise.

La retraite de la flotte angloise laissoit le cardinal maître d'employer toutes ses forces contre La Rochelle, qu'il falloit absolument soumettre avant de penser à attaquer la maison d'Autriche.

On ne doit pas s'attendre à trouver dans cette Notice l'histoire de ce siége mémorable, qui dura depuis le 10 août 1627 jusqu'au 28 octobre de l'année suivante. Nous nous bornerons à rapporter quelques circonstances importantes qui donneront une idée des obstacles que le cardinal eut à surmonter, et des moyens qu'il employa pour réussir. N'ayant pu éviter une rupture avec l'Angleterre, il s'appliqua à empêcher ou à retarder du moins l'envoi de nouveaux secours aux Rochellois. Les Anglois faits prisonniers à l'île de Rhé furent renvoyés sans rançon dans leur pays, après avoir reçu en France les meilleurs traitemens, et refroidirent par leurs récits l'enthousiasme de leurs compatriotes. L'Espagne auroit pu faire une fâcheuse diversion; Richelieu flatta les ressentimens de cette puissance contre l'Angleterre, et obtint un secours de quarante vaisseaux, quoiqu'il y eût lieu de craindre qu'elle ne fût plus disposée à entretenir des troubles en France qu'à fournir des ressources pour en étouffer le germe [1]. Cette alliance paroissoit difficile à concilier avec celle des Hollandois, que la maison d'Autriche considéroit comme des sujets révoltés, et qu'elle espéroit encore de faire rentrer sous son obéissance. Cependant Richelieu parvint à faire approuver par l'Espagne le traité qu'il avoit conclu avec les Provinces-Unies.

C'étoit peu de s'être assuré des dispositions des puissances étrangères, il falloit être en état de contenir les protestans de France, qui devoient tout tenter pour secourir une ville dont la réduction entraînoit la ruine de leur parti. Le duc de Rohan, leur principal chef, après avoir inutilement essayé de soulever le Poitou, s'étoit jeté dans le Languedoc, où plusieurs villes se déclaroient pour lui. Condé fut chargé de le contenir. Ce prince avoit renoncé

---

[1] L'Espagne ne tarda pas à s'apercevoir qu'elle agissoit contre ses intérêts, en contribuant à la réduction de La Rochelle. Sa flotte ne fit qu'une vaine démonstration; cette puissance songea même à entraver les opérations du siége; mais elle avoit perdu un temps précieux, et il étoit trop tard pour sauver la place.

aux intrigues, et l'on pouvoit compter entièrement sur sa fidélité. Non-seulement il arrêta les progrès des religionnaires, mais il battit leurs troupes en différentes rencontres.

Dès le 13 août 1627, le Roi s'étoit rendu devant La Rochelle, et le cardinal étoit allé l'y rejoindre après avoir forcé les Anglois à évacuer l'île de Rhé. La place, défendue par sa position naturelle, par de très-bons ouvrages, par une garnison déterminée, et par ses habitans, qui tous étoient devenus soldats (1), ne pouvoit être enlevée de vive force. On la resserroit en vain du côté de la terre, il n'y avoit aucun espoir de la réduire par la famine tant que son port resteroit libre. Un ingénieur italien avoit essayé sans succès divers moyens d'empêcher les communications. Richelieu conçut le hardi projet de fermer le port par une digue qui devoit avoir sept cent quarante toises de longueur, douze de largeur à sa base, et quatre au-dessus du niveau des plus hautes marées.

L'ouvrage étoit encore peu avancé lorsque Louis, fatigué de la longueur du siége, et cédant aux instances de la Reine-mère et d'Anne d'Autriche qui l'alarmoient sur sa santé, retourna à Paris [février 1628]. Avant de partir, il nomma Richelieu lieutenant général de ses armées dans le Poitou, la Saintonge, l'Angoumois et l'Aunis; il étoit ordonné aux troupes, aux officiers et même aux maréchaux de lui obéir comme au Roi. Un pareil commandement,

---

(1) Guiton avoit été choisi pour maire par les habitans. « Je n'accepte « cet emploi, dit-il (en prenant un poignard), qu'à condition d'en- « foncer ce fer dans le cœur du premier qui parlera de se rendre; qu'on « s'en serve contre moi, si jamais je songe à capituler. »

donné à un cardinal, sembloit prêter au ridicule, et excita quelques murmures; mais Richelieu les fit cesser bientôt par la manière dont il usa de son autorité. Il entra dans tous les détails de l'administration militaire, pourvut aux besoins et à la solde de l'armée, entretint l'abondance dans le camp sans ruiner le pays, rétablit la discipline parmi les troupes, ranima l'ardeur du soldat, et donna une activité nouvelle à toutes les opérations du siége. Les mémoires du temps remarquent qu'il n'hésitoit pas à consulter les généraux, qu'il déféroit à leurs avis, mais qu'il savoit s'en faire obéir lorsqu'il avoit pris ses résolutions (1).

La digue étant terminée, Richelieu obtint que Louis revînt devant La Rochelle [24 avril]; sa présence y étoit nécessaire dans la crise dont on étoit menacé. Les Espagnols s'étoient retirés avec leurs vaisseaux, et les Anglois équipoient une flotte nombreuse pour secourir la ville. Cette flotte parut peu de temps après l'arrivée de Louis, fut battue par la tempête pendant quelques jours, s'avança vers la digue, qu'elle trouva dans un état formidable de défense, et retourna en Angleterre sans avoir osé tenter une attaque sérieuse.

Comme il paroissoit difficile d'expliquer ce résultat presque ridicule d'une telle expédition, on a prétendu que, dans cette circonstance, Richelieu tira parti de l'amour du duc de Buckingham pour Anne d'Au-

(1) Le cardinal avoit son quartier au siége comme les autres généraux; un des forts qu'il fit bâtir contre la ville reçut le nom de *fort Richelieu*. Il dirigeoit lui-même les travaux et les attaques. Le P. Joseph qui l'accompagnoit donnoit des plans et dirigeoit aussi les opérations militaires.

triche, et que ce fut une lettre écrite par la Reine à ce duc qui fit échouer l'entreprise. On trouve même le texte de la lettre dans quelques mémoires. A l'appui de cette anecdote, on fait observer que Ludlow, qui examina les papiers de Charles I, dit avoir vu une lettre signée *Charles rex*, par laquelle ce monarque ordonne au chevalier Pennington, commandant de l'escadre angloise, de suivre en tout les ordres du roi de France quand il seroit devant La Rochelle, et de couler bas les vaisseaux dont les capitaines résisteroient. Il sembleroit que la flotte angloise, ayant reconnu l'impossibilité de forcer la digue, ayant déjà beaucoup souffert par la tempête, se seroit exposée inutilement à une perte presque certaine, si elle étoit restée devant un port où elle ne pouvoit pénétrer. Sa retraite précipitée n'a donc rien de surprenant. On n'a pas besoin d'y chercher une cause romanesque, si on remarque que quelques mois plus tard une flotte plus nombreuse encore se présenta devant La Rochelle, et fut témoin de la capitulation de la place sans pouvoir s'y opposer. Quant à la lettre que l'on attribue à Charles I, et que ce prince n'auroit pu écrire que par l'effet d'une inconcevable condescendance pour les caprices de son favori, l'intérêt que ses ennemis ont eu à le rendre odieux au peuple anglois, doit mettre en garde contre leur témoignage.

Les Rochellois manquoient de vivres; ils n'avoient plus aucun espoir d'être secourus; mais ils paroissoient décidés à s'ensevelir sous les murs de la place, plutôt que de se rendre, et rejetoient toutes les propositions qui leur étoient faites de la part du cardinal (1). Richelieu les renouveloit sans cesse; il auroit voulu soumettre la ville et non pas la détruire. D'ailleurs le siége en se prolongeant excitoit des murmures. Dès l'hiver précédent on avoit taxé cette entreprise de folie; on avoit cherché à en dégoûter le Roi, et plus d'une fois on étoit parvenu à l'ébranler. Les efforts des ennemis de Richelieu étoient secondés par Anne d'Autriche, et même par la Reine-mère, qui étoit jalouse du ministre. Ceux qui, trois ans auparavant, avoient accusé le cardinal de favoriser les protestans, prétendoient qu'il ne s'opiniâtroit à la réduction de La Rochelle que pour plaire au Pape, et vouloient qu'on abandonnât le siége pour aller secourir les alliés de la France en Italie.

Toutes ces intrigues échouèrent contre la fermeté de Richelieu; les Rochellois se rendirent le 28 octobre, et il put dire avec raison qu'il avoit pris la place en dépit de trois souverains : le roi d'Angleterre, le roi d'Espagne et le roi de France, et que c'étoit le dernier qui lui avoit opposé le plus d'obstacles. Richelieu qui s'étoit déjà montré, et qui se montra par la suite si rigoureux dans ses vengeances, n'abusa point de la victoire avec les Rochellois; il priva la ville de ses priviléges, la mit hors d'état de se révolter de nouveau, mais il ne fit essuyer aucun mauvais traitement aux habitans, et leur laissa même le libre exercice de leur religion. Rien ne ternit donc sa gloire dans cette grande entreprise, dont le succès

---

(1) Le maire Guiton disoit aux malheureux habitans prêts à expirer de faim : « Quand il n'y aura plus qu'un seul homme dans la place, « il faudra qu'il ferme les portes. »

fut dû à lui seul (1). Il n'est pas inutile de remarquer que la capitulation ne fut signée ni par le Roi, ni par le cardinal, ni même par les maréchaux de France qui étoient à l'armée, mais seulement par deux maréchaux de camp. Richelieu n'avoit pas jugé qu'il fût de la dignité de la couronne que le Roi, son ministre ou ses principaux officiers traitassent avec des sujets rebelles.

La réduction de La Rochelle anéantissoit le parti protestant jusqu'alors si redoutable en France. « C'é-
« toit, dit Hume, le premier pas qui devoit con-
« duire la France à de grandes prospérités. Ses enne-
« mis étrangers, et ses factions domestiques ayant
« perdu leur plus puissante ressource, cette couronne
« commença bientôt à briller d'une nouvelle splen-
« deur. » Le Roi sentoit toute l'importance du service que le cardinal venoit de rendre à l'Etat; plus on s'étoit attaché à lui représenter le succès de l'entreprise comme impossible, plus on avoit rehaussé à ses yeux les talens supérieurs du ministre, que l'on avoit servi en voulant lui nuire. Mais les ennemis de Richelieu, réduits au silence, n'en étoient que plus acharnés, et la Reine-mère se réunissoit à eux.

La bonne intelligence entre elle et le cardinal étoit altérée depuis l'année dernière. Madame étant morte le 4 juin 1627 (2), Marie de Médicis avoit voulu faire épouser au duc d'Orléans une princesse

---

(1) Dans la déclaration que le Roi publia après la prise de La Rochelle, il est dit que le succès de l'entreprise est dû au cardinal. — (2) Madame étoit accouchée d'une fille le 29 mai précédent ; cette fille fut la célèbre Mademoiselle, dont les Mémoires feront partie de cette collection.

de sa famille (1); et quoique Richelieu eût paru approuver cette alliance, elle ne tarda pas à s'apercevoir qu'il s'y opposoit en secret. Quand elle avoit vu le Roi aller prendre en personne la direction du siége de La Rochelle, elle s'étoit persuadée que le cardinal n'avoit d'autre but que de tenir son fils éloigné d'elle, et de le soustraire à l'ascendant qu'elle avoit sur lui. Jusqu'alors ennemie d'Anne d'Autriche, elle s'étoit réunie à elle pour faire revenir Louis, et pour l'empêcher de retourner à l'armée. Le Roi étant reparti malgré elle, son mécontentement avoit dégénéré en haine contre le cardinal; cependant elle s'étoit crue obligée de dissimuler, et avoit fait dire des messes pour le succès du siége.

Mais lorsqu'après la prise de La Rochelle le cardinal revint triomphant à Fontainebleau où étoit la Cour, elle eut plus de peine à cacher ses véritables sentimens. Richelieu qui savoit les liaisons qu'elle avoit formées avec ses ennemis, et qui en voyoit plusieurs auprès d'elle, lui répondit, quand elle lui demanda des nouvelles de sa santé : « Je me porte « mieux que beaucoup de gens qui sont ici ne vou- « droient. » La Reine-mère, surprise de cette réponse, changea la conversation. Elle fit quelques plaisanteries sur le cardinal de Bérulle qui arrivoit en habit court et botté. Ce cardinal jouissoit depuis quelque temps de toute sa faveur. « Je voudrois, « dit Richelieu, être aussi avant dans vos bonnes

---

(1) Anne de Médicis, la plus jeune des filles du grand duc de Toscane. Elle étoit encore trop jeune pour être mariée, et d'ailleurs si laide que Monsieur ne voulut pas en entendre parler.

« grâces comme est celui dont vous vous moquez. » La Reine-mère, poussée à bout, lui répliqua avec aigreur, et Richelieu repartit sur le même ton. Nous n'avons cité ces détails peu importans en eux-mêmes, que parce qu'ils peignent le caractère du cardinal, et font connoître la position dans laquelle il se trouvoit à la Cour.

En quittant Marie de Médicis Richelieu alla chez le Roi, lui raconta ce qui s'étoit passé, et lui demanda la permission de se retirer du ministère, qu'il ne croyoit plus pouvoir garder après avoir eu le malheur de déplaire à la Reine-mère. Louis se chargea de parler à Marie de Médicis; le cardinal écrivit de son côté; comme ni cette princesse ni lui n'avoient encore le projet d'en venir à une rupture ouverte, l'accommodement se fit sans difficulté. De nouvelles altercations eurent lieu bientôt après, à l'occasion d'une abbaye dont Marie de Médicis avoit disposé en faveur de Vautier son médecin, qui étoit ennemi du cardinal. Richelieu fit des reproches peu mesurés à cette princesse, qui, lorsqu'il fut parti, lui envoya dire par un simple valet qu'elle lui ôtoit la surintendance de sa maison et la direction de ses affaires. Le Roi se chargea encore de faire la paix; mais la lutte étoit engagée, et il falloit que l'un des deux succombât. Les projets de la Reine-mère, relativement aux affaires du royaume, étoient d'ailleurs absolument opposés à ceux de Richelieu.

Vincent de Gonzagues, duc de Mantoue, étoit mort à la fin de novembre 1627. Charles de Gonzagues, duc de Nevers, son cousin et son héritier, avoit été reconnu par les habitans; mais la maison d'Autriche, sachant qu'il étoit dévoué aux intérêts de la France, lui opposa pour compétiteur le duc de Guastalle, auquel l'Empereur donna l'investiture du duché, qui étoit un fief impérial. Le duc de Savoie élevoit aussi des prétentions sur Mantoue, et il s'étoit arrangé avec les Espagnols pour partager le pays. Le duc de Nevers, trop foible pour résister, avoit réclamé de la France des secours qu'il avoit été impossible de lui accorder pendant le siége de La Rochelle; on n'avoit pu que gagner du temps, en essayant de négocier avec les cours de Madrid et de Turin. Mais le danger devenoit chaque jour plus pressant, et il falloit que le ministère françois prît une prompte détermination. L'affaire fut mise en délibération au conseil avant que la Cour quittât Fontainebleau. Le cardinal qui se voyoit enfin libre de travailler à l'abaissement de la maison d'Autriche, devoit commencer par empêcher qu'elle n'opprimât un allié de la France. Il fit adopter la résolution d'envoyer sur-le-champ des forces en Italie. Marie de Médicis s'y opposa en vain ; belle-mère du roi d'Espagne et de l'héritier du duc de Savoie (1), elle désiroit qu'on ménageât ces deux souverains ; mais elle avoit en outre des motifs particuliers de haine contre le nouveau duc de Mantoue. Monsieur, qu'elle avoit voulu marier avec une princesse de Toscane, étoit devenu éperdument amoureux de Marie de Gonzague fille de ce duc, qui cherchoit à la lui faire épouser. Tout ce que la Reine put obtenir ce fut qu'on fit promettre au duc d'Orléans de ne plus penser à ce mariage.

(1) Christine de France, fille de Henri IV et de Marie de Médicis, avoit épousé Victor Amédée, prince de Piémont.

Dès le mois de novembre on réunit des troupes en Dauphiné, et le Roi chargea son frère de l'expédition ; Marie de Médicis avoit demandé ce commandement pour lui, afin de le distraire de la passion dont elle le voyoit occupé. Mais à peine Louis avoit-il pris cette détermination qu'il fut tourmenté de l'idée que la gloire qu'il avoit acquise devant La Rochelle, alloit être éclipsée par les exploits de son frère ; il eut recours au cardinal, qui, trop heureux de trouver un prétexte pour l'enlever aux cabales de la Cour, lui conseilla de se rendre lui-même en Italie, et de partir sur-le-champ. Marie de Médicis, déjà mécontente de l'expédition projetée, fut encore plus irritée de la nouvelle résolution du Roi ; elle la considéra comme outrageante pour elle, et se confirma dans l'opinion que Richelieu vouloit gouverner seul en s'emparant de l'esprit de son fils.

Louis se mit en route avec le cardinal, vers le milieu de janvier 1629. La campagne fut glorieuse ; elle eut pour résultat (1) de forcer le duc de Savoie à se liguer avec la France et la république de Venise pour la conservation des Etats du duc de Mantoue, qui fut rétabli dans ses possessions, et d'assurer au Roi l'entrée de l'Italie par l'occupation de la citadelle de Suze et du fort de Saint-François. Avant de quitter l'Italie le Roi signa un traité honorable avec l'Angleterre qui avoit envoyé demander la paix. En revenant, il entra dans le Languedoc avec ses troupes victorieuses, pour achever la soumission des protestans qui tenoient encore quelques places. La ville de Privas fut saccagée. Aubery rapporte que le cardinal, qui avoit la fièvre,

---

(1) Traité de Suze, 11 mars 1629.

monta à cheval pour arracher les habitans à la fureur du soldat. On nous a conservé la lettre que Richelieu écrivit à la Reine, le 29 mai, en lui annonçant la prise de cette ville. « Dieu m'a fait cette grâce, dit-il,
« que je n'ai point vu cette tuerie, parce que si
« peu de travail et de fatigues depuis sept ou huit
« jours en ce siége, m'avoit contraint de garder le
« lit le jour du malheur de ces misérables. » Nous relevons ce fait, afin de montrer que les panégyristes du cardinal ne sont pas plus véridiques que ses détracteurs.

Le duc de Rohan, chef des protestans, après avoir épuisé toutes les ressources du parti, demanda la paix. Elle lui fut accordée le 27 juin. Le Roi pardonnoit le passé, laissoit aux vaincus la liberté de conscience; mais les fortifications de toutes les villes où ils se trouvoient en plus grand nombre que les catholiques devoient être détruites. Le duc de Rohan s'obligeoit à sortir de France, et à n'y revenir qu'avec la permission du Roi.

Après la pacification le Roi retourna à Paris, et le cardinal resta en Languedoc pour faire raser les fortifications des villes protestantes. Tous les mémoires s'accordent à dire qu'en faisant exécuter cette convention qui devoit déplaire aux habitans, il sut se concilier les esprits par ses manières affables. On remarque même qu'à Montauban, les ministres allèrent le complimenter au nom du consistoire, et que le cardinal leur répondit : « Qu'en France ce n'étoit pas la cou-
« tume de les recevoir comme corps d'église, en
« quelque lieu et en quelque occasion que ce fût;
« mais qu'il les recevoit comme gens qui faisoient

« profession des lettres ; qu'en cette qualité ils se-
« roient toujours les biens venus, et qu'il tâcheroit
« de leur témoigner, dans les rencontres, que la diver-
« sité de religion ne l'empêcheroit jamais de leur
« rendre toutes sortes de bons offices, ne faisant
« point de différence entre les sujets, que par la fidé-
« lité, laquelle, comme il espéroit, se trouvant dé-
« sormais égale aux uns et aux autres, il les assisteroit
« tous également et avec une même affection. »

Pendant l'expédition d'Italie, Marie de Médicis, char-
gée de la régence, avoit fait arrêter et enfermer à Vincennes Marie de Gonzague, sous prétexte que Monsieur
avoit l'intention de l'enlever. Louis, aussi opposé que
sa mère au mariage du duc d'Orléans, vouloit que la
princesse allât rejoindre le duc de Nevers à Mantoue;
mais son intention n'étoit pas qu'on lui fît essuyer de
mauvais traitemens, et il eut beaucoup d'humeur lorsqu'il apprit ce que la Reine-mère avoit fait sans le consulter. Cependant il ne témoigna pas d'abord son mécontentement, et ce ne fut qu'après être arrivé à Paris
qu'il fit mettre la princesse en liberté. Marie de Médicis, qui jusqu'alors avoit vu le Roi soumis à ses
volontés, se crut offensée par cet acte de justice; et
elle reconnut avec dépit que le cardinal avoit plus
d'empire qu'elle sur l'esprit de son fils.

En effet, Louis n'avoit agi que d'après les conseils
du cardinal, dont la politique est facile à expliquer.
Monsieur, auquel on n'avoit laissé ni le commandement du siége de La Rochelle, ni celui de l'expédition d'Italie, s'étoit de nouveau déclaré contre le
ministre. Il auroit pu se rendre redoutable, s'il s'étoit
réuni à la Reine sa mère. Richelieu fut servi par les

circonstances, et il sut en profiter. L'amour de Monsieur pour la fille du duc de Nevers, son refus formel d'épouser une princesse de Toscane indisposèrent contre lui Marie de Médicis, qui l'exaspéra à son tour en faisant arrêter la princesse dont il étoit amoureux. Le cardinal laissa cette princesse en prison pendant deux mois, afin d'aigrir les ressentimens de Monsieur contre la Reine-mère et même contre le Roi, et de rendre les rapprochemens plus difficiles. D'un autre côté, la liberté rendue à une princesse que Marie de Médicis avoit pris sur elle de faire arrêter, montroit au peuple et aux grands que le Roi n'étoit plus gouverné par sa mère.

Lorsque le Roi fut de retour à Paris, le duc d'Orléans évita de le voir, partit pour Joinville, et menaça de se retirer en Flandre, si on ne lui accordoit pas pleine et entière satisfaction. L'autorité royale étoit trop bien affermie pour que l'on pût craindre quelques efforts des mécontens en faveur de ce prince; on lui répondit qu'il devoit d'abord revenir à la Cour, et y faire ses demandes d'une manière plus soumise. La Reine-mère sentit alors la faute qu'elle avoit faite, et elle essaya de la réparer en sollicitant pour Monsieur quelques grâces en dédommagement du mariage auquel on le forçoit de renoncer; mais elle ne put rien obtenir. Le duc d'Orléans, se voyant méprisé, passa dans les Etats du duc de Lorraine, publia un manifeste contre le cardinal, qu'il appeloit *le maire du palais de ce temps ;* il mit à son retour des conditions qu'il auroit à peine pu exiger, s'il eût été à la tête d'une armée victorieuse [1].

(1) Il demandoit une augmentation d'apanage, une somme d'argent

Le cardinal étoit resté en Languedoc, jusqu'au départ du duc d'Orléans pour la Lorraine ; il avoit tout dirigé, sans paroître prendre aucune part aux affaires de ce prince, dont tout l'odieux retomba sur la Reine-mère. Cependant il ne voulut point pousser les choses aux dernières extrémités, et il fit accorder une légère augmentation d'apanage à Monsieur, qui alla résider à Orléans. De pareils arrangemens étoient loin de satisfaire Marie de Médicis ; il y eut plusieurs discussions très-vives entre elle et le cardinal ; mais le Roi intervint, et, loin de pouvoir perdre son ennemi, elle fut obligée de prêter son nom aux nouvelles faveurs qui lui furent accordées. Richelieu depuis long-temps exerçoit, dans toute leur étendue, les fonctions de principal ministre, le Roi l'avoit qualifié ainsi dans plusieurs déclarations ; mais ce titre ne lui fut conféré que le 21 novembre 1629. Les lettres-patentes portent que le Roi, ayant l'intention de reformer son conseil, n'a cru devoir faire aucun choix avant d'avoir donné au cardinal le rang et la place que sa condition et ses vertus requièrent. On rappelle les services qu'il a rendus devant La Rochelle, en Italie et en Languedoc ; on fait remarquer que sa modestie l'a seule empêché d'en recevoir encore la récompense, et, *de l'avis de la Reine-mère*, il est nommé conseiller dans les conseils du Roi, et principal ministre d'Etat. Le mois suivant (lettres-patentes du 24 décembre (2)), le Roi le fit

considérable, le gouvernement d'une province, l'entrée au conseil, le commandement des armées toutes les fois que le Roi ne marcheroit pas en personne, la liberté du duc de Vendôme, des charges et de l'argent pour ses favoris, etc.

(1) Le nom de la Reine-mère ne se trouve pas dans ces secondes lettres-patentes.

son lieutenant-général, représentant sa personne pour l'expédition qu'on projetoit en Italie. Il étoit investi de toute l'autorité royale dans les provinces françoises et étrangères où se trouveroit l'armée ; les officiers civils et militaires devoient également lui obéir ; enfin il avoit le droit de recevoir des ambassadeurs, et de signer les trèves et les traités qu'il jugeroit utiles au bien de l'Etat.

Cette nouvelle expédition dont le cardinal étoit chargé en Italie, avoit pour objet de s'opposer aux entreprises de l'Espagne et de l'Empereur, qui attaquoient de nouveau le duc de Mantoue, et de forcer le duc de Savoie à exécuter le traité de Suze. Le ministre ne se trouvoit pas pris au dépourvu; non-seulement il avoit réuni une armée en Dauphiné, mais, par un traité signé avec la Bavière, il s'étoit ménagé, au besoin, les moyens de faire faire une diversion contre l'Empereur. Il partit de Paris le 29 décembre, ayant à l'une des portières de son carrosse le cardinal de La Valette et le duc de Montmorency, à l'autre les maréchaux de Schomberg et de Bassompierre. Cent gentilshommes l'accompagnèrent jusqu'à plus d'une lieue de la ville ; il continua sa route avec sa garde ordinaire et huit compagnies des gardes que le Roi lui avoit données pour escorte.

Richelieu arriva à Lyon le 18 janvier 1630. Peu de jours après le prince de Piémont, fils du duc de Savoie, lui fit proposer, au pont de Beauvoisin, une entrevue, qu'il refusa, afin d'éviter les négociations inutiles, et de mettre le duc dans la nécessité de se déclarer sur-le-champ pour ou contre la France. N'ayant reçu que des réponses évasives aux demandes formelles qu'il faisoit faire, il pénétra dans le Piémont, y fit des progrès rapides, et se rendit maître de Pignerol le 21 mars 1630 (1). Connoissant toute l'importance de cette place, il ne perdit pas un instant pour la mettre sur un pied respectable de défense. On ravitailla Casal; mais les forces supérieures de l'ennemi et la difficulté des passages ne permirent pas de porter des secours au duc de Mantoue, dont la position devenoit chaque jour plus critique.

Cependant le Roi s'étoit rendu à Lyon avec toute la Cour dans les premiers jours de mai; Richelieu avoit lui-même provoqué le voyage, d'après une lettre du cardinal de La Valette qui l'informoit des progrès que ses ennemis faisoient auprès du prince. En effet, la Reine-mère, profitant de l'absence du ministre, commençoit à reprendre sur son fils l'ascendant qu'elle avoit perdu. Ne pouvant empêcher le Roi de partir, elle refusa pour le suivre la régence qu'elle avoit eue pendant les autres voyages de son fils. Louis se mit en route pour l'armée; le cardinal alla au-devant de lui jusqu'à Grenoble, où l'on régla les opérations ultérieures de la campagne; il fut décidé que l'on feroit la conquête de la Savoie, afin de con-

(1) On raconte que L'Escalangue, gouverneur du château, ayant demandé à capituler, il lui fut répondu qu'on lui accorderoit telles conditions qu'il voudroit, pourvu qu'il sortît dans un délai de quatre heures; que L'Escalangue déclara ne pouvoir se mettre en route qu'après avoir communié le lendemain matin, qui étoit le jour de Pâques; que le cardinal, craignant de voir rompre la capitulation par l'arrivée du duc de Savoie, dont on lui annonçoit la marche, fit avancer pendant la nuit toutes les horloges de la ville; que le gouverneur communia et partit de meilleure heure qu'il ne comptoit, et que la garnison rencontra en effet le duc avec ses troupes à quelques lieues du château.

trebalancer les avantages que les Impériaux et les Espagnols obtenoient dans les Etats du duc de Mantoue, où l'armée françoise ne pouvoit pas pénétrer. Quoique cette résolution dût choquer Marie de Médicis, qui avoit à cœur les intérêts du duc de Savoie, Richelieu partit pour Lyon, afin de saluer les deux Reines. Les mémoires du temps remarquent qu'il fit toutes les soumissions imaginables à la Reine-mère, que cette princesse ne lui témoigna aucun ressentiment, qu'elle ne se plaignit point de ses projets contre la Savoie, et qu'elle l'exhorta seulement à conclure la paix aussitôt qu'on pourroit le faire avec honneur. Richelieu alla ensuite rejoindre le Roi.

Ce fut alors que parut pour la première fois à la cour de France, le fameux Jules Mazarin. Il étoit chargé de traiter de la part du duc de Savoie; sa négociation échoua, et la Savoie fut conquise sans obstacle. Louis retourna à Lyon dans les premiers jours du mois d'août, et y tomba dangereusement malade. Les deux Reines ne le quittèrent pas un seul instant; mais, en lui rendant les plus tendres soins, elles s'attachoient à perdre le cardinal dans son esprit. On dit que Louis, naturellement foible, et affoibli encore par la maladie, céda à leurs instances, et promit de sacrifier son ministre, aussitôt que la paix seroit conclue. Tel fut du moins le bruit répandu à la Cour, ainsi que le rapporte Vittorio Siri d'après le témoignage des contemporains (1). Mais un autre danger plus réel menaçoit le cardinal; la maladie du Roi avoit pris le

---

(1) Cependant on lit dans un journal rédigé par Richelieu, que le Roi lui déclara plus tard qu'il avoit résisté à tous les artifices des deux Reines.

caractère le plus alarmant, et on désespéroit de sa vie. Déjà la Reine-mère avoit expédié un courrier à Monsieur pour l'engager à se rendre auprès d'elle en toute diligence. Elle considéroit la mort du Roi comme prochaine, et ne croyoit avoir à s'occuper que des moyens d'exercer l'autorité sous le nom du duc d'Orléans qui alloit monter sur le trône.

Aussitôt qu'il avoit appris la maladie du Roi, Richelieu étoit venu à Lyon, afin de juger par lui-même l'état des choses, et de pouvoir, quel que fût l'événement, se soustraire à la vengeance de ses ennemis. Parmi eux on comptoit, outre les deux Reines, la princesse de Conti, la duchesse d'Elbeuf, les deux Marillac, l'un maréchal de France, l'autre garde des sceaux, le maréchal de Bassompierre, la duchesse de Lesdiguières, la comtesse de Fargis, etc. La chute du cardinal leur paroissoit inévitable, et déjà ils discutoient ce qu'ils feroient de lui lorsqu'ils se seroient emparés du pouvoir. On rapporte qu'il y eut une grande assemblée à ce sujet chez madame de Fargis, que le cardinal, placé dans un appartement voisin, entendit tout, au moyen d'une sarbacane, et que chacun subit plus tard le traitement qu'il avoit voulu faire éprouver au ministre.

Mais le rétablissement inattendu de la santé du Roi déconcerta tous les projets des ennemis de Richelieu. La Reine-mère elle-même, malgré les promesses qu'elle avoit arrachées à son fils, n'étoit pas sans inquiétudes. Elle craignoit que le ministre auquel elle n'avoit pu dérober la connoissance de ses démarches à l'égard du duc d'Orléans, ne s'en fît des armes contre elle auprès d'un monarque jaloux et méfiant.

Elle se prêta donc volontiers aux désirs du Roi lorsqu'il l'engagea à se réconcilier avec le cardinal. Celui-ci encore ému du danger qu'il venoit de courir, et n'ayant pas pu préparer la perte de son ennemi, se trouva trop heureux de saisir le moment de bienveillance apparente de la Reine-mère ; il s'humilia devant elle, rappela tous les bienfaits dont elle l'avoit comblé ; protesta de sa fidélité et de sa reconnoissance, et s'engagea à ne se conduire désormais que par ses avis. Marie, de son côté, promit de lui rendre ses bonnes grâces. Le Roi ne douta point que la réconciliation ne fût sincère ; il voulut que le cardinal célébrât lui-même la messe, communiât la Reine-mère, et que tous deux jurassent sur l'hostie un entier oubli du passé. Cette cérémonie, rapportée par plusieurs mémoires du temps, eut lieu le jour de la Toussaint.

Ces intrigues de Cour avoient obligé le cardinal de quitter subitement l'armée, au moment où sa présence y auroit été le plus utile pour tirer parti des avantages qu'on avoit remportés. Cependant son départ n'empêcha pas de suivre les négociations qui étoient entamées déjà depuis quelque temps. La paix fut signée à Ratisbonne le 13 octobre; quoique la nouvelle en eût été apportée en Italie le 20, il y auroit eu une bataille le 26, sans le courage de Mazarin, qui, au péril de sa vie, alla plusieurs fois d'une armée à l'autre au moment où l'action alloit s'engager, et parvint à empêcher l'effusion du sang.

A peine le Roi avoit-il été rétabli qu'il avoit voulu quitter Lyon et retourner dans sa capitale. Toute la Cour le suivit ; les mémoires du temps remarquent que la Reine-mère et le cardinal s'embarquèrent à

Rouane dans le même bateau; que Richelieu fut gai, prévenant, attentif avec elle, et elle pleine de bienveillance pour lui; que leurs partisans se traitèrent comme s'il n'y eût jamais eu de sujet de discorde entre eux, et qu'une gaieté franche régna pendant tout le voyage.

Il est permis de croire que cette bonne intelligence étoit plus apparente que réelle; mais, en la supposant véritable, le Roi la rompit par une indiscrétion. On trouve le passage suivant dans une espèce de journal, rédigé par Richelieu lui-même, et qui a été imprimé en 1649 [1]. « Le Roi découvrit au cardinal, à Auxerre « (en revenant de Lyon à Paris), tout ce que la Reine « (mère) lui avoit dit contre lui de plus diabolique, et « les inventions dont elle s'étoit voulu servir pour lui « persuader. » Ces inventions, suivant quelques mémoires, étoient que Richelieu vouloit ôter la couronne à Louis pour la donner au comte de Soissons, avec lequel il s'étoit réconcilié, et qui devoit épouser madame de Combalet sa nièce, devenue veuve depuis quelque temps. Non-seulement le ministre se justifia de cette absurde accusation, mais il inspira au Roi des craintes beaucoup plus fondées contre Marie de Médicis. Il retraça la conduite de la Reine-mère, montra qu'elle avoit été toujours prête à tout sacrifier

---

[1] Le titre porte : *Journal de M. le cardinal duc de Richelieu, qu'il a fait durant le grand orage de la Cour, en l'année 1630 et 1631, tiré de Mémoires écrits de sa main.* C'est, à proprement parler, un extrait de tous les rapports qui étoient faits chaque jour au cardinal sur les discours et les projets de ses ennemis. Ce journal, dont l'authenticité n'est point contestée, a été réimprimé plusieurs fois. On y trouve des détails fort curieux sur les principaux personnages qui figuroient alors dans les intrigues de la Cour.

pour satisfaire son insatiable ambition, insista sur sa prédilection marquée en faveur de Monsieur, qu'elle comptoit tellement de voir monter sur le trône, que chaque jour elle consultoit les astrologues à ce sujet (1).

Ces discours du cardinal firent une profonde impression dans l'esprit du monarque, qui fut convaincu que Richelieu seul pouvoit le préserver des dangers dont il étoit menacé. Le cardinal, d'ailleurs, mettoit tout en usage pour rendre ses services indispensables. La Cour venoit d'arriver à Paris, lorsqu'on y reçut la nouvelle de la signature du traité de Ratisbonne (2). Richelieu craignit que Marie de Médicis ne sommât son fils de remplir la promesse qu'il lui avoit faite à Lyon, et que le Roi, se trouvant en paix avec toutes les puissances, ne crût pouvoir se passer de son ministre. Il prétendit donc que Léon Brulard et le père Joseph, qui avoient été chargés de négocier, avoient outre-passé leurs pouvoirs, fit partager cette opinion au Roi, et parut disposé à continuer la guerre.

Il fut alors impossible à Marie de Médicis de se contenir davantage; elle voyoit tous ses projets déconcertés, toutes ses espérances déçues. Si on reprenoit les hostilités, le ministre redevenu nécessaire étoit plus puissant que jamais; le Roi le suivoit à l'armée, et se livroit entièrement entre ses mains. Monsieur n'étoit pas moins animé qu'elle. Richelieu

(1) Les mémoires du temps constatent qu'en effet Marie de Médicis consultoit souvent les astrologues sur l'époque à laquelle le Roi devoit mourir, et que ce fut d'après leurs réponses qu'elle crut fermement que Louis succomberoit à la maladie dont il fut atteint pendant son séjour à Lyon. — (2) On dit que Richelieu avoit expédié un courrier au P. Joseph, avec l'ordre de traîner les négociations en longueur, mais que ce courrier n'arriva que deux jours après la signature de la paix.

l'ayant rencontré au Luxembourg, et s'étant avancé pour le saluer, ce prince lui tourna le dos, en lui lançant un regard de colère et de mépris. Le cardinal alla se plaindre à la Reine-mère, qui lui répondit sèchement que Monsieur l'avoit traité comme il le méritoit. Le Roi, instruit de ce double affront, déclara à Marie de Médicis que le bien de l'Etat exigeoit impérieusement que le cardinal restât au ministère. Il ajouta que si elle avoit été offensée par le ministre, elle devoit se souvenir que lui-même avoit autrefois pardonné à Richelieu lorsqu'elle l'en avoit prié; et qu'elle ne pouvoit le refuser, quand il demandoit à son tour qu'elle pardonnât au cardinal.

La Reine-mère n'osa pas résister; il fut convenu que le lendemain, 11 novembre, le cardinal se rendroit au Luxembourg avec madame de Combalet, et qu'en présence du Roi, Marie de Médicis leur déclareroit à l'un et à l'autre qu'elle n'avoit plus de haine contre eux. Elle n'avoit pris qu'à regret cet engagement; ses confidens lui persuadèrent que si elle profitoit de l'entrevue pour faire un éclat tel, que le Roi fût obligé de se déclarer contre sa mère ou contre son ministre, leur ennemi seroit nécessairement sacrifié. Marie de Médicis suivit ce conseil qui flattoit à la fois sa haine et son ambition. A l'heure fixée pour l'entrevue, elle fit d'abord appeler madame de Combalet; qui se jeta à ses pieds pour la remercier de la grâce qu'elle lui accordoit. La Reine la repoussa durement, en lui adressant les paroles les plus injurieuses, et la chassa de sa présence. Le cardinal, qui attendoit dans une pièce voisine, vit sortir sa nièce toute en larmes; introduit à son tour, Marie de Médicis vint à lui, le visage enflammé de colère; lui dit qu'il étoit le plus fourbe, le plus ingrat, le plus méchant homme du royaume; elle le traita de perturbateur du repos public, et l'accusa de vouloir détrôner le Roi. Louis essaya de la calmer et de justifier le cardinal; voyant que la Reine s'animoit de plus en plus, il ordonna à Richelieu de se retirer. Il tenta de nouveau, mais sans succès, d'apaiser sa mère, qui redoubla d'instances, et arracha, dit-on, de lui la promesse que le ministre seroit renvoyé.

Les mémoires du temps varient sur les détails de cette scène extraordinaire. Quelques-uns prétendent qu'il n'y avoit pas d'entrevue réglée à l'avance; que le cardinal, quoique l'entrée lui en eût été interdite, s'introduisit, par une porte dérobée, dans le cabinet de la Reine-mère, où étoit le Roi, et où il savoit que la princesse devoit faire un dernier effort contre lui; que Marie de Médicis, outrée de son audace, lui fit les reproches les plus sanglans; que Richelieu répondit de la manière la plus soumise; que voyant ses excuses rejetées avec emportement par la Reine, il demanda au Roi la permission de quitter le ministère, et que ce prince la lui accorda en lui disant de se retirer. Quelques autres, en adoptant une partie de ces circonstances, ajoutent que la scène étoit concertée entre le Roi et le cardinal.

De quelque manière que les choses se soient passées, il est certain que Marie de Médicis crut avoir obtenu ce qu'elle désiroit, qu'elle s'empressa de l'annoncer à ses partisans, et qu'elle agit comme si la disgrâce de Richelieu eût été irrévocable. Le bruit s'en répandit bientôt dans Paris, et le palais du

Luxembourg put à peine contenir la foule des courtisans qui alloient féliciter la Reine-mère. Richelieu, par sa conduite, confirmoit lui-même la nouvelle de sa chute. Il faisoit en toute hâte brûler ses papiers, emballer ses effets les plus précieux, préparer ses équipages. Il annonçoit l'intention de partir le plus tôt possible pour Le Brouage (1), et de s'embarquer, s'il y étoit forcé par l'acharnement de ses ennemis. Plusieurs historiens prétendent qu'il se considéroit effectivement comme perdu sans ressources, qu'il ne songeoit qu'à mettre sa personne et ses trésors en sûreté par une prompte fuite, que le cardinal de La Valette le pressoit en vain de faire encore une tentative auprès du Roi, et qu'il ne s'y décida qu'après avoir reçu un message de Saint-Simon (2), qui lui annonçoit les bonnes dispositions du monarque. D'autres pensent que ces préparatifs de départ n'avoient pour objet que de tromper la Reine-mère et ses partisans.

Louis sortit du Luxembourg très-irrité de ce que sa mère lui avoit manqué de parole; il demanda à Saint-Simon, qui l'avoit accompagné, ce qu'il pensoit de tout ce qu'il venoit d'entendre. Saint-Simon lui répondit qu'il croyoit être dans l'autre monde ; mais qu'enfin le Roi étoit le maître. « Oui je le suis! « répliqua le monarque, et je le ferai voir. » Il s'arrêta quelques instans à l'hôtel des ambassadeurs, pour se remettre de l'extrême agitation où il étoit; il se plaignit encore avec amertume des procédés de Marie de Médicis, puis se décida à partir pour Versailles, et

---

(1) Petite ville maritime de Saintonge dont Richelieu s'étoit fait donner le commandement. — (2) Saint-Simon, favori du Roi, étoit entièrement dévoué à Richelieu.

fit dire au cardinal d'aller l'y rejoindre sur-le-champ.

Richelieu y arriva presque en même temps que le garde des sceaux Marillac, qui avoit été également appelé, et qui se croyoit mandé pour être installé comme premier ministre. Pendant que celui-ci donnoit des ordres aux fourriers pour se faire préparer un logement dans le château, le cardinal fut introduit, sous prétéxte de prendre congé du Roi, et il ne paroît pas que sa présence ait inspiré le moindre soupçon à Marillac. Après avoir remercié le Roi, il lui dit qu'il ne pouvoit demeurer à la Cour, sans devenir la cause d'une division scandaleuse entre le fils et la mère, et il demanda la permission d'aller pleurer dans la solitude le malheur qu'il avoit eu de déplaire à sa protectrice. Le prince lui ordonna de demeurer, lui promit de le protéger contre tous ses ennemis, quels qu'ils fussent, ajoutant qu'il connoissoit ceux qui avoient donné de mauvais conseils à Marie de Médicis, et qu'il en feroit justice. Cette scène eut lieu en présence d'un assez grand nombre de courtisans. On dit que Richelieu avoit eu d'abord une audience secrète qui lui avoit été ménagée par Saint-Simon; qu'il y reprit son ascendant sur le monarque, si toutefois il l'avoit perdu, et que l'on y concerta les moyens de rendre son triomphe plus éclatant. La journée où se passèrent ces événemens, fut appelée la *journée des dupes*.

Soit que l'on adopte l'opinion de ceux qui prétendent que tout étoit convenu d'avance entre le Roi et le cardinal pour humilier la Reine-mère, et pour la priver de ses confidens; soit que l'on pense avec d'autres que le Roi consentit réellement à sacrifier son ministre, et qu'un court entretien suffit à celui-ci pour redevenir plus puissant que jamais, il faut reconnoître la supériorité de Richelieu dans les intrigues de Cour, comme dans la direction des affaires de l'Etat. Ses ennemis s'étoient désignés et livrés eux-mêmes à sa vengeance en se couvrant d'un tel ridicule qu'ils n'inspiroient plus aucun intérêt.

On s'est étonné avec raison que la Reine-mère, qui connoissoit l'esprit foible et vacillant de son fils, ne l'ait pas suivi après avoir obtenu une vaine promesse facile à révoquer, et qu'elle n'ait pensé qu'à jouir de son triomphe au lieu de l'assurer. Nous n'entreprendrons ni d'expliquer, ni de justifier sa conduite : nous remarquerons seulement que, dans cette intrigue comme dans la plupart de celles qui agitent les Cours, il y a des ressorts secrets dont le mystère n'est jamais bien éclairci. Les mémoires contemporains ne sont presque d'aucun secours pour découvrir la vérité ; chaque auteur rapporte les bruits répandus dans le parti auquel il a appartenu, et s'il a été en position de jouer un rôle, c'est ordinairement lui seul qui a tout prévu, tout conduit, tout fait. Cette remarque, sur laquelle nous reviendrons plus d'une fois dans la suite de notre travail, s'applique à la Journée des Dupes. Saint-Simon, favori du Roi, ne l'a point quitté pendant toute cette journée ; son récit [1] devroit donc présenter les faits dans leur plus rigoureuse exactitude ; mais, cédant à cette manie si naturelle aux hommes, de vouloir paroître avoir été les principaux moteurs d'un grand événement, les détails qu'il donne

---

[1] Saint-Simon n'a pas écrit de mémoires, mais il a raconté lui-même à Vittorio Siri tous les détails de la journée des dupes, qui les rapporte dans ses Mémoires secrets.

sont trop souvent dénués de vraisemblance, et marquent trop l'intention de se faire valoir aux dépens du cardinal, dont il eut à se plaindre plus tard, pour qu'on puisse y ajouter foi. Nous avons rempli notre tâche en indiquant les opinions diverses des contemporains ; et, sans chercher à concilier des faits contradictoires, rapportés avec une égale assurance, nous allons en dire les résultats.

Marie de Médicis, fière de son triomphe, en jouissoit avec ivresse. Elle donna à une de ses favorites la charge de madame de Combalet, qui étoit sa dame d'atour; elle ôta le commandement de ses gardes à La Milleraye, beau-frère du cardinal, reçut les félicitations des courtisans, et leur promit les places occupées par les amis de Richelieu. Déjà elle avoit formé un nouveau ministère, composé de ses créatures, et se vantoit hautement de gouverner sous le nom de son fils, lorsque Brienne vint lui annoncer de la part du Roi que Richelieu restoit à la tête des affaires. Soudain tous les courtisans disparurent, et Marie de Médicis se trouva presque seule au Luxembourg, où, peu d'instants auparavant, elle avoit vu à ses pieds tout ce qu'il y avoit de plus considérable en France. Ses ennemis mêmes conviennent qu'elle soutint avec une grande fermeté ce revers de fortune, d'autant plus accablant qu'il étoit inattendu. Décidée à ne pas fléchir devant le ministre, elle prenoit plaisir à le braver et à manifester hautement la haine qu'elle lui portoit; elle se promettoit de renouveler sans cesse ses attaques, sous lesquelles il devoit finir par succomber. Mais elle se flattoit de vaines espérances, et elle alloit courir à sa perte en cherchant à se venger. Le Roi étoit convaincu que sa mère avoit le projet de le remettre en tutelle, et peut-être ensuite de le dépouiller de la couronne, pour la donner au duc d'Orléans. Il voyoit dans Richelieu le seul homme qui pût réprimer l'ambition de Marie de Médicis; et plus elle paroissoit acharnée contre le ministre, plus il croyoit avoir intérêt à le soutenir. La Reine-mère l'avoit elle-même confirmé dans cette opinion par des discours imprudens, le jour où elle pensa avoir obtenu la disgrâce du cardinal ; discours qui furent rapportés au monarque, et probablement envenimés.

Marie de Médicis avoit d'abord déclaré qu'elle mourroit plutôt que de voir le cardinal, même au conseil qui se réunissoit ordinairement au Luxembourg; mais le Roi lui ayant répondu avec fermeté qu'il maintiendroit son ministre jusqu'à la mort, elle craignit que le conseil ne se tînt sans elle, ce qui l'auroit entièrement éloignée des affaires. Elle fut donc obligée de revenir sur sa résolution; elle consentit à se trouver avec Richelieu au conseil; pourvu que ce fût chez la Reine régnante, ne pouvant se décider, disoit-elle, à le recevoir au Luxembourg. Elle essaya de faire valoir cet acte de condescendance, et d'y mettre des conditions qui furent rejetées. Elle demanda en vain la liberté du garde des sceaux Marillac, qui avoit été arrêté au moment où il s'attendoit à recevoir le brevet de premier ministre, et celle du maréchal de Marillac que Richelieu avoit aussi fait arrêter à l'armée d'Italie ; on ne voulut lui donner aucune assurance pour ses partisans, on refusa même de lui promettre que Monsieur n'auroit pas la permission de se marier sans son consentement. Mais, au milieu des mortifications dont elle étoit abreuvée, rien ne lui fût plus sensible que la réconciliation du duc d'Orléans avec le cardinal (1). Ce prince, sur lequel elle fondoit une grande partie de ses espérances, étoit allé chez le ministre, lui avoit dit qu'il pouvoit compter sur son amitié et sur sa protection, et qu'il vouloit à l'avenir l'aimer autant qu'il l'avoit haï.

Trois jours après avoir assisté au conseil avec le ministre [le 26 décembre], elle le fit appeler au Luxembourg. Les détails de cette entrevue que le Roi avoit exigée, et à laquelle étoit présent le père Suffren, confesseur de la Reine-mère, se trouvent dans le journal de Richelieu. En le voyant entrer, la princesse fondit en larmes, le ministre et le confesseur se mirent aussi à pleurer (2); elle voulut faire asseoir Richelieu, qui lui répondit qu'il ne méritoit pas une telle faveur, puisqu'il avoit eu le malheur d'encourir sa disgrâce. Marie parla de ce qui s'étoit passé, assura qu'elle n'avoit jamais eu l'intention de l'éloigner des affaires, mais seulement de sa maison. Le cardinal lui ayant rappelé qu'elle avoit dit publiquement qu'il falloit qu'elle ou lui sortissent de la Cour, le P. Suffren observa que ce n'étoit qu'un mot échappé dans un moment de colère. Richelieu prit la parole, justifia sa conduite avec la Reine-mère, puis

(1) Lorsque la Reine-mère en reçut la nouvelle, elle dit que celui qui avoit ménagé cet accommodement lui avoit coupé la gorge. — (2) On lit, dans les Mémoires de Bassompierre (t. I., p. 322), que les larmes de Marie de Médicis ne couloient pas comme quand on a coutume de pleurer, mais se dardoient hors des yeux, sans descendre sur les joues. Quant aux larmes du cardinal, elles devoient peu toucher la Reine-mère, qui prétendoit qu'il pleuroit à volonté, et qu'il étoit tellement maître de son visage, qu'un instant après avoir paru très-gai, on l'auroit cru à demi-mort.

ajouta : « Qu'il désireroit toute sa vie être remis en
« son esprit comme il avoit été, mais qu'il osoit bien
« lui dire que l'ayant servie quatorze ans comme il
« avoit fait, il connoissoit trop bien son humeur pour
« oser, avec raison, espérer ce qu'il devoit toujours
« souhaiter par respect. » Il y eut quelques discussions
sur les projets relatifs au mariage du duc d'Orléans,
et la Reine congédia le ministre en lui disant qu'elle
se comporteroit avec lui comme il se gouverneroit
avec elle.

Ce qui se passa dans cette conférence n'étoit pas
de nature à amener une réconciliation entre la plus
ambitieuse des reines, dépouillée du pouvoir par
l'homme qu'elle avoit élevé, et un ministre non moins
ambitieux, qui ne pouvoit se maintenir que par la
ruine de sa protectrice. Leur haine réciproque étoit
d'autant plus envenimée qu'elle succédoit à une ancienne amitié, et s'il y eut une apparence de modération dans les discours, c'est qu'on cherchoit à se
tromper de part et d'autre pour se porter des coups
plus assurés (1).

(1) Richelieu n'avoit rien négligé pour prévenir l'effet que les discours
de ses ennemis pouvoient produire sur l'esprit du Roi. A l'époque de
la journée des dupes, lorsqu'il avoit réduit son maître à le prier de
conserver la direction des affaires, il lui avoit imposé des conditions
que l'on trouve détaillées dans un mémoire qui est trop curieux pour
que nous ne le rapportions pas ici.

*Mémoire donné au Roi par le cardinal de Richelieu, après que la
Reine-mère l'eut éloigné de sa maison, touchant les moyens d'empêcher les cabales dans la Cour.*

Puisqu'il plaît au Roi se servir de moi, comme il fait, en ses affaires, il jugera raisonnable, je m'assure, de n'ajouter aucune foi à
tout ce qui pourra lui être dit à mon préjudice, par ceux qui se sont

L'accommodement de Monsieur avec le cardinal mettoit la Reine-mère dans l'impossibilité de rien entreprendre. Elle vint facilement à bout de le rompre avec un prince aussi peu ferme dans ses résolutions que l'étoit le duc d'Orléans; et, pour prévenir un nouveau changement, elle crut prudent de l'éloigner de Paris. Il fut donc convenu que Monsieur quitteroit la Cour, et iroit dans les provinces essayer de s'y faire un parti. Marie de Médicis devoit rester à Paris, et saisir l'instant favorable pour agir de son côté. Avant de partir, Monsieur alla chez le cardinal

déclarés en cette occasion mes ennemis; auxquels même la raison requiert qu'il ferme la bouche, et ne leur ouvre point ses oreilles.

Sa Majesté aura ensuite agréable de considérer qu'étant très-assuré, comme je suis, que je n'apporterai pas à l'avenir moins de passion et de fidélité à son service, que j'ai fait par le passé, et dont Sa Majesté est contente, à mon avis je n'ai rien à craindre que les soupçons qui peuvent naître; et les fausses impressions qu'on peut donner de moi.

Pour remédier auxquels, il n'est question que de les découvrir en leur naissance, et s'en éclaircir avant qu'ils aient pris racine.

Quant aux mauvais avis qui se donnent d'ordinaire dans le monde, il y a deux moyens d'empêcher le mal qu'ils peuvent faire.

Le premier, d'y fermer l'oreille, ce que je ne demande, quand les personnes qui voudront parler ne seront pas ouvertement mes ennemis, de peur qu'il semblât que, sous prétexte de couper le cours aux calomnies, on voulût fermer toutes sortes de voies aux vérités.

Le second consiste à ne recevoir aucun avis, dont il ne daigne m'avertir pour en éclaircir la vérité; à telle condition, que ceux qui découvriront les vérités importantes à l'Etat, soient récompensés, comme aussi ceux qui lui imposeront les calomnies, châtiés.

Je dis que le Roi est obligé en conscience d'en user ainsi, parce qu'autrement il seroit impossible de le servir en ses affaires; où ceux qui y sont employés font tant d'ennemis en faisant leur devoir, que s'il étoit permis de les calomnier impunément en secret, la malice et les artifices de la Cour ne permettroient pas à un ange de subsister six mois.

Sa Majesté y est d'autant plus obligée, que je me soumets à tel

[30 janvier 1631] et lui dit : « Vous trouverez bien
« étrange ce qui m'amène ici. Tandis que j'ai pensé
« que vous me serviriez, je vous ai bien voulu aimer.
« Maintenant je vois que vous manquez à tout ce que
« vous m'avez promis ; je viens vous retirer la parole
« que je vous ai donnée de vous affectionner. »
Richelieu demanda inutilement quelles étoient les
promesses qu'il n'avoit pas remplies ; le prince déclara qu'il partoit pour Orléans, et que si on le pressoit il sauroit bien se défendre.

Cette rupture, sur laquelle Marie de Médicis avoit
compté pour se donner de l'importance, et pour embarrasser le cardinal, produisit un effet absolument

châtiment qu'il lui plaira, si lorsqu'elle aura agréable de me découvrir quelqu'un qui m'aura voulu faire du mal, j'en ai autre ressentiment que celui qu'elle voudra, et me prescrira elle-même.

Ensuite j'ai à lui représenter que, si elle veut maintenir son autorité, il faut avoir l'œil perpétuellement ouvert, et ne perdre pas un temps de faire les choses nécessaires à cette fin, autrement on se perdra assurément.

Il est de cette affaire comme d'une grande maladie qu'une seule médecine ne peut emporter, et qui ne peut être guérie que par de forts remèdes réitérés souvent.

Le cardinal s'est perdu chez la Reine pour ne défaire pas les cabales en leur naissance. Si l'on veut se sauver, il faut prendre le contrepied.

Il vaut mieux pour une telle fin faire trop que trop peu, pourvu que le trop n'aille pas à plus qu'à éloigner de la Cour ceux qui, pouvant y faire mal, donneront sujet de croire qu'ils en ont la volonté.

Par trop peu on se met en hasard de se perdre. Et quand même on feroit quelque chose de trop qui ne blesse point sa conscience, il n'en peut arriver inconvénient, et on s'assure tout-à-fait, n'y ayant rien qui dissipe tant les cabales qui se font ensuite d'une autre qui a réussi impunément, que la terreur et la crainte.

Il ne faut pas croire qu'on puisse avoir des preuves mathématiques des conspirations et des cabales ; elles ne se connoissent ainsi que par l'événement, lorsqu'elles ne sont plus capables de remèdes.

Il les faut donc toujours prévoir par fortes conjectures, et les prévenir par prompts remèdes.

contraire. On voit, par le journal de Richelieu, qu'il étoit informé, pour ainsi dire, à chaque heure de tous les détails des négociations qui avoient lieu entre les agens de la Reine-mère et ceux du duc d'Orléans; il ne chercha point à les entraver, parce qu'elles servoient à l'exécution de ses desseins. Lorsque Monsieur s'étoit réconcilié avec lui, il avoit fait accorder de grands avantages à ses favoris, et leur en avoit fait promettre de plus grands encore. Le Roi devoit donc être convaincu qu'il étoit impossible de rassasier leur avidité et de contenter son frère. Le cardinal savoit d'ailleurs que le duc d'Orléans, qui auroit pu le gêner à la Cour, n'étoit nullement redoutable dans les provinces. Cependant, quand il apprit au Roi son départ, il manifesta de graves inquiétudes. Louis se crut obligé de le rassurer par une démarche publique; il alla chez le ministre, et lui promit de déployer toute l'autorité royale contre ses ennemis.

Le Roi alla aussi trouver Marie de Médicis, qui parut étonnée du parti que Monsieur avoit pris, et déclara n'en avoir eu aucune connoissance. Richelieu dévoila alors à son maître tous les détails de la négociation, lui prouva que la Reine-mère avoit dirigé cette intrigue, de concert avec des agens de la maison d'Autriche, et que, pour fournir au duc d'Orléans les moyens d'exciter des troubles dans les provinces, elle lui avoit remis, avant son départ, toutes les pierreries de Madame qu'elle avoit eues en dépôt depuis la mort de cette princesse. Louis ne put plus douter des projets de sa mère, qui sacrifioit ainsi la tranquillité du royaume à sa vengeance et à son ambition. Ce n'étoit plus le ministre, mais lui-même qu'elle attaquoit. Dès-lors il ne pouvoit plus voir en elle qu'une ennemie. Ce n'étoit point encore assez pour le cardinal, qui ne croyoit pas son autorité affermie tant que cette princesse ne seroit pas renvoyée du royaume.

Louis avoit déjà exilé sa mère après la mort du maréchal d'Ancre; mais ce moyen, loin d'empêcher les troubles, avoit allumé la guerre civile, et d'ailleurs il lui répugnoit d'en venir une seconde fois à de pareilles extrémités; il auroit voulu que Marie de Médicis fût mise dans l'impossibilité de former de nouvelles intrigues et qu'elle se réconciliât avec le ministre. Le mauvais succès de toutes les tentatives qu'il avoit faites jusqu'alors ne l'empêcha pas d'essayer un dernier effort; mais le caractère altier et vindicatif de la Reine ne lui permettoit pas de dissimuler sa haine, et l'intérêt du ministre s'opposoit à un accommodement qui lui auroit laissé sans cesse de nouveaux dangers à redouter. Louis n'ayant pu réussir, on proposa à la Reine de se retirer pendant quelque temps à Moulins. La princesse prétendit que cette proposition cachoit un piége; qu'une fois éloignée de la Cour, on la feroit enlever et conduire à Florence. On lui demanda une promesse écrite de ne rien entreprendre contre la sûreté de l'Etat, et de ne donner aucune protection à ceux qui auroient encouru la disgrâce du Roi. L'expérience lui avoit appris que les ennemis du cardinal étoient considérés comme ennemis du monarque; elle ne pouvoit donc signer cette promesse, par laquelle elle auroit consenti à voir sacrifier ses partisans sans les secourir.

Ses refus étoient interprétés par le cardinal, et lui

donnoient plus de facilité pour démontrer au Roi qu'il devenoit indispensable de prendre une grande détermination à l'égard de Marie de Médicis. Comme il étoit casuiste au besoin, il avoit fait adopter au prince cette maxime : *que la conscience l'obligeoit, en toutes sortes d'occasions, à préférer le bien de l'Etat au contentement de sa mère.* Marie de Médicis, que la haine aveugloit, ne le secondoit que trop par sa conduite imprudente. Dans l'espoir de nuire au ministre, elle divulguoit les plus secrètes délibérations du conseil, mettoit sur pied tous ses partisans pour faire échouer les projets qui y avoient été arrêtés, et, comme le Roi étoit informé de ses indiscrétions et de ses intrigues, elle hâtoit elle-même le moment de sa perte.

La crise approchoit; elle étoit inévitable ; mais il y avoit encore un grand obstacle à surmonter. Marie avoit refusé formellement de s'éloigner ; il falloit donc en venir à un acte de violence, et Richelieu n'osoit l'entreprendre à Paris, où le peuple pouvoit se déclarer pour la mère du Roi contre le ministre. Le cardinal emmena le Roi à Compiègne, certain que la Reine-mère, qui avoit déclaré ne plus vouloir laisser éloigner son fils d'elle, ne tarderoit pas à le suivre dans cette ville. La princesse tomba dans le piége, et elle arriva à Compiègne le 17 février. Maître enfin de sa proie, Richelieu fit convoquer par le Roi, un conseil secret pour décider du sort de la Reine-mère. Ce conseil n'étoit composé que de ses créatures ; il refusa d'abord d'y donner son avis, sous prétexte qu'il étoit personnellement intéressé à la chose; mais le Roi lui ayant ordonné de parler, il prononça un discours dont on trouve la substance dans les Mémoires secrets de Vittorio Siri, et qui est un véritable chef-d'œuvre d'adresse et d'habileté. Il représenta que l'Empereur, les rois d'Espagne et d'Angleterre, et le duc de Savoie, jaloux de la gloire de Louis, et ne pouvant lui nuire par une guerre déclarée, cherchoient à se venger en troublant la prospérité du royaume par des intrigues secrètes; que des sommes considérables avoient été fournies par l'Espagne et par l'Angleterre, et que l'on n'attendoit plus que des secours d'hommes promis par l'Allemagne pour éclater; que le duc de Lorraine et la maison de Guise favorisoient la faction, devenue déjà assez puissante pour enhardir les parlemens à braver l'autorité royale; que les factieux n'avoient tant d'audace que parce qu'ils se voyoient soutenus par les deux Reines et par le duc d'Orléans; que Monsieur ne rentreroit jamais dans le devoir tant qu'il pourroit compter sur l'appui de la Reine-mère; que cette princesse seroit redoutable tant qu'elle resteroit à la Cour, et qu'on lui supposeroit le pouvoir de renverser le ministre. Qu'au milieu de ces intrigues, il seroit impossible de faire respecter la France au dehors et de maintenir l'ordre dans l'intérieur; que tout retard ne feroit qu'augmenter le mal en augmentant le nombre et la force des mécontens; qu'à la première maladie du Roi, ils se rendroient maîtres de sa personne et de l'Etat, sans que ses fidèles serviteurs pussent le défendre, ni se soustraire à la vengeance de deux femmes dont la colère seroit implacable; qu'il en seroit de même au moindre revers; qu'il falloit donc agir sans perdre un seul instant; que les remèdes foibles irritoient les grands maux, tandis que les violens les guérissoient, ou les ôtoient tout-à-fait; qu'il ne falloit pas y toucher, ou y appliquer le fer et le feu; qu'une paix solide avec la maison d'Autriche permettroit, à la vérité, d'employer toutes les forces de l'Etat contre les factieux, mais que jamais la paix ne seroit solide tant qu'il y auroit des factions puissantes dans le royaume; qu'il étoit impossible de ramener Monsieur, et de gagner ses conseillers, puisque l'on n'y avoit pas réussi en leur accordant des avantages qui devoient passer leurs espérances; que l'on pouvoit encore moins ramener la Reine-mère, qui sortoit d'un pays et d'une famille où l'on ne pardonnoit jamais; qu'elle avoit résisté aux prières du Roi, violé les promesses les plus solennelles; qu'elle ne seroit contente qu'après avoir exterminé tous ceux qu'elle haïssoit, et envahi le pouvoir n'importe à quel prix. Que l'on pouvoit l'éloigner lui (Richelieu) des affaires, qu'il falloit employer ce moyen sans hésiter, s'il étoit avantageux, qu'il le désiroit lui-même, mais que son éloignement n'apaiseroit point les factieux, qui ne désiroient sa chute que pour envahir l'autorité, et qui se croiroient autorisés par cet acte de foiblesse à tout entreprendre contre le gouvernement; que le dernier moyen seroit d'éloigner pour un temps Marie de Médicis, et de chasser d'auprès d'elle les factieux qui lui donnoient de mauvais conseils; que si on adoptoit cet avis il falloit l'exécuter avec tous les égards dus à la mère du Roi, mais sans délai, et prendre ses mesures de manière à être sûr de réussir, parce que, si on commençoit sans finir, on se perdroit irrévocablement. Qu'en proposant un aussi violent remède il ne se dissimuloit point que tous les maux dont il vouloit garantir l'Etat, alloient retomber sur lui seul ; que s'il ne considéroit que son propre intérêt, il ne donneroit pas un pareil conseil, qu'on croiroit dicté par esprit de vengeance ; qu'on ne manqueroit pas de l'accuser de la plus noire ingratitude envers sa protectrice ; qu'il deviendroit l'objet des plus mordantes satires, et qu'il aimeroit mieux tomber sans reproche que de s'affermir par de tels moyens ; mais qu'il devoit préférer la sûreté du Roi, et l'honneur de la couronne à sa propre réputation ; qu'il supplioit donc le Roi d'adopter ce parti, et de ne pas oublier qu'un chirurgien qui coupe un bras, ne s'embarrasse point du sang qu'il fait répandre. Qu'alors il demanderoit la permission de quitter le ministère, parce que les factions étant dissipées par un acte de vigueur inattendu, les ministres qui resteroient, pourroient facilement maintenir la tranquillité dans le royaume. Il termina sa harangue en assurant que l'esprit de la Reine-mère se calmeroit d'autant plutôt qu'elle se verroit hors d'état de nuire, et ne seroit plus assiégée par ceux qui l'excitoient à la vengeance ; que ses confidens eux-mêmes, n'ayant plus d'appui, chercheroient à se réconcilier de bonne foi avec la Cour ; que les étrangers, ne pouvant plus compter sur les intrigues des mécontens, seroient obligés, pour leur propre intérêt, de souscrire à une paix honorable ; qu'en peu de temps tout prospéreroit dans le royaume. Que si on rejetoit cet avis, le désordre ne pourroit qu'augmenter ; mais que, dans tous les cas, il auroit satisfait à sa conscience, en découvrant la véritable cause du mal, et le seul remède à y apporter.

Tous les membres du conseil applaudirent au discours de Richelieu ; mais ils s'élevèrent avec force contre sa proposition de quitter le ministère, où sa présence étoit indispensable pour la sûreté de l'Etat. Quant à l'objet principal de la délibération, il n'y eut rien de décidé ; le Roi fut prié de donner tels ordres qu'il jugeroit convenables, et chacun brigua à l'avance l'honneur de les exécuter.

Louis ne pouvoit plus reculer ; il adopta un plan qui lui fut proposé par le cardinal, et qui pour réussir, n'avoit besoin que de promptitude et de secret. Il partit de Compiègne, au milieu de la nuit, avec toute la Cour, laissant Marie de Médicis prisonnière dans le château, sous la garde du maréchal d'Estrées (1). A peine sorti de Compiègne, le cardinal réunit quelques troupes et se dirigea sur Orléans où étoit Monsieur. Il fut sur le point de se rendre maître de la personne de ce prince, qu'il amusoit par des négociations, tandis que ses soldats approchoient de la ville et commençoient à la cerner. Monsieur se sauva avec peu de monde, et se réfugia en Bourgogne ; mais, étant suivi de trop près par le cardinal, il fut obligé d'aller chercher, en Franche-Comté, un asile chez les Espagnols, et passa ensuite en Lorraine. Le Roi accompagna son ministre, dans cette expédition, et publia un édit par lequel tous ceux qui avoient suivi le duc d'Orléans (2) étoient déclarés criminels de lèse-Majesté. Cet édit fut enregistré sans difficulté au parlement de Dijon ; mais celui de Paris ayant donné un

(1) 23 Février. — (2) Le comte de Moret, fils naturel de Henri IV, les ducs d'Elbeuf, de Bellegarde, de Roannes, les présidens Le Coigneux et Payen, Puy-Laurent, le P. Châteauloube, et Mousignot, secrétaire de Monsieur.

arrêt de partage, le ministre ramena promptement Louis dans la capitale; le parlement eut ordre de se rendre en corps et à pied dans la galerie du Louvre. Le Roi se fit apporter les registres, déchira lui-même la feuille où l'arrêt de partage étoit inscrit, et fit insérer à la place un arrêt du conseil, qui défendoit au parlement de délibérer sur les édits concernant les affaires de l'Etat. Deux présidens aux enquêtes et un conseiller, qui avoient parlé avec chaleur lors de la délibération, furent interdits et exilés (1).

Tels furent les premiers actes de Richelieu, quand il fut débarrassé de ceux qui pouvoient lui porter ombrage et balancer son crédit auprès du Roi.

Cependant Marie de Médicis étoit à Compiègne, et le cardinal travailloit à la faire sortir de France. Il essaya d'abord la voie des négociations, et, pour rendre la Reine-mère moins difficile, il lui faisoit successivement enlever ses confidens et ses serviteurs. La princesse de Conti avoit été exilée une des premières; les duchesses d'Elbeuf et d'Ornano, madame de Fargis furent bientôt après renvoyées; Bassompierre et Vautier (2) furent mis à la Bastille, etc. Marie de Médicis rejetoit toutes les propositions qui lui étoient faites; elle refusoit même de quitter Compiègne pour aller résider dans une autre ville. Toute prisonnière qu'elle étoit, elle essayoit encore de se rendre redoutable à son ennemi, soit en adressant au parlement (3) des requêtes véhémentes et propres à enflammer les esprits, soit en cherchant à soulever ceux qui avoient

---

(1) Gayan, Barillon et Lainé. — (2) Médecin de Marie de Médicis. — (3) Le parlement n'osa pas même ouvrir la requête de la Reine-mère; il l'envoya toute cachetée au Roi.

à se plaindre du cardinal, ou qui étoient jaloux de sa puissance. Ces tentatives, qu'elle ne dissimuloit pas, sembloient devoir la faire resserrer davantage à Compiègne : au contraire, on lui laissoit chaque jour plus de liberté; on avoit même fait sortir les soldats de la ville; on se contentoit de garder les issues.

La Reine-mère, qui se flattoit facilement, n'hésita pas à attribuer ces ménagemens à la fermeté de sa conduite et à la crainte qu'elle inspiroit. Ses affaires ne lui paroissoient pas désespérées; elle se souvenoit que, jadis prisonnière à Blois, elle étoit parvenue à s'échapper, et avoit forcé son fils à traiter avec elle. Déjà on lui offroit une retraite dans une place forte, si elle pouvoit sortir de Compiègne. La comtesse de Moret, ancienne maîtresse de Henri IV, et dont le fils étoit proscrit comme partisan de Monsieur, dirigeoit cette intrigue; elle avoit épousé le jeune de Vardes, gouverneur de la Capelle (1), en survivance de son père. Secondée par quelques jeunes femmes, qui séduisirent quelques officiers, et par son mari, qui adoptoit ou paroissoit adopter ses projets, elle fit proposer à Marie de Médicis de se retirer dans cette place dont elle lui répondoit. La Reine, avant de partir, auroit voulu concerter sa fuite avec les partisans qui lui restoient dans les provinces; mais on vint lui annoncer que le maréchal de Schomberg et Brezé étoient envoyés à Compiègne avec douze cents chevaux, qu'ils avoient ordre de l'enlever et de la conduire jusqu'à un port de mer, où elle seroit embarquée pour Florence. Elle se considère comme perdue si elle ne

---

(1) Petite ville du Hainault, très-forte alors, et dont les fortifications ont été rasées depuis.

fuit avant leur arrivée. Elle s'échappe à dix heures du soir, accompagnée d'un seul gentilhomme ; une voiture et une escorte l'attendoient à trois cents pas de la ville. Elle passe l'Aisne à Choisy, sur un bac, sans éprouver aucune résistance ; elle trouve des relais disposés sur la route ; tout semble favoriser sa marche : elle approche de La Capelle, croit toucher au terme de ses malheurs, lorsqu'on vient lui annoncer qu'elle ne sera point reçue dans la place.

Le vieux marquis de Vardes y étoit arrivé depuis quelques heures, avec des ordres du Roi ; il avoit fait arrêter son fils, et chasser de la ville les femmes qui avoient pris part au complot. Elles ne savoient où porter leurs pas, et la Reine n'étoit pas moins embarrassée qu'elles. Retourner à Compiègne, c'étoit se remettre entre les mains de ses ennemis, qui pouvoient la faire enfermer dans un château fort ; il n'y avoit aucun espoir de fléchir le vieux marquis de Vardes, aucun moyen de le forcer à ouvrir ses portes ; on se trouvoit près de la Flandre espagnole, il fallut s'y retirer [1].

La Reine-mère, réduite à sortir ainsi du royaume au moment où elle s'y attendoit le moins, fut-elle le jouet d'une intrigue du cardinal, ou la victime de hasards malheureux ? On n'a rien su de positif à cet égard ; mais plus on examine les faits, plus on calcule les probabilités, et plus on est disposé à adopter la première de ces opinions. Qu'une Reine trompe la vigilance de ses gardes, et s'échappe d'un château où elle est retenue prisonnière ; qu'elle traverse vingt

[1] Ces détails sont puisés dans l'information juridique qui fut faite par un maître des requêtes sur la fuite de la Reine-mère.

lieues de pays sans être arrêtée ; que, ne trouvant pas dans une place frontière l'asile qu'on lui avoit promis, elle se réfugie à l'étranger : ces divers événemens n'ont pas besoin d'explication : mais si l'on considère que les mesures qui avoient été prises d'abord pour rendre impossible toute tentative d'évasion, ont été successivement négligées, et que cette négligence étoit connue du cardinal (1); que la Reine a pressé son départ sur la fausse nouvelle de mouvemens de troupes et d'entreprises dirigées contre sa personne; que Richelieu, informé de ses projets, assez à temps pour faire arriver le vieux marquis de Vardes à La Capelle avant la Reine (2), auroit pu plus facilement encore la faire enlever sur la route ; que ce moyen offroit moins de risques, puisque mille accidens pouvoient retarder la marche du marquis, et livrer la ville à la Reine ; que de Vardes a été le maître d'arrêter Marie de Médicis, qu'il vit passer tranquillement sous les murs de la place pour gagner la Flandre; si l'on considère toutes ces circonstances, il est difficile de ne pas penser que Richelieu étoit informé, par ses agens, des desseins les plus secrets de la Reine, et qu'il en facilita l'exécution afin de les faire tourner contre elle.

Le cardinal, ayant réussi à l'éloigner, étoit bien décidé à ne pas permettre son retour. Aussitôt qu'elle

(1) On voit, par le journal de Richelieu, qu'il étoit informé journellement de ce qui se passoit à Compiègne. — (2) L'information juridique constate que le vieux marquis étoit dans sa maison de Vardes en Normandie, lorsqu'il avoit reçu les ordres du Roi, et qu'il avoit eu quarante lieues à faire pour se rendre à La Capelle. Compiègne étoit moitié moins loin. Il est donc constant que les ordres avoient été expédiés au père de de Vardes avant que la Reine-mère se mît en route.

fut arrivée à Bruxelles, où elle reçut le meilleur accueil, elle écrivit au Roi qu'elle ne croyoit pas lui avoir déplu en cherchant à se soustraire aux persécutions du ministre, et qu'elle ne s'étoit rendue en Flandre que malgré elle. La réponse de son fils dut lui faire voir que tout étoit fini pour elle, et que jamais elle ne rentreroit dans le royaume. « Je recon-
« nois, lui disoit Louis, par beaucoup de preuves,
« l'affection et la sincérité de mon cousin le cardinal
« de Richelieu. La religieuse obéissance qu'il me
« rend, et le fidèle soin qu'il a de tout ce qui re-
« garde ma personne et le bien de mon Etat, parlent
« pour lui. Vous me permettrez, s'il vous plaît, de
« vous dire, madame, que l'action que vous venez
« de faire et ce qui s'est passé depuis quelque temps,
« fait que je ne puis ignorer quelles ont été ci-devant
« vos intentions, et ce que je dois en attendre pour
« l'avenir. Le respect que je vous porte m'empêchera
« de vous en dire davantage. »

La fuite de la Reine-mère et de Monsieur laissa Richelieu maître absolu du royaume (1). Anne d'Autriche ne pouvoit lui nuire; elle n'avoit ni pouvoir ni crédit; le Roi étoit convaincu qu'elle avoit voulu le détrôner pour épouser le duc d'Orléans. Elle ne parvint jamais à se justifier; et, peu de jours avant de mourir, Louis répondit à Chavigny qui lui parloit de cette Reine : *En l'état où je suis, je lui dois pardonner, mais je ne la dois pas croire.* Le prince de Condé, le seul des princes qui ne fût pas en prison où hors du royaume, étoit tellement dévoué au mi-

(1) Le douaire de Marie de Médicis et tous les revenus du duc d'Orléans furent saisis aussitôt après leur sortie du royaume.

nistre, qu'il se chargeoit d'aller le prôner dans les provinces, et que le jour où Richelieu prit séance au parlement, comme duc et pair (1), il voulut l'y accompagner.

Le cardinal exerça jusqu'à sa mort l'autorité royale dans toute sa plénitude; il régna sous le nom du Roi; ses ennemis furent considérés et traités comme ennemis de l'Etat; tout ce qui lui résista fut sacrifié. Dès-lors son histoire devient celle du règne de Louis XIII; on la trouvera dans la succincte narration et dans les autres mémoires de cette époque. Il seroit donc inutile d'en offrir le tableau dans cette Notice, qui a seulement pour objet de faire connoître la jeunesse du cardinal et les moyens par lesquels il parvint, soit à s'élever, soit à affermir son pouvoir d'une manière inébranlable; mais notre travail seroit incomplet si nous ne donnions pas quelques détails sur les habitudes de sa vie privée, sur ses goûts, ses occupations et son caractère.

Il se couchoit ordinairement à onze heures du soir, dormoit trois ou quatre heures, se faisoit apporter les dépêches, y répondoit de sa propre main, ou dictoit les réponses à un secrétaire. Vers six heures, il se rendormoit et se levoit à huit. Lorsqu'il avoit fait ses prières, ses secrétaires venoient prendre les dépêches qu'il avoit minutées ou dictées pendant la nuit, et si elles étoient importantes, il ne les leur laissoit que le temps rigoureusement nécessaire pour

---

(1) La terre de Richelieu fut érigée en duché-pairie par lettres-patentes du mois d'août 1631. Les chambres du parlement se diputèrent l'honneur de recevoir le nouveau duc et pair. Il fut décidé qu'il seroit reçu toutes les chambres assemblées.

lés transcrire. Il s'habilloit ensuite, et recevoit les ministres avec lesquels il travailloit, jusqu'à dix ou onze heures; il alloit entendre la messe, et si le temps et la saison le permettoient, il faisoit, avant dîner, une promenade dans ses jardins, où l'attendoient les personnes qui avoient obtenu la permission de lui parler.

A midi il y avoit quatre tables servies dans son palais : la première pour lui, de quatorze couverts; une deuxième de trente couverts, pour les gentilshommes qu'il y faisoit inviter; une troisième plus considérable, pour les pages et les officiers de sa maison; et la dernière, pour les valets de pied, les officiers de cuisine, etc. Après le dîner il conversoit pendant quelques heures avec ceux qu'il avoit admis à sa table, ou avec ses familiers, ou avec les gens de lettrés qu'il faisoit souvent appeler. Le reste de la journée étoit consacré au travail ou aux audiences des ambassadeurs et des grands. Sur le soir il faisoit une seconde promenade, et écoutoit ceux qui n'avoient pas pu lui parler le matin. En rentrant il ne s'occupoit plus d'affaires d'Etat, à moins qu'il ne fût survenu quelque chose d'extraordinaire, et finissoit la soirée avec quelques personnes choisies. Tantôt il faisoit faire de la musique, tantôt des lectures; tantôt il se livroit aux charmes d'une conversation libre et familière. Il avoit pour maxime qu'on devoit, avant de se coucher, traiter des matières qui ne fussent ni trop tristes ni trop gaies.

Il disoit rarement la messe, surtout pendant les dernières années de sa vie; mais il se confessoit toutes les semaines et se faisoit communier le dimanche dans sa chambre par son aumônier, vers trois heures du matin, au moment de son premier réveil. Il se recouchoit ensuite, et se levoit à l'heure ordinaire. Il s'étoit fait dispenser, par un bref du Pape, de l'obligation de dire l'office aux différentes heures de la journée. Il étoit fort curieux d'entendre les prédicateurs qui avoient de la réputation; il les faisoit venir dans sa chambre, où ils prêchoient pour lui seul. Lorsqu'il en étoit satisfait, il leur donnoit des bénéfices, quelquefois même des évêchés; il s'occupoit beaucoup du clergé de France, qu'il avoit mis hors d'état de lui résister. Il disposoit de la Sorbonne, dont il étoit proviseur; ses bienfaits tenoient les Jésuites dans sa dépendance: les autres ordres religieux lui étoient également soumis à divers titres, et la plupart des évêques étoient ses créatures. On dit qu'afin de rendre son pouvoir plus absolu, il essaya de se faire donner le titre de légat en France, mais que le Pape ne voulut jamais y consentir (1).

En général, Richelieu remplissoit avec exactitude toutes les pratiques extérieures de la religion; mais il ne cachoit pas avec assez de soin ce qu'il y avoit d'irrégulier dans ses mœurs et dans sa conduite. Ses galanteries étoient trop publiques pour n'être pas connues, et elles jetoient sur lui un ridicule qui s'augmentoit à mesure qu'il avançoit en âge (2). On trouve dans les recueils du temps une foule d'épigrammes sur l'attachement trop vif qu'il témoignoit à sa nièce madame de

---

(1) Montchal prétend même qu'il pensoit à se faire patriarche de France. La Reine-mère parle assez ouvertement de ce projet dans une lettre qu'elle écrivit au Pape en 1635. — (2) Il sortoit en habit de cavaier lorsqu'il alloit en bonne fortune.

Combalet, qu'il fit créer duchesse d'Aiguillon, avec pouvoir de transmettre son duché à ses héritiers, hommes ou femmes, à son choix. En 1630, la Reine-mère avoit reproché devant le Roi cette liaison à madame de Combalet, et Richelieu, après avoir rapporté l'accusation dans son journal, se contente d'ajouter : *Le monde jugera s'il y a lieu de blâmer ses mœurs et sa personne;* mais il ne changea rien à sa manière d'être avec elle (1).

Dans plusieurs libelles on a prétendu que la Reine-mère avoit eu pour lui d'autres sentimens que ceux d'une protectrice. Il existe même en manuscrit, à la bibliothèque du Roi, une histoire des amours de Marie de Médicis avec le cardinal, et de la jalousie de cette Reine contre madame de Combalet (2). L'absurdité et l'invraisemblance des détails suffisent pour faire apprécier ce roman. D'ailleurs les témoignages les plus dignes de foi constatent que Marie de Médicis, toujours exclusivement dominée par une insatiable ambition, n'eut jamais aucun penchant à l'amour ni à la galanterie.

Les tentatives de Richelieu pour plaire à la Reine régnante, paroissent plus difficiles à révoquer en doute. Anne d'Autriche les a dites elle-même à madame de Motteville, qui les rapporte dans ses mémoires : on lit dans ceux du cardinal de Retz que madame de Fargis porta à la Reine-mère une lettre d'amour que Richelieu avoit écrite à la Reine régnante, et cette folle prétention du cardinal semble acquérir

---

(1) Il faisoit soutenir devant lui, chez elle, des thèses d'amour dans les mêmes formes que l'on soutient les thèses de Sorbonne. — (2) Cette histoire se trouve réunie avec d'autres écrits dans le même volume (*Manuscrits françois*. Bouch. n°. 104.)

un certain degré de vraisemblance par plusieurs anecdotes répandues dans d'autres mémoires.

On ne doit pas s'attendre à trouver ici le détail des nombreuses intrigues d'amour qui lui sont attribuées avec plus ou moins de fondement; elles ont été racontées avec malignité et probablement exagérées par ses ennemis. Il résulte des écrits contemporains que les femmes qui se livrèrent ou se vendirent à ce ministre tout-puissant, ne se piquèrent pas en général d'une fidélité scrupuleuse; que ses rivaux préférés éprouvèrent plus d'une fois les effets de sa vengeance; qu'il ne fut pas toujours très-délicat dans ses choix (1); mais que jamais ses maîtresses n'eurent d'empire sur lui, ni d'influence dans les affaires; qu'il ne se servoit pas d'elles pour l'exécution de ses desseins, tandis que l'on voyoit presque toujours des femmes mêlées dans les intrigues que l'on dirigeoit contre lui; et enfin qu'il eut des fantaisies plutôt que des attachemens sérieux.

Le Roi l'occupoit beaucoup plus que ses maîtresses; sa position avoit cela de particulier qu'il le dominoit de la manière la plus absolue, sans en être aimé et même sans chercher à lui plaire. Il laissoit à des favoris le soin de l'amuser, mais il les choisissoit lui-même, exigeoit d'eux qu'ils lui révélassent les plus secrètes pensées du prince, et les faisoit renvoyer aussitôt qu'il avoit le moindre doute sur leur entier dévouement. Il en agissoit de même pour toutes les

(1) Le cardinal de Retz rapporte que Richelieu avoit en même temps pour maîtresses madame de Fruges, *qui étoit, dit-il, un reste de Buckingham et de L'Epienne*, et Marion de Lorme, *qui étoit un peu moins qu'une prostituée.*

personnes qui approchoient du Roi (1). Louis s'irritoit quelquefois de la dépendance à laquelle il étoit réduit; son mécontentement faisoit croire qu'il n'étoit pas impossible de perdre le cardinal, et les complots se multiplioient malgré les vengeances terribles exercées contre leurs auteurs. Sans cesse attaqué par des ennemis nombreux, hardis et implacables, Richelieu ne se maintenoit que par la supériorité de son génie (2). Dans la plupart des mémoires on lui refuse cette force de volonté et cette fermeté d'âme sans lesquelles on ne peut être homme d'Etat. On prétend qu'il reculoit devant les obstacles, que le danger l'effrayoit, que souvent il vouloit abandonner tout

(1) Le P. Caussin, confesseur du Roi, ayant voulu se mêler d'intrigues, fut envoyé en Canada.

(2) Parmi les moyens que Richelieu employoit pour se maintenir, on en cite un qui mérite d'être remarqué. Il fit remettre au Roi, par le P. Joseph, une espèce de traité dans lequel on développoit les propositions suivantes :

« Un prince doit avoir un conseil pour lui aider à gouverner ses États.

« Un prince doit avoir un premier ministre, et ce premier ministre trois qualités : 1°. qu'il n'ait point d'autre passion que celle de son prince ; 2°. qu'il soit habile et fidèle ; 3°. qu'il soit ecclésiastique.

« Un prince doit parfaitement aimer son premier ministre.

« Un prince ne doit jamais changer son premier ministre.

« Un prince doit entièrement se confier à son premier ministre et lui dire toutes choses.

« Un prince doit donner à son premier ministre un libre accès auprès de sa personne.

« Un prince doit donner à son premier ministre une souveraine autorité sur son peuple.

« Un prince doit donner à son premier ministre de grands honneurs et de grands biens.

« Un prince n'a pas un plus riche trésor que son premier ministre.

« Un prince ne doit pas ajouter foi à ce qu'on lui dit contre son premier ministre, ni se plaire à en entendre médire, et il doit rigoureusement punir celui par qui il est faussement accusé.

« Un prince doit révéler à son premier ministre tout ce qu'on lui a dit

pour ne songer qu'à se mettre en sûreté, que ses amis ne parvenoient qu'avec peine à relever son courage abattu, et qu'après avoir montré tant de pusillanimité dans le péril, rien n'égaloit son orgueil lorsque son triomphe étoit assuré. Parmi les contemporains qui ont écrit sur Richelieu, quelques-uns vouloient, comme on l'a très-bien observé, reconnoître ou mériter ses bienfaits, d'autres satisfaire leur haine ou leur vengeance, d'autres enfin se faire valoir à ses dépens. Les auteurs qui ont écrit sur lui à différentes époques, depuis sa mort, ont en général adopté plutôt les opinions de ses détracteurs que celles de ses panégyristes, parce que l'on est plus disposé à soupçonner ceux qui louent que ceux qui blâment, surtout lorsqu'il s'agit d'un homme qui semble avoir épuisé toutes les faveurs de la fortune. Ainsi le caractère du cardinal, dénaturé d'abord par ses ennemis et par ceux qui ont voulu s'attribuer une partie de sa gloire, n'a pas été peint avec vérité, même par ses historiens impartiaux. Il faut donc être en garde contre leurs assertions, et ne juger que d'après les faits.

Si Richelieu eût été tel que tant d'écrivains le représentent, il auroit succombé sous les efforts de ses ennemis, ou auroit été renversé par ses propres partisans, qui ne se seroient pas contentés long-temps

contre lui, quand même on auroit exigé du prince qu'il garderoit le secret.

« Un prince doit non-seulement préférer le bien de son État, mais encore son premier ministre à tous ses parens.

« Un prince doit prévenir les maux qu'une juste prévoyance lui doit faire craindre.

« Un prince ne peut être blâmé quand il use d'une juste rigueur dans le gouvernement de son État.

« Un prince ne doit pas laisser gouverner ses États par des femmes. »
(*Histoire véritable du P. Joseph.*)

de rôles secondaires avec un ministre foible, incertain et toujours prêt à tout abandonner.

Deux causes ont dû contribuer à donner un certain degré de vraisemblance à ces fausses idées trop généralement répandues sur le caractère de Richelieu. Suivant lui *l'imprudent et le malheureux n'étoient qu'un. En matière d'État on ne pouvoit jamais se précautionner trop ni chercher trop de sûretés. Il falloit, s'il se pouvoit, avoir toujours deux cordes à son arc. Pour bien réussir il ne falloit pas prendre ses mesures trop justes ; mais pour faire beaucoup on devoit s'efforcer et s'apprêter à faire encore plus. Dans les grandes affaires, si on ne prenoit pas ses mesures trop longues en apparence, elles se trouvoient toujours trop courtes en effet.* Il reconnoissoit que tout ce qu'il avoit fait ou décidé dans un moment de colère ne lui avoit jamais réussi. Il n'hésitoit pas à demander conseil à ceux qui paroissoient le moins propres à lui en donner de bons, parce qu'il avoit *expérimenté que dans les affaires importantes les moins sages indiquoient souvent les meilleurs expédiens.* Enfin il s'est peint lui-même tel qu'il étoit lorsqu'il a dit à La Vieuville : *Je n'ose rien entreprendre sans y avoir bien pensé ; mais quand une fois j'ai pris ma résolution, je vais à mon but, je renverse tout, je fauche tout, et ensuite je couvre tout de ma soutane rouge.* Cette extrême prudence, qui n'appartenoit qu'à un esprit supérieur, a pu facilement être confondue avec l'indécision et la foiblesse, même aux yeux de ses partisans.

En second lieu on le voyoit demander sa retraite presque toutes les fois qu'il s'élevoit de violens orages.

contre lui. Mais que l'on considère les circonstances dans lesquelles il faisoit de pareilles propositions ! c'étoit toujours après avoir engagé son maître dans des entreprises majeures dont lui seul avoit la clef, que lui seul pouvoit exécuter, ou après avoir compliqué les affaires de telle sorte (1) que le Roi ne pouvoit se passer de lui sans compromettre sa couronne ou la sûreté de l'Etat. Il ne conservoit son autorité qu'en se rendant nécessaire à un maître qui le haïssoit. Louis ne se montroit digne du trône que sur le champ de bataille, où il déployoit des talens militaires et une rare intrépidité ; partout ailleurs il sembloit moins fait pour commander que pour obéir. Dominé d'abord par la Reine-mère, ensuite par de Luynes, puis par des favoris incapables, il n'avoit vu prospérer les affaires du royaume que depuis que Richelieu les dirigeoit. Cependant il conservoit toujours de l'aversion contre son ministre, malgré les services qu'il en recevoit ; il étoit disposé à le sacrifier quand il croyoit pouvoir se passer de lui ; mais bientôt la crainte des factions de l'intérieur, des attaques de l'étranger, la crainte encore plus grande de tomber entre les mains des deux Reines et de son frère, le mettoient plus que jamais dans la dépendance du cardinal. Aussi Richelieu étoit-il sûr d'affermir son pouvoir et de rompre toutes les intrigues formées contre lui auprès du Roi, en feignant à propos de vouloir sérieusement abandonner les affaires. Ce moyen qu'il a très-souvent employé, lui a toujours

---

(1) Quelques mémoires prétendent même qu'il laissa quelquefois défaire les armées françaises pour effrayer le Roi. Ce fut, dit-on, d'après ses instructions secrètes que le maréchal de Grammont se fit battre à Honnecour.

réussi (1). Il nous semble difficile d'en conclure qu'il ait en effet pensé à se retirer toutes les fois qu'il a eu à redouter les complots de ses ennemis ou les incertitudes de son maître. Au lieu de cette pusillanimité dont on l'accuse, que de force d'âme ne lui falloit-il pas pour exécuter tout ce qu'il a fait avec un prince tel que Louis XIII. « Six pieds de terre, disoit-il en par-
« lant du cabinet du Roi, me donnent plus de peine
« que tout le reste de l'Europe (2). »

La jalousie du Roi venoit encore souvent augmenter l'embarras du cardinal, qui cependant avoit soin d'attribuer à son maître, dans des relations pompeuses (3), le succès et la gloire de toutes les entre-

(1) Le Roi, dans un moment d'humeur, lui fit dire par le duc d'Angoulême, qu'il ne vouloit plus qu'il eût de garde. Richelieu répondit sans paroître étonné, *qu'il étoit prêt à obéir en cela comme en toutes choses; mais il pria le duc de dire au Roi qu'il abandonneroit la conduite des affaires, et ne se mêleroit plus de rien, si on lui ôtoit sa garde, parce qu'il ne vouloit pas, en servant fidèlement, être exposé sans défense aux entreprises que les ennemis de l'Etat formoient continuellement contre lui.* — (2) Le cardinal de Richelieu, dit le président Hénault, uniquement occupé de l'idée d'accroître l'autorité de son maître, qui étoit devenue la sienne propre, passa sa vie dans le trouble que lui causoit nécessairement la crainte de ses ennemis, tandis qu'il auroit eu besoin de tout le calme de son âme pour former des projets aussi vastes et aussi compliqués qu'étoient les siens. Ce même homme qui s'exposoit à la haine et à la vengeance de ce qu'il y avoit de plus grand dans le royaume, pour rendre le gouvernement de son maître plus absolu, avoit autant à craindre du Roi, pour qui il risquoit tout, que du ressentiment de ceux qu'il forçoit d'obéir. Que de cette situation il naisse des réflexions méditées, un système suivi, des entreprises aussi sages qu'éclatantes ; qu'il puisse y avoir un homme né assez grand et assez ennemi de lui-même pour s'occuper tout entier de l'administration d'un royaume, où il est également craint et de celui qu'il sert et de ceux qu'il soumet : en vérité c'est un problème qu'il n'appartient qu'aux passions de résoudre, ou un amour du bien public fort au-dessus de l'humanité. — (3) En 1631, Renaudot avoit établi sa gazette, le premier journal qui ait été

prises ; et si quelques circonstances imprévues lui portoient ombrage, il y remédioit à l'instant. Nous en citerons un exemple. Dans une fête qu'il donnoit au Roi, il s'aperçut que ce prince étoit jaloux de ce que les déférences s'adressoient plus au ministre qu'à lui-même. Quand Louis sortit, le cardinal prit un flambeau et marcha devant lui jusqu'à la dernière porte.

Cependant Louis ne trouvoit point mauvais que son ministre déployât le faste d'un souverain. En 1626 il lui avoit donné une garde de cent arquebusiers à cheval ; il l'augmenta de deux cents mousquetaires à pied, en 1632, et plus tard de deux compagnies, l'une de gendarmes ; l'autre de chevau-légers. Le cardinal les entretenoit à ses frais, faisoit payer leur solde par son argentier, et les cavaliers (1), lorsqu'ils étoient de service, avoient en outre une table servie dans leur salle. Quand il alloit chez le Roi, sa garde entroit avec lui dans le château, et il avoit même prétendu qu'elle devoit y être en nombre égal à celle du monarque.

Les officiers de ses gardes étoient nommés et révoqués par lui. On nous a conservé la lettre de congé qu'il envoya au marquis de Coesquen, lieutenant de ses gendarmes ; la forme en est assez piquante : « Si « vous m'eussiez plutôt témoigné, lui dit-il, que « vous ne m'estimiez pas assez grand seigneur pour « commander la compagnie des gendarmes qu'il « plaît au Roi que j'aie, je vous eusse donné le con-

publié en France. Pour toutes les choses importantes, Richelieu lui faisoit envoyer des relations telles qu'il vouloit qu'elles fussent publiées, et il n'étoit pas permis d'en insérer d'autres.

(1) La garde journalière étoit de soixante chevaux et d'un nombre proportionné de fantassins.

« tentement que vous pouvez désirer, et vous m'eus-
« siez obligé de n'attendre pas à me le faire connoître
« par effet, en méprisant votre devoir et les ordon-
« nances militaires qui obligent la gendarmerie à être
« armée, en sorte que ma compagnie se soit trouvée
« seule à la vue du Roi, sans armes, quoique je lui en
« aie fait donner plusieurs fois. Je ne veux pas me
« plaindre du peu de cas que vous avez fait des
« diverses prières que je vous ai faites, de rendre
« ma compagnie si bien policée qu'elle pût servir
« d'exemple aux autres ; mais vos actions m'appren-
« nent ce que, peut-être par civilité, vous ne m'avez
« pas voulu dire. Pour répondre à votre courtoisie,
« cette lettre vous témoignera que je ne prétends plus
« que la compagnie que vous commandez soit à moi,
« que je vous la remets de très-bon cœur, pour en
« obtenir telles provisions du Roi que bon vous sem-
« blera. Cependant je m'assure que vous croirez bien
« que je ne serai pas si malheureux que je ne trouve
« quelque personne de qualité, qui voudra bien, en
« commandant celle qui portera mon nom à l'avenir,
« faire ce que sa réputation et les ordonnances défè-
« rent, et correspondre aux ordres et aux prières qu'il
« recevra de moi. Je vous conseille de prendre une
« conduite toute autre que celle que vous avez eue en
« cette occasion, et de croire qu'en toute autre ren-
« contre qui se présentera, vous recevrez des effets
« de mon amitié, et connoîtrez que je veux être, etc. »

Dans son palais tout annonçoit la demeure d'un prince plutôt que celle d'un ministre, et les legs qu'il fait par son testament peuvent donner une idée du nombre des officiers qui formoient sa maison. Il avoit ordinairement vingt-quatre pages, quelquefois jusqu'à trente-six ; il les prenoit dans les familles les plus distinguées du royaume, les faisoit élever avec soin par les meilleurs maîtres, et leur assuroit les mêmes avantages qu'à ceux du Roi. Sa musique étoit formée des hommes les plus habiles, soit pour le chant, soit pour les instrumens. Quand il voyageoit, ses équipages se composoient d'une litière et d'un carrosse pour son service personnel, de deux carrosses pour ses secrétaires, ses médecins et son confesseur ; de huit voitures à quatre chevaux, et de vingt-quatre mulets de charge pour ses bagages. Sa garde l'escortoit ; il emmenoit ses pages, sa musique, ses officiers et un nombreux domestique (1). Lorsqu'il revint de Tarascon à Paris, en 1642, l'état de sa santé ne lui permettant pas de souffrir le mouvement de la voiture, il fut porté par ses gardes dans une litière où il étoit couché, et où il y avoit une table et une chaise pour un secrétaire. Quelque temps qu'il fît, les gardes qui le portoient avoient la tête découverte. On abattoit un pan de murailles quand les portes des villes étoient trop étroites pour donner passage à la litière ; il en étoit de même dans les châteaux et dans les maisons où il s'arrêtoit. Souvent on fut obligé d'élargir les chemins ; il fit ainsi plus de cent cinquante lieues.

Rien n'égaloit la magnificence du palais qu'il fit bâtir pour lui, rue St-Honoré (1). La chapelle avoit un ornement complet en or enrichi de diamans ; les

---

(1) Pour l'office seulement il y avoit trois chefs et six garçons, et trois chefs et douze garçons pour la cuisine. — (2) Ce palais étoit connu alors sous le nom de Palais Cardinal. Richelieu le donna au Roi par un acte du 16 juin 1636, en s'en réservant la jouissance jusqu'à sa mort. Lorsque la Cour en eut pris possession, on l'appela le Palais Royal.

meubles les plus précieux, les plus belles tapisseries, les objets les plus rares, une superbe bibliothèque, des bustes, des statues, des tableaux des plus grands maîtres se trouvoient réunis dans ce palais. C'étoit là qu'il donnoit les fêtes les plus brillantes au Roi et à la Cour ; il y faisoit représenter les pièces et les ballets dont il fournissoit ordinairement le sujet et auxquels il travailloit souvent lui-même. On trouve dans les Mémoires de Montchal des détails curieux sur une de ces représentations. « Peu de jours aupa-
« ravant (l'ouverture de l'assemblée du clergé) on
« avoit joué la grande comédie de l'histoire de Buc-
« kingham et le célèbre ballet au Palais Cardinal,
« auxquels les prélats furent invités, et quelques uns
« s'y trouvèrent ; l'appareil en fut si magnifique qu'on
« l'estima des sommes immenses ; et il fut dit que le
« cardinal, ayant voulu que les prélats y fussent invi-
« tés par les agens, entendoit qu'elle fût jouée aux
« dépens du clergé. L'évêque de Chartres (1) y avoit
« paru rangeant les siéges, donnant les places aux
« dames, et enfin s'étoit présenté sur le théâtre à la
« tête de vingt-quatre pages qui portoient la colla-
« tion, lui étant vêtu de velours et en habit court. »

Le cardinal fit en outre bâtir la ville de Richelieu, dont les rues sont tirées au cordeau ; il dépensa des sommes énormes pour embellir le château et les vastes jardins qui en dépendent. On remarque comme une singularité qu'il ne témoigna jamais le désir d'aller visiter cette ville qu'il avoit créée.

Il seroit difficile d'évaluer les richesses qu'il laissa à sa mort. Les seuls legs qu'il fit en argent comptant

---

(1) Lescot, évêque de Chartres, avoit été confesseur de Richelieu.

excédent 2,500,000 liv. (1); le lecteur trouvera dans son testament le détail de ses immenses possessions (2).

Il étoit généreux sans être prodigue; il faisoit distribuer d'abondantes aumônes; un de ses chapelains étoit chargé de ce soin dans le cours de ses voyages. Il aimoit à faire du bien aux personnes qui le servoient ou l'approchoient; mais il vouloit donner de son propre mouvement, et trouvoit mauvais que ses parens même lui fissent des demandes. Absolu par caractère, irascible par tempérament, il s'emportoit facilement contre ses officiers et ses domestiques; mais il revenoit plus facilement encore, et ne négligeoit rien pour faire oublier les paroles piquantes qui avoient pu lui échapper dans un moment de colère ou d'impatience (3). Il étoit indulgent dans son intérieur; mais il ne pardonnoit ni à ses ennemis, ni à ceux de l'Etat. Il étoit convaincu que la sévérité seule pouvoit maintenir les hommes dans le devoir.

(1) Il légua au Roi une somme de 1,500,000 liv. qu'il tenoit toujours en réserve pour les besoins imprévus de l'Etat. —(2) Voyez le *Testament du cardinal de Richelieu*, page 123 de ce volume. — (3) Un jour, ayant défendu qu'on laissât entrer personne dans sa galerie, et y ayant aperçu deux capucins, il fit venir Saint-Georges son capitaine des gardes, le traita très-durement, lui dit qu'il prétendoit être obéi, et que si pareille faute lui arrivoit une autre fois, il n'en seroit pas quitte à si bon marché. Saint-Georges, offensé de la réprimande et de la menace, quitta sur-le-champ le palais. Le cardinal étonné de ne pas le revoir, demanda ce qu'il étoit devenu, et l'envoya chercher par le commandeur de la porte. Le premier message n'ayant pas réussi, il envoya La Milleraye avec ordre de le ramener à quelque prix que ce fût. Lorsqu'on l'eut enfin décidé à revenir, Richelieu alla plusieurs pas au-devant de lui, et lui dit en l'embrassant: « Saint-Georges, nous « avons été tous deux bien prompts, mais si vous faites comme moi, « vous ne vous en souviendrez jamais; à Dieu ne plaise que ma promp-« titude ruine la fortune d'un gentilhomme comme vous; au contraire, « je vous veux faire tout le bien que je pourrai..... »

« Il n'y a rien, écrivoit-il au cardinal de La Valette,
« qui puisse faire servir le Roi que la sévérité. Je
« puis vous assurer que Sa Majesté n'épargnera pas
« les plus huppés; mais il faut que ceux qui com-
« mandent les armées fassent de même. »

La crainte d'être trompé ou dominé par les personnes attachées à son service, lui faisoit prendre, suivant Siri, une singulière précaution. Chacun avoit près de lui ce qu'il appeloit son contre-tenant. Les deux rivaux exerçoient l'un sur l'autre une surveillance réciproque, s'empêchoient ainsi de manquer à leur devoir, et d'élever trop haut leurs prétentions. Il avoit encore pour principe qu'un ministre ne devoit pas tenir près de lui des hommes trop pénétrans, parce que la moindre parole pouvoit leur faire deviner ses plus secrets desseins.

Non-seulement Louis XIII étoit peu disposé à favoriser les lettres, mais il avoit de l'aversion pour toute espèce de lecture [1]. Richelieu au contraire s'efforçoit de les encourager, et consacroit à leur culture les heures qu'il n'employoit point aux affaires de l'Etat.

Il aimoit les beaux-esprits; c'étoit ainsi qu'on appeloit alors les hommes de lettres. Il leur donnoit des gratifications et des pensions sur sa cassette, les admettoit dans son intimité, et avoit même besoin de converser avec eux pour se délasser de la fatigue des affaires. « Monseigneur, lui disoit Citois, son premier
« médecin, nous ferons tout ce que nous pourrons;
« mais toutes nos drogues seront inutiles si vous n'y

---

[1] On dit que Louis XIII avoit pris tous les livres en aversion parce qu'on l'avoit forcé, dans sa jeunesse, à lire l'Histoire de France de Fauchet, dont le mauvais langage l'avoit rebuté. (*Ménagiana.*)

« mêlez une drachme de Boisrobert. » Ce Boisrobert, dont les écrits sont depuis long-temps oubliés, avoit un rare talent pour faire des contes agréables, et pour rapporter d'une manière piquante les nouvelles de la ville et de la Cour. Bautru étoit aussi en faveur par ses bons mots. Le cardinal prenoit une part très-active à la conversation, et souvent il s'amusoit à lutter avec les beaux-esprits. « Ayant reconnu en moi, dit
« des Maretz, quelque peu de fertilité à produire sur-
« le-champ des pensées, il m'avouoit que son plus
« grand plaisir étoit lorsque, dans notre conversation,
« il renchérissoit de pensées par-dessus les miennes;
« que si je produisois une autre pensée par-dessus
« la sienne, alors son esprit faisoit un nouvel effort
« avec un contentement extrême (1). » Il engageoit les poëtes à lui lire leurs vers avant de les publier, les récompensoit avec magnificence quand il en étoit content, et souvent s'amusoit à corriger leurs ouvrages : on connoît son admiration pour *le monologue des Tuileries de Colletet*. Les vers suivans l'avoient surtout frappé dans la description du carré d'eau.

> La canne s'humecter de la bourbe de l'eau,
> D'une voix enrouée et d'un battement d'aile,
> Animer le canard qui languit auprès d'elle.

Il lui donna cinquante pistoles, en disant que c'étoit seulement pour ces deux vers qu'il avoit trouvés si beaux, et que le Roi n'étoit pas assez riche pour payer le reste. Mais il vouloit au premier vers,

> La canne s'humecter de la bourbe de l'eau,

---
(1) *Délices de l'Esprit.*

substituer celui-ci :

La canne barbotter dans la bourbe de l'eau.

Colletet prétendit que *barbotter* étoit un mot trop bas, et, après s'être défendu long-temps, il écrivit encore au cardinal à ce sujet, en rentrant chez lui. Au moment où Richelieu reçut sa lettre, des courtisans lui disoient que rien ne pouvoit lui résister. *Vous vous trompez*, leur répondit-il en riant; *je trouve dans Paris même des personnes qui me résistent.* On se récrie, on demande quels peuvent être ces audacieux. *Colletet*, poursuit-il, *car après avoir combattu avec moi sur un mot, il ne se rend pas encore, et voilà une grande lettre qu'il vient de m'en écrire.* Si cette anecdote ne fait pas honneur au goût du cardinal, elle prouve au moins sa bonté et sa générosité à l'égard de ceux qui cultivoient les lettres.

Il préféroit la représentation des pièces de théâtre à tous les autres plaisirs de la Cour, et il excitoit les poëtes à en composer. Il vouloit connoître leurs plans et leur travail à mesure qu'il avançoit. Souvent il leur donnoit les sujets, indiquoit la manière dont ils devoient être traités, et se chargeoit lui-même d'une partie de l'ouvrage. Il est certain que la tragédie de Pyrame est presque entièrement de lui. Aussi, pour la représentation de cette pièce, qui coûta près de 300,000 fr., fit-il bâtir une salle de spectacle dans son palais. Il avoit fait plus de cinq cents vers dans une autre pièce intitulée la *Grande Pastorale.* Cinq auteurs : Corneille, Boisrobert, Colletet, de L'Estoile et Rotrou, étoient ordinairement chargés d'écrire les pièces qu'il imaginoit, et dont il faisoit attribuer l'invention à quelques poëtes connus. *S'ils me prêtent leur nom en cette circonstance*, disoit-il, *je leur prêterai ma bourse en quelque autre*. Des compositions plus graves occupoient en même temps Richelieu. On a de lui des livres de controverse (1), qui sont placés presque immédiatement après ceux d'Arnault et de Bossuet ; son *Testament politique* et la *Narration succincte* qui le précède, sont des écrits remarquables, sinon par la correction du style, du moins par la force des pensées. Le plus curieux de ses ouvrages est, sans contredit, l'*Histoire de la Mère et du Fils*. Malheureusement on n'en connoît que les premières parties, et le surplus, enfoui dans un dépôt, est dérobé à la curiosité du public par des motifs qu'il est difficile de concevoir. On attribue encore au cardinal un pamphlet intitulé : *la Remontrance à Monsieur par un François de qualité*. Cette pièce se trouve dans le recueil de du Chastelet (2). Enfin Citois, son premier médecin, a dit avoir vu de lui un traité des métaux (3), écrit en latin (4).

Richelieu en aimant, en protégeant et en cultivant les lettres, étendoit sur elles cet esprit de domination qui faisoit la base de son caractère. Il ne se contenta

(1) *La Perfection du Chrétien ; la Méthode la plus facile et la plus assurée pour convertir ceux qui se sont séparés de l'Eglise.* — (2) On lui attribue encore la relation de ce qui s'est passé en Italie en 1630, et la relation de ce qui s'est passé à Dijon pendant le séjour que le Roi y fit en 1631. Ces deux morceaux se trouvent dans le recueil de du Chastelet. — (3) Il est possible que Citois lui ait attribué un des ouvrages de Sylvius, fameux alchimiste dont Richelieu s'étoit fait remettre les écrits, et d'après lesquels il fit faire à Ruel des expériences sur la pierre philosophale. — (4) Non-seulement Richelieu écrivoit élégamment en latin, et entretenoit correspondance dans cette langue avec plusieurs évêques, mais il savoit le grec, l'italien et l'espagnol.

pas de tenir les beaux-esprits dans sa dépendance par ses bienfaits, il forma de l'élite d'entre eux une Académie qui devoit, sous ses ordres, dicter des lois au Parnasse françois.

Depuis l'année 1629, plusieurs hommes distingués par leur mérite et par leur amour pour les lettres, se réunissoient toutes les semaines chez Conrart, afin de s'entretenir de littérature; ils se lisoient leurs ouvrages, et se donnoient mutuellement des conseils. Le cardinal eut, au commencement de 1634, connoissance de ces assemblées par Boisrobert, qui y avoit été admis, et qui lui en parla avec les plus grands éloges; sur-le-champ il calcula le parti qu'il pouvoit en tirer. Il fit demander aux personnes qui se réunissoient ainsi si elles ne voudroient pas être constituées régulièrement en compagnie, et placées sous sa protection. Cette proposition fut mûrement délibérée; quelques-uns opinèrent pour que l'on conservât la liberté dont on avoit joui jusqu'alors; mais Chapelain fit adopter l'avis contraire, en représentant qu'ils avoient affaire à un homme qui ne vouloit pas médiocrement ce qu'il vouloit; qui n'étoit pas habitué à trouver de la résistance ni à la souffrir impunément, et qui pourroit, si on refusoit sa protection, empêcher leurs assemblées, en vertu des lois du royaume. Richelieu ne dissimula point la joie que lui causa leur détermination; il leur fit dire de s'assembler comme de coutume, d'augmenter leur compagnie, comme ils le jugeroient à propos, et de voir quelle forme et quels réglemens il conviendroit de lui donner. Telle fut l'origine de l'Académie Française dont la principale fonction, suivant le premier mémoire qu'elle présenta

au cardinal, devoit être *de nettoyer la langue des ordures qu'elle avoit contractées ou dans la bouche du peuple, ou dans la foule du palais, ou dans les impuretés de la chicane, ou par les mauvais usages des courtisans ignorans, ou par l'abus de ceux qui la corrompent en l'écrivant, et de ceux qui disent bien dans les chaires ce qu'il faut dire, mais autrement qu'il ne faut* (1). Le cardinal revit les statuts avec une attention minutieuse, et les approuva, après y avoir fait quelques corrections. Les lettres-patentes furent expédiées au mois de janvier 1635; mais leur enregistrement éprouva des difficultés; il n'eut lieu qu'au mois de juillet 1637, et le parlement crut devoir mettre la restriction suivante dans son arrêt : « A la charge que ceux de ladite as-
« semblée et académie ne connoîtront que de l'or-
« nement, embellissement et augmentation de la
« langue française, et des livres qui seront par eux
« faits, et par autres personnes qui le désireront et
« voudront. »

Ce n'est point ici le lieu de parler des travaux de l'Académie Française, ni des services qu'elle a rendus à la langue et à la littérature. Nous ferons seulement remarquer que les plus petites choses s'agrandissoient sous la main de Richelieu, qu'il savoit éblouir les hommes qu'il se soumettoit en paroissant les élever, et que ce qu'il fondoit pour son propre intérêt ou pour sa gloire personnelle, étoit en même temps utile et avantageux à l'État.

Le Cid fut représenté, en 1636, à l'époque où l'Académie Française commençoit à prendre de la

(1) *Histoire de l'Académie Française*, par Pélisson.

consistance. Si on en croit Fontenelle, le succès prodigieux de cette tragédie alarma autant le cardinal *que s'il avoit vu les Espagnols devant Paris*. Plusieurs historiens pensent avec lui que ce fut la jalousie qui porta Richelieu à faire faire la critique de la pièce par l'Académie. D'autres historiens réfutent cette accusation d'une manière au moins très-spécieuse. Ils représentent que le cardinal, qui se piquoit d'avoir une parfaite connoissance du théâtre, donnoit la préférence aux pièces d'intrigues ; qu'il étoit peu sensible aux peintures brûlantes de l'amour, au charme de la haute poésie, à la vérité des sentimens et des caractères ; qu'il fut beaucoup plus frappé de quelques inconvenances qui déparent le Cid, que des beautés inimitables qui en ont assuré le succès ; qu'ainsi il étoit sincère dans son opinion, lorsqu'il jugeoit si mal cette tragédie. Qu'ayant établi nouvellement l'Académie Française, il avoit voulu lui donner de l'importance en la chargeant d'examiner une pièce qui, selon lui, prêtoit à la critique, quoiqu'elle eût réuni les suffrages de la ville et de la Cour. Ils ajoutent que les sentimens de l'Académie sur le Cid, remarquables par l'esprit de justice et par la modération qui y dominent, furent soumis au cardinal, qui les approuva, après y avoir fait de légers changemens ; qu'à cette époque Richelieu faisoit une pension à Corneille, et que la duchesse d'Aiguillon sa nièce accepta la dédicace de cette tragédie.

Richelieu, supportant seul tout le poids du gouvernement du royaume, ayant sans cesse à lutter contre les factions, formant et exécutant les plus grandes entreprises, agitant tous les cabinets de l'Europe pour assurer leur succès, trouvoit ainsi non-seulement du loisir pour composer des ouvrages, mais encore pour prendre part à des débats littéraires. Cette prodigieuse aptitude aux affaires, cette liberté d'esprit qui lui permettoit de se livrer presque en même temps à des occupations si différentes, ont paru tellement inconcevables à quelques auteurs, qu'ils les ont attribuées à une conformation particulière de la tête du cardinal. Ils ont répété le bruit qui a couru dans le temps, que les chirurgiens chargés de l'ouverture du corps, avoient trouvé tous les organes de l'entendement doubles, et quelques-uns triples. Ils auroient dû dire ce qu'ils prétendoient désigner par les organes de l'entendement, sur lesquels les plus savans physiologistes n'ont encore rien découvert de positif. Ce qu'on ne peut nier, c'est qu'avec une constitution foible et délicate, malgré des maladies presque continuelles, Richelieu fut un de ces hommes extraordinaires qui apparoissent de loin en loin dans les siècles, et que la force de leur génie semble élever au-dessus de l'espèce humaine.

TESTAMENT [1]

DE SON ÉMINENTISSIME

ARMAND-JEAN DU PLESSIS,

CARDINAL DUC DE RICHELIEU.

Par-devant Pierre Falconis, notaire royal en la ville de Narbonne, fut présent en sa personne éminentissime Armand-Jean du Plessis, cardinal duc de Richelieu et de Fronsac, pair de France, commandeur de l'ordre du Saint-Esprit, grand-maître, chef et surintendant-général de la navigation et commerce de ce royaume, gouverneur et lieutenant-général pour le Roi en Bretagne ; lequel a fait entendre audit notaire l'avoir mandé en l'hôtel de la vicomté de ladite ville, où il est à présent en son lit, malade, pour recevoir son testament et ordonnance de dernière volonté, en la manière qui s'ensuit :

Je, Armand-Jean du Plessis de Richelieu, cardinal de la sainte église romaine, déclare qu'ayant plu à Dieu, dans la grande maladie en laquelle il a permis que je sois tombé, de me laisser l'esprit et le jugement aussi sains que je les ai jamais eus, je me suis résolu de faire mon testament et ordonnance de dernière volonté.

Premièrement.

Je supplie sa divine bonté de n'entrer point en jugement avec moi, et de me pardonner mes fautes par l'application du précieux sang de Jésus-Christ son fils, mort en croix

---

[1] L'original de ce testament se trouvoit dans l'étude de M°. Le Cerf, notaire à Paris, rue Saint-Honoré n°. 83. L'expédition a été faite sur l'original.

pour la rédemption des hommes, par l'intercession de la Sainte-Vierge sa mère et de tous les Saints, qui, après avoir vécu en l'église catholique et apostolique et romaine, en laquelle seule on peut faire son salut, sont maintenant glorieux en paradis.

Lorsque mon âme sera séparée de mon corps, je désire et ordonne qu'il soit enterré dans la nouvelle église de la Sorbonne de Paris, laissant aux exécuteurs de mon testament, ci-après nommés, de faire mon enterrement et funérailles ainsi qu'ils l'estimeront plus à propos.

Je veux et ordonne que tout l'or et l'argent monnoyé que je laisserai lors de mon décès, en quelque lieu qu'il puisse être, soit mis ès mains de madame la duchesse d'Aiguillon, ma nièce, et de M. de Noyers, conseiller du Roi en son conseil d'Etat, secrétaire de ses commandemens, fors et excepté la somme de quinze cent mille livres que j'entends et veux être mise entre les mains de Sa Majesté, incontinent après mon décès, ainsi que je l'ordonnerai ci-après.

Je prie madame la duchesse d'Aiguillon ma nièce, et M. de Noyers, aussitôt après mon décès, de payer et acquitter mes dettes, si aucunes se trouvent lors, des deniers que j'ordonne ci-dessus être mis entre leurs mains; et, mes dettes payées, sur les sommes qui resteront, faire des œuvres de piété utiles au public, ainsi que je leur ai fait entendre, et à M. Lescot nommé par Sa Majesté à l'évêché de Chartres, mon confesseur; déclarant que je ne veux qu'ils rendent aucun compte à mes héritiers, ni autres, des sommes qui leur auront été mises entre les mains, et dont ils auront disposé.

Je déclare que, par contrat du 6 juin 1636 devant Guerreau et Pargue, j'ai donné à la couronne, mon grand hôtel que j'ai bâti sous le nom du Palais-Cardinal, ma chapelle d'or enrichie de diamans, mon grand buffet d'argent ciselé, et un grand diamant que j'ai acheté de Lopès. Toutes lesquelles choses le Roi a eu agréable, par sa bonté, d'accepter à ma très-humble et très-instante supplication, que je lui fais encore par ce présent testament, et d'ordonner que le contrat soit exécuté dans tous ses points.

Je supplie très-humblement Sa Majesté d'avoir pour agréables huit tentures de tapisserie, et trois lits, que je prie madame la duchesse d'Aiguillon ma nièce, et M. de Noyers, de choisir entre mes meubles, pour servir à une partie des ameublemens des principaux appartemens dudit Palais-Cardinal.

Comme aussi je la supplie d'agréer la donation que je lui fais en outre de l'hôtel qui est devant le Palais-Cardinal, lequel j'ai acquis de feu M. le commandeur de Sillery, pour, au lieu d'icelui, faire une place au-devant dudit Palais-Cardinal.

Je supplie aussi très-humblement Sa Majesté de trouver bon que l'on lui mette entre les mains la somme de quinze cent mille livres, dont j'ai fait mention ci-dessus, de laquelle somme je puis dire, avec vérité, m'être servi très-utilement aux plus grandes affaires de son Etat, en sorte que si je n'eusse eu cet argent en ma disposition, quelques affaires qui ont bien succédé, eussent apparemment mal réussi, ce qui me donne sujet d'oser supplier Sa Majesté de destiner cette somme que je lui laisse, pour employer en diverses occasions qui ne peuvent souffrir la langueur des formes des finances.

Et pour le surplus de tous, et chacun mes biens présens et à venir, de quelque nature qu'ils soient, je veux et ordonne qu'ils soient partagés et divisés ainsi qu'il suit.

Je donne et lègue à Armand de Maillé, mon neveu et filleul, fils d'Urbain de Maillé, marquis de Brézé, maréchal de France, et de Nicole du Plessis, ma seconde sœur, et en ce, je l'institue mon héritier pour tous les droits qu'il pourroit prétendre en toutes les terres et autres biens qui se trouveront en ma succession, lors de mon décès, ce qui s'ensuit.

Premièrement, je lui donne et lègue mon duché et pairie de Fronsac, et Caumont y joint, ensemble tout ce qui en dépend, et qui sera joint et en dépendra, lorsqu'il plaira à Dieu de disposer de moi.

Plus, je lui donne la terre et marquisat de Granille, ses appartenances et dépendances.

Item, je lui donne et lègue le comté de Beaufort en Vallée.

Item, je lui donne et lègue la somme de trois cent mille livres qui est au château de Saumur, laquelle somme je veux et ordonne être employée en acquisitions de terres nobles, en titres du moins de châtellenie, pour jouir, par mondit neveu, desdites terres aux conditions d'institutions et substitutions qui seront ci-après apposées en ce mien testament.

Item, je lui donne et lègue la terre et baronnie de Fresnes, sise au pays d'Anjou, que j'ai acquise du marquis de Sezé par contrat passé pardevant Parque et Guerreau, notaires au Châtelet de Paris.

Item, je lui donne et lègue la ferme des Poids en Normandie, qui est présentement affermée à cinquante mille livres par an ou environ.

Je veux et entends que la décharge que j'ai ci-devant donnée audit sieur maréchal de Brézé par acte passé pardevant Guerreau et Parque, notaires, le 30 août 1632, et tout ce qu'il me pourra devoir lors de mon décès, ait lieu, et soit exécuté fidèlement, ne voulant pas que mon dit neveu Armand de Maillé, fils dudit sieur maréchal, ses frères et autres qui auront part en ma succession, puissent lui en rien demander, tant en principal qu'arrérages de rentes et intérêts des sommes que j'ai payées aux créanciers de la maison de Brézé dont j'ai les droits cédés, voulant seulement que les biens de la maison demeurent affectés et hypothéqués au principal et arrérages desdites dettes qui sont échues et qui écherront ci-après au profit des enfans dudit sieur maréchal de Brézé et de madite sœur sa femme et de leurs descendans, ainsi qu'il est déjà porté par le susdit acte, sans que ladite affectation et retenue d'hypothèque puisse empêcher ledit sieur maréchal de Brézé de jouir desdits biens sa vie durant.

Je donne et lègue à madame la duchesse d'Aiguillon, ma nièce, fille de défunt Réné de Vignerot, et de dame Françoise du Plessis, ma sœur aînée, pour tous les droits qu'elle pourroit avoir et prétendre en tous les biens de ma succession ; outre ce, je lui ai donné par son contrat de mariage, et en ce, je l'institue mon héritière, savoir : la maison où elle loge à présent, vulgairement appelée le Petit-Luxembourg, sise au faubourg Saint-Germain, joignant le palais de la Reine, mère du Roi, ma maison et terre de Ruel, et tout le bien en fonds de terre et droits sur le Roi, que j'ai et aurai audit lieu, lors de mon décès, tant de celui que j'avois il y a quelque temps, que de tout ce que j'ai acquis par l'échange de M. l'abbé et des religieux de Saint-Denis en France, à la charge qu'après son décès, madite maison de Ruel, avec ses appartenances et lesdits droits sur le Roi, reviendront *à celui des enfans mâles de mon neveu du Pont de Courlay, qui sera mon héritier, et qui portera le nom et armes de Richelieu*, à la charge des institutions et substitutions qui seront ci-après apposées ; et quant à la maison dite vulgairement le Petit-Luxembourg, elle appartiendra, après le décès de madite nièce la duchesse d'Aiguillon, à celui qui sera duc de Fronsac, aux conditions d'institutions et substitutions qui seront ci-après apposées.

Item, je lui donne le domaine de Pontoise et autres droits que je pourrai avoir en ladite ville lors de mon décès.

Item, je lui donne la rente que j'ai à prendre sur les cinq grosses fermes de France, qui monte à soixante mille livres par an ou environ, laquelle, après le décès de madite nièce, reviendra à mondit neveu du Pont de Courlay, qui sera mon héritier, si ladite rente se trouve alors en nature ; et en cas qu'elle ait été rachetée, les deniers en provenant, ou fonds ou rentes, auxquels ils auront été employés, appartiendront à mondit neveu.

Item, je donne et lègue à madite nièce la duchesse d'Aiguillon, tous les cristaux, tableaux et autres pièces qui sont à présent ou pourront être ci-après, lors de mon décès, dans le cabinet principal de ladite maison vulgairement dite le Petit-Luxembourg, et qui y servent d'ornemens, sans y comprendre l'argenterie du buffet, dont j'ai déjà disposé, qui pourroit y être lors de mon décès.

Je lui donne aussi toutes mes bagues et pierreries, à l'exception seulement de ce que j'ai laissé ci-dessus à la couronne, ensemble un buffet d'argent vermeil doré neuf, pesant cinq cent trente-cinq marcs quatre gros, contenu en deux coffres faits exprès.

Je donne et lègue à François de Vignerot, sieur du Pont de Courlay, mon neveu, et en ce l'institue mon héritier, savoir : la somme de deux cent mille livres, qui lui seront payées par l'ordre des exécuteurs de mon testament, à la charge qu'il les employera à l'acquisition d'une terre, pour en jouir par lui sa vie durant, et, après son décès, appartenir à Armand de Vignerot, son fils aîné, ou à celui qui après lui sera duc de Richelieu, aux conditions d'institutions et substitutions ci-après déclarées.

Je donne et lègue audit Armand de Vignerot, et en ce je l'institue mon héritier, savoir : mon duché pairie de Richelieu, ses appartenances et dépendances avec toutes les terres que j'ai fait ou pourrai faire unir à icelui avant mon décès.

Item, je lui donne la terre et baronnie de Barbezieux que j'ai acquise de M. et madame Viguier.

Item, je lui donne la terre et principauté de Mortaigne, que j'ai acquise de M. de Loménie, secrétaire-d'Etat.

Item, je lui donne et lègue le comté de Cosnac, les baronnies de Coze, de Saugeon et d'Alvert.

Item, je lui donne et lègue la terre de La Ferté-Bernard, que j'ai acquise par décret de M. le duc de Villars.

Item, je lui donne et lègue le domaine d'Hiers-en-Brouage, dont je jouis par engagement.

Item, je lui donne et lègue l'hôtel de Richelieu, que j'ai ordonné et veux être bâti, joignant le Palais-Cardinal, aux conditions d'institutions et substitutions qui seront ci-après déclarées.

Item, je lui donne et lègue ma tapisserie de l'histoire de Lucrèce, que j'ai achetée de M. le duc de Chevreuse, ensemble toutes les figures, statues, bustes, tableaux, cristaux, cabinets, tables et autres meubles qui sont à présent dans les sept chambres de la conciergerie du Palais-Cardinal et dans la petite galerie qui en dépend, pour meubler et orner ledit hôtel de Richelieu, lorsqu'il sera bâti, voulant et entendant que toutes les choses susdites demeurent perpétuellement attachées audit hôtel de Richelieu, comme appartenances et dépendances d'icelui.

Item, je lui donne et lègue outre ce que dessus, tous mes autres biens, tant meubles qu'immeubles, droits sur le Roi, ou de ses domaines que je possède par engagement, et généralement tous les biens que j'aurai lors de mon décès, de quelque nature et qualité qu'ils puissent être, dont je n'aurai disposé par le présent testament, le tout aux conditions des institutions et substitutions qui seront ci-après apposées; et, pour cet effet, je veux qu'après mon décès, il soit fait un inventaire par mes exécuteurs testamentaires ou par telles autres personnes qu'ils estimeroient à propos, de tous mes meubles qui se trouveront, tant en l'hôtel de Richelieu et Palais-Cardinal, qu'en ma maison de Richelieu, dont celui qui sera duc de Richelieu se chargera.

Je veux et entends que tous les legs, que j'ai ci-dessus faits audit Armand de Vignerot, mon petit-neveu, soient à la charge et condition expresse qu'il prendra *le seul nom de du Plessis de Richelieu*, et que mondit neveu ni ses descendans qui viendront à ma succession, en vertu du présent testament, ne pourront prendre et porter autre nom, ni écarteler les armes de la maison, à peine de déchéance de l'institution et substitution que fais en leur faveur.

Je veux et entends qu'Armand de Vignerot, ou celui de mes petits-neveux enfans de François de Vignerot, mon neveu, qui viendra à ma succession, en vertu de ce mien testament, donne par chacun an audit François de Vignerot, leur père, la somme de trente mille livres, sa vie durant, à prendre sur tous les biens que je leur ai ci-dessus légués, à la charge que ledit sieur François de Vignerot, sieur du Pont de Courlay, mon neveu, ne jouira desdites trente mille livres de rente, qu'aux termes et conditions ci-après déclarés, pour le temps que mes héritiers commenceront à jouir entièrement de mes biens, et que le payement desdites trente mille livres lui sera fait par l'ordre de ceux qui auront la direction desdits biens en attendant que sondit fils soit majeur, ou par l'ordre de sondit fils lorsqu'il sera en âge.

Item, je donne et lègue audit Armand de Vignerot, mon petit-neveu, aux clauses et conditions des institutions et substitutions qui seront ci-après apposées, ma bibliothèque, non-seulement en l'état auquel elle est à présent, mais en celui auquel elle sera lors de mon décès, déclarant que je veux qu'elle demeure au lieu où j'ai commencé à la faire bâtir dans l'hôtel de Richelieu joignant le Palais-Cardinal; et, d'autant que mon dessein est de rendre ladite bibliothèque la plus accomplie que je pourrai, et la mettre en état qu'elle puisse non-seulement servir à ma famille, mais encore au public, je veux et ordonne qu'il en soit fait un inventaire général, lors de mon décès, par telles personnes que mes exécuteurs testamentaires jugeront à propos, y appelant deux docteurs de la Sorbonne, qui seront députés par leur corps pour être présens à la confection dudit inventaire; lequel étant fait, je veux qu'il en soit mis une expédition en ma bibliothèque, signée de mes exécuteurs testamentaires et desdits docteurs de Sorbonne, et qu'une autre copie soit pareillement mise en ladite maison de Sorbonne, signée ainsi que dessus.

Et, afin que ladite bibliothèque soit conservée en son entier, je veux et ordonne que ledit inventaire soit récolé et vérifié tous les ans par deux docteurs qui seront députés de la Sorbonne, et qu'il y ait un bibliothécaire qui en ait la charge, aux gages de mille livres par chacun an, lesquels gages et appointemens je veux être pris par chacun an, par préférence à toute autre charge, de quartier en quartier et par avance, sur les revenus des maisons bâties et à bâtir à l'entour du parc du Palais-Cardinal, lesquelles ne font point partie dudit palais; et je veux et entends que moyennant lesdites mille livres d'appointemens il soit tenu de conserver ladite bibliothèque, la tenir en bon état, et y donner l'entrée, à certaines heures du jour, aux hommes de lettres et d'érudition, pour voir les livres et en prendre communication dans le lieu de la bibliothèque, sans transporter les livres ailleurs; et en cas qu'il n'y eût aucun bibliothécaire lors de mon décès, je veux et ordonne que la Sorbonne en nomme trois audit Armand de Vignerot et à ses successeurs, qui seront ducs de Richelieu, pour choisir celui des trois qu'ils jugeront le plus à propos; ce qui sera toujours observé lorsqu'il sera nécessaire de mettre un nouveau bibliothécaire.

Et, d'autant que, pour la conservation du lieu et des livres de ladite bibliothèque, il sera besoin de la nettoyer souvent, j'entends qu'il soit choisi, par mondit neveu, un homme propre à cet effet, qui sera obligé de balayer tous les jours une fois ladite bibliothèque, et d'essuyer les livres ou les armoires dans lesquelles ils seront; et, pour lui donner moyen de s'entretenir, et fournir les balais et autres choses nécessaires pour le nettoyement, je veux qu'il ait quatre cents livres de gages par an à prendre sur le même fonds que ceux du bibliothécaire, et en la même forme, ce qui sera fait, ainsi que ce qui concerne ledit bibliothécaire, par les soins et par l'autorité de mondit neveu et de ses successeurs en la possession dudit hôtel de Richelieu.

Et d'autant qu'il est nécessaire pour maintenir une bibliothèque en sa perfection, d'y mettre de temps en temps les bons livres qui seront imprimés de nouveau, ou ceux des anciens qui y peuvent manquer, je veux et ordonne qu'il soit employé la somme de mille livres par chacun an, en achat de livres, par l'avis des docteurs qui seront députés tous les ans par la Sorbonne pour faire l'inventaire de ladite bibliothèque, laquelle somme de mille livres sera pareillement prise par préférence à toutes autres charges, excepté celle des deux articles ci-dessus, sur le revenu des arrentemens des maisons qui ont été et seront bâties à l'entour dudit parc du Palais-Cardinal.

Je déclare que mon intention et volonté est, en cas que, lors de mon décès, ledit Armand de Vignerot, ou celui de ses frères à son défaut qui viendra à ma succession, en vertu de ce mien testament, ne soit encore majeur, que ma nièce, la duchesse d'Aiguillon, ait l'administration et conduite tant de sa personne que desdits biens que je lui donne, jusqu'à ce qu'il soit venu en âge de majorité, sans que madite nièce, la duchesse d'Aiguillon, soit tenue de rendre aucun compte audit Armand de Vignerot, ni à quelques autres personnes que ce soit; et en cas que madite nièce, la duchesse d'Aiguillon, fût décédée avant moi, ou qu'elle décédât avant la majorité dudit Armand de Vignerot ou de celui de ses frères qui sera mon héritier, je veux et ordonne que lesdits biens soient administrés par mes exécuteurs testamentaires, sans qu'ils soient aussi tenus de rendre aucun compte à qui que ce soit.

Item, je donne et lègue audit Armand de Vignerot, mon petit-neveu, la somme de quatre cent quarante et tant de mille livres que j'ai prêtée, par contrat de constitution de rente, à mon neveu du Pont de Courlay son père, pour acquitter les dettes par lui contractées, ensemble tout ce que ledit sieur du Pont, mon neveu, me devra, tant à cause des arrérages desdites constitutions de rente, que pour quelque autre cause que ce soit et à quelque somme que lesdites dettes se trouveront revenir lors de mon décès, à la charge et condition néanmoins que mon petit-neveu ne pourra faire aucune demande desdites sommes, tant en principal qu'intérêt, audit sieur du Pont de Courlay son père pendant son vivant, ains se réservera à se pourvoir sur ses terres après son décès; si ce n'est que les terres et biens dudit sieur du Pont de Courlay, mon neveu, soient, de son vivant, saisis et mis en décret, à la requête de ses créanciers, auquel cas je veux et entends que ledit Armand de Vignerot, mon petit neveu, puisse s'opposer aux biens saisis, et même s'en rendre adjudicataire, s'il le juge ainsi à propos; et en cas qu'il se rende adjudicataire desdits biens ou qu'étant vendus, il soit mis en ordre sur les deniers provenant de la vente d'iceux, je veux et entends que mondit neveu du Pont de Courlay, jouisse sa vie durant du revenu desdits biens; dont il sera rendu adjudicataire, ou de l'intérêt des sommes dont mon petit-neveu aura été mis en ordre.

Et, d'autant qu'il a plû à Dieu bénir mes travaux et les faire considérer par le Roi mon bon maître, en les reconnoissant par sa munificence au-dessus de ce que je pouvois espérer, j'ai estimé, en faisant ma disposition présente, devoir obliger mes héritiers à conserver l'établissement que j'ai fait en ma famille, en sorte qu'elle se puisse maintenir longuement en la dignité et splendeur qu'il a plu au Roi lui donner, afin que la postérité connoisse que, si je l'ai servi fidèlement, il a su, par une vertu toute royale, m'aimer et me combler de ses bienfaits.

Pour cet effet, je déclare et entends que tous les biens que j'ai ci-dessus légués et donnés, soient à la charge des substitutions ainsi qu'il suit.

Premièrement, je substitue à Armand de Vignerot, mon petit-neveu, fils de François Vignerot sieur du Pont de Courlay, mon neveu, en tous les biens tant meubles qu'immeubles que je lui ai ci-dessus légués, son fils aîné ; je substitue l'aîné des mâles de ladite famille, et d'aîné en aîné, gardant toujours l'ordre et prérogative d'aînesse.

Et, en cas que ledit Armand de Vignerot décède sans enfans mâles ou que la ligne masculine vienne à manquer en ses enfans, je lui substitue celui de ses frères qui sera l'aîné en la famille, ou, à son défaut, l'aîné des enfans mâles dudit frère, selon l'ordre de primogéniture, et gardant toujours la prérogative d'aînesse ; et en cas que ledit frère ou ses enfans mâles décèdent sans enfans mâles, et que la ligne masculine vienne à manquer, je lui substitue celui de ses frères ou de ses neveux qui sera l'aîné des mâles en la famille, et d'aîné en aîné, gardant toujours l'ordre de primogéniture tant que la ligne masculine de François de Vignerot sieur du Pont de Courlay durera.

Je déclare que je veux et entends que celui des enfans mâles de mon neveu du Pont de Courlay, ou de ses descendans qui sera ecclésiastique, s'il est *in sacris* ne soit compris en l'institution et substitution ci-dessus faite, pour jouir d'icelle, encore qu'il fût plus âgé ; mais je veux et ordonne qu'en tous les degrés d'institution et substitution, celui qui se trouvera le plus âgé et aîné de la famille, après celui qui sera ecclésiastique et *in sacris* lors de l'ouverture de la substitution, jouisse en son lieu des droits d'institution et substitution selon l'ordre de primogéniture.

Et, en cas qu'il n'y eût plus aucun descendant mâle de mondit neveu du Pont de Courlay, et que la ligne masculine venant de lui, vînt à manquer en la famille, j'appelle à ladite substitution Armand de Maillé, mon neveu, ou celui de ses descendans mâles par les mâles qui sera duc de Fronsac, par augmentation des biens institués et substitués, et pour sortir même nature et aux mêmes conditions, institutions et substitutions que les autres biens que je lui ai légués, le tout à la charge que mondit neveu Armand de Maillé et ses descendans qui viendront à ladite substitution, prendront le seul nom de du Plessis de Richelieu sans adjonction d'autres.

Item, je substitue audit Armand de Maillé, en tous les biens que je lui ai ci-dessus légués, le fils aîné qui viendra de lui en loyal mariage, et audit fils aîné je substitue l'aîné des mâles issus de lui, et d'aîné en aîné à l'exclusion de ceux qui seront ecclésiastiques *in sacris*, ainsi que j'ai dit ci-dessus.

Et en cas que mondit neveu, Armand de Maillé, vînt à décéder sans enfans mâles ou qu'il n'y eût aucuns descendans mâles de lui, et que la ligne masculine venant de lui, vînt à manquer en sa famille, j'appelle à ladite substitution Armand de Vignerot, mon petit-neveu ou celui de ses descendans mâles qui sera lors duc de Richelieu; et faute d'hoirs mâles de la famille de mondit sieur Armand de Vignerot, j'appelle à la substitution l'aîné des mâles de la famille de mondit neveu du Pont de Courlay, descendans de lui par les mâles selon l'ordre de primogéniture par augmentation des biens institués, et substitués, et pour sortir même nature et aux mêmes conditions, institutions et substitutions que les autres biens que je leur ai légués.

Et, en cas que la ligne masculine de mondit neveu du Pont de Courlay et d'Armand de Maillé, mon neveu, vienne à manquer, en sorte qu'en toutes les deux familles il n'y ait plus aucuns enfans mâles descendans des mâles en légitime mariage pour venir à ma succession, selon l'ordre ci-dessus prescrit, j'appelle à la substitution des biens auxquels j'ai institué Armand de Vignerot, mon petit-neveu, le fils aîné de la fille aînée venant de l'aîné, ou celui qui le représentera, et puis l'aînée des filles venant des puînés, selon l'ordre de primogéniture des mâles à l'exclusion de ceux qui sont *in sacris*.

Et, en cas, ainsi qu'il est dit ci-dessus, que la ligne vienne à manquer, tant dans la famille d'Armand de Maillé, mon neveu, qu'en celle de mondit neveu du Pont de Courlay, j'appelle à la substitution des biens auxquels j'ai institué ledit

Armand de Maillé, mon neveu, le fils aîné de sa fille aînée, puis des puînées ou celui des mâles qui le représentera, et de mâles en mâles, à l'exclusion de ceux qui seront constitués *in sacris*, gardant toujours, de degré en degré, la primogéniture des mâles, et aux mêmes charges, conditions, institutions et substitutions que dessus.

Et, s'il arrivoit que tous les mâles descendans des filles de mondit neveu du Pont de Courlay, décédassent sans enfans mâles, je leur substitue celui de mes successeurs qui sera duc de Fronsac, en vertu de mon testament par augmentations d'institutions et substitutions; et en cas que tous les mâles descendans des filles venant d'Armand de Maillé, mon neveu, décédassent sans enfans mâles, je leur substitue celui de mes successeurs qui possédera lors, en vertu de mon testament, le duché de Richelieu, par augmentations d'institutions ou substitutions.

Je prie ceux des familles de Vignerot et de Maillé auxquels les biens que je substitue écherront, de vouloir renouveler, en tant que besoin seroit, lesdites institutions et substitutions, selon mon intention ci-dessus, ce que je crois qu'ils feront volontairement, tant en considération des grands biens qu'ils auront reçus de moi, que pour l'honneur de leur famille.

Et, comme mon intention est que les terres des duchés et pairies de Richelieu, et de Fronsac et Caumont, leurs appartenances et dépendances soient conservées entières en ma famille, sans être divisées pour cette considération, je prohibe, autant que je le puis, à mondit petit-neveu Armand de Vignerot et Armand de Maillé, mon neveu, leurs descendans et à tous autres qui viendront à la succession desdites terres, tant par institution que substitution en vertu du présent testament, toute détraction de *quatre légitime*, douaire, ou autrement, en quelque manière que ce soit, sur lesdites terres de duchés et pairies, voulant que lesdites terres et seigneuries demeurent entières à celui qui sera substitué en son ordre, sans qu'elles puissent être démembrées, ni divisées pour quelque cause que ce soit.

Je veux et entends que mon neveu du Pont de Courlay se contente, pour tout droit qu'il pourroit prétendre en ma succession, de la somme de deux cent mille livres que je lui ai ci-dessus léguée, et des trente mille livres que je lui ai aussi léguées à prendre par chacun an sur tous les biens que j'ai légués par ce mien testament à Armand de Vignerot, mon petit-neveu, son fils, ensemble de la jouissance des sommes de deniers qu'il me doit, ainsi que j'en ai disposé ci-dessus.

Item, je déclare qu'en cas que mondit neveu François de Vignerot, sieur du Pont de Courlay, conteste cette mienne disposition, et que le duché de Richelieu lui fût adjugé pour la part et portion dont je n'avois pu disposer, en ce cas je révoque ladite donation de deux cent mille livres faite en sa faveur, et en outre je révoque toutes les institutions que j'ai faites dudit duché de Richelieu en faveur d'Armand de Vignerot, son fils, et de ceux de la famille de Vignerot, et veux et entends qu'Armand de Maillé, mon neveu, soit appelé à la substitution dudit duché après le décès dudit François de Vignerot, sieur du Pont de Courlay, mon neveu, à l'exclusion de tous les descendans de mondit neveu du Pont de Courlay, et qu'il jouisse, lors de l'ouverture de ma succession, des parts et portions dudit duché dont je puis disposer; et en tant que besoin est, au cas que ledit François de Vignerot, mon neveu, conteste ce mien testament, je donne à Armand de Maillé lesdites parts et portions dont je puis disposer avec l'hôtel de Richelieu que j'ai ordonné être bâti joignant le Palais-Cardinal, ensemble tous les meubles qui se trouveront lors de mon décès, tant en la maison de mon duché de Richelieu qu'au Palais-Cardinal et audit hôtel de Richelieu, et ce par augmentation d'institutions ou substitutions, et pour sortir même nature et aux mêmes conditions, institutions et substitutions que les autres biens à lui ci-dessus légués, et à la charge qu'il prendra le seul nom et les seules armes de la maison du Plessis de Richelieu, ainsi qu'il est dit ci-dessus.

Et, quant aux autres biens, tant meubles qu'immeubles dont j'ai disposé ci-dessus en faveur d'Armand de Vignerot, mon petit-neveu, je veux et entends qu'il en jouisse ainsi que j'ai ordonné ci-dessus, aux conditions d'institutions et substitutions apposées ci-dessus, à la charge néanmoins que cette dernière disposition n'aura lieu qu'en cas que mondit neveu François de Vignerot, sieur du Pont de Courlay, conteste mon testament.

Et, d'autant que dans les biens dont j'ai ci-dessus disposé, il y en aura peut-être du domaine du Roi, et d'autres biens et rentes qui pourroient être rachetées, je veux et entends qu'en cas de rachat *de tout ou de partie des biens de cette nature*, soit aux institués ou substitués, le prix en provenant soit remplacé par celui auquel le rachat sera fait, en acquisition d'héritages, pour tenir lieu et place desdits biens rachetés aux mêmes conditions, institutions et substitutions auxquelles je les ai donnés et légués ci-dessus; et ce, dans six mois du jour du remboursement qui en sera fait; si l'on peut trouver à faire ledit emploi; au défaut de quoi, les deniers provenant desdits rachats et remboursemens, seront mis ès mains de personnes solvables jusqu'à ce que le remploi soit fait, avec le consentement de celui qui sera le plus proche appelé à la substitution desdites choses.

Je ne fais aucune mention en ce mien testament de ma nièce la duchesse d'Enghien, d'autant que par son contrat de mariage elle a renoncé à ma succession, moyennant ce que je lui ai donné en dot, dont je veux et ordonne qu'elle se contente.

Mon intention est que les exécuteurs de mon testament et madite nièce la duchesse d'Aiguillon, aient le maniement durant trois ans, à compter du jour qu'il aura plu à Dieu disposer de moi, des deux tiers du revenu de tout mon bien;

l'autre demeurant à mesdits héritiers chacun en ce qui les concerne, pour être lesdits deux tiers employés au paiement de ce qui pourroit rester à acquitter de mes dettes, de mes legs et à la dépense des bâtimens que j'ai ordonné être faits et achevés, savoir: de l'église de la Sorbonne de Paris, ornemens et ameublemens d'icelle, de ma sépulture que je veux être faite en ladite église, suivant le dessin qui en sera arrêté par ma nièce la duchesse d'Aiguillon et M. de Noyers du collége de Sorbonne, suivant le dessin que j'en ai arrêté avec M. de Noyers et M. Mercier, architecte, à l'achat des places nécessaires, tant pour l'édification dudit collége, que pour le jardin de la Sorbonne, suivant les prisées et estimations qui en ont été faites, comme encore à la dépense de l'hôtel de Richelieu que j'ai ordonné être fait, joignant le Palais-Cardinal, de la bibliothèque dudit hôtel dont les fondations sont jetées, laquelle je prie M. de Noyers de faire achever soigneusement suivant le dernier dessin et devis arrêtés avec Tiriot, maître maçon; et de faire acheter tous les livres qui y manqueront. Je le prie aussi de faire réparer, accommoder et orner la maison des pères de la Mission que j'ai fondée à Richelieu, et de leur faire acheter un jardin dans l'enclos de la ville de Richelieu, le plus proche de leur maison que faire se pourra, de la grandeur que j'ai ordonnée; comme aussi de faire achever les fontaines et autres accommodemens commencés, et nécessaires pour la perfection de mes bâtimens et jardins de Richelieu; le tout sur lesdits deux tiers du revenu de mondit bien, comme dit est, sans que de toutes les dépenses ci-dessus madite nièce ni M. de Noyers soient tenus de rendre compte à qui que ce soit; et, bien que j'aie déjà suffisamment fondé audit Richelieu lesdits pères de la Mission pour entretenir vingt prêtres, afin de s'employer aux missions dedans le Poitou suivant leur institut; je leur donne encore la somme de soixante mille livres, afin qu'ils aient d'autant plus de moyens de vaquer auxdites missions, et qu'ils soient obligés de prier Dieu pour le repos de mon âme, à la charge d'employer ladite somme de soixante mille livres en achat d'héritages, pour être de même nature que les autres biens de la fondation.

Je défends à mes héritiers de prendre alliance en des maisons qui ne soient pas vraiment nobles, les laissant assez à leur aise pour avoir plus d'égard à la naissance et à la vertu, qu'aux commodités et aux biens.

Et, d'autant que l'expérience nous fait connoître que les héritiers ne suivent pas toujours la trace de ceux dont ils sont successeurs, désirant avoir plus de soin de la conservation de l'honneur que je laisse aux miens, que de celle de leur bien, je recommande absolument auxdits Armand de Vignerot et Armand de Maillé, et à tous ceux qui jouiront après eux desdits duchés, pairies et biens que je leur ai ci-dessus substitués, de ne se départir jamais de l'obéissance qu'ils doivent au Roi et à ses successeurs, quelque prétexte de mécontentement qu'ils puissent prendre pour un si mauvais sujet; et déclare en ma conscience que, si je prévoyois qu'aucun d'eux dût tomber en telle faute, je ne lui laisserois aucune part en ma succession.

Je donne et lègue au sieur du Plessis de Sivray, mon cousin, la somme de soixante mille livres qui m'est due par M. le comte de Charost, capitaine des gardes-du-corps du Roi, auquel j'entends que ledit sieur du Plessis de Sivray, ni aucun de mes héritiers, ne puisse demander aucune chose pour les intérêts de ladite somme de soixante mille livres; ains seulement que ledit sieur de Sivray se puisse faire payer du principal d'icelle, dans l'an de mon décès.

Pour marque de la satisfaction que j'ai des services qui m'ont été rendus par mes domestiques et serviteurs,

Je donne au sieur Didier, mon aumônier, quinze cents livres;

Au sieur de Bar, dix mille livres;

Au sieur de Mause, six mille livres;

Au sieur de Belesbat, parce que je ne lui ai encore rien donné, dix mille livres;

A Beaugensy, trois mille livres;

A Lestoublou, trois mille livres;

Au sieur de Valvoisin, parce que je ne lui ai rien donné, douze mille livres;

A Gueille, deux mille livres;

Au sieur Citois, six mille livres;

Au sieur Renaudot, deux mille livres;

A Berthereau, six mille livres;

A Blouin, dix mille livres;

A Desbournais, mon valet de chambre, six mille livres, et je désire qu'il demeure concierge sous mon petit-neveu du Pont de Courlay dans le Palais-Cardinal;

Au Cousin, six mille livres;

A L'Espolette et à Prévost, chacun trois mille livres;

Au sieur Buzenot, mon argentier, quatre mille livres;

A mon maître d'hôtel, six mille livres;

A Picot, six mille livres;

A Robert, trois mille livres;

Aux sieurs de Grand et de Saint-Léger, mes écuyers, chacun trois mille livres, et en outre mes deux carrosses avec les deux attelages de chevaux, ma litière et les trois mulets qui y servent, pour être partagés également entre mes deux écuyers;

A Chamarante et du Plessis, chacun trois mille livres;

A Villaudry, quinze cents livres;

A Deroques, dix-huit chevaux d'école, après que les douze meilleurs de mon écurie auront été choisis pour mes parens;

Au sieur Defort, écuyer, six mille livres;

A Grandpré, capitaine de Richelieu, trois mille livres;

A La Jeunesse, concierge de Richelieu, trois mille livres;

Au petit Mulot, qui écrit sous le sieur Charpentier, mon secrétaire, quinze cents livres;

A La Garde, trois mille livres;

A mon premier crédentier, deux mille livres;

A mon premier cuisinier, deux mille livres;

A mon premier cocher, quinze cents livres;

A mon premier muletier, douze cents livres;

A chacun de mes valets de pied, six cents livres;

Et généralement à tous les autres officiers de ma maison, savoir: de la cuisine, sommellerie et écurie, chacun six années de leurs gages, outre ce qui leur sera dû au jour de mon décès.

Je ne donne rien au sieur Charpentier, mon secrétaire, parce que j'ai eu soin de lui faire du bien pendant ma vie; mais je veux rendre ce témoignage de lui, que durant le long temps qu'il m'a servi, je n'ai point connu de plus homme de bien, ni de plus loyal et sincère serviteur.

Je ne donne rien aussi au sieur Chéré, mon autre secrétaire, parce que je le laisse assez accommodé, étant néanmoins satisfait des services qu'il m'a rendus.

Je donne au baron de La Broye, héritier de feu sieur Barbin, que j'ai su être en nécessité, la somme de trente mille livres.

Je prie mon frère, le cardinal de Lyon, de donner au sieur de Sadilly le prieuré de Coussaye que je possède présentement, et lequel est à sa nomination.

Et, pour exécuter le présent testament et tout ce qui en dépend, j'ai nommé et élu M. le chancelier et messieurs Bouthillier surintendant, et de Noyers secrétaire d'Etat ou ceux d'eux qui me survivront; voulant qu'ils aient un soin particulier que rien ne soit omis de tout ce que dessus, qui est mon testament et ordonnance de ma dernière volonté, laquelle j'ai faite ainsi qu'il est dit ci-dessus, après y avoir mûrement pensé plusieurs fois, parce que la plus grande part de mon bien étant venue de gratifications que j'ai reçues de leurs Majestés, en les servant fidèlement, et de mes épargnes, il m'est libre d'en user comme bon me semble; joint que je laisse à chacun de mes héritiers légitimes beaucoup plus de bien qu'il ne leur appartiendroit de ce qui m'est arrivé de la succession de ma maison; et, afin qu'il n'y ait point de différends entre eux, et que cette mienne volonté et ordonnance dernière soit pleinement exécutée, je veux et ordonne qu'au cas que quelqu'un de mesdits héritiers ou légataires prétendît qu'il y eût de l'ambiguité ou obscurité en ce mien présent testament, que mon frère le cardinal de Lyon et mes exécuteurs testamentaires, tous ensemble, ou ceux d'eux qui seront lors vivans, expliquent mon intention, et jugent définitivement le différend qui pourroit naître sur le sujet du présent testament; et que mesdits héritiers ou légataires soient tenus d'acquiescer à leur jugement, sur peine d'être privés de la part que je leur donne et laisse, laquelle sera en ce cas pour ceux qui obéiront au jugement donné par les dessus dits.

Je supplie très-humblement le Roi de vouloir traiter mes parens qui auront l'honneur de le servir aux occasions qui s'en présenteront, selon la grandeur de son cœur vraiment royal; et de témoigner en cela l'estime qu'il fera de la mémoire d'une créature qui n'a jamais eu rien en si singulière recommandation que son service.

Et je ne puis que je ne die pour la satisfaction de ma conscience, qu'après avoir vécu dans une santé languissante, servi heureusement dans des temps difficiles, et des affaires très-épineuses, et expérimenté la bonne et mauvaise fortune en diverses occasions, en rendant au Roi ce à quoi sa bonté et ma naissance m'ont obligé particulièrement, je n'ai jamais manqué à ce que j'ai dû à la Reine sa mère, quelques calomnies que l'on m'ait voulu imposer à ce sujet.

J'ai voulu, pour plus grande sûreté de ce mien testament, déclarer que je révoque tout autre que je pourrois avoir fait ci-devant; et ne vouloir aussi, en cas qu'il s'en trouve ci-après quelque autre de date postérieure qui révoque celui-ci, que l'on y ait aucun égard, s'il n'est tout écrit de ma main et reconnu de notaires, et, que les mots suivant: *satiabor cùm apparuerit gloria tua*, ne soient insérés à la fin et immédiatement avant mon seing; et d'autant qu'à cause de madite maladie et des abcès survenus sur mon bras droit, je ne puis écrire ni signer, j'ai fait écrire et signer mon présent testament, contenant seize feuilles, et la présente page par ledit Pierre Falconis, notaire royal, après m'en être fait faire lecture distinctement et intelligiblement.

Fait audit hôtel de la Vicomté, le vingt-trois du mois de mai l'an mil six cent quarante deux, après midi; signé FALCONIS, avec paraphe.

L'an mil six cent quarante-deux, et le vingt-troisième jour de mai après-midi, dans l'hôtel de la Vicomté de Narbonne, régnant Sa Majesté très-chrétienne Louis XIII, roi de France et de Navarre, devant moi notaire fut présent en sa personne monseigneur Armand-Jean du Plessis, cardinal de la sainte Eglise romaine, duc de Richelieu et de Fronsac, pair de France, commandeur de l'ordre du Saint-Esprit, grand-maître, chef et surintendant général pour Sa Majesté en Bretagne, lequel, détenu de maladie et sain d'entendement, a dit et déclaré avoir fait écrire dans les seize feuilles et demie de papier écrit, fermées et cachetées du cachet de ses armes avec cire d'Espagne, par moi notaire, son testament et acte de dernière volonté, lequel moi dit notaire ai signé; mondit seigneur le cardinal n'ayant pu écrire ni signer sondit testament de sa main, à cause de sa maladie et des abcès survenus en son bras, tout le contenu auquel testament son éminence veut valoir par droit de testament, clos et solemnel, codicile, donation, à cause de mort et par toute telle autre forme que de droit pourra mieux valoir, nonobstant toutes observations de droit écrit auxquelles le lieu où se trouve présentement son éminence pourroit l'astreindre; et toutes autres lois et coutumes à ce contraires ; et a prié les témoins bas nommés d'attester sondit présent testament, et moi notaire lui en donner le présent acte, concédé en présence de monseigneur l'éminentissime cardinal Mazarini, M. Lescot, nommé par Sa Majesté à l'évêché de Chartres, d'Aumont abbé d'Uzerches, de Péréfixe, maître de chambre de mondit seigneur cardinal duc, Delabarde, secrétaire du cabinet du Roi et trésorier de France à Paris, Le Roi, secrétaire de Sa Majesté, maison et couronne de France, de Rennefort, abbé de La Clarté Dieu, soussignés ; et moi dit notaire avec iceux témoins, mondit seigneur cardinal duc n'ayant pu signer le présent acte, à cause de sadite maladie. Signé, le cardinal Mazarini. J. Lescot. R. d'Aumont. J. Delabarde. D. de Rennefort. Le Roi. Hardouin de Péréfixe. Falconis.

MÉMOIRES
DU CARDINAL
DE RICHELIEU.

En l'an 1600, le grand Henri, qui étoit digne de vivre autant que sa gloire, ayant affermi sa couronne sur sa tête, calmé son Etat, acquis par son sang la paix et le repos de ses sujets, vaincu par les vœux de la France et par la considération du bien de son peuple, qui pouvoit tout sur lui, se résolut, chargé de victoires, de se vaincre soi-même sous les lois du mariage, pour avoir lieu de laisser à cet Etat des héritiers de sa couronne et de sa vertu.

Pour cet effet, il jeta les yeux sur toute l'Europe pour chercher une digne compagne de sa gloire; et, après en avoir fait le circuit, sans omettre aucune partie où il pût trouver l'accomplissement de ses désirs, il s'arrêta à Florence, qui contenoit un sujet digne de borner le cours de sa recherche.

Il est touché de la réputation d'une princesse qui étoit en ce lieu, princesse petite-fille de l'Empereur, à cause de sa mère, et, à raison de son père, sortie d'une maison qui a presque autant d'hommes illustres que de princes.

Cette princesse, en la fleur de ses ans, faisoit voir en elle les fruits les plus mûrs de sa vertu, et il sembloit que Dieu l'eût rendue si accomplie, que l'art, qui porte envie à la nature, eût eu peine à beaucoup ajouter à son avantage.

L'amour étant impatient, ce grand prince envoie promptement offrir sa couronne à cette princesse ; et Dieu, qui ordonne souvent les mariages au ciel avant qu'on en ait connoissance en terre, fait que, bien qu'elle eût refusé la couronne impériale, elle accepte avec contentement celle qui lui étoit présentée ; faisant voir par cette action qu'il faut avoir plus d'égard au mérite qu'à la qualité des personnes, et qu'une dignité inférieure en un prince de singulière recommandation, surpasse la plus grande du monde en un sujet de moindre prix:

Le traité de ce mariage n'est pas plutôt commencé par le sieur de Sillery, qui depuis a été chancelier de France, qu'il se conclut et s'accomplit à Florence, en vertu de la procuration du Roi portée au grand-duc par le duc de Bellegarde (1), le tout avec des magnificences dignes de ceux entre qui il se contracte.

Le passage de cette grande princesse se prépare : elle part du lieu de sa naissance ; la mer et les vents lui sont contraires, mais son courage, sa fortune et son bonheur sont plus forts.

Elle arrive à Marseille, qui lui fait connoître que les cœurs des François lui sont aussi ouverts que les portes de la France.

Aux instantes prières de celui qui l'attend avec impatience, sans s'arrêter en ce lieu, elle passe outre pour aller à Lyon, où ce grand prince, vrai lion en guerre et agneau en paix, la reçoit avec une joie incroyable, et des témoignages d'amour correspondans à ceux du respect qu'elle lui rendoit.

(1) Roger de Larg., baron de Termes, duc de Bellegarde.

D'abord il tâche de la voir sans être connu d'elle ; à cette fin il paroît dans la foule ; mais, bien que d'ordinaire ce qui se loge au cœur y prenne entrée par les yeux, l'amour que le ciel lui avoit mis au cœur pour ce grand prince, le fit discerner à ses yeux.

Dieu, vrai auteur de ce mariage, unit leurs cœurs de telle sorte que d'abord ils vécurent avec autant de liberté et de franchise, que s'ils eussent été toute leur vie ensemble.

Toute la Cour n'ouvre les yeux que pour la voir et l'admirer, et ne se sert de sa langue que pour louer et publier la France heureuse par celle qu'on prévoyoit y apporter toutes les bénédictions.

La paix, qui fut faite au même temps avec le duc de Savoie, fut reçue comme prémice du bonheur qu'elle apportoit avec elle.

Elle vint à Paris, cœur de ce grand royaume, qui lui offre le sien pour hommage.

Dans la première année de son arrivée en France, Dieu, bénissant son mariage, lui donna un dauphin, non pour signe de tempête, mais, au contraire, pour marque assurée qu'il n'en peut plus venir qui ne soit calmée par sa présence.

Un an après, accouchant d'une fille, elle donne lieu à la France de se fortifier par alliance.

Ensuite, Dieu voulant donner de chaque sexe autant de princes et princesses à ce royaume qu'il a de fleurs de lis, il lui donna trois fils et trois filles (1).

(1) Louis XIII, le duc d'Orléans, mort en 1611, et Jean-Baptiste Gaston, qui fut plus tard duc d'Orléans; Élisabeth, mariée à Philippe IV, roi d'Espagne; Christine, mariée à Victor Amédée, prince de Piémont, depuis duc de Savoie; Henriette-Marie, mariée à Charles I, roi d'Angleterre.

En diverses occasions elle reçoit des preuves de l'affection du Roi, qui la contentant en beaucoup d'autres, elle lui rend des témoignages de son amour qu'il satisfait.

Un jour allant à Saint-Germain avec le Roi, le cocher qui les menoit, ayant été si malheureux que de les verser, au passage d'un bac, dans la rivière, du côté de la portière où elle étoit, elle se trouve en si grand péril de sa vie, que si le sieur de La Châtaigneraye ne se fût promptement jeté dans l'eau, du fond de laquelle il la retira par les cheveux, elle se fût noyée. Mais cet accident lui fut extrêmement heureux, en ce qu'il lui donna lieu de faire paroître que les eaux qui l'avoient presque suffoquée, n'eurent pas la force d'éteindre son affection pour le Roi, dont elle demanda soigneusement des nouvelles au premier instant qu'elle eut de respirer.

Ses premières pensées n'ayant autre but que de lui plaire, elle se fait force pour se rendre patiente en ce en quoi non-seulement l'impatience est pardonnable aux femmes les plus retenues, mais bienséante.

Les affections de ce grand prince, qui lui étoient dues entières, sont partagées par beaucoup d'autres.

Plusieurs esprits malins ou craintifs lui représentent les suites de ce partage, périlleuses pour elle; mais, bien qu'on ébranlât la confiance qu'elle a en lui, on ne peut tout-à-fait la lui faire perdre, sans considérer les accidens qui lui pouvoient arriver de l'excès des passions où souvent le Roi se laissoit transporter; la jalousie lui étoit un mal assez cuisant pour la porter à beaucoup de mauvais conseils qui lui étoient suggérés sur ce sujet.

Elle parle plusieurs fois au Roi pour le détourner de ce qui lui étoit désagréable ; elle tâche de l'émouvoir par la considération de sa santé qu'il ruinoit, par celle de sa réputation qui d'ailleurs étoit si entière, par celle enfin de sa conscience, lui représentant qu'elle souffriroit volontiers ce qui le contente s'il ne désagréoit à Dieu. Mais toutes ces raisons, si puissantes qu'il n'y en a point au monde qui le puissent être davantage, étoient trop foibles pour retirer ce prince qui, pour être aveuglé de passions, n'en connoissoit pas le poids.

D'autres fois elle se sert d'autres moyens ; elle proteste qu'elle fera faire affront à ses maîtresses ; que, si même la passion qu'elle a pour lui la porte à leur faire ôter la vie, cet excès, pardonnable en tel cas à toute femme qui aime son mari fidèlement, ne sera blâmé en elle de personne.

Elle lui fait donner divers avis sur ce sujet par des personnes confidentes.

Ces moyens, quoique plus foibles que les premiers, font plus d'effet, parce qu'ils tirent leur force des intérêts de ses maîtresses, auxquels il étoit aussi sensible qu'il étoit insensible aux siens.

Il fit une fois sortir de Paris la marquise de Verneuil, bien accompagnée, sur un avis qui lui fut donné par Conchine que la Reine s'assuroit de personnes affidées pour lui procurer un mauvais traitement ; ce qui toutefois n'étoit qu'une feinte, étant certain qu'elle n'avoit dessein, en cette occasion, que de lui faire peur d'un mal qu'elle ne lui vouloit pas faire.

Il eut diverses alarmes de pareille nature, mais elles furent toutes sans effet.

Comme la jalousie rendoit la Reine industrieuse en inventions propres à ses fins, l'excès de la passion du Roi le rendoit si foible en telle occasion, qu'encore qu'il eût bien témoigné en toutes rencontres être prince d'esprit et de grand cœur, il paroissoit dénué de jugement et de forces en celle-là.

En tout autre sujet que celui-ci, le mariage de leurs Majestés étoit exempt de division; mais il est vrai que les amours de ce prince, et la jalousie de cette princesse, jointe à la fermeté de son esprit, en causèrent de si grandes et si fréquentes entre eux, que, outre que le duc de Sully m'a dit plusieurs fois qu'il ne les avoit jamais vus huit jours sans querelle, il m'a dit aussi qu'une fois entre autres la colère de la Reine la transporta jusqu'à tel point, étant proche du Roi, que, levant le bras, il eût si grande peur qu'elle passât outre, qu'il le rabatit avec moins de respect qu'il n'eût désiré, et si rudement qu'elle disoit par après qu'il l'avoit frappée, ce qui n'empêcha pas qu'elle ne se louât de son procédé au lieu de s'en plaindre, reconnoissant que son soin et sa prévoyance n'avoient pas été inutiles.

J'ai aussi appris du comte de Grammont qu'une fois le Roi étant outré des mauvaises humeurs qu'elle avoit sur pareils sujets, après avoir été contraint de la quitter à Paris et s'en aller à Fontainebleau, il envoya vers elle pour lui dire que, si elle ne vouloit vivre plus doucement avec lui et changer sa conduite, il seroit contraint de la renvoyer à Florence avec tout ce qu'elle avoit emmené de ce pays, désignant la maréchale d'Ancre et son mari (1).

(1) Éléonore Gai ou Galigaï étoit venue en France avec Marie de

Et j'ai su de ceux qui avoient en ce temps grande part au maniement des affaires, que l'excès de la mauvaise intelligence qui étoit quelquefois entre leurs Majestés, étoit venu jusques à tel point, que le Roi leur a dit plusieurs fois qu'il se résoudroit enfin de la prier de vivre dans une de ses maisons séparée. Mais la colère fait si souvent dire ce que pour rien du monde on ne voudroit faire, qu'il y a grande apparence que cette passion tiroit ces paroles de sa bouche, bien qu'en effet il n'en eût pas le sentiment au cœur.

Il est difficile de ne croire pas que la Reine fût échauffée en ses jalousies par certaines personnes, qui ne lui donnoient pas seulement mauvais conseil en ce sujet, mais en beaucoup d'autres. Et de fait, le même duc de Sully, dont elle faisoit grand cas en ce temps-là, où il étoit considéré comme le plus puissant en l'esprit de son maître, m'a dit qu'un jour elle l'envoya quérir pour lui communiquer une résolution que Conchine lui avoit fait prendre, d'avertir le Roi de certaines personnes de la Cour qui lui parloient d'amour. Conchine, qui étoit présent, soutenoit que, par ce moyen, la Reine feroit connoître au Roi qu'elle n'étoit pas capable de rien savoir sans le lui communiquer. Le duc lui répondit d'abord, avec sa façon aussi brusque que peu civile, que cette affaire étoit si différente de celles dont il avoit le soin, qu'il ne pouvoit lui donner aucun avis; mais qu'ayant aussi-

---

Médicis. Elle avoit épousé Conchini, qui partageoit avec elle les bonnes grâces de la Reine. Conchini acheta, en 1610, le marquisat d'Ancre, dont il prit le nom; et fut fait maréchal de France en 1613. — Voyez sur Galigaï et sur Conchini, ci-après, à l'année 1617.

tôt changé ce discours, après que Conchine, devant qui il ne vouloit point parler, se fut retiré, il lui dit qu'il étoit trop son serviteur pour ne l'avertir pas qu'elle prenoit la plus mauvaise résolution qui se pût prendre en telles matières, et qu'elle alloit donner au Roi le plus grand et le plus juste soupçon qu'un mari de sa qualité pût avoir de sa femme, attendu qu'il n'y avoit point d'homme de jugement qui ne sût fort bien qu'on ne parloit point d'amour à une personne de sa condition, sans avoir premièrement reconnu qu'elle l'auroit agréable, et sans qu'elle fît la moitié du chemin, et que le Roi pourroit penser que les motifs qui l'auroient portée à faire cette découverte, seroient ou la crainte qu'elle auroit qu'elle ne fût connue par autre voie, ou le dégoût qu'elle auroit pris de ceux qu'elle vouloit accuser, par la rencontre de quelques autres plus agréables à ses yeux, ou enfin la persuasion d'autres assez puissantes sur son esprit pour la porter à cette résolution.

Ces considérations pressèrent sa raison de telle sorte qu'elle suivit, pour cette fois, les avis du duc de Sully, bien qu'en d'autres occasions elle l'eût souvent trouvé peu capable de conseil, et que, dès le temps de sa jeunesse, elle fût si attachée à ses propres volontés que la grande duchesse, sa tante, qui avoit le soin de sa conduite, se plaignoit d'ordinaire souvent de la fermeté qu'elle avoit en ses résolutions.

Il arrivoit souvent beaucoup de divisions semblables entre leurs Majestés; mais l'orage n'étoit pas plus tôt cessé, que le Roi, jouissant du beau temps, vivoit avec tant de douceur avec elle, que je l'ai vue souvent, depuis la mort de ce grand prince, se louer du temps qu'elle a passé avec lui, et relever la bonté dont il usoit en son endroit, autant qu'il lui étoit possible.

Si elle lui demande quelque chose qui se puisse accorder, elle n'en est jamais refusée; s'il la refuse, c'est en faisant cesser ses demandes par la connoissance qu'il lui donne qu'elles tournent à son préjudice.

Un jour elle le prie d'accorder la survivance d'une charge pour quelqu'un de ses serviteurs; il la refuse avec ces paroles : *Le cours de la nature vous doit donner la mienne; et lors vous apprendrez par expérience que qui donne une survivance ne donne rien en l'imagination de celui qui la reçoit, n'estimant pas que ce qui tient encore, lui puisse être donné.*

La prise du maréchal de Biron, dont le mérite et la vertu émurent la compassion de tout le monde, lui donna lieu d'en parler au Roi, plutôt pour apprendre son sentiment, que le duc de Sully, qui étoit fort bien avec elle, désiroit savoir, que pour le porter à aucune fin déterminée.

Le Roi lui dit que ses crimes étoient trop avérés et de trop grande conséquence pour l'Etat, pour qu'il le pût sauver; que s'il eût été assuré de vivre autant que ce maréchal, il lui eût volontiers donné sa grâce, parce qu'il eût pensé à se garantir de ses mauvais desseins; mais qu'il avoit trop d'affection pour elle et pour ses enfans pour leur laisser une telle épine au pied, dont il les pouvoit délivrer avec justice; que s'il avoit osé conspirer contre lui, dont il connoissoit le courage et la puissance, il le feroit bien plus volontiers contre ses enfans.

Il ajouta qu'il savoit bien qu'en pardonnant au maréchal, plusieurs loueroient hautement sa clémence, et qu'on répandroit faussement par le peuple que l'appréhension de ce personnage faisoit plus contre lui que ses crimes; mais qu'il falloit se moquer des faux bruits en matière d'Etat, que la clémence en certaines occasions étoit cruauté, et qu'outre que ce seroit chose répugnante à son courage que de faire mal sans l'avoir mérité, s'il le faisoit, il appréhendoit les chatimens de Dieu, qui ne bénit jamais les princes qui usent de telle violence.

En cela la Reine qui déféroit beaucoup en toutes occasions à son autorité, déféra en celle-là tout à sa raison, qui ne pouvant être contredite par personne, le devoit être moins par une princesse de sa naissance et de sa maison, qui ne laisse jamais impuni aucun crime qui concerne l'Etat.

Une autre fois le duc de Sully lui ayant fait connoître que la puissance et l'humeur du duc de Bouillon devoient être suspectes à la sûreté de ses enfans, si le Roi venoit à lui manquer, elle en parla au Roi, lorsqu'il fut tombé dans sa disgrâce, et que sa Majesté entreprit expressément le voyage de Sedan pour châtier sa rébellion. Le Roi lui répondit, avec sa promptitude ordinaire, qu'il étoit vrai que le parti et l'humeur de cet homme étoient ennemis du repos de la France, qu'il s'en alloit d'autant plus volontiers pour le châtier, qu'il étoit si mal avisé que de croire qu'il n'oseroit l'entreprendre, et qu'il le mettroit assurément en état de ne lui pouvoir nuire à l'avenir.

Il partit en cette résolution, et comme il fut résolu à faire le contraire, il dit à la Reine qu'il en usoit ainsi parce qu'il pouvoit ne le faire pas; que le duc de Bouillon n'étoit pas en état de lui résister, et que chacun connoîtroit que la grâce qu'il recevroit n'auroit autre motif que sa clémence.

Qu'au reste, comme c'étoit grande prudence de considérer quelquefois l'avenir, et prévenir les maux prévus par précaution, celle qui portoit quelquefois les princes à ne rien émouvoir de peur d'ébranler le repos dont ils jouissoient, n'étoit pas moindre.

Peu de temps après elle lui demanda avec instance une place pour le duc de Sully, qui avoit l'honneur de sa confiance : ne voulant pas la lui accorder, il lui répond qu'il savoit bien que Saint-Maixent étoit la plus mauvaise place de son royaume; mais que, tandis que le parti des huguenots subsisteroit, les moindres de la France seroient importantes, et que si un jour il étoit par terre, les meilleures ne seroient d'aucune considération ; qu'il ne vouloit pas la lui donner, parce qu'il n'y avoit quasi dans un Etat que celui qui manioit les finances à qui il ne falloit pas consigner de retraite assurée pendant qu'il étoit en cette administration; d'autant que lui donner un lieu où il pût sûrement retirer de l'argent étoit quasi honnêtement le convier à en prendre.

Qu'au reste, un établissement parmi les huguenots étoit capable de l'empêcher de se faire catholique, et de le porter à les favoriser en ce qu'il pourroit, pour rendre son appui plus considérable.

Qu'il vouloit le détacher, autant qu'il pouvoit, de ce parti, et le mettre par ce moyen en état d'être plus facilement détrompé de l'erreur de leur créance.

A ce propos, il confessa à la Reine qu'au commencement qu'il fit profession d'être catholique, il n'embrassa qu'en apparence la vérité de la religion pour s'assurer en effet sa couronne, mais que, depuis la conférence qu'eut à Fontainebleau le cardinal du Perron avec du Plessis-Mornay, il détestoit autant par raison de conscience la créance des huguenots, comme leur parti par raison d'état.

En cette occasion et plusieurs autres il lui dit que les huguenots étoient ennemis de l'État, que leur parti feroit un jour du mal à son fils, s'il ne leur en faisoit.

Que d'autre part elle avoit aussi à prendre garde à certaines personnes, qui, faisant profession de piété, par un zèle indiscret, pourroient un jour favoriser l'Espagne, si ces deux couronnes venoient en rupture, d'autant que la prudence des rois catholiques avoit été telle jusqu'alors, qu'ils avoient toujours couvert leurs intérêts les plus injustes d'un spécieux prétexte de piété et de religion.

Qu'il étoit bien aise qu'elle sût que, comme la malice des uns lui devoit être perpétuellement suspecte, elle ne devoit pas être sans soupçon du scrupule des autres en certaines occasions.

Lorsqu'il avoit quelque affliction il s'en déchargeoit souvent avec elle; et quoiqu'il n'y trouvât pas toute la consolation qu'il eût pu recevoir d'un esprit qui eût eu de la complaisance et de l'expérience des affaires, il le faisoit volontiers, parce qu'il la trouvoit capable de secret.

La considération de son âge fit qu'il la pressa souvent de prendre connoissance des affaires, d'assister au conseil pour tenir avec lui le timon de ce grand vaisseau; mais, soit que lors son ambition ne fût pas grande, soit qu'elle fût fondée en ce principe, qu'il sied bien aux femmes de faire les femmes, tandis que les hommes font les hommes comme ils doivent, elle ne suivit pas en cela son intention.

Il la mène en tous ses voyages, et, contre la coutume des rois, ils ne font deux chambres que pour avoir lieu d'être le jour séparément.

Il la trouve tellement à son gré, qu'il dit souvent à ses confidens que, si elle n'étoit point sa femme, il donneroit tout son bien pour l'avoir pour maîtresse.

Deux fois en sa vie il la dépeint des couleurs qu'il estime lui être convenables.

Une fois, touché d'affection, après qu'il eut évité le péril qu'ils avoient couru de se noyer ensemble, et l'autre, piqué de colère sur le sujet de quelque passion qu'il avoit en la fantaisie ; la première, il loua grandement son naturel, parce qu'elle l'avoit demandé en ce péril, son courage, parce qu'elle ne s'étoit point étonnée, sa reconnoissance, parce qu'elle le pria instamment de faire du bien à celui qui avoit exposé sa vie pour les garantir de ce péril.

Et, prenant là-dessus occasion de rapporter les autres qualités qu'il avoit remarquées en elle, il la loua d'être secrète, parce que souvent il l'avoit pressée jusque même à se fâcher contre elle, pour savoir les auteurs de quelques avis qu'on lui donnoit, sans qu'elle voulût les découvrir.

En riant il ajouta qu'elle étoit désireuse d'honneur, magnifique et somptueuse en ses dépenses, et glorieuse par excès de courage; et que si elle ne prenoit garde à réprimer ses sentimens, elle seroit vindicative : ce qu'il disoit pour l'avoir vu plusieurs fois si piquée de la passion qu'il avoit pour quelques femmes, qu'il n'y a rien qu'elle n'eût fait pour s'en venger.

Il l'accuse en outre de paresse, ou pour le moins de fuir la peine, si elle n'est poussée à l'embrasser par passion.

Il lui fait la guerre d'être moins caressante que personne du monde, grandement défiante ; enfin il conclut ses défauts de prendre plutôt de ses oreilles et de sa langue que d'autres choses, en ce qu'il ne lui déplaisoit pas d'ouïr faire quelques contes aux dépens d'autrui, ni même d'en médire sans grand fondement.

L'autre fois qu'il étoit animé contre elle, il tourna son courage en gloire, et sa fermeté en opiniâtreté, et disoit souvent à ses confidens qu'il n'avoit jamais vu femme plus entière, et qui plus difficilement se relachât de ses résolutions.

Un jour, ayant témoigné au Roi de la douleur de ce qu'il l'appeloit madame la Régente : « Vous avez
« raison, dit-il, de désirer que nos ans soyent égaux ;
« car la fin de ma vie sera le commencement de vos
« peines : vous avez pleuré de ce que je fouettois votre
« fils avec un peu de sévérité, mais quelque jour
« vous pleurerez beaucoup plus du mal qu'il aura, ou
« de celui que vous recevrez vous-même.

« Mes maîtresses souvent vous ont déplu, mais
« difficilement éviterez-vous d'être un jour maltraitée
« par celles qui posséderont son esprit.

« D'une chose vous puis-je assurer, qu'étant de
« l'humeur que je vous connois, et prévoyant celle

« dont il sera, vous entière, pour ne pas dire têtue,
« madame, et lui opiniâtre, vous aurez assurément
« maille à départir ensemble. »

Il lui tint ce langage ensuite de ce que M. le dauphin ne voulut jamais, quoi qu'il dît, sauter un petit ruisseau qui est dans le parc de Fontainebleau, ce qui le mit, à la vue de la Cour, en telle colère que si on ne l'eût empêché il vouloit le tremper dedans.

En un mot, dix ans se passent avec grande satisfaction pour cette princesse, les traverses qu'elle y rencontre étant si légères qu'il semble que Dieu les ait plutôt permises pour réveiller que pour travailler son esprit.

Ses véritables douleurs commencèrent en l'an 1610, auquel temps le Roi s'ouvrit à elle de la résolution qu'il avoit prise de réduire à son obéissance Milan, Montferrat, Gênes et Naples; donner au duc de Savoie la plus grande partie du Milanais et du Montferrat, en échange du comté de Nice et de la Savoie; ériger le Piémont et le Milanais en royaume; faire appeler le duc de Savoie roi des Alpes; et, à la séparation de la Savoie et du Piémont, faire une forteresse pour borner ces royaumes et se conserver l'entrée d'Italie.

Son intention étoit d'intéresser tous les princes d'Italie en ses conquêtes, la république de Venise par quelque augmentation contiguë à ses États, le grand-duc de Florence en le mettant en possession des places qu'il prétend lui être usurpées par les Espagnols, les ducs de Parme et de Modène en les accroissant en leur voisinage, et Mantoue en le récompensant grassement du Monferrat par le Crémonais.

Pour plus facilement exécuter ce grand dessein, il

vouloit passer en Flandre, donner ordre aux troubles arrivés à Clèves et à Juliers par la mort du prince qui en étoit duc, allumer la guerre en Allemagne, non à dessein d'y chercher quelque établissement au-delà du Rhin, mais pour occuper et divertir les forces de ses ennemis.

Peut-être que l'appétit lui fût venu en mangeant, et qu'outre le dessein qu'il faisoit pour l'Italie, il se fût résolu d'attaquer la Flandre, où ses pensées se portoient quelquefois, aussi bien qu'à rendre le Rhin la borne de la France, y fortifiant trois ou quatre places. Mais, pour lors, son vrai dessein étoit d'envoyer le maréchal de Lesdiguières, avec quinze mille hommes de pied et deux mille chevaux, en Italie, dont l'amas étoit déjà presque fait dans le Dauphiné, pour joindre avec le duc de Savoie, qui devoit envoyer dix mille hommes de pied et mille chevaux, commencer l'exécution de son dessein en Italie au même temps qu'il passeroit actuellement en Flandre et à Juliers avec l'armée qu'il avoit en Champagne, qui eût été de vingt-cinq mille hommes de pied et trois mille chevaux.

Le sujet de Juliers étoit assez glorieux pour être le seul motif et l'unique cause de son entreprise ; car, en effet, le duc de Clèves étant mort, et n'ayant laissé que deux filles héritières de ses Etats, l'aînée desquelles étoit mariée à l'électeur de Brandebourg, et l'autre au duc de Neubourg, l'Empereur, selon la coutume ordinaire de la maison d'Autriche, qui ne perd aucune occasion de s'agrandir sous des prétextes spécieux, envoya si promptement après la mort du duc de Juliers, l'archiduc Léopold avec ses armes, qu'il se saisit de la place dont il portoit le nom, comme si tout ce qui relève de l'Empire y devoit être réuni faute d'héritiers masculins.

S'agissant en cette rencontre de protéger le foible contre la puissance qui étoit lors la plus redoutée dans l'Europe, de maintenir une cause dont le droit étoit si clair que les prétentions au contraire n'avoient pas même d'apparence, ce n'est pas sans raison que je dis que cette occasion étoit assez importante pour être seule la cause du préparatif de si grandes armées que le Roi mettoit sur pied. Mais cependant la sincérité que l'histoire requiert m'oblige à ajouter que non-seulement estimois-je que les autres desseins que j'ai rapportés ci-dessus, fondés en la justice qui donne droit à tout prince de reconquérir ce qui lui appartient, doivent être joints aux motifs de ses armes, mais encore que l'amour n'étoit pas la dernière cause de ce célèbre voyage ; car il est vrai qu'il vouloit se servir de cette occasion à contraindre l'archiduc à lui remettre madame la Princesse [1] entre les mains. Sur quoi il est impossible de ne considérer pas en ce lieu combien cette passion, ordinaire presque à tous les hommes, est dangereuse aux princes, quand elle les porte à l'excès d'un aveuglement dont les suites sont fort périlleuses et pour leurs personnes et pour leurs Etats.

Ainsi l'amour lui fermant les yeux lui avoit servi d'aiguillon en tout ce grand dessein. Il y a grande apparence qu'après qu'il eut terminé le différend de Juliers, et retiré des mains des étrangers madame la Princesse, elle lui eût servi de bride pour l'arrêter et le divertir du reste. Qui se laisse guider à un aveugle,

[1] La princesse de Condé.

se fourvoie bien souvent de son chemin, et ne va jamais bien sûrement au lieu où il veut arriver.

La Reine, peu préparée à la perte d'une si douce et heureuse compagnie, se trouve surprise de cette nouvelle. Outre le regret qu'elle a de son éloignement, elle entre en appréhension du succès d'une si haute entreprise; elle essaie de l'en divertir, lui remettant devant les yeux la jeunesse de son fils, le peu d'expérience qu'elle avoit dans les affaires, et le nombre de ses années qui le convioient à jouir paisiblement du fruit des victoires qu'il avoit si chèrement acquises; mais en vain, y ayant peu de princes, et même d'hommes, qui défèrent assez à la raison, pour ne se laisser pas emporter aux efforts de l'amour et de la gloire, les deux plus puissantes et pressantes passions dont l'esprit humain souffre quelquefois violence.

Il continue sa résolution, met sur pied une armée royale si puissante qu'elle étonne ses ennemis, met en admiration ses amis, tient toute l'Europe en crainte, et même l'Orient, où le Grand-Seigneur fait la paix avec le Persan, pour, en cas d'invasion, être prêt à se défendre et arrêter le cours de ses armes.

Je ne dois pas oublier à remarquer, en cette occasion, quelques particularités importantes connues de peu de gens, mais que j'assure être véritables, pour les avoir apprises de la Reine et du président Jeannin, qui les savoient de la bouche du Roi.

Ce grand prince méditoit de notables changemens en l'administration de ses affaires, et ne savoit cependant comment les mettre en exécution.

Il étoit peu satisfait de la personne du sieur de

Sully, il pensoit à lui ôter le maniement de ses finances, et vouloit en commettre le soin à Arnaud. Il avoit dit plusieurs fois à la Reine qu'il ne pouvoit plus souffrir ses mauvaises humeurs, et que, s'il ne changeoit de conduite, il lui apprendroit à ses dépens combien la juste indignation d'un maître étoit à craindre. Son mécontentement étoit formé, sa résolution prise de le dépouiller de sa charge, mais le temps en étoit incertain. Le grand dessein qu'il avoit en tête lui faisoit penser que peut-être il n'étoit pas à propos de le commencer par un tel changement : d'autre part, les contradictions du duc de Sully, et le soupçon qu'il avoit, non de la fidélité de son cœur, mais de la netteté de ses mains, faisoient qu'il avoit peine à se résoudre de le supporter davantage.

S'il étoit mécontent de ce personnage, il n'étoit pas satisfait du chancelier de Sillery : bien qu'il eût de bonnes parties, qu'il eût beaucoup d'expérience, et qu'il ne manquât pas d'esprit et d'adresse aux affaires de la Cour, il avoit ce malheur, qu'il n'étoit pas cru entier en sa charge, et qu'on le connoissoit peu capable d'une résolution où il eût été besoin d'autant de cœur que d'industrie.

Il avoit eu plusieurs fois envie de l'ôter de sa charge et de l'éloigner de la Cour; il persistoit au dégoût qu'il avoit de lui, ce qu'il lui eût témoigné sans la nécessité de l'occasion présente, qui l'obligea à prendre ce tempérament de le laisser auprès de la Reine pour la soulager au maniement des affaires qui se présenteroient en son absence, et donner les sceaux au président Jeannin, qu'il vouloit mener avec lui, comme un homme dont la probité étoit connue d'un chacun, et qu'il savoit être fort et solide en ses pensées et constant en l'exécution de ses conseils.

Ces changemens, la passion qu'il avoit en la tête, et la grandeur de l'entreprise qu'il méditoit, inquiétoient grandement son esprit, mais ne le détournoient pas de son dessein.

Ne sachant pas comme il plairoit à Dieu de disposer de lui, il se résolut de laisser la régence à la Reine, pour assurer son Etat et sa couronne à ses enfans. Il entretint plusieurs fois cette princesse de ce dessein, et, entre plusieurs choses générales qu'il faut observer pour régner heureusement, dont il lui parloit souvent à diverses reprises, il lui donna quelques préceptes particuliers nécessaires au gouvernement de cet Etat.

Le premier fut d'être fort retenue et réservée au changement des ministres; lui disant que, comme on ne doit les appeler au maniement des affaires qu'avec grande connoissance de leur mérite, aussi ne faut-il les en éloigner qu'après être certainement informé de leurs mauvais déportemens.

Non-seulement, lui dit-il, les derniers venus sont-ils moins nourris aux affaires, mais souvent ils prennent des résolutions contraires à ceux qui les ont précédés, pour décrier leurs personnes; ce qui apporte un changement notable à l'Etat: et qui plus est, le malheur de leurs prédécesseurs leur donnant lieu de croire qu'il y a peu de sûreté dans l'esprit de leur maître, il est à craindre qu'ils ne fassent des cabales pour trouver en icelles la protection qu'ils doivent attendre de sa bonté et de leurs services.

Le second, qu'elle ne se laissât pas gouverner à des étrangers; et surtout qu'elle ne leur donnât point de part à la conduite de ses Etats, parce que tel procédé lui aliéneroit les cœurs des Français, vu que quand même tels gens seroient capables de connoître les vrais intérêts de la France, et assez gens de bien pour les procurer, ils ne seroient jamais estimés tels.

Le troisième, qu'elle maintînt les parlemens en l'autorité qui leur appartenoit, de rendre la justice au tiers et au quart; mais qu'elle se donnât bien garde de leur laisser prendre connoissance du gouvernement de l'Etat, ni faire aucune action par laquelle ils pussent, séparément, autoriser la prétention imaginaire qu'ils avoient d'être tuteurs des rois; qu'il avoit eu plusieurs disputes avec eux, qu'en cela il n'avoit pas été plus heureux que ses prédécesseurs, et qu'elle ni son fils ne le seroient pas davantage.

Le quatrième, qu'elle ne prît point conseil de ses passions, ni ne formât aucune résolution pendant qu'elle en seroit préoccupée, parce que jamais personne ne s'en étoit bien trouvé, ce qu'il savoit par sa propre expérience.

Le cinquième, qu'elle traitât bien les Jésuites, mais en empêchât, autant qu'elle pourroit, l'accroissement, sans qu'ils s'en aperçussent, et surtout leur établissement ès places frontières. Il estimoit ces bons religieux utiles pour l'instruction de la jeunesse, mais faciles à s'emporter, sous prétexte de piété, contre l'obéissance des princes : surtout ès occasions où Rome prendroit intérêt, il ne doutoit nullement qu'ils ne fussent toujours prêts d'exciter les communautés à rébellion, et dispenser ses sujets de la fidélité qu'ils lui avoient promise.

Ces impressions étoient encore un reste de la teinture qu'il avoit reçue pendant qu'il étoit séparé de l'Eglise, vu que les ministres n'ont pas de plus grand soin que de publier et persuader autant qu'ils peuvent, que ces bons religieux, qu'ils haïssent plus que tous les autres, sont ennemis des rois, et tiennent des maximes contraires à leur sûreté et celle de leurs Etats.

La cause de la haine qu'ils leur portent est parce que leur institut les oblige à une particulière profession des lettres, et leur donnant toutes les commodités nécessaires pour s'y rendre excellens, ils sont d'ordinaire plus capables que les autres de confondre leurs erreurs.

Les moyens dont ils se servent, la malice dont ils usent pour rendre odieux ces grands serviteurs de Dieu sous le prétexte des rois, est de dire qu'ils enseignent que les princes ne possèdent leur temporel qu'avec dépendance des papes, ce qu'ils ne pensèrent jamais, et dont toutefois ils tâchent de donner impression, leur imputant comme un crime la doctrine de S. Thomas et de tous les théologiens, et même de leurs propres auteurs, qui enseignent que les sujets sont dispensés d'obéir à leur prince, lorsqu'il les veut empêcher de professer la vraie religion.

Le sixième, de ne point avantager les grands en ce en quoi le service du Roi peut recevoir préjudice, et son autorité diminution ; mais qu'ès choses indifférentes et qui ne peuvent être de cette conséquence, elle fût soigneuse de les contenter, de crainte que ses refus peu nécessaires n'altérassent leur affection, et que, quand il verroit qu'il n'y auroit rien à espérer pour eux, il n'y ait beaucoup à craindre pour l'Etat.

Enfin que tôt ou tard elle seroit contrainte d'en venir aux mains avec les huguenots, mais qu'il ne falloit pas leur donner de légers mécontentemens, de crainte qu'ils ne commençassent la guerre avant qu'elle fût en état de l'achever. Que pour lui il en avoit beaucoup souffert, parce qu'ils l'avoient un peu servi ; mais que son fils châtieroit quelque jour leur insolence.

Lorsqu'il parloit du mariage du Roi son fils, il estimoit toujours que le plus avantageux qu'on pût faire, étoit l'héritière de Lorraine, si le duc n'avoit point d'autres enfans; ajoutant que ce lui seroit un grand contentement de voir que ce royaume fût agrandi des dépouilles dont il avoit reçu des maux indicibles.

Il témoignoit souvent être du tout éloigné de marier sa fille aînée au roi d'Espagne, qui depuis l'a épousée ; alléguant pour raison que la disposition de ces deux Etats étoit telle, que la grandeur de l'un étoit l'abaissement de l'autre ; ce qui rendant l'entretien d'une bonne intelligence entre eux du tout impossible, les alliances étoient inutiles à cette fin entre les deux couronnes, qui considèrent toujours plus leurs intérêts que leurs liaisons. Pour preuve de quoi il alléguoit d'ordinaire l'exemple du mariage d'Elisabeth avec Philippe II, qui ne produisit autre fruit qu'une misérable mort à cette innocente et vertueuse princesse.

Il ajoutoit à ce discours que, s'il eût désiré marier une de ses filles en Espagne, c'eût été avec un des puînés déclaré duc de Flandre, et non avec l'héritier de la couronne. Et il y a lieu de croire qu'il se proposoit, s'il eût vécu encore dix ans, tellement travailler l'Espagne par la guerre des Hollandais, que, pour se priver des dépenses indicibles qu'il lui falloit faire pour conserver la Flandre, elle se fût enfin résolue d'en donner la souveraineté à un de ses cadets, à condition qu'épousant une de ses filles, il eût moyenné avec les Etats une bonne paix, dont il eût été d'autant plus volontiers le ciment, qu'il s'y fût trouvé obligé par les intérêts de son gendre et de sa fille, et par la plus haute considération d'Etat que la France puisse avoir devant les yeux sur ce sujet, étant certain que voir diviser les provinces de Flandre du corps de la monarchie d'Espagne, est un des plus grands avantages qu'elle et toute la chrétienté puissent acquérir.

Sept mois avant sa mort, étant à Fontainebleau, le dessein qu'il avoit de marier mademoiselle de Verneuil avec le petit-fils du duc de Lesdiguières, lui donna lieu, en traitant cette affaire, d'entretenir le duc, en présence du sieur de Bullion, de la plupart de tout ce que dessus, et ensuite des principaux desseins qu'il avoit pour l'établissement de tous ses enfans.

Il lui dit, entr'autres choses, qu'il se proposoit de faire comme un architecte, qui, entreprenant un grand édifice, regarde principalement à en assurer le fondement, et qui veut appuyer son bâtiment de divers arcs-boutans puissans en eux-mêmes, et d'autant plus utiles à sa fin qu'ils ne sont faits qu'en cette considération.

Qu'il vouloit établir le règne de M. le Dauphin, en sorte que toute la puissance de ses autres enfans légitimes et naturels fût soumise à son autorité, et destinée à servir de soutien et d'appui à sa grandeur contre la maison de Lorraine, qui de tout temps s'étoit proposé d'affoiblir l'Etat pour s'emparer plus aisément de quelqu'une de ses parties.

Qu'en cette considération il avoit marié son second fils, qui portoit le titre de duc d'Orléans, avec mademoiselle de Montpensier, tant parce que c'étoit une riche héritière, qu'afin d'empêcher qu'il ne prît un jour quelque alliance étrangère, qui pût être préjudiciable au repos du royaume.

Qu'il avoit tellement le bien de l'Etat devant ses yeux, qu'il étoit en doute s'il lui donneroit en propre le duché d'Orléans; mais que s'il lui destinoit cet apanage il le priveroit de la nomination des bénéfices et offices, parce qu'il ne savoit en user autrement sans énerver l'autorité royale, et communiquer la puissance du maître à ceux qui doivent obéir comme sujets.

Qu'il ne parloit point de partager le second, vu que, si Dieu lui laissoit la vie quelques années, il prétendoit le jeter au dehors en lieu utile à la France, et dont ses alliés ne pourroient prendre jalousie.

Qu'il avoit toujours destiné sa fille aînée pour la Savoie, estimant qu'il étoit plus utile à un grand Roi de prendre des alliances avec des princes ses inférieurs, capables de s'attacher à ses intérêts, qu'avec d'autres qui fussent en prétention d'égalité.

Qu'il n'avoit point encore de dessein pour ses deux autres filles, mais qu'il ne doutoit pas qu'avec le temps, Dieu ne fît naître des occasions qu'il étoit impossible de prévoir.

Que, par souhait, il en eût bien voulu mettre une en Flandre aux conditions exprimées ci-dessus, et l'autre en Angleterre, en sorte qu'elle y pût apporter quelque avantage à la religion.

Il ajouta ensuite qu'il se promettoit que ses enfans naturels ne manqueroient jamais au Roi son fils, vu les liens par lesquels il prétendoit les attacher à leur devoir.

Qu'il les vouloit opposer à tous les princes de Lorraine, qui avoient toujours l'image du Roi de Sicile devant les yeux, aux branches des maisons de Savoie et de Gonzague qui avoient fait souches en cet Etat, et à toutes les autres des grands de ce royaume, qui pouvoient avoir l'audace de résister aux justes volontés du Roi.

Que le duc de Vendôme(1) étoit de fort bon naturel, et que sa nourriture étoit si bonne qu'il osoit se promettre que sa conduite ne seroit jamais mauvaise ; qu'il l'avoit marié avec la plus riche héritière du royaume, qu'il lui avoit donné le gouvernement de Bretagne pour le rendre plus puissant à servir le Roi, qu'il le vouloit rendre capable d'affaires, à ce qu'il pût servir l'Etat aussi bien de sa tête que de son épée ; qu'il le faisoit marcher devant les ducs de Nemours, de Guise, de Nevers, et de Longueville (2), afin de l'obliger à être plus attaché à son Souverain, qu'il le feroit marcher après tous ces princes, du jour qu'il se méconnoîtroit envers lui.

Il s'étendit à ce propos sur l'opinion qu'il avoit de

(1) César, duc de Vendôme, fils de Henri IV et de Gabrielle. — (2) Louis, duc de Nemours, mort en 1641 au siége d'Aire ; Charles, duc de Guise, mort en Italie en 1640 ; Charles de Gonzague, duc de Nevers, duc de Mantoue en 1627 ; Henri, duc de Longueville, mort en 1663. Anne de Condé, sa seconde femme, fut cette duchesse de Longueville qui joua un grand rôle dans les intrigues de la Fronde.

ces quatre maisons de princes, qui seuls ont été reconnus en cette qualité par ses prédécesseurs et par lui-même.

Il lui dit qu'il ne comptoit la première, tant parce qu'elle ne subsistoit qu'en la seule personne du duc de Nemours qui apparemment n'auroit point d'enfans, que parce qu'aussi il n'y avoit rien à craindre de son humeur, la musique, des carrousels et des ballets étant capables de le divertir des pensées qui pourroient être préjuciables à l'Etat.

Qu'il ne faisoit pas grand cas de celle de Mantoue, attendu que le duc de Nevers, qui en étoit le chef, feroit plus de châteaux non en Espagne, mais en Orient, où il prétendoit renverser l'empire du Grand-Turc, et le remettre en la famille des Paléologues, dont il soutenoit être descendu par sa mère, que de desseins qui pussent réussir en ce royaume.

Que le duc de Longueville étoit fils d'un père en la foi duquel il y avoit peu d'assurance, et qui avoit souvent au cœur le contraire de ce qu'il avoit en la bouche. Sur quoi il ajouta en riant, selon sa coutume qui le portoit souvent à faire des rencontres aussi promptes que pleines de bon sens, qu'étant petit comme il étoit, il ne pouvoit croire qu'il pût jamais frapper un grand coup contre l'Etat; que son oncle, le comte de Saint-Paul, avoit l'esprit aussi bouché que ses oreilles, et que sa grande surdité le rendoit presque incapable d'entendre autres choses que les trompes et les cors de chasse, où il s'occupoit continuellement.

Qu'il falloit plus prendre garde à la maison de Guise qu'à aucune autre, tant à cause du grand nombre de têtes qu'elle avoit, qu'à raison de la proximité des Etats de Lorraine, dont ils étoient sortis, et des mauvais desseins qu'ils avoient toujours eus contre la France, sur les folles prétentions du comté de Provence, esquelles ils se flattoient, bien que sans fondement, lorsqu'ils étoient enfermés en leurs cabinets.

Que de tous ceux qui portoient le nom de Lorraine en France, les ducs de Guise et de Mayenne, son oncle, étoient les plus considérables; que le premier avoit plus de montre que d'effet, qu'il avoit quelque éclat et quelque agrément dans les compagnies, qu'il sembloit capable de grandes choses à qui n'en connoissoit pas le fond; mais que sa paresse et sa fainéantise étoient telles qu'il ne songeoit qu'à ses plaisirs, et qu'en effet son esprit n'étoit pas plus grand que son nez.

Que le duc de Mayenne étoit homme d'esprit, d'expérience et de jugement; mais qu'encore que par le passé il eût eu tous les mauvais desseins que peut avoir un sujet contre son Roi et l'Etat auquel il est né, il ne croyoit pas qu'à l'avenir il fut capable de telles pensées, les malheurs auxquels il s'étoit vu étant plus que suffisans de le détourner de s'exposer de nouveau à de semblables inconvéniens, et qu'il y avoit lieu de croire que les folies de ses jeunes ans le rendroient sage en sa vieillesse.

Qu'encore que tous ces princes ne fussent pas fort considérables, si on les regardoit séparément, ils ne laissoient pas de l'être tous ensemble.

Qu'il ne vouloit point s'allier avec eux par ses enfans naturels, mais à des gentilshommes qui s'en tiendroient bien honorés, au lieu que l'orgueil de ces princes étoit assez grand pour qu'ils pensassent obliger ses enfans par leurs alliances; qui ne leur apporteroient autre chose qu'un hôpital, vu le mauvais état où étoient leurs affaires, et qu'en effet il n'eût pas fait le mariage du duc de Vendôme, sans la qualité d'héritière qu'avoit la femme qu'il lui avoit donnée.

Poursuivant son discours, il lui dit encore que, reconnoissant que le chevalier de Vendôme [1] avoit l'esprit gentil, agréable et complaisant à tout le monde, il le vouloit avancer autant qu'il lui seroit possible; qu'outre le grand-prieuré de France qu'il avoit, il lui seroit aisé de le rendre riche et puissant en bénéfices.

Qu'il lui vouloit donner la charge d'amiral et de général des galères, le gouvernement de Lyonnais et celui de Provence, afin qu'étant ainsi établi, il fût plus utile au Roi son fils.

Il lui dit encore le dessein qu'il avoit d'attacher à l'Eglise le fils [2] de madame de Verneuil, et le rendre grand et considérable cardinal; qu'ayant cent mille écus de rente en bénéfices, il pourroit servir utilement à Rome, où il falloit une personne de cette qualité pour y maintenir les affaires de France avec éclat, et y soutenir dignement la qualité de protecteur, dont il vouloit qu'il fît les fonctions.

Il ajouta aussi que son dessein étoit de marier mademoiselle de Vendôme [3] avec le duc de Montmorency; que ses premières pensées avoient été de la donner

---

[1] Alexandre, dit le chevalier de Vendôme, fils naturel de Henri IV et de Gabrielle d'Estrées, grand-prieur de France. Il est ordinairement désigné sous le titre de grand-prieur. — [2] Henri, évêque de Metz, puis duc de Verneuil, mort en 1682. — [3] Catherine-Henriette, mariée à Charles de Lorraine, duc d'Elbeuf.

au marquis de Rosny sur la proposition que lui en avoit faite le cardinal du Perron, l'assurant que, par ce moyen, il se feroit catholique; mais que Dieu en avoit disposé autrement. Qu'il avoit eu autrefois quelque envie de la donner au duc de Longueville; qu'il en avoit été passé un contrat entre sa mère et la duchesse de Beaufort; mais qu'ils témoignoient en cette maison faire si peu d'état de cette alliance, qu'il n'y pensoit plus en aucune façon; que le duc de Montmorency, à qui il la destinoit, étoit bien fait et témoignoit avoir beaucoup de cœur, qu'il avoit en horreur l'héritière de Chemilly, tant il désiroit avoir l'honneur d'être son beau-fils.

Qu'il ne lui parloit point de sa fille de Verneuil (1), parce qu'il savoit bien qu'il la destinoit au fils aîné de Créquy, son petit-fils, auquel il vouloit faire tomber le gouvernement de Dauphiné, s'assurant qu'il seroit bien aise de le voir gouverneur en chef d'une province dont il n'avoit été que lieutenant de Roi.

Après tout ce discours, il lui fit connoître qu'il en avoit souvent entretenu la Reine, qu'il se promettoit qu'elle suivroit ses intentions, mais qu'il s'en tiendroit bien plus assuré si elle étoit défaite de la princesse de Conty, dont les artifices étoient incroyables; qu'elle et sa mère empoisonnoient son esprit, en sorte que, bien qu'il eût pris soin de lui faire connoître leurs malices, elle ne pouvoit toutefois s'en garantir.

Il lui conta à ce propos qu'un jour, pour détromper la Reine, il l'avoit disposée, lorsqu'elles l'animoient le plus contre la marquise de Verneuil, de feindre

(1) Gabrielle-Angélique, fille naturelle de Henri IV et de madame de Verneuil, mariée au duc d'Épernon.

quelques desseins contre elle, et les leur communiquer, pour voir si aussitôt elles n'en avertiroient pas la marquise, bien que devant la Reine elles jetassent feu et flamme contre elle. Que la Reine ayant en cela suivi son conseil, leur communiqua une entreprise qu'elle feignoit avoir de la faire enlever, passant au bac d'Argenteuil; ce que les bonnes dames ne surent pas plutôt, qu'elles se servirent du duc de Guise pour en donner avis à la marquise : ce qu'il fit avec tant de circonstances, que sur la plainte qu'elle en fit au Roi, la Reine fut contrainte de reconnoître l'esprit et le génie de ces femmes, et d'avouer qu'elles n'aimoient rien dans la Cour que les intrigues, esquelles elles n'étoient pas peu industrieuses.

Par tout ce que dessus, il paroît que le sens et la ratiocination de ce prince avoient des racines profondes; mais la plupart des événemens ayant été tout autres qu'il se le promettoit, il paroît aussi combien est véritable le dire commun qui nous apprend que la proposition des choses dépend bien de l'esprit des hommes, mais que sa disposition est tellement en la main de Dieu, qu'il ordonne souvent, par sa providence, le contraire de ce qui est désiré par l'appétit humain, et prévu par la prudence des créatures.

Bien que ce prince eût tant d'expérience, qu'il pût être dit avec raison le plus grand de son siècle, il est vrai qu'il étoit si aveuglé de la passion de père, qu'il ne connoissoit point les défauts de ses enfans, et raisonnoit si foiblement en ce qui les touchoit, qu'il prenoit souvent le contrepied de ce qu'il devoit faire.

Il se loue de la nourriture du duc de Vendôme et

de son bon naturel; et toutefois, dès ses premières années, sa mauvaise éducation étoit visible à tout le monde, et sa malice si connue, que peu de gens en évitoient la piqûre.

Il estime que le grand établissement qu'il donne à ce prince, et celui auquel il se proposoit d'établir son frère, étoient les vrais moyens d'assurer l'autorité du Roi son fils; et cependant on peut dire avec vérité, que tous deux ont beaucoup contribué aux plus puissans efforts qui se soient faits pour l'ébranler; et, sans la prudence et le bonheur de ce règne, ces deux esprits eussent fait des maux irréparables à ce royaume.

Les mariages qu'il ne vouloit pas ont été faits, ceux qu'il proposoit ne l'ont pu être; ce qu'il estimoit devoir être le ciment d'un grand repos, a été la semence de beaucoup de trouble: et Dieu a permis que sa prudence ait été confondue, pour nous apprendre qu'il n'y a point de sûreté aux ratiocinations qui suivent les passions des hommes, et qu'on se trompe souvent lorsqu'on se propose ce qu'on désire plus par le déréglement de ses passions que par le vrai discours d'une juste raison.

En un mot, il semble que la sapience qui n'a point de fond, a voulu faire voir combien les bornes de la sagesse humaine ont peu d'étendue, et que la perfection des hommes est si imparfaite, que les bonnes qualités des plus accomplis sont contrepesées par beaucoup de mauvaises qui les accompagnent toujours.

Comme Roi, ce prince avoit de très-grandes qualités; comme père, de grandes foiblesses, et comme sujet aux plus grands déréglemens des passions illicites de l'amour, un grand aveuglement.

Quiconque considérera l'entreprise qu'il fait sur la fin de ses jours, ne doutera pas du bandeau qu'il a sur les yeux, puisqu'il s'embarquoit en une guerre qui sembloit présupposer qu'il fût au printemps de son âge; au lieu qu'approchant de soixante ans, qui est au moins l'automne des plus forts, le cours ordinaire de la vie des hommes lui devoit faire penser à sa fin, causée, peu après, par un funeste accident.

Pendant les grands préparatifs qu'il faisoit pour la guerre, il témoignoit souvent que la charge de connétable et celle de colonel de l'infanterie lui étoient grandement à charge, et disoit qu'en la division en laquelle le royaume étoit entretenu par le parti des huguenots, si on les souffroit en toute l'étendue que la négligence des rois leur avoit laissé prendre, on rendroit ceux qui les possédoient trop puissans pour que leur pouvoir ne dût pas être suspect.

Il ne celoit point à ceux à qui il estimoit pouvoir ouvrir son cœur avec franchise, que si Dieu appeloit le duc de Montmorency de ce monde (ce qu'il croyoit devoir arriver bientôt, à cause du grand âge de ce duc), il supprimeroit pour jamais la première de ces charges dont il étoit possesseur, et que, parce qu'il croyoit que le duc d'Epernon (1) n'étoit pas pour mourir sitôt, et que, comme sa charge lui étoit odieuse, sa personne ne lui étoit pas fort agréable, sans at-

(1) Jean-Louis de La Valette, duc d'Épernon. Il avoit épousé Gabrielle de Bourbon, fille légitimée de Henri IV et de la duchesse de Verneuil. Il eut trois fils: Henri, duc de Candale; Bernard, duc de La Valette; et Louis, archevêque de Toulouse, cardinal de La Valette, qui commanda les armées sous le ministère de Richelieu.

tendre sa mort, il ne perdroit aucune occasion de réduire cet office à tel point, qu'il pût être supporté jusqu'à ce qu'on eût lieu de l'éteindre tout-à-fait.

Il désiroit, sur toutes choses, priver ledit duc de la possession en laquelle il s'étoit mis pendant la grande faveur qu'il avoit eue auprès de Henri III, de pourvoir à toutes les charges de l'infanterie; ce qui, à la vérité, étoit de très-dangereuse conséquence et du tout insupportable.

Après tant de sages et importans avis que la Reine reçut de lui en diverses occasions, afin que la dignité fût jointe à la suffisance, il voulut la faire sacrer en intention de la laisser en France comme une seconde Blanche pendant son voyage.

Jamais assemblée de noblesse ne fut si grande qu'en ce sacre, jamais de princes mieux parés, jamais les dames et les princesses plus riches en pierreries; les cardinaux et les évêques en troupe honorent l'assemblée, divers concerts remplissent les oreilles et les charment; on fait largesse de pièces d'or et d'argent, avec la satisfaction de tout le monde.

Cependant on prépare son entrée pour le dimanche suivant avec une grande magnificence; on ne voit qu'arcs triomphaux, que devises, que figures, que trophées, que théâtres qui doivent retentir de concerts.

Partout on trouve des fontaines artificielles pour marque de grâces représentées par les eaux; grand nombre de harangues se préparent, les cœurs se disposent à parler plus que les langues; tout Paris se met en armes; nul n'épargne la dépense pour se rendre digne de paroître devant cette grande princesse, qui, vraiment triomphante pour être femme d'un Roi révéré et redouté de tout le monde, doit entrer en un char de triomphe.

Tous ces préparatifs se font, mais un coup funeste en arrête le cours; une parricide main ôte la vie à ce grand Roi, sous les lois duquel toute la France vivoit heureuse.

Comme le feu Roi ne prévoyoit pas assurément sa mort, il ne donna pas une instruction entière et parfaite à la Reine, ainsi qu'il eût pu faire s'il eût eu déterminément sa fin devant les yeux.

Tout ce que dessus a été ramassé de plusieurs discours qu'il lui a faits, et à des princes et autres grands de ce royaume en différentes occasions sur divers sujets; ce qui fait que le lecteur ne trouvera pas étrange s'il reste beaucoup de choses à dire sur un sujet si important, parce que, comme j'ai protesté, je ne fais pas d'état d'écrire ce qui se pourroit penser de mieux sur les matières dont je traite, mais seulement la vérité de ce qui s'est passé.

Ce grand prince est mis par terre (1) comme à la veille du jour qui lui préparoit des triomphes; lorsqu'il meurt dans l'impatience de se voir à la tête de son armée, il meurt en effet, et le cours de ses desseins et celui de sa vie sont retranchés d'un même coup, qui, le mettant au tombeau, semble en tirer ses ennemis, qui se tenoient déjà vaincus.

A cette triste nouvelle, les plus assurés sont surpris d'une telle frayeur que chacun ferme ses portes dans Paris, l'étonnement ferme aussi d'abord la bouche à tout le monde, l'air retentit ensuite de gé-

(1) Le 14 mai 1610.

missemens et de plaintes, les plus endurcis fondent en larmes, et, quelque témoignage qu'on rende de deuil et de douleur, les ressentimens intérieurs sont plus violens qu'ils ne paroissent au dehors.

Les cris publics et la tristesse du visage des ministres qui se présentent au Louvre, apprennent cette déplorable nouvelle à la Reine; elle est blessée à mort du coup qui tue celui avec qui elle n'est qu'une même chose, son cœur est percé de douleur; elle fond en larmes, mais de sang, larmes plus capables de la suffoquer que de noyer ses ressentimens, si excessifs que rien ne la soulage et ne la peut consoler.

En cette extrémité, les ministres lui représentent que, les rois ne mourant pas, ce seroit une action digne de son courage de donner autant de trêve à sa douleur que le requéroit le bien du Roi son fils, qui ne pouvoit subsister que par ses soins. Ils ajoutent que les plaintes sont non-seulement inutiles, mais préjudiciables aux maux qui ont besoin de prompts remèdes.

Elle cède à ces considérations, et, bien qu'elle fut hors d'elle-même, elle s'y retrouve, et pour mettre ordre aux intérêts du Roi son fils, et pour faire une exacte perquisition des auteurs d'un si abominable crime, que celui qui venoit d'être commis.

Chacun court au Louvre; en cette occasion, pour l'assurer de sa fidélité et de son service; le duc de Sully, qui devoit plus à la mémoire du feu Roi, y rend le moins, et manque à son devoir en cette rencontre.

Son esprit fut saisi d'une telle appréhension, à la première nouvelle de la mort de son maître, qu'au lieu d'aller trouver la Reine à l'heure même, il s'enferma dans son arsenal, et se contenta d'y envoyer sa femme pour reconnoître comme il seroit reçu, et la supplier d'excuser un serviteur qui n'avoit pu souffrir la perte de son maître, sans être outré de douleur et perdre quasi l'usage de la raison.

La connoissance de grand nombre de gens qu'il avoit mécontentés, le peu d'assurance qu'il avoit des ministres dont le feu Roi s'étoit servi dans ses conseils avec lui, et la défiance ouverte en laquelle il étoit de Conchine, qu'il estimoit avoir grand pouvoir auprès de la Reine, et qu'il croyoit avoir maltraité pendant sa puissance, lui firent faire cette faute.

Quelques uns de ses amis n'oublièrent rien de ce qu'ils purent pour le conjurer de satisfaire à son devoir, passant par-dessus ces appréhensions et ces craintes ; mais, comme les esprits les plus audacieux sont souvent les moins hardis et les moins assurés, il fut d'abord impossible de lui donner la résolution nécessaire à cet effet.

Il se représentoit que, quelque temps auparavant, il avoit parlé ouvertement contre Conchine, sur ce que n'ayant pas voulu laisser ses éperons, entrant au palais, les clercs s'en étoient tellement offensés, qu'animés sous main, par quelques personnes qui ne croyoient pas déplaire au Roi, ils s'attroupoient par la ville, et faisoient contenance de chercher Conchine, pour tirer raison de l'injure qu'ils estimoient leur avoir été faite. Les intrigues qu'il avoit présentes de ce qui s'étoit passé en cette rencontre, et le souvenir de toutes les brouilleries qui avoient été entre dom Jean, oncle naturel de la Reine, et ledit

Conchine (il avoit, au moins de paroles, suivant l'exemple du feu Roi et son inclination, favorisé le premier contre le dernier), le troubloient de telle sorte, qu'encore que, pendant la vie du feu Roi, il eût toujours eu particulière intelligence avec la Reine, il fut long-temps sans pouvoir s'assurer.

Sur le soir, Saint-Géran qu'il avoit obligé, et qui témoignoit être fort de ses amis, l'étant venu trouver, il le fit enfin résoudre à quitter son arsenal, et aller au Louvre.

Comme il fut à la Croix du Trahoir, ses appréhensions le saisirent de nouveau, et si pressément, sur quelque avis qu'il reçut en ce lieu, qu'il s'en retourna, avec cinquante ou soixante chevaux qui l'accompagnoient, à la Bastille, dont il étoit capitaine, et pria le sieur de Saint-Géran d'aller faire ses excuses à la Reine, et l'assurer de sa fidélité et de son service.

Pendant ces incertitudes du duc de Sully, le chancelier (1), le sieur de Villeroy et le président Jeannin, travailloient au Louvre à penser ce qui étoit le plus nécessaire en un tel accident.

Aussitôt qu'ils eurent un peu affermi l'esprit de la Reine, ils se retirèrent dans le cabinet aux livres, où le secrétaire d'Etat et le sieur de Bullion, qui dès lors étoient employés par le Roi en diverses occasions, se trouvèrent aussi.

On proposa tout ce qui se pouvoit faire pour assurer l'Etat en un tel changement, et si inopiné, qu'il surprenoit tout le monde.

(1) Le chancelier de Sillery. Il seroit inutile de répéter les détails qu'on a déjà donnés sur Sillery, sur Villeroy, sur Jeannin, et sur les autres ministres de Henri IV, dans les notes des Mémoires de Sully.

Tous demeurèrent d'accord que la régence de la Reine étoit le moyen le plus assuré d'empêcher la perte du Roi et du royaume, et que, pour l'établir, il n'étoit question que de mettre en effet, après la mort de ce grand Roi, ce qu'il vouloit pratiquer pendant sa vie.

Il n'y avoit pas un de ces messieurs qui n'eût certaine connoissance de l'intention qu'avoit ce prince de laisser la régence à la Reine, pendant son voyage.

Ils savoient tous semblablement qu'il n'eût pas oublié, dans le pouvoir qu'il lui en eût laissé, de la déclarer telle, au cas qu'il plût à Dieu l'appeler de ce monde pendant son voyage.

La pratique ordinaire le requéroit ainsi, et la raison ne lui eût pas permis d'en user autrement, étant certain que, s'il jugeoit son gouvernement utile pendant sa vie, il l'eût assurément jugé nécessaire après sa mort.

Il connoissoit trop bien la différence qu'il y a entre la liaison que la nature met entre une mère et ses enfans, lorsqu'ils sont en bas âge, et celle qui se trouve entre un Roi enfant et les princes qui étant ses héritiers, pussent avoir autant d'intérêt en sa perte qu'une mère en sa conservation.

En un mot, le Roi avoit si souvent appelé la Reine madame la régente, lui avoit tant de fois témoigné publiquement que le commencement de son gouvernement seroit celui de sa misère, qu'il étoit impossible de ne savoir pas qu'il la destinoit pour gouverner le royaume après sa vie, si Dieu l'appeloit auparavant que M. le Dauphin [1] eût assez d'âge pour le faire lui-

[1] Né en 1601.

même. Il n'étoit question que de justifier la volonté de ce grand prince au public, par la déclaration que chacun savoit qu'il devoit faire en faveur de la Reine, avant que d'entreprendre son voyage.

Tous convinrent que c'étoit le meilleur expédient. Les sieurs de Villeroy et président Jeannin soutinrent qu'il s'en falloit servir, Villeroy offrit de dresser la déclaration et la signer; mais le chancelier, qui avoit le cœur de cire, ne voulut jamais la sceller. Il connoissoit aussi bien que les autres ce qui étoit nécessaire, mais il n'avoit ni bras ni mains pour le mettre en exécution. Il dit hautement à ceux(1) qu'il pouvoit rendre confidens de sa crainte, qu'il lui étoit impossible de s'ôter de la fantaisie que, s'il scelloit cette déclaration, le comte de Soissons (2) s'en prendroit à lui et le tueroit. Il falloit en cette occasion mépriser sa vie pour le salut de l'Etat; mais Dieu ne fait pas cette grâce à tout le monde. La chose étoit juste : tout ce qu'il falloit faire avoit pour fondement la raison et la vérité, nul péril ne devoit le détourner d'une si bonne fin; et qui eût eu cœur et jugement tout ensemble, eût bien connu qu'il n'y avoit rien à craindre.

Mais ce vieillard aima mieux exposer l'Etat en péril que de manquer à ce qu'il estimoit pouvoir servir à la sûreté de sa personne; pour avoir trop de soin de ses intérêts, il méprisa ceux de son maître et du public tout ensemble.

Le parlement n'en fit pas de même : au contraire, l'intérêt public lui fit passer par-dessus les bornes de

---

(1) A Bullion. — (2) Charles de Bourbon, comte de Soissons, fils de Louis I, prince de Condé, mort en 1611, appelé ordinairement M. le comte.

son pouvoir pour assurer la régence à la Reine, bien que les parlemens ne se fussent jamais mêlé de pareilles affaires.

Pendant l'agitation et les difficultés qui se trouvoient aux premiers momens d'un si grand changement, comme ceux qui se noient se prennent, durant le trouble où ils sont, à tout ce qu'ils estiment les pouvoir sauver, la Reine envoya sous main, par l'avis qui lui en fut donné, avertir le président de Harlay, homme de tête et de courage et qui lui étoit affectionné, avec ordre d'assembler promptement la Cour, pour faire ce qu'ils pourroient en cette occasion pour assurer la régence.

Ce personnage, travaillé de ses gouttes, n'eut pas plutôt cet avis qu'il sortit du lit, et se fit porter aux Augustins, où lors on tenoit le parlement, parce que l'on préparoit la grande salle du palais pour y faire le festin de l'entrée de la Reine. Les chambres ne furent pas plutôt assemblées, que le duc d'Epernon s'y présente, et leur témoigne comme le Roi avoit toujours eu intention de faire la Reine régente.

Les plus sages représentoient les maux qui pouvoient arriver, si l'on apercevoit un seul moment d'interruption en l'autorité royale, et si l'on pouvoit croire que Dieu, nous privant du feu Roi, nous eût privé de la règle et discipline nécessaire à la subsistance de l'Etat.

Ils conclurent tous qu'il valoit mieux faire trop que trop peu en cette occasion, où il étoit dangereux d'avoir les bras croisés, et qu'ils ne sauroient être blâmés de déclarer la volonté du Roi, puisqu'elle leur étoit connue et à tous ceux qui avoient l'honneur de l'approcher.

Sur ce fondement et autres semblables, ils passèrent en cette rencontre très-utilement les bornes de leur pouvoir ; ce qu'ils firent plutôt pour donner l'exemple (1) de reconnoître la Reine régente, que pour autorité qu'ils eussent d'y obliger le royaume, en vertu de leur arrêt qu'ils prononcèrent dès le soir même.

Le lendemain 15 de mai, la Reine vint en cet auguste sénat, où elle conduisit le Roi son fils, qui, séant en son lit de justice, par l'avis de tous les princes, ducs, pairs et officiers de la couronne, suivant les intentions du feu Roi son père, dont il fut assuré par ses ministres, commit et l'éducation de sa personne et l'administration de son Etat à la Reine sa sa mère, et approuva l'arrêt que le parlement avoit donné sur ce sujet, le jour auparavant.

En cette occasion la Reine parla plus par ses larmes que par ses paroles ; ses soupirs et ses sanglots témoignèrent son deuil, et peu de mots entre-coupés, une extrême passion de mère envers son fils et son Etat. Elle alla du palais droit à l'église cathédrale, pour consigner le dépôt qu'elle avoit reçu, entre les mains de Dieu et de la Vierge, et réclamer leur protection.

M. le comte de Soissons (2), qui s'étoit retiré en une de ses maisons avant la mort du feu Roi, pour ne vouloir pas consentir que la femme du duc de Vendôme, fille naturelle du Roi, portât au couronnement de la Reine une robe semée de fleurs de lis, comme les princesses du sang, ce que le Roi désiroit avec une passion déréglée, s'étoit mis en chemin pour

---

(1) *Bono magis exemplo, quàm concesso jure.* TACIT. L. 1. ADN.
— (2) Le comte de Soissons arriva à Paris le 15 ou le 16 mai.

retourner à la Cour, dès qu'il eut reçu la triste nouvelle de la mort du Roi.

Il ne fit pas si grande diligence à revenir, que celle des bons Français à faire déclarer la Reine régente, ne le prévînt; il apprit à Saint-Cloud que c'en étoit fait. Cet avis l'étonne et le fâche, il ne laisse pas pourtant d'arriver à Paris le lendemain.

D'abord il jette feu et flamme; premièrement il se plaint de ce que cette résolution avoit été prise et exécutée en son absence; il dit que par cette précipitation on lui a ôté le gré du consentement qu'il y eût, disoit-il, apporté, ainsi qu'il avoit promis à la Reine dès long-temps.

Passant outre, il soutient en ses discours que la régence est nulle, qu'il n'appartient point au parlement de se mêler du gouvernement et de la direction du royaume, moins encore de l'établissement d'une régence, qui ne pouvoit être établie que par le testament des rois, par déclaration faite de leur vivant, ou par assemblée des Etats-généraux. Il ajoute que, quand même le parlement pourroit prétendre le pouvoir de délibérer et ordonner de la régence, ce ne pourroit être qu'après avoir dûment averti et appelé les princes du sang, ducs, pairs et grands du royaume, comme étant la plus importante affaire de l'Etat; ce qui n'avoit pas été pratiqué en cette occasion.

Poursuivant sa pointe, il dit que, depuis que la monarchie française est établie, il ne se trouve aucun exemple d'une pareille entreprise; que le pouvoir du parlement est restreint dans les bornes de l'administration de la justice, qui ne s'étend point à la direction générale de l'Etat; qu'au reste, la pratique ordinaire étoit que les mères des rois avoient l'éducation de leurs enfans, et que le gouvernement en appartenoit aux princes du sang, à l'exclusion de tous autres.

Les ministres s'opposoient le plus doucement qu'il leur étoit possible à ses prétentions; ils jugeoient bien que, s'il avoit son compte, la Reine n'auroit pas le sien ni eux aussi; mais, d'autre part, ils appréhendoient l'indignation d'un homme de sa qualité, et désiroient le contenter.

Ils se déchargeoient, autant qu'il leur étoit possible, sur le parlement, qu'ils soutenoient, à cet effet, avoir fait la déclaration de la régence de son propre mouvement, sans y être suscité de personne.

Ils excusoient ensuite cette célèbre compagnie, disant qu'en une action si importante elle n'avoit pas dû tant considérer son pouvoir, comme la nécessité de prévenir les maux qui pourroient arriver dans l'incertitude de l'établissement d'une régence. Que voyant M. le prince (1) hors du royaume, M. le comte hors de la Cour, le prince de Conti (2) seul présent, mais comme absent par sa surdité, et par l'incapacité de son esprit, qui étoit connue de tout le monde, on n'avoit pu faire autre chose que ce qui s'étoit fait, étant impossible d'attendre le retour de ces princes sans un aussi manifeste péril pour l'Etat, que celui d'un vaisseau qui seroit long-temps à la mer sans gouvernail.

Ils ajoutoient en outre que le bien de l'Etat, préférable à toutes choses, avoit requis qu'on prévînt les

---

(1) Henri II, prince de Condé, père du grand Condé. Il est ordinairement appelé M. le prince. — (2) Le prince de Conti, oncle de Henri II, prince de Condé; il étoit sourd et muet; mort en 1614. Il avoit épousé une princesse de la maison de Guise.

diverses contentions qui fussent nées, sans doute, entre les princes du sang, sur ce sujet, si on les eût attendus.

Que le parlement n'avoit point tant prétendu établir la régence de la Reine, par son autorité, comme déclarer que la volonté du feu Roi avoit toujours été que le gouvernement fût entre ses mains, non-seulement en son absence, pendant son voyage, mais en cas qu'il plût à Dieu disposer de lui. Que l'action du parlement, ainsi interprétée, étoit dans l'ordre et les formes accoutumées à telles compagnies, qui ont toujours enregistré les déclarations des régences que les rois ont faites, quand ils se sont absentés de leur royaume, ou lorsque la mort les en a privés en les tirant du monde.

Que les rois même, à qui la couronne tomboit sur la tête en bas âge, ne se déclaroient jamais majeurs qu'en faisant la première action de leur majorité dans leur parlement.

Enfin, que le Roi accompagné de la Reine sa mère et de tous les grands qui étoient lors auprès de lui, ayant été, le lendemain du malheur qui lui étoit arrivé, en son parlement, pour y déclarer, comme il avoit fait séant en son lit de justice, que, suivant l'intention du feu Roi son père, sa volonté étoit que la Reine sa mère eût la régence de son royaume, il n'y avoit rien à dire à ce qui s'étoit passé.

Cependant, sans s'amuser au mécontentement et aux plaintes de M. le comte, la Reine fait voir que, si jusques alors elle ne s'étoit mêlée des affaires, ce n'étoit pas qu'elle n'en eût la capacité, puisqu'elle prend en main le gouvernement de l'Etat pour conduire ce grand vaisseau, jusques à ce que le Roi son fils pût ajouter le titre et l'effet de pilote à celui que sa naissance lui donnoit d'en être le maître. Considérant que la force du prince est autant en son conseil qu'en ses armes, pour suivre en tout ce qui lui seroit possible les pas du feu Roi son seigneur, elle se sert de ceux qu'elle trouve avoir été employés par lui au maniement des affaires, et continue auprès de la personne du Roi son fils, tous ceux qui avoient été choisis pour son instruction par le Roi son père.

Les prières publiques sont faites par toute la France, pour celui qu'elle avoit perdu; on en fait de particulières au Louvre, la Reine y vaque si assidûment, que ce sujet, sa douleur, et les soins qu'elle prend de l'avenir, la privent du repos presque neuf nuits consécutives.

Elle s'emploie à la perquisition des complices de celui qui, donnant la mort au Roi, l'avoit privée de la douceur de sa vie. On avoit expressément garanti ce misérable de la fureur du peuple, afin qu'en lui arrachant le cœur on découvrît la source de sa détestable entreprise.

Ce monstre fut interrogé par le président Jeannin et le sieur de Boissise, personnages du conseil des plus affidés à ce grand prince, qui les avoit toujours employés ès plus importantes affaires de l'Etat.

Par après il fût mis entre les mains du parlement de Paris, ce qu'il suffit de rapporter pour faire connoître qu'on n'oublia rien de ce qui se pouvoit pour savoir l'origine de ce forfait exécrable. On ne put tirer de lui autre chose, sinon que le Roi souffroit deux religions en son Etat, et qu'il vouloit faire la guerre au Pape, en considération de quoi il avoit cru faire une œuvre agréable à Dieu de le tuer ; mais que depuis avoir commis cette maudite action il avoit reconnu la grandeur de son crime.

Il est interrogé à diverses fois ; on l'induit par espérance, on l'intimide par menaces, on lui représente que le Roi n'est pas mort; on se sert de tourmens et de peines pour arracher de lui la vérité ; il est appliqué à la question extraordinaire, la plus rigoureuse qui se donne.

D'autant qu'on juge que, sur le point qu'on doit partir de ce monde (1), rien n'est plus fort que les considérations de la vie ou de la mort de l'âme immortelle, Le Clerc et Gamache, deux des lecteurs de la Sorbonne, docteurs de singulière érudition et de probité du tout exemplaire, sont appelés : ils lui représentent l'horreur de son crime, lui font voir qu'ayant tué le Roi il a blessé à mort toute la France ; qu'il s'est tué lui-même devant Dieu, duquel il ne peut espérer aucune grâce, si son cœur n'est pressé de l'horreur de sa faute, et s'il ne déclare hautement ses complices et ses adhérens.

Ils lui font voir le paradis fermé, l'enfer ouvert, la grandeur des peines qui lui sont préparées ; ils l'assurent de deux choses fort contraires, de la rémission de sa faute devant Dieu, s'il s'en repent comme il doit, et en déclare les auteurs comme il est tenu en sa conscience ; d'autre part la damnation éternelle, s'il cèle la moindre circonstance importante en un fait de telle conséquence, et lui dénient l'absolution, s'il ne satisfait à ce qu'ils lui ordonnent de la part de Dieu.

(1) *Perfecto demum scelere magnitudo ejus intellecta est.* TACIT. l. 14.

Il dit hautement, au milieu des tourmens et hors d'iceux, qu'il est content d'être privé d'absolution, et demeurer coupable de l'exécrable attentat dont il se repentoit, s'il cèle quelque chose qu'on veuille savoir de lui.

Il se déclare entre les hommes le seul criminel du forfait qu'il avoit commis; il reconnoît bien, en l'état auquel il étoit, que ce damnable dessein lui avoit été suggéré par le malin esprit, en ce qu'un homme noir s'étant une fois apparu à lui, il lui avoit dit et persuadé qu'il devoit entreprendre cette action abominable.

Que depuis, il s'étoit plusieurs fois repenti d'une si détestable résolution, qui lui étoit toujours revenue en l'esprit, jusqu'à ce qu'il l'eût exécutée. Ensuite de ce que dessus, il permit que sa confession fût révélée à tout le monde, pour donner plus de connoissance de la vérité de ce fait.

En un mot, toutes ses réponses et toutes ses actions font que cet auguste sénat, qui avoit examiné sa vie pour condamner son corps, et ces deux docteurs, qui l'avoient épluché pour sauver son âme, conviennent, en cette croyance, qu'autre n'est auteur de cet acte que ce misérable, et que ses seuls conseillers ont été sa folie et le diable.

Il y eut, à mon avis, quelque chose d'extraordinaire en la mort de ce grand prince; plusieurs circonstances, qui ne doivent pas être passées sous silence, donnent lieu de le croire. La misérable condition de ce maudit assassin, qui étoit si vile que son père et sa mère vivoient d'aumônes, et lui de ce qu'il pouvoit gagner à apprendre à lire et à écrire aux enfans d'Angoulême, doit être considérée en ce sujet; la bassesse de son esprit, qui étoit blessé de mélancolie, et ne se repaissoit que de chimères et de visions fantastiques, rend la disgrâce du Roi d'autant plus grande, qu'il n'y avoit pas apparence de croire qu'un homme si abject eût pu se rendre maître de la vie d'un si grand prince, qui, ayant une armée puissante sur la frontière pour attaquer ses ennemis au dehors, a, dans le cœur de son royaume, le cœur percé par le plus vil de ses sujets.

Dieu l'avoit jusques alors miraculeusement défendu de semblables attentats, comme la prunelle de son œil.

Dès l'an 1584, le capitaine Michau vint expressément des Pays-Bas pour l'assassiner.

Rougemont fut sollicité pour le même effet, et en eut dessein en l'an 1589.

Barrière, en 1593, osa bien entreprendre sur sa personne.

Jean Châtel, en 1594, le blessa d'un coup de couteau.

En 1597, Davennes, flamand, et un laquais lorrain, furent exécutés pour un semblable dessein, que plusieurs autres ont vu tous sans effet par la spéciale protection de Dieu; et maintenant, après tant de dangers heureusement évités, après tant d'entreprises contre sa personne, lorsqu'il est florissant et victorieux, et qu'il semble être au-dessus de toute puissance humaine, Dieu, tout à coup, par un conseil secret, l'abandonne, et permet qu'un misérable ver de terre, un insensé, sans conduite et sans jugement, le mette à mort.

Cinquante-six ans auparavant ce funeste accident, à pareil jour que celui auquel il arriva, le 14 de mai 1554, le roi Henri II, ayant trouvé de l'embarras en la rue de la Féronnerie, qui l'avoit empêché de passer, fit une ordonnance par laquelle il enjoignoit de faire abattre toutes les boutiques qui sont du côté du cimetière des Saints-Innocens, afin que le chemin fût plus ouvert pour le passage des rois; mais un démon empêcha l'effet de cette prévoyance.

Camerarius, mathématicien allemand, et de réputation, fit imprimer un livre, plusieurs années avant la mort du Roi, dans lequel, entre plusieurs nativités, il mit la sienne, en laquelle il lui prédisoit une mort violente par attentat des siens.

Cinq ans avant ce parricide coup, les habitans de Montargis envoyèrent au Roi un billet qu'un prêtre avoit trouvé sous la nape de l'autel, en disant la messe, qui désignoit l'an, le mois, le jour et la rue où cet assassinat devoit être commis.

On imprima dans Madrid, en 1609, un pronostic de l'an 1610, qui contenoit divers effets qui devoient arriver en diverses parties du monde, et particulièrement en l'horizon de Barcelonne et Valence. Ce livre, composé par Jérôme Oller, astrologue et docteur en théologie, dédié au roi Philippe III, imprimé à Valence, avec permission des officiers royaux et approbation des docteurs, porte exprès en la page 5: *Dichos Danas, empecaran alos primeros del henero et presente anno 1610, y durara tota la quarta hyemal y parte del verana senala la muerte d'un principe o Rey el qual nacio en el anno 1553, a 14 decembre a 4 hora 52 minutes de media noche:*

qui Rex, anno 19 œtatis suœ, fuit detentus sub custodiâ, deinde relictus fuit: tiene este Rey 24 grados de libra por ascendente y viene en quadrado preciso del grado y signo don de se hizo et eclipse que la causara muerte o enfermedad de grande consideration.

Cinq ou six mois avant la mort du Roi, on manda d'Allemagne à M. de Villeroy qu'il couroit très-grande fortune le 14 de mai, jour auquel il fut tué.

De Flandre on écrivit, du 12 de mai, à Roger, orfèvre et valet de chambre de la Reine, une lettre par laquelle on déploroit la mort du Roi, qui n'arriva que le 14.

Plusieurs semblables lettres furent écrites à Cologne et en d'autres endroits d'Allemagne, de Bruxelles, d'Anvers et de Malines.

Et, plusieurs jours avant sa mort, on disoit à Cologne qu'il avoit été tué d'un coup de couteau; les Espagnols, à Bruxelles, se le disoient à l'oreille l'un à l'autre; à Mastricht, un d'entre eux assura que s'il ne l'étoit encore, il le croyoit infailliblement.

Le premier jour du mois de mai, le Roi voyant planter le mai, il tomba par trois fois, sur quoi il dit au maréchal de Bassompierre et à quelques autres qui étoient avec lui : « Un prince d'Allemagne feroit « de mauvais présages de cette chute, et ses sujets « tiendroient sa mort assurée, mais je ne m'amuse pas « à ces superstitions. »

Quelques jours auparavant, La Brosse, médecin du comte de Soissons, qui se mêloit des mathématiques et de l'astrologie, donna avis qu'il se donnât garde du 14 de mai, et que s'il vouloit, il tâcheroit de remarquer l'heure particulière qui lui étoit la plus dangereuse, et lui désigneroit la façon, le visage et la taille de celui qui attenteroit sur sa personne. Le Roi, croyant que ce qu'il lui disoit n'étoit que pour lui demander de l'argent, méprisa cet avis, et n'y ajouta pas de foi.

Un mois auparavant sa mort, en plusieurs occasions, il appela sept ou huit fois la Reine, *madame la Régente.*

Environ ce temps, la Reine étant couchée auprès du Roi, elle s'éveilla en cris et se trouva baignée de larmes. Le Roi lui demanda ce qu'elle avoit; après avoir long-temps refusé de le lui dire, elle lui confessa qu'elle avoit songé qu'on le tuoit; de quoi il se moqua, lui disant que songes étoient mensonges.

Cinq ou six jours auparavant le couronnement de la Reine, cette princesse allant d'elle-même à Saint-Denis, voir les préparatifs qui se faisoient pour cette cérémonie, elle se trouva, entrant dans l'église, saisie d'une si grande tristesse, qu'elle ne put contenir ses larmes, sans en savoir aucun sujet.

Le jour du couronnement, le Roi prit M. le Dauphin entre ses bras, et le montrant à tous ceux qui étoient présens, il leur dit: *Messieurs, voilà votre Roi;* et cependant on peut dire qu'il n'y avoit prince au monde qui prît moins de plaisir à penser ce que l'avenir devoit apparemment produire sur ce sujet, que ce grand Roi.

Pendant la cérémonie du couronnement, la pierre qui couvre l'entrée du sépulcre des rois se cassa d'elle-même.

Le duc de Vendôme le pria le matin même, dont

il fut tué le soir, de prendre garde à lui cette journée-là, qui étoit celle que La Brosse lui avoit désignée ; mais il s'en moqua, et lui dit que La Brosse étoit un vieux fou.

Le jour qu'il fut tué, avant que de partir du Louvre pour aller à l'Arsenal, par trois fois il dit adieu à la Reine, sortant et rentrant en sa chambre avec beaucoup d'inquiétude ; sur quoi la Reine lui dit : *Vous ne pouvez partir d'ici ; demeurez, je vous supplie ; vous parlerez demain à M. de Sully.* A quoi il répondit qu'il ne dormiroit point en repos, s'il ne lui avoit parlé, et ne s'étoit déchargé de plusieurs choses qu'il avoit sur le cœur.

Le même jour et la même heure de sa mort, environ sur les quatre heures, le prévôt des maréchaux de Piviers, jouant à la courte boule dans Piviers, s'arrêta tout court, et, après avoir un peu pensé, dit à ceux avec qui il jouoit : *Le Roi vient d'être tué.*

Et, comme depuis ce funeste accident, on voulut éclaircir comme il avoit pu savoir cette nouvelle, le prévôt, ayant été amené prisonnier à Paris, fut un jour trouvé pendu et étranglé dans la prison.

Une religieuse de l'abbaye de Saint-Paul, près Beauvais, ordre de Saint-Benoît, âgée de quarante-deux ans, sœur de Villars-Houdan, gentilhomme assez connu du temps du feu Roi, pour l'avoir servi en toutes ses guerres, étant demeurée dans sa chambre à l'heure du dîner, une de ses sœurs l'alla chercher en sa chambre, selon la coutume des monastères, où elle la trouva toute éplorée ; lui demandant pourquoi elle n'étoit pas venue dîner, elle lui répondit que, si elle prévoyoit comme elle le mal qui leur alloit arriver, elle n'auroit pas envie de manger, et qu'elle étoit hors d'elle-même d'une vision qu'elle avoit eue de la mort du Roi, qui seroit bientôt tué. La religieuse, la voyant opiniâtrée à ne point quitter sa solitude, s'en retourna sans s'imaginer qu'une telle pensée eût autre fondement que sa mélancolie; cependant, pour s'acquitter de son devoir, elle fait rapport de ce qui s'étoit passé à l'abbesse, qui commanda qu'on laissât cette fille en sa chambre, et pensa plutôt à la faire purger qu'à croire ce qu'elle estimoit une pure imagination.

L'heure de vêpres étant venue, et cette religieuse se présentant aussi peu à l'office qu'à dîner, l'abbesse y envoya deux de ses filles, qui la trouvèrent encore en larmes, et leur dit affirmativement qu'elle voyoit que l'on tuoit le Roi à coups de couteau, ce qui se trouva véritable.

Le même jour de ce funeste accident, une capucine, fondant en pleurs, demanda à ses sœurs si elles n'entendoient pas qu'on sonnoit pour les avertir de la fin du Roi. Incontinent après, le son de leurs cloches frappa les oreilles de toute la troupe, à heure indue; elles coururent à l'église, où elles trouvèrent la cloche sonnant, sans que personne y touchât.

Le même jour, une jeune bergère, âgée de quatorze à quinze ans, nommée Simone, native du village de Patey, qui est entre Orléans et Châteaudun, fille d'un boucher dudit lieu, ayant le soir ramené ses troupeaux à la maison, demanda à son père ce que c'étoit que le Roi. Son père lui ayant répondu que c'étoit celui qui commandoit à tous les Français, elle s'écria : *Bon Dieu, j'ai tantôt entendu une voix qui m'a dit qu'il avoit été tué.* Ce qui se trouva véritable.

Cette fille étoit dès lors si dévote, que son père l'ayant promise en mariage à un homme fort riche et de naissance, elle se coupa les cheveux pour se rendre difforme, et fit vœu d'être religieuse ; ce qu'elle accomplit après en la maison des Petites Hospitalières de Paris, dont elle fut, peu de temps après, supérieure.

Le christianisme nous apprenant à mépriser les superstitions qui étoient en grande religion parmi les païens, je ne rapporte pas ces circonstances pour croire qu'il y faille avoir égard en d'autres occasions; mais l'événement ayant justifié la vérité de ces présages, prédictions et vues extraordinaires, il faut confesser qu'en ce que dessus il y a beaucoup de choses étranges, dont nous connoissons les effets et en ignorons la cause. Vrai est que, si la fin nous en est inconnue, nous savons bien que Dieu, qui tient en main le cœur des rois, n'en laisse jamais la mort impunie. *Qui fait ses volontés a part à sa gloire; mais qui abuse de sa permission n'échappe jamais sa justice,* comme il appert en la personne de ce malheureux, qui meurt par un genre de supplice le plus rigoureux que le parlement ait pu inventer, mais trop doux pour la grandeur du délit qu'il a commis.

Tant de pronostics divers de la mort de ce prince, que j'assure être véritables, pour avoir eu le soin de les éclaircir et justifier moi-même, et la misérable et funeste fin qui a terminé le cours d'une si glorieuse vie, doivent bien donner à penser à tout le monde.

Il est certain que l'histoire nous fait voir que la

naissance et la mort des grands personnages, est souvent marquée par des signes extraordinaires, par lesquels il semble que Dieu veuille, ou donner des avant-coureurs au monde de la grâce qu'il leur veut faire, par la naissance de ceux qui les doivent aider extraordinairement, ou avertir les hommes qui doivent bientôt finir leur course, d'avoir recours à sa miséricorde, lorsqu'ils en ont plus de besoin.

Je m'étendrois au long sur ce sujet, digne d'un livre entier, si les lois de l'histoire ne me défendoient d'y faire le théologien autrement qu'en passant. Il est raisonnable de se resserrer dans la multitude des considérations que ce sujet fournit, mais non pas de passer sans considérer et dire que ceux qui reçoivent les plus grandes grâces, reçoivent aussi souvent les plus grands châtimens quand ils en abusent.

Beaucoup croient que le peu de soin que ce prince a eu d'accomplir la pénitence qui lui fut donnée, lorsqu'il reçut l'absolution de l'hérésie, n'est pas la moindre cause de son malheur.

Aucuns estiment que la coutume qu'il avoit de favoriser sous main les duels, contre lesquels des lois et des ordonnances ont été faites, en est une plus légitime cause.

D'autres ont pensé que, bien qu'il pût faire une juste guerre pour l'intérêt de ses alliés, qu'encore que ravoir le sien soit un sujet légitime à un prince de prendre les armes, les prendre, sous ce prétexte, sans autre fin que d'assouvir ses sensualités au scandale de tout le monde, ne fût plus un sujet d'exciter le courroux du Tout-Puissant.

Quelques autres ont eu opinion que n'avoir pas

ruiné l'hérésie en ses Etats, a été la cause de sa ruine.

Pour moi, je dirois volontiers que ne se contenter pas de faire un mal, s'il n'est agravé par des circonstances pires que le mal même, ne se plaire pas aux paillardises et adultères s'ils ne sont accompagnés de sacriléges, faire et rompre des mariages pour, à l'ombre des plus saints mystères, satisfaire à ses appetits déréglés, et, par ce moyen, introduire une coutume de violer les sacremens, et mépriser ce qui est de plus saint en notre religion, est un crime, qui, à mon avis, attire autant la main vengeresse du grand Dieu, que les fautes passagères de légèreté sont dignes de miséricorde.

Mais ce n'est pas à nous à pénétrer les conseils de la sagesse infinie ; ils sont impénétrables aux plus clairvoyans : c'est pourquoi, s'humiliant en la considération de leur hautesse, et confessant que les plus grands esprits de ce monde y sont aveugles, il vaut mieux en quitter la contemplation et suivre le cours de notre histoire ; disant que le monde fut délivré le 27 de mai, de ce misérable parricide, qui, après avoir eu le poing coupé, a été tenaillé en divers lieux de la ville, souffert les douleurs du plomb fondu et l'huile bouillante jetée dans ses plaies, fut tiré vif à quatre chevaux, brûlé, et ses cendres jetées au vent.

Lors la maladie de penser à la mort des rois étoit si pestilentielle, que plusieurs esprits furent, à l'égard du fils, touchés et saisis d'une fureur semblable à celle de Ravaillac, au respect du père. Un enfant même de douze ans osa bien dire qu'il seroit assez hardi pour tuer le jeune prince. Ses premiers juges le condamnèrent à la mort, dont, ayant appelé, la nature fut assez clémente pour venger elle-même l'outrage qu'elle avoit reçu de ce monstre, en prévenant les châtimens qu'il devoit attendre de la justice des lois.

La Reine n'eut pas plus tôt satisfait à ce que sa douleur et les ressentimens de toute la France exigeoient d'elle, qu'elle fit renouveler l'édit de Nantes, dès le 22 de mai, pour assurer les huguenots et les retenir dans leur devoir.

Et, parce que dans l'étonnement que la nouvelle de la mort du Roi porta dans toutes les provinces, quelques uns, croyant, non sans apparence, que la perte de ce grand prince causeroit celle de l'Etat, s'étoient saisis des places fortes qui étoient dans leur bienséance, elle fit publier, le 27 de mai, une déclaration qui, portant abolition de ce qui s'étoit fait, portoit aussi commandement de remettre les places saisies en l'état qu'elles étoient, sur peine de crime de lèse-Majesté.

Il ne se trouva personne qui ne rendît une prompte obéissance aux volontés du Roi.

Au même temps, le parlement, voulant empêcher qu'à l'avenir les pernicieuses maximes qui avoient séduit l'esprit de Ravaillac, ne fissent produire le même effet en d'autres, enjoignit, par arrêt du 27 de mai, à la Faculté de théologie, de délibérer de nouveau sur le sujet du décret émané de ladite Faculté, le 13 de décembre 1413, par lequel cent quarante-un docteurs assemblés censurèrent et condamnèrent la folie et la témérité de ceux qui avoient osé mettre en avant qu'il étoit loisible aux sujets d'attenter à la vie d'un tyran, sans attendre, à cet effet, la sentence ou le mandement des juges. Ensuite de quoi, le concile de Constance confirma ce décret, deux ans après, en 1415, et déclara que ladite proposition étoit erronée en la foi et aux bonnes mœurs, qu'elle ouvroit le chemin à fraude, trahison et parjure, et étoit telle enfin qu'on ne pouvoit la tenir et la défendre avec opiniâtreté sans hérésie.

La Faculté s'assembla au désir de l'arrêt de la Cour, le 4 de juin, renouvella et confirma son ancien décret, auquel, de plus, elle ajouta que, dorénavant, les docteurs et bacheliers d'icelle jureroient d'enseigner la vérité de cette doctrine en leurs leçons, et d'en instruire les peuples par leurs prédications.

En conséquence de ce décret, la Cour condamna, le 8 juin, un livre intitulé *de Rege et Regis institutione*, à être brûlé par la main du bourreau, et défendit, sous grandes peines, de l'imprimer et vendre en ce royaume, attendu qu'il contenoit une doctrine formellement contraire audit décret, et louoit l'assassin du roi Henri III, disant, en termes exprès, que tels gens que l'on punit justement pour ces exécrables attentats, ne laissent pas d'être des hosties agréables à Dieu.

Les ennemis des pères Jésuites leur mettoient à sus que la doctrine de Mariana étoit commune à toute leur société ; mais le père Coton éclaircit fort bien la Reine et le conseil du contraire, leur faisant voir qu'en l'an 1606, ils l'avoient condamnée en une de leurs congrégations provinciales ; que leur général, Aquaviva, avoit commandé que tous les exemplaires de ce livre fussent supprimés comme très-pernicieux ; qu'au reste ils reconnoissoient la vérité de la doctrine du décret du concile de Constance portée en la session XV, et soutenoient partout que la déclaration faite en Sorbonne, en l'an 1413, et celle du 4 de juin de la présente année, devoient être reçues et tenues inviolables de tous les chrétiens.

Cette secousse, qui pouvoit ébranler les esprits les plus affermis, n'abattit point tellement le courage des Jésuites, qu'ils n'entreprissent incontinent d'ouvrir leurs colléges, et faire des leçons publiques dans Paris.

Il y avoit long-temps qu'ils avoient ce dessein, mais ils n'avoient osé s'en découvrir; ils avoient, dès l'an 1609, obtenu des lettres du Roi, par lesquelles il leur étoit permis de faire une leçon de théologie en leur collége.

Ils n'avoient lors demandé que la permission de cette leçon qui sembloit ne blesser pas l'Université, à qui tout l'exercice des lettres humaines et de la philosophie devoit appartenir. Néanmoins, s'y étant opposée sur la croyance qu'elle avoit que ces bons pères aspiroient à plus, ils se désistèrent de leur poursuite.

Maintenant que le Roi est décédé, et que sa mort a tout mis en trouble, ils n'ont pas plutôt surmonté les tempêtes qui s'étoient excitées contre eux, qu'ils poursuivent non-seulement ce qu'ils avoient demandé du temps du feu Roi, mais la permission pure et simple d'enseigner dans leur collége de Clermont, et en obtiennent des lettres-patentes du 26 d'août.

L'Université s'y oppose derechef; mais, nonobstant que par divers moyens ils eussent gagné une partie des suppôts d'icelle, ils furent contraints de caler voile pour cette année, à cause d'un orage qui s'émut de nouveau contre eux, sur le sujet d'un livre que le cardinal Bellarmin fit pour réponse à celui de Barclay, *de Potestate Papæ*.

Le parlement prétendoit que ce livre contenoit des propositions contraires à l'indépendance que l'autorité royale a de toute autre puissance que de celle de Dieu; en considération de quoi, par arrêt du 26 de novembre, il fit défense, sous peine de crime de lèse-majesté, de recevoir, tenir, imprimer ni exposer en vente ledit livre.

Le nonce du Pape en fit de grandes plaintes, qui portèrent le Roi, suivant la piété de ses prédécesseurs vers le Saint-Siége, d'en faire surseoir l'exécution.

En ce même temps, le roi d'Espagne ayant fait, par édit public, le 3 d'octobre, des défenses très-expresses d'imprimer, vendre, et tenir en ses Etats l'onzième tome des Annales de Baronius, si premièrement on n'y avoit retranché ce qu'il estimoit y être au préjudice de son autorité et de ses droits sur la Sicile, ses volontés furent rigoureusement exécutées, sans considération des instances du nonce.

La chrétienté eut, en cette occasion, lieu de reconnoître la différence qu'il y a entre les véritables sentimens que les Français ont de la religion, et l'extérieure ostentation que les Espagnols en affectent; mais beaucoup estiment aussi que notre légèreté nous fait relâcher en certaines rencontres, où la fermeté nous seroit souvent bienséante et quelquefois nécessaire.

Mais je ne considère pas que la condamnation du

livre de Mariana, qui fut faite incontinent après la mort du Roi, m'a emporté au discours des autres choses qui arrivèrent aux Jésuites cette année, et qu'il est temps que nous retournions à la Cour, où nous avons laissé la Reine en peine de faire agréer à M. le comte la déclaration de sa régence.

Après lui avoir fait entendre toutes les raisons qui avoient obligé à se conduire ainsi qu'on avoit fait, n'étant plus question de convaincre l'esprit, mais de gagner la volonté, un jour le sieur de Bullion étant allé voir M. le comte, après qu'il eut fait de nouveau toutes ses plaintes, lesquelles ledit sieur de Bullion adoucit et détourna avec industrie, il lui dit : *Si au moins on faisoit quelque chose de notable pour moi, je pourrois fermer les yeux à ce que l'on désire.* Sur quoi le sieur de Bullion, poussant l'affaire plus avant, le pria de lui faire connoître ce qui pouvoit le satisfaire. Il demanda cinquante mille écus de pension, le gouvernement de Normandie, qui étoit lors vacant par la mort du duc de Montpensier, décédé dès le temps du feu Roi; la survivance du gouvernement de Dauphiné, et de la charge de grand-maître pour son fils, qui n'avoit lors que quatre ou cinq ans; et, de plus, qu'on l'acquittât de deux cent mille écus qu'il devoit à M. de Savoie, à cause du duché de Montcalier appartenant à sa femme, qui étoit dans le Piémont. Ces demandes étoient grandes, mais elles sembloient petites au chancelier, aux sieurs de Villeroy, président Jeannin, et à la Reine, qui n'en furent pas plutôt avertis que Sa Majesté envoya querir ledit comte pour les lui assurer de sa propre bouche.

Ainsi M. le comte fut content et entra dans les intérêts de la Reine, auxquels il fut attaché quelque temps.

Ce prince ne fut pas plutôt en cet état, que les ministres résolurent avec lui le traité d'un double mariage entre les Enfans de France et ceux d'Espagne.

Au même temps il se mit en tête d'empêcher que M. le prince, qui étoit à Milan, ne revînt à la Cour. La Reine et les ministres l'eussent désiré aussi bien que lui; mais il étoit difficile d'en venir à bout par adresse, d'autant que ledit sieur prince se disposoit à revenir: il n'y avoit pas aussi d'apparence de le faire par autorité, la foiblesse du temps ne permettant pas d'en user ainsi.

Le comte de Fuentes, gouverneur de Milan, se promettoit qu'il ne seroit pas plutôt à la Cour, qu'il ne brouillât les affaires.

En cette considération, il le porta, autant qu'il put, à prétendre la royauté, et lui promit à cette fin l'assistance de son maître. Mais M. le prince lui témoignant, qu'il aimeroit mieux mourir que d'avoir cette prétention, et qu'il n'avoit autre dessein que de se rendre auprès du Roi, à qui la couronne appartenoit légitimement, pour le servir, lors le comte lui conseilla ce voyage, et lui fit connoître honnêtement qu'il ne pouvoit le laisser partir qu'il n'en eût auparavant ordre d'Espagne; qu'il fallut attendre, en effet, quelque instance que M. le prince fît au contraire.

Cet ordre étant venu, M. le prince prit de Milan son chemin en Flandre, où il avoit laissé sa femme. Il dépêcha en partant un gentilhomme au Roi; que la

Reine lui renvoya en diligence avec beaucoup de témoignages de sa bonne volonté, et assurance qu'il auroit auprès du Roi son fils et auprès d'elle, le rang et le crédit que sa naissance et sa bonne conduite lui devoient faire espérer.

Il ne fut pas plutôt à Bruxelles, qu'on lui fit les mêmes sollicitations qu'à Milan; mais il ne voulut jamais y prêter l'oreille, ce qui dégoûta fort les Espagnols, qui désiroient si passionnément l'embarquer à ce dessein, que leur ambassadeur, qui étoit à Rome, avoit déjà voulu pénétrer de Sa Sainteté, s'il la porteroit à le reconnoître en cette qualité.

Auparavant l'arrivée de M. le prince, la Reine ne se trouva pas peu en peine pour l'établissement des conseils nécessaires à la conduite de l'Etat. Si le petit nombre des conseillers lui étoit utile pour pouvoir secrètement ménager les affaires importantes, le grand lui étoit nécessaire pour contenter tous les grands, qui desiroient tous y avoir entrée, la condition du temps ne permettant pas d'en exclure aucun qui pût servir ou nuire.

Les ministres, pour ne mécontenter personne, prenoient des heures particulières pour parler séparément les uns après les autres à la Reine, et l'instruire de ce qui devoit venir à la connoissance de tous ceux qui étoient au conseil du Roi.

Quelques uns proposèrent d'abord, par ignorance ou par flatterie, que toutes les expéditions de la régence, les lettres-patentes, les édits et déclarations devoient être faites sous le nom de la Reine, et que son effigie devoit être dans la monnoie qui se batteroit pendant son administration.

Cette question fut agitée au conseil, où les ministres n'eurent pas plutôt représenté à la Reine que, par la loi du royaume, en quelque âge que les rois viennent à la Couronne, quand ils seroient même au berceau, l'administration de l'Etat doit être faite sous leur nom, qu'elle résolut qu'on suivroit la forme qui avoit été gardée du temps de la reine Catherine de Médicis, pendant la régence de laquelle les lettres-patentes et brevets étoient expédiés sous le nom du Roi, avec expression de l'avis de la Reine sa mère. Et pour les dépêches qui se faisoient dedans et dehors le royaume, le secrétaire d'Etat qui avoit contresigné les lettres du Roi, écrivoit aussi de la part de la Reine, qui contresignoit semblablement.

En ce temps, le duc d'Epernon, jugeant que la foiblesse de la minorité étoit une couverture favorable pour se tirer une épine du pied qui l'incommodoit fort, et rendoit son autorité au gouvernement de Metz moins absolue qu'il ne la désiroit, résolut d'ôter de la citadelle le sieur d'Arquien, que le feu Roi y avoit mis.

A cette fin, il obtint de la Reine, par surprise ou autrement, un commandement audit sieur d'Arquien de remettre entre ses mains ladite citadelle.

D'Arquien n'eut pas plutôt reçu ce commandement, qu'il obéit, et n'eut pas plutôt obéi, que la Reine, reconnoissant la faute qu'elle avoit faite, lui témoigna qu'elle eût bien désiré qu'il n'eût pas été si religieux et si prompt à suivre les ordres qu'il avoit reçus.

Ce gentilhomme fut fâché d'avoir mal fait en faisant bien, et cependant la Reine lui sut tant de gré de son aveugle obéissance, qu'elle lui confia le gouvernement de Calais, qui vaqua en ce temps-là par la mort du feu sieur de Vic, que les siens disoient être mort du regret qu'il avoit eu de la perte du feu Roi son bon maître.

Ledit sieur de Vic étoit d'assez basse naissance, mais d'une haute valeur, et qui par la noblesse de son courage releva glorieusement celle de son extraction.

Il fut long-temps capitaine au régiment des gardes, où il se signala en tant d'occasions, que le Roi, en la journée d'Ivri, voulut qu'il fît la fonction de sergent de bataille(1), où il correspondit à l'attente de Sa Majesté, qui ne fut pas plutôt maître de Saint-Denis, qu'il lui en donna le gouvernement, parce que cette place, ouverte de tous côtés, dans le voisinage de Paris, ne pouvoit être conservée que par un homme vigilant et de grand cœur. La foiblesse de la place faisant croire aux ligueurs qu'elle ne pouvoit être défendue, ils y firent entreprise dès le second jour qu'il en eut la charge. Le chevalier d'Aumale y entra la nuit avec toutes ses troupes. Au premier bruit de l'alarme, le sieur de Vic monte à cheval, nu en chemise, avec quatorze des siens, va droit à l'ennemi, l'attaque si vivement qu'il l'étonne ; et, fortifié des siens qui venoient à la file, il les chasse hors de la ville avec tant de confusion et de perte, que le chevalier d'Aumale y fut tué.

Ce qui lui donna tant de réputation que Paris n'osa plus attaquer Saint-Denis, dont le Roi le retira aussitôt qu'il fut entré dans Paris, pour lui donner le gouvernement de la Bastille. Depuis, ayant repris Amiens,

---

(1) Les sergens de bataille étoient en quelque sorte des adjudans généraux.

il ne jugea pas pouvoir mieux confier cette grande place qu'à sa vertu et sa vigilance, qui obligea le Roi à l'en tirer pour le mettre à Calais, aussitôt que les Espagnols l'eurent remis entre ses mains, par la paix de Vervins. Il s'y gouverna avec tant d'ordre, et fit observer une si exacte discipline entre les gens de guerre, que les meilleures maisons du royaume n'estimoient pas que leurs enfans eussent été nourris en bonne école, s'ils n'avoient porté l'arquebuse sous sa charge.

A sa mort, le sieur de Valençay, qui avoit épousé la fille de sa femme, se rendit maître de la citadelle, et dépêcha à la Reine pour l'assurer qu'il la garderoit aussi fidèlement qu'avoit fait son beau-père.

Cette façon de demander un gouvernement fut trouvée si mauvaise, que non-seulement elle obligea la Reine de l'en faire sortir, mais elle ne voulut pas l'envoyer ambassadeur en Angleterre, où il avoit été destiné.

Le duc d'Epernon, ayant fait retirer d'Arquien de Metz, et mis en sa place Bonouvrier, l'une de ses créatures, pour garder la citadelle comme son lieutenant et non celui du Roi, ainsi qu'étoit d'Arquien, se mit par ce moyen en plus grande considération qu'il n'étoit auparavant.

Il sembloit lors que la Reine fût autant affermie qu'elle le pouvoit être ; le parlement de Paris et tous les autres ensuite étoient intéressés à sa subsistance, toutes les villes et communautés du royaume avoient juré fidélité au Roi, et s'étoient aussi volontairement soumises à l'obéissance de la Reine, qu'ils y étoient obligés par les dernières volontés du feu Roi; tous les gouverneurs des provinces et des places avoient fait de même ; tous les grands de la Cour, par divers motifs, témoignoient n'avoir autre but que de conspirer au repos de ce royaume, en servant le Roi sous la conduite de la Reine. La maison de Guise affectoit de paroître inviolablement attachée à ses volontés, le duc d'Epernon, fort considéré en ce temps-là, ne respiroit que les commandemens du Roi et de la Reine, et ne regardoit que leur autorité. Tous les ministres étoient unis à cette fin. Conchine et sa femme, qui avoient la faveur de la Reine, promettoient de se gouverner sagement, et de n'avoir autre but que les intérêts de leur maîtresse. Les expédiens ci-dessus rapportés avoient contenté le comte de Soissons. On se promettoit, par mêmes moyens, de satisfaire le prince de Condé, qui étoit en chemin pour venir à la Cour : la connoissance que l'on avoit de son esprit faisoit croire qu'on en viendroit à bout, vu principalement qu'il trouveroit les choses si bien affermies, qu'il ne pourroit juger par raison avoir avantage à entreprendre de les ébranler. On espéroit aussi contenir les huguenots par l'entretenement de leurs édits, et l'intérêt des ducs de Bouillon, de Rohan et de Lesdiguières[1], qui étoient les principaux chefs de leur parti.

Et cependant le cours de la régence nous fera voir le vrai tableau de l'inconstance des Français, même

---

(1) Henri de La Tour d'Auvergne, vicomte de Turenne, duc de Bouillon. Henri IV lui avoit fait épouser Charlotte de La Marck, héritière de Bouillon et de Sédan ; maréchal de France depuis 1592. — Henri de Rohan, second du nom, premier duc de Rohan. — Charles, sire de Créqui et de Canaple, duc de Lesdiguières.

de ceux qui devroient être les plus retenus et les plus sages, et les diverses faces de la fidélité des grands, qui d'ordinaire n'est inviolable qu'à leurs intérêts, et qui change souvent sur la moindre espérance qu'ils ont d'en tirer avantage ; puisqu'en effet nous verrons tous ceux qui sont maintenant attachés au Roi et à la Reine, les quitter tous à leur tour l'un après l'autre, selon que leurs passions et leurs intérêts les y portent.

Les princes du sang seront divisés et unis, et en quelque état qu'ils soient, manqueront à ce qu'ils doivent. La maison de Guise sera unie et séparée de la Cour, et ne fera jamais ce qu'on doit attendre ni de la fidélité qu'ils ont promise, ni du cœur de ses prédécesseurs. Les parlemens favoriseront les troubles à leur tour. Les ministres se diviseront, et, épousant divers partis, se rendront artisans de leur perte.

Le maréchal d'Ancre, qui doit être inséparable des intérêts de celle qui l'a élevé au plus haut point où étranger puisse aspirer raisonnablement, sera si aveuglé, qu'il agira contre les volontés de sa maîtresse, pour suivre un parti qu'il estime capable de le maintenir. Les divers caprices de sa femme nuiront encore beaucoup à sa maîtresse. Tant qu'il y aura de l'argent dans l'épargne pour satisfaire à l'appétit déréglé d'un chacun, les divisions demeureront dans le cabinet et dans la Cour, et le repos de la France ne sera plus ouvertement troublé: mais, lorsque les coffres de l'épargne seront épuisés, la discorde s'étendra dans les provinces, et partagera la France, en sorte que, bien que l'autorité royale ne puisse être qu'en un lieu, son ombre paroîtra en diverses parties du royaume, où ceux qui prendront les armes protesteront ne les avoir en main que pour le service du Roi, contre qui ils agiront.

Jamais on ne vit plus de mutations sur un théâtre, qu'on en verra en ces occasions : la paix et la guerre se feront plusieurs fois ; et, bien que la Cour et la France soient toujours en trouble, on peut toutefois dire avec vérité que jamais minorité n'a été plus paisible ni plus heureuse.

Pour distinguer et mieux connoître les changemens désignés ci-dessus, il faut noter que l'administration que la Reine a eue de cet Etat pendant sa régence, et quelque temps après, a eu quatre faces différentes.

La première conserva pour un temps des marques de la majesté que la vertu du grand Henri avoit attachée à sa conduite, en tant que les mêmes ministres qui avoient sous son autorité supporté les charges de l'Etat durant sa vie, en continuèrent l'administration sans se séparer ouvertement les uns des autres, ce qui dura jusqu'à la disgrâce et chute du duc de Sully.

La seconde retint encore quelque apparence de force en sa foiblesse, en ce que l'union qui demeura entre le chancelier, le président Jeannin et Villeroy, et la profusion des finances qui fut introduite sous l'administration qu'en eut le président Jeannin, aussi homme de bien que peu propre à résister aux impostures et injustes demandes du tiers et du quart, firent que les grands, arrêtés par des gratifications extraordinaires, demeurèrent en quelque règle et obéissance, ce qui dura jusqu'à ce que les coffres furent épuisés, et que la fille du sieur de Puisieux, femme de Villeroy, fut décédée.

La troisième fut pleine de désordre et de confusion,

qui tirèrent leur origine de la division ouverte des ministres, qui fut causée par la dissolution de l'alliance qui étoit entre le chancelier et Villeroy, qui ne fut pas plutôt arrivée, que l'imprudence et l'ambition du chancelier et de son frère les portèrent à complaire au maréchal d'Ancre et adhérer au dérèglement de ses passions, à beaucoup desquelles ils avoient résisté auparavant, et l'eussent toujours pu faire, si leurs divisions ne les en eussent rendus incapables. En ce divorce, tous les grands prirent le dessus, Villeroy déchut de sa faveur, le chancelier subsista pour un temps, en suivant les volontés de ceux qui auparavant étoient contraints de s'accommoder à beaucoup des siennes.

Enfin le mariage du Roi étant accompli, au retour du voyage entrepris à cette fin, après que les uns et les autres eurent eu le dessus et le dessous, chacun à son tour, ils furent disgraciés et éloignés, plus par leur mauvaise conduite que par la puissance du maréchal d'Ancre et de sa femme.

La quatrième n'eut quasi autre règle que les volontés du maréchal et de sa femme, qui renversèrent souvent les meilleurs conseils par leur puissance.

Cette saison fut agitée de divers mouvemens estimés du vulgaire beaucoup plus violens qu'ils ne l'étoient, si l'on en considère la justice, et qui en effet étoient aussi utiles à l'Etat, qu'ils sembloient rigoureux à ceux qui les souffroient les ayant mérités.

Entre les affaires de poids qui se présentèrent au commencement de cette régence, celle de la continuation ou du changement des desseins du feu Roi pour la protection des Etats de Juliers et de Clèves, fut la plus importante. La mort de ce duc, arrivée avant celle du Roi, ayant été suivie d'une grande dispute pour la succession, les parties qui la prétendent s'y échauffent jusqu'aux armes; les princes catholiques d'Allemagne favorisent une part, les protestans une autre; les Hollandais et les Espagnols se mêlent en ce différend; l'Anglais y soutient ceux de sa croyance; plusieurs villes sont prises; on craint que la trève de Flandre se rompe, et que le feu se mette en toute la chrétienté. Les uns conseilloient à la Reine d'abandonner cette affaire, le dessein de laquelle sembloit être rompu par la mort du feu Roi. On représenta qu'il n'étoit pas à propos d'irriter l'Espagne à l'avénement du Roi à sa couronne; ainsi qu'il valoit mieux fortifier la jeunesse de Sa Majesté, s'allier avec elle par le nœud d'une double alliance. Les autres disoient au contraire que, si l'on ne suivoit les desseins du feu Roi, nos alliés auroient grand lieu de soupçonner que nous voulussions nous séparer d'eux et les abandonner; qu'il étoit dangereux de montrer de la foiblesse en ce commencement; qu'un tel procédé donneroit hardiesse aux Espagnols de nous attaquer; que le vrai moyen de parvenir à cette double alliance étoit de conserver la réputation de la France.

Qu'au reste, si nous voulions délivrer l'Espagne de la jalousie de nos armes, il valoit mieux licencier l'armée de Dauphiné, qui leur en donnoit beaucoup plus que celle de Champagne. Outre que désarmant par ce moyen le maréchal de Lesdiguières, huguenot, le Roi en tireroit un autre avantage bien nécessaire en ce temps où la puissance de ce personnage devoit être suspecte.

Cet avis fut suivi ; mais il n'y eut pas peu de peine à choisir pour cette armée un chef. Le maréchal de Bouillon eût bien désiré l'être, mais sa religion et son humeur inquiète et remuante empêchèrent avec raison qu'on ne lui donnât le commandement des armées du Roi, qui se devoient joindre à celle des Etats-généraux et des protestans d'Allemagne, et le maréchal de La Châtre fut honoré de cette charge.

Ainsi la Reine exécute généreusement la résolution que le feu Roi avoit prise de s'y interposer ; elle envoie des forces pour rendre les raisons avec lesquelles elle veut composer ce différend, plus fortes et plus puissantes.

L'Empereur, l'Espagne et la Flandre font mine de s'opposer à leur passage; mais, connoissant que l'armée du Roi étoit résolue de prendre d'elle-même ce qu'on ne pouvoit lui dénier avec raison, ils changèrent d'avis, et donnèrent passage aux troupes françaises, qui contribuoient tout ce qu'on pouvoit attendre d'elles pour conserver à cette Couronne le glorieux titre d'arbitre de la chrétiénté, que ce grand monarque lui avoit acquis. Au reste, la Reine reçut beaucoup de louanges de tous les gens de bien, de ce qu'elle eut le soin de conserver la religion catholique en tous les lieux où elle étoit auparavant.

Le duc de Bouillon fit de grandes plaintes de ce qu'en cette occasion on avoit préféré le maréchal de La Châtre à sa personne. Le soupçon qu'il eut que le comte de Soissons, le cardinal de Joyeuse, et le duc d'Épernon, étroitement unis ensemble, n'avoient pas peu contribué à son mécontentement, fit qu'il attendoit avec grande impatience la venue de M. le prince, afin de former avec lui un parti dans la Cour, par l'union de la maison de Guise, du duc de Sully, et de plusieurs autres grands.

Cependant la Reine, en la mémoire de laquelle le feu Roi est toujours vivant, se résout de le faire porter à Saint-Denis, pour lui rendre les derniers devoirs. Jugeant que ceux qui l'avoient précédé au règne, devoient faire le même en la sépulture, elle envoya querir les corps de Henri III, son prédécesseur, et de la reine Catherine de Médicis sa mère, et les fit porter au lieu destiné pour leur sépulture, à Saint-Denis.

Je ne veux pas omettre en ce lieu une prédiction faite au feu Roi, qui l'avoit empêché de faire enterrer son prédécesseur. On lui avoit dit, depuis qu'il fut venu à la Couronne, que peu de jours après que le corps de Henri III seroit porté en terre, le sien y seroit mis aussi ; il s'imaginoit volontiers que différer l'enterrement de ce prince prolongeoit sa vie, et ne s'apercevoit pas que la seule crainte et la superstition qui l'empêchoient de s'acquitter du dernier office qu'il pouvoit rendre à celui qui lui avoit laissé la Couronne, donneroit lieu à la vérité de ce qui lui avoit été prédit ; ce qui fut si véritable, que le roi Henri III ayant été mis en terre le ...., le feu Roi y fut mis ensuite le premier jour de juillet, avec les cérémonies et les pompes funèbres dues aux personnes de sa qualité.

Les louanges qui furent données à ce grand prince en diverses oraisons funèbres qui furent faites par toute la France, et en beaucoup de lieux même de la chrétienté, seroient trop longues à rapporter. Il fut pleuré et regretté de tous les gens de bien, et loué de ses propres ennemis, qui trouvèrent encore plus de sujet de l'estimer en sa vertu que de le craindre en sa puissance.

Il étoit d'un port vénérable, vaillant et hardi, fort et robuste, prompt et vif en ses reparties, et clément à l'égard même de ses propres ennemis.

Ces derniers devoirs étant rendus à la mémoire de ce grand prince, la Reine pense sérieusement à s'acquitter de ceux qu'elle doit au Roi son fils et à son Etat. Elle décharge le peuple, et par déclaration du 22 de juillet fait surseoir quatorze commissions extraordinaires, dont il n'eût pas reçu peu de foule. Elle en révoque cinquante-huit autres toutes vérifiées au parlement, et diminue d'un quart le prix du sel. Elle continue les bâtimens du feu Roi, commence ceux du bois de Vincennes, pour pouvoir toujours tenir le Roi avec sûreté ès environs de Paris, et, par le conseil du grand cardinal du Perron, elle fait travailler à ceux des colléges royaux.

Tandis que ces choses se passent, M. le prince part de Bruxelles et s'achemine à la Cour. La Reine lui dépêche le sieur de Barraut, qui le rencontre à la frontière, et l'assure de la part de leurs Majestés qu'il y seroit reçu comme il le pouvoit désirer.

La maison de Lorraine, les ducs de Bouillon et de Sully, qui avoient dessein de s'unir à lui, vont au-devant jusques à Senlis : le comte de Soissons et ses adhérens assemblent au même temps tous leurs amis. La Reine, craignant qu'il n'arrivât du désordre de telles assemblées, fut conseillée de faire armer le peuple. M. le prince entra dans Paris le 15 de juillet, accompagné de quinze cents gentilshommes; ce qui donna quelque alarme à la Reine, qui considéroit que, ayant les canons, la Bastille et l'argent du feu Roi en sa puissance par le duc de Sully, si le parlement et le peuple n'eussent été fidèles, il pouvoit entreprendre des choses de très-dangereuse conséquence pour le service du Roi. M. le prince n'étoit pas en moindre méfiance que celle qu'on avoit de lui. Il reçut trois ou quatre avis en arrivant, que la Reine, à la suscitation du comte de Soissons, avoit dessein de se saisir de sa personne et de celle du duc de Bouillon; ce qui fit que, nonobstant la bonne chaire qu'il reçut de leurs Majestés, il fut trois nuits alerte en état de sortir de Paris au premier bruit qu'il entendroit de quelque entreprise contre lui. Aussitôt qu'il fut rassuré de ses premières appréhensions, il fit connoître ses prétentions à son tour, ainsi qu'avoit fait M. le comte.

Il eût bien voulu contester la régence, s'il eût osé, mais il en fut diverti par le bon traitement qui lui fut fait; on lui donna deux cent mille livres de pension, l'hôtel de Conti au faubourg Saint-Germain, qui fut acheté deux cent mille francs, le comté de Clermont; et beaucoup d'autres gratifications.

La Reine, par le conseil des vieux ministres, ouvrit au même temps sa main fort largement à tous les autres princes et seigneurs; elle leur départ de grandes sommes de deniers pour s'acquérir leurs cœurs et le repos de ses peuples par un même moyen.

Beaucoup ont pensé qu'elle eût mieux fait de n'en user pas ainsi, et que la sévérité eût été meilleure, parce que l'on perd plutôt la mémoire des bienfaits que des châtimens, et que la crainte retient plus que l'amour. Mais ce n'est pas un mauvais conseil de retenir en certaines occasions, semblables à celle de la régence, les esprits remuans, avec des chaînes d'or; il y a quelquefois du gain à perdre de cette sorte, et il ne se trouve point de rentes plus assurées aux rois, que celles que leur libéralité se constitue sur les affections de leurs sujets; les gratifications portent leurs intérêts en temps et lieu, et l'on peut dire qu'il est des mains du prince, comme des artères du corps qui s'emplissent et se dilatent.

Cependant M. le prince et le comte de Soissons vivoient toujours appointés contraires. Cette division n'étoit pas désagréable à la Reine et aux ministres; mais elle l'étoit bien au maréchal de Bouillon, qui, par l'habitude qu'il avoit aux brouilleries, et par la malice de son naturel, ne pouvoit souffrir le repos de l'Etat. Les bienfaits qu'il avoit reçus de la Reine avoient plutôt ouvert que rassasié l'appétit qu'il avoit de profiter de la minorité du Roi. Il se servoit du marquis de Cœuvres(1), en qui le comte de Soissons avoit grande confiance, pour former l'union qu'il désiroit; il l'engagea d'autant plus aisément à ce dessein, qu'il lui protesta d'abord n'en avoir point d'autre que le service du Roi, qu'il détestoit et avoit en horreur les troubles et les guerres civiles.

Ensuite de cette première couche, il lui représenta que les divisions qui paroissoient être entre M. le prince et M. le comte, et les serviteurs de l'un et de l'autre, ne pouvoient être utiles qu'aux ministres, qui

(1) Depuis maréchal d'Estrées; il étoit frère de Gabrielle d'Estrées, maîtresse de Henri IV. Il fut duc et pair; il a écrit des Mémoires qui font partie de cette collection. Mort en 1670.

seroient d'autant plus fidèlement attachés au Roi, qu'il y auroit un contrepoids dans la Cour capable de les contenir en leur devoir; qu'autrement ils rendroient de bons et de mauvais offices à qui il leur plairoit auprès de la Reine, avanceroient les leurs, et éloigneroient les plus gens de bien.

Qu'il croyoit que M. le comte avoit contribué à l'aversion que la Reine témoignoit avoir de lui, mais que cela n'empêchoit pas qu'il ne portât M. le prince à vivre en bonne intelligence avec lui, ce qu'il estimoit si utile et si nécessaire à l'État, qu'il ne craignoit point que la Reine en eût connoissance, ains au contraire désiroit la parachever avec son consentement.

Le marquis de Cœuvres n'eut pas plutôt fait cette ouverture à M. le comte, qu'il la lui fit goûter; au même temps M. le comte en avertit la Reine, et lui en fit faire si délicatement la proposition, que, la croyant impossible, elle témoigna ne l'avoir pas désagréable.

Le cardinal de Joyeuse et les plus entendus des deux partis estimèrent qu'il falloit tirer un consentement plus exprès et plus formel de la Reine, et que lui en parlant en présence des ministres, ils n'oseroient s'y opposer, de peur de s'attirer, par ce moyen, la haine des princes du sang et de tous les grands.

Ce dessein réussit ainsi qu'il avoit été projeté; les ministres approuvèrent cette réconciliation devant le monde, et en exagérèrent tellement par après la conséquence à la Reine, à Conchine et à sa femme, qu'on n'oublia rien de ce qui se put pour l'empêcher.

On assura, à cette fin, M. de Guise du mariage de mademoiselle de Montpensier, qu'on avoit traversé jusques alors, et on entretint M. le prince de beaucoup d'espérances imaginaires, qui différèrent pour un temps l'exécution de cette union, sans la rompre, comme nous verrons sur la fin de l'année.

Cependant les ambassadeurs que la plupart des princes de la chrétienté envoyèrent au Roi, pour se condouloir de la mort du feu Roi son père, et se réjouir de son avénement à la Couronne, arrivèrent à Paris. Le duc de Feria y vint de la part du roi d'Espagne, et, après que le comte de Fuentes et les ministres de Flandre eurent sollicité, comme nous avons dit, M. le prince d'entreprendre contre le repos de l'Etat, il offrit toutes les forces de son maître contre ceux qui voudroient troubler la régence de la Reine.

Il fit aussi l'ouverture du double mariage qui fut depuis contracté entre les enfans de France et d'Espagne; et, par accord secret entre les ministres de l'Etat et lui, il fut arrêté que le Roi, son maître, n'assisteroit point les esprits brouillons de ce royaume, et que nous ne les troublerions point aussi dans leurs affaires d'Allemagne, qui n'étoient pas en petite confusion entre l'empereur Rodolphe et Mathias son frère, qui s'étoit élevé contre lui, et l'avoit dépouillé d'une partie de ses provinces héréditaires et de ses autres Etats.

Cet attentat de Mathias contre son frère, si âgé qu'il sembloit être à la veille de recueillir sa succession, fait bien paroître que l'ambition n'a point de bornes, et qu'il n'y a point de respects si saints et si sacrés, qu'elle ne soit capable de violer pour venir à ses fins.

Il justifie encore la pratique d'Espagne, qui tient

les frères des rois en tel état, que, s'ils ont tant soit peu de jugement, ils ne sauroient avoir la volonté de nuire, connoissant qu'on leur en a ôté tout pouvoir.

Le duc de Savoie, sachant la proposition du mariage d'Espagne, donna charge à ses ambassadeurs de faire de grandes plaintes ; il n'oublia pas de représenter que le feu Roi disoit que, pour la grandeur de son fils, il étoit beaucoup meilleur qu'il eût des beaux-pères inférieurs ; mais on eut peu d'égard à ses plaintes : bien lui envoya-t-on un ambassadeur, pour essayer de le contenter de paroles lorsqu'on ne pouvoit le satisfaire par les effets qu'il désiroit.

En ce temps la Reine se résolut de faire sacrer le Roi son fils à Reims, où elle le mena à cette fin. Pendant ce voyage le duc de Guise demeura dans Paris, à cause de la dispute qu'il avoit pour le rang avec le duc de Nevers, qui, étant en son gouvernement, sembloit le devoir précéder en cette occasion.

Le Roi fut sacré le 17 d'octobre, et le 18 il reçut l'ordre du Saint-Esprit. M. le cardinal de Joyeuse et M. le prince le devoient aussi recevoir ; mais le cardinal s'en excusa, parce que l'état présent des affaires rendant M. le prince plus considérable que lui, il ne voulut pas faire juger la dispute qui étoit entre eux pour la préséance, ce dont l'événement n'eût pu être que mauvais au service du Roi, pour le mécontentement de M. le prince, s'il eût perdu sa cause, ou à l'église, si le cardinal de Joyeuse fût déchu de la possession où les cardinaux sont de tout temps de précéder tous les souverains, excepté les rois.

Pendant le voyage du Roi, qui fut de retour à

Paris le 30 du mois, le duc de Bouillon, qui, pour n'avoir pas parachevé l'union qu'il avoit commencée entre les princes du sang et les grands du royaume attachés à leurs intérêts, n'en avoit pas perdu le dessein, renoua cette affaire durant le séjour que le Roi fit à Reims, à l'insu de la Reine et des ministres, qui en furent fort fâchés.

Pour mieux confirmer cette union, lorsque le Roi partit de Reims pour venir à Paris, il mena lesdits princes, les ducs de Longueville, de Nevers, le marquis de Cœuvres et quelques autres à Sédan, où il étreignit la nouvelle liaison qu'il avoit faite, par un second nœud pour la rendre indissoluble.

Ensuite, pour avoir plus de lieu de faire ses affaires et troubler le repos du gouvernement, il porta les huguenots à demander une assemblée générale, ce qui lui fut fort aisé, leur représentant qu'il falloit qu'ils profitassent du bas âge du Roi et de l'ébranlement que l'Etat avoit reçu par la perte du feu Roi. Ils se résolurent d'autant plus volontiers à ce qu'il désiroit, que le temps auquel, par l'édit de 1597, ils pouvoient la demander, échéoit en cette année.

La Reine, qui jugea bien qu'ils ne manqueroient de faire des demandes si extraordinaires et si injustes, que, ne pouvant être accordées, elles pourroient porter aux extrémités, essaya de gagner temps et différer cette assemblée; mais leurs instances furent si pressantes, qu'il fut impossible de s'exempter de leur permettre, par brevet, de s'assembler l'année suivante en la ville de Saumur.

Un différend intervenu au voyage de Reims entre le marquis d'Ancre et le sieur de Bellegarde, grand-écuyer de France, pour leurs rangs, donna lieu au duc d'Epernon de témoigner son aigreur ordinaire contre ledit marquis, qui, en cette considération, se résolut de se mettre bien avec M. le comte, pour empêcher qu'il ne favorisât à son préjudice ledit duc, qui étoit joint avec lui.

Monsieur le comte lui témoigna avoir grand sujet de se plaindre de lui, à cause du mariage de mademoiselle de Montpensier avec le duc de Guise, qui avoit été résolu peu de temps auparavant par son seul avis, les ministres lui ayant fait sentir adroitement qu'ils n'y avoient eu aucune part. Il ajouta qu'il ne pouvoit être son ami s'il ne réparoit cette faute, faisant agréer à la Reine le mariage de mademoiselle de Montpensier avec le duc d'Enghien son fils ; qu'aussi bien étoit-il croyable que madame de Guise la privant de son bien, qu'elle donneroit sans doute aux enfans qu'elle auroit du second lit, Monsieur ne penseroit jamais à sa fille, lorsqu'il seroit en âge de se marier. Il représentoit encore qu'il étoit à craindre qu'elle eût dessein de marier cette héritière, princesse du sang, à quelqu'un des cadets de la maison de Guise; et, pour conclusion, qu'il ne vouloit point d'accommodement avec lui, s'il ne se faisoit par le commandement de la Reine et la connoissance des ministres.

En ces entrefaites arriva, en présence de la Reine, une grande dispute entre le duc de Sully et Villeroy, sur le sujet de trois cents Suisses que le dernier demandoit pour la garde de Lyon, dont Alincour son fils avoit, depuis peu, acheté le gouvernement du duc de Vendôme, vendant, par même moyen, la lieutenance de Roi qu'il en avoit à Saint-Chaumont.

Le duc de Sully lui dit, sur ce sujet, des paroles si piquantes, que l'autre en demeura mortellement offensé.

Il faut remarquer en cet endroit que, pendant le sacre du Roi auquel le duc de Sully ne s'étoit pas trouvé, à cause de sa religion, mais étoit allé se promener en sa maison, Villeroy, qui désiroit l'ordre dans les affaires, considérant que tout le monde étoit déjà tout accoutumé aux refus du duc de Sully, n'oublia rien de ce qu'il put pour persuader à la Reine qu'il étoit de son service de conserver ledit duc en sa charge, et lui donner toute l'autorité qu'elle pourroit, eu égard au temps de la minorité du Roi, auquel il ne pouvoit et ne devoit pas espérer la même qu'il avoit du temps du feu Roi.

Bullion eut ordre de s'avancer pour le trouver à Paris à son retour de sa maison, et lui faire entendre la bonne volonté de la Reine, qui vouloit avoir en lui une pareille confiance qu'avoit eue le feu Roi.

Il accepta l'offre de la Reine avec autant de civilité que son naturel rude et grossier lui permit d'en faire. Cependant il ne demeura pas satisfait, parce qu'il prétendit une commission scellée pour l'exercice de la charge des finances, ce qu'on ne voulut pas lui accorder, attendu que, du temps du feu Roi, il n'en avoit pas eu seulement un brevet. Ce refus mit cet homme en de grandes méfiances du chancelier, de Villeroy et de Conchine qu'il tenoit pour son ennemi.

Il continua néanmoins, depuis le retour du sacre, l'exercice de sa charge environ quinze jours ou trois semaines, après lequel temps le différend des Suisses de Lyon, dont j'ai déjà parlé, se renouvela, sur ce que Villeroy vouloit en assurer le payement sur la recette générale dudit lieu. Le duc de Sully s'aigrit tellement sur cette affaire, que, non content de soutenir qu'il n'étoit pas raisonnable de charger le Roi d'une telle dépense, les habitans pouvant faire la garde de Lyon, comme ils avoient toujours accoutumé, il se prit au chancelier, qui favorisoit Villeroy, et lui dit qu'ils s'entendoient ensemble à la ruine des affaires du Roi. Comme cette offense étoit commune à tous les ministres, ils s'accordèrent tous de ruiner ce personnage, dont l'humeur ne pouvoit être adoucie.

Alincour, intéressé au sujet dont il s'agissoit, s'adressa, pour cet effet, au marquis de Cœuvres, qu'il savoit être fort mal affectionné au duc de Sully, à cause de la charge de grand-maître de l'artillerie qu'il avoit obtenue du feu Roi, nonobstant que ledit marquis en eût la survivance; il lui proposa l'éloignement dudit duc de la Cour, auquel il fit sentir que tous les ministres contribueroient volontiers, si M. le comte y vouloit porter le marquis d'Ancre.

Cette ouverture ne fut pas plutôt faite au marquis de Cœuvres, qu'il proposa cette affaire à M. le comte, et lui représenta que cette occasion lui serviroit à faire consentir les ministres au mariage de son fils pour mademoiselle de Montpensier; il se résolut aussitôt de parler au marquis d'Ancre, qui lui promit d'assister les ministres en cette rencontre, pourvu qu'il voulût faire de même.

Il fut question ensuite de s'assurer des ministres sur le sujet du mariage désiré par M. le comte. Le marquis de Cœuvres, adroit et entendu en affaires de la Cour, le leur fit consentir, soit qu'ils le voulussent en effet, soit que le bas âge des parties leur fît croire qu'ils ne manqueroient pas d'occasions d'empêcher l'accomplissement de cette proposition.

Par ce moyen M. le comte et le marquis d'Ancre se lièrent ensemble, et les ministres se joignirent à eux pour le fait particulier du duc de Sully, dont l'éloignement fut différé par l'occasion suivante.

Le comte de Soissons étant gouverneur de Normandie, il fut obligé d'en aller tenir les Etats, pendant lesquels le duc de Sully recommença, la veille de Noël, une nouvelle querelle dans le conseil avec Villeroy, sur le même sujet, qui le porta à des paroles si pleines d'aigreur, que Villeroy fut contraint de se retirer à Conflans jusqu'au retour de M. le comte; après lequel nous paracheverons l'histoire de la disgrâce du duc de Sully.

Cependant, avant que clore cette année, je ne puis que je ne rapporte qu'elle produisit en Espagne le plus hardi et le plus barbare conseil dont l'histoire de tous les siècles précédens fasse mention; ce qui donna lieu à la France de rendre un témoignage de son humanité et de sa piété tout ensemble.

L'Espagne étoit remplie de Morisques, qui étoient ainsi appelés, parce que de père en fils ils descendoient des Mores, qui l'avoient autrefois subjuguée et commandée sept cents ans durant.

Le mauvais traitement qu'ils recevoient, et le mépris qu'ils souffroient des vieux chrétiens, firent que la plus grande part d'entre eux conservèrent secrètement l'impiété et fausse religion de leurs ancêtres contre Dieu, pour la haine particulière qu'ils avoient contre les hommes.

Etant traités comme esclaves, ils cherchent les moyens de se mettre en liberté; le soupçon qu'on en a, fait qu'on leur ôte toutes leurs armes, et particulièrement aux royaumes de Grenade et de Valence, où tout le peuple étoit presque infecté de ce venin; il ne leur étoit même pas permis de porter des couteaux, s'ils n'étoient épointés.

Le conseil d'Espagne, considérant que le feu Roi s'engageoit en une grande entreprise contre eux, eut en même temps appréhension que ces peuples prissent cette occasion d'allumer une guerre civile dans le cœur de leurs Etats. Pour prévenir ce dessein, qui n'étoit pas sans fondement, le Roi catholique fit, au commencement de cette année, un commandement à tous ces gens-là de sortir d'Espagne, avec leurs femmes et leurs enfans, dans trente jours pour tout délai, pendant lesquels il leur étoit permis de vendre tous les meubles, et en emporter avec eux le prix, non en argent, mais en marchandises du pays non défendues; tous leurs immeubles demeurant confisqués au Roi et réunis à son domaine.

Ceux qui étoient près de la mer s'embarquèrent pour passer en Barbarie, et, pour ce sujet, tous les vaisseaux étrangers qui étoient dans leurs ports furent arrêtés; les autres prirent le chemin de la frontière de la France pour passer par les Etats du Roi.

Il est impossible de représenter la pitié que faisoit ce pauvre peuple, dépouillé de tous ses biens, banni du pays de sa naissance; ceux qui étoient chrétiens, qui n'étoient pas en petit nombre, étoient encore dignes d'une plus grande compassion, pour être envoyés, comme les autres, en Barbarie, où ils ne pouvoient qu'être en péril évident de reprendre contre leur gré la religion mahométane.

On voyoit les femmes, avec leurs enfans à la mamelle, les chapelets en leur main, qui fondoient en larmes et s'arrachoient les cheveux de désespoir de leur misère, et appeler Jésus-Christ et la Vierge, qu'on les contraignoit d'abandonner, à leur aide.

Le duc de Medina, amiral de la côte d'Andalousie, donna avis au conseil d'Espagne de cette déplorable désolation; mais il reçut un nouveau commandement de n'épargner âge, sexe, ni condition, la raison d'Etat contraignant à faire partir les bons avec les méchans : ce qui obligea le duc à obéir, contre son gré, disant hautement qu'il étoit bien aisé de commander de loin ce qu'il étoit impossible d'exécuter sans compassion extrême.

On fait compte de plus de huit cent mille de ces gens; de sorte que cette transmigration ne fut pas moindre que celle des Juifs hors de l'Egypte; y ayant toutefois ces deux différences entre les deux, qu'en celle-là les Hébreux contraignoient les Egyptiens de les laisser aller; en celle-ci les Morisques sont contraints de sortir; en celle-là les Hébreux s'en vont d'une terre étrangère pour sacrifier à Dieu, et passer en une abondante qui leur étoit promise; en celle-ci les Morisques sortent de leur pays natal pour passer en une terre inconnue, où ils doivent vivre comme étrangers, non sans grand hasard d'abandonner le vrai culte de Dieu.

Le roi Henri-le-Grand, ayant avis que plusieurs de ces pauvres gens s'acheminoient en son royaume, qui est réputé par tout le monde l'asile des affligés, touché de compassion de leur misère, fit publier, au mois de février, une ordonnance qui obligeoit ses lieutenans et officiers à leur faire entendre, sur la frontière, que ceux qui voudroient vivre en la religion catholique, en faisant profession devant l'évêque de Bayonne, auroient ensuite permission de demeurer dans ses Etats, au-deçà des rivières de Garonne et de Dordogne, où ils seroient reçus, faisant apparoître à l'évêque du diocèse où ils voudroient s'habituer, de l'acte de leur profession de foi.

Et quant aux autres qui voudroient vivre en la secte de Mahomet, on leur pourvoiroit de vaisseaux nécessaires pour les passer en Barbarie.

La mort de ce grand prince prévint l'exécution de son ordonnance, mais la Reine la fit exécuter avec soin.

Il y eut quelques officiers qui abusèrent de l'autorité qui étoit donnée pour l'accomplissement de cette bonne œuvre, commirent force larcins, et souffrirent même quelques meurtres sur ceux d'entre ces misérables qui vouloient passer en Barbarie ; mais on fit faire un châtiment si exemplaire des coupables, qu'il empêcha les autres de se porter à de semblables violences.

En cette année décéda l'électeur Palatin, dont la mort mérite d'être remarquée, comme un présage de beaucoup de maux qui arrivèrent ès années suivantes par l'ambition de son fils, qui, suivant les conseils du duc de Bouillon et de quelques autres de ses alliés, fut, au jugement de beaucoup de personnes dépouillées de passion, justement privé de ses Etats, pour en avoir voulu trop injustement envahir d'autres.

L'ambition de ce prince a allumé un feu dans la chrétienté, qui dure encore, et Dieu seul sait quand on le pourra éteindre.

[1611] Au lieu que la première année de la régence de la Reine, que nous avons vue au livre précédent, conserva aucunement la majesté avec laquelle Henri-le-Grand avoit gouverné son Etat, celle-ci commence à en déchoir par la désunion des ministres, qui se font la guerre les uns aux autres, en sorte que trois réunis ensemble chassent le quatrième.

Nous avons déjà dit le sujet pour lequel on entreprit d'éloigner le duc de Sully. Le comte de Soissons, sollicité par les ministres plus que par l'ancienne animosité qu'il avoit eue contre lui, se rendit chef de ce parti, auquel il attira M. le prince.

Mais il marchoit si lentement en cette affaire, qu'il ne désiroit avancer qu'à mesure qu'on effectueroit les promesses qu'on lui avoit faites sur le sujet de ses intérêts, et particulièrement en ce qui étoit du mariage du prince d'Enghien, son fils, avec mademoiselle de Montpensier, qui, en vertu de ce complot, devoit être, à la sollicitation des ministres, agréé de la Reine.

Dès qu'il fut de retour du voyage qu'il avoit fait en Normandie, les ministres le pressèrent de parachever ce qui étoit projeté entre eux ; il s'y portoit assez froidement ; mais deux querelles qui arrivèrent, donnant lieu à une plus étroite liaison entre M. le comte et Conchine, qui étoit de la partie, lui firent entreprendre cette affaire avec plus de chaleur.

La première arriva le 3 de janvier, entre M. de Bellegarde et le marquis d'Ancre, ce dernier voulant, outre le logement que sa femme avoit au Louvre, avoir cette année-là, qu'il étoit en exercice de premier gentilhomme de la chambre, celui qui étoit destiné à cette charge, comme la raison le requéroit. Bellegarde le refusa avec tant d'obstination, qu'ils en vinrent aux grosses paroles. Le marquis d'Ancre, reconnoissant que son adverse partie avoit beaucoup plus d'amis que lui dans la Cour, estima se devoir appuyer du comte de Soissons ; il employoit à cet effet le marquis de Cœuvres, en qui le prince avoit beaucoup de confiance ; il lui dit qu'encore que M. le prince et le duc d'Epernon lui eussent envoyé offrir leur entremise pour accommoder cette affaire, néanmoins il n'en vouloit sortir que par celle de M. le comte, entre les mains duquel il remettoit ses intérêts et son honneur, ce qu'il faisoit d'autant plus volontiers, qu'il étoit résolu de faire plus d'état de ceux dudit comte que des siens propres.

Le comte de Soissons, sachant que la plus grande finesse de la Cour consiste à ne perdre pas les occasions de faire ses affaires quand elles se présentent favorables, bien aise d'obliger le marquis pour qu'il se mît en ses intérêts, s'employa de telle sorte en cette affaire, que, nonobstant les artifices du duc d'Epernon, qui, piqué du déplaisir qu'il avoit de n'y être pas employé, n'oublia rien de ce qu'il put pour la brouiller ; il la termina selon que la raison le requéroit, sans que le duc de Bellegarde en fût mécontent.

Le marquis eut tant de satisfaction, qu'il lui promit de porter les ministres à ce qu'il désiroit pour le mariage ; et, en effet, pour avoir leur consentement, il s'obligea à faire résoudre M. le comte de parachever, conjointement avec eux, le dessein projeté contre le duc de Sully.

Ainsi les ministres, qui ne vouloient que prêter l'épaule au temps, et gouverner doucement jusques à la majorité du Roi, conseillèrent à la Reine de consentir au mariage désiré par le comte de Soissons pour son fils; en quoi ils ne se donnèrent pas de garde qu'ils offensèrent le cardinal de Joyeuse et le duc d'Epernon, alliés à ladite princesse, qui, lorsque cette affaire fut publiée, firent de grandes plaintes à la Reine de ce qu'elle l'avoit conclue sans leur en donner part.

Le comte de Soissons s'excusa, disant que par discrétion il en avoit usé ainsi, d'autant qu'étant une affaire qui regardoit Sa Majesté et la Reine, il avoit cru être obligé de tirer le consentement de Sa Majesté, avant que de former aucun dessein; mais ils ne se payèrent point de ses excuses, et demeurèrent mal avec lui, jusques à sa mort.

Peu de jours après il survint une seconde querelle, qui fut entre lui-même et le prince de Conti, et ensuite la maison de Guise. Les carrosses des deux premiers s'étant rencontrés dans la rue, parmi un embarras de charrettes, dans lequel il étoit nécessaire que l'un s'arrêtât pour laisser passer l'autre, l'écuyer du comte de Soissons, ne reconnoissant pas le carrosse du prince de Conti, l'arrêta avec menaces, et fit passer celui de son maître; lequel, s'en étant aperçu, envoya incontinent faire ses excuses au prince de Conti, l'assurant que ce qu'il avoit fait n'avoit été avec aucun dessein de l'offenser, mais par mégarde, et qu'il étoit son très-humble serviteur.

Il croyoit par là que la chose fût assoupie; mais le lendemain M. de Guise montant à cheval, accompagné de plus de cent gentilshommes, et passant assez près de l'hôtel de Soissons, alla voir M. le prince de Conti.

Le comte de Soissons, qui crut avec raison que cela avoit été fait pour le braver, voulut monter à cheval pour les aller rencontrer; quantité de ses amis se joignent à lui, M. le prince le vient trouver avec grande compagnie. La Reine en ayant avis, et craignant l'inconvénient qui en pourroit arriver, envoya prier M. le comte de ne pas sortir, et manda à M. de Guise qu'il se retirât chez lui : ce qu'il fit sans voir la Reine; que M. le comte alla trouver au Louvre.

M. de Guise trouva, du commencement, bonne la proposition que la Reine fit, qu'il allât trouver M. le comte, comme par visite, pour lui faire ses excuses, et l'assurer qu'il étoit son serviteur : mais quand il en eut parlé à M. du Maine, le vieux levain de la maison de Guise contre celle de Bourbon, parut encore; car il l'en dissuada, lui fit retirer la parole qu'il en avoit donnée à la Reine; et, enfin, pour tout accommodement, M. du Maine (1) vint le lendemain trouver la Reine, et, en présence des plus grands de la Cour, lui fit des excuses pour son neveu, assurant Sa Majesté que toute la maison de Guise demeureroit toujours avec M. le comte dans les termes de civilité, d'honneur et de bienséance qu'ils devoient, et qu'ils l'honoreroient et seroient ses serviteurs, s'il vouloit bien vivre avec eux.

(1) Charles, duc de Mayenne, célèbre pendant les guerres de la ligue. Dans les Mémoires on le nomme indifféremment duc de Mayenne ou du Maine : mort en 1611.

A quoi la Reine répondit qu'elle le feroit entendre à M. le comte, et le prieroit d'oublier ce qui s'étoit passé, et de recevoir cette satisfaction.

Ce peu de respect dont la Reine souffrit que le duc de Guise usât envers elle, manquant à la parole qu'il lui avoit donnée, sentoit déjà bien la désunion du conseil, la foiblesse de la Reine, et la diminution de son autorité; laquelle ne peut être si petite, qu'elle ne soit de grande conséquence, l'expérience nous apprenant qu'il est beaucoup plus aisé de la maintenir inviolable, qu'il n'est pas d'empêcher son entière ruine, quand elle a reçu la moindre atteinte.

La Reine accorda aussi presque en même temps, par sa prudence, une querelle importante, qui eût attiré une dangereuse suite, si elle n'eût été promptement assoupie.

Un jour, étant à table, un grand bruit s'émut dans la chambre; on lui rapporta qu'on y étoit aux mains, ce qui n'étoit pas vrai, mais bien aux paroles rudes et atroces. Le baron de La Châtaigneraye, son capitaine des gardes, homme hardi mais brutal, ayant cru que les ducs d'Epernon et de Bellegarde lui rendoient de mauvais offices sur la prétention qu'il avoit d'obtenir un gouvernement de la Reine, les trouvant au sortir du cabinet de Sa Majesté, les entreprit de paroles, qui vinrent à tel point, qu'il étoit impossible de ne connoître pas qu'elles intéressoient le duc d'Épernon, et outrageoient tout-à-fait le duc de Bellegarde. Ces seigneurs, pleins de ressentimens, protestoient vouloir tirer raison de cette offense; Châtaigneraye, d'autre part, ne demandoit pas mieux que de la leur faire.

Cette querelle eût été capable de faire beaucoup de mal dans la Cour, qu'elle eût partagée indubitablement, si la Reine n'eût été conseillée d'y prendre intérêt, comme en effet elle y en avoit beaucoup, vu que ce désordre étant arrivé en sa chambre, le respect qui lui étoit dû avoit été violé.

Elle eût volontiers remis ce qui la touchoit à Châtaigneraie, qui une fois lui avoit sauvé la vie ; mais il valoit mieux pour lui-même qu'elle le châtiât en apparence, pour satisfaire les grands en effet, que de laisser sa faute impunie : ce qui fit qu'elle se porta sans peine à l'envoyer à la Bastille, où il ne fit qu'entrer et sortir, pour se retirer d'un mauvais pas où il s'étoit mis inconsidérément.

Incontinent après on mit les fers au feu pour éloigner le duc de Sully ; le comte de Soissons y disposa M. le prince ; le marquis de Cœuvres eut charge de savoir le sentiment du duc de Bouillon sur ce sujet, qui lui dit qu'il ne pouvoit rien arriver au duc de Sully qu'il n'eût mérité ; mais qu'il n'y vouloit en rien contribuer, tant pour ce qu'il jugeoit bien qu'il n'étoit pas nécessaire, que pour ce qu'il ne vouloit pas que les huguenots lui pussent reprocher qu'il eût éloigné un des frères du ministériat.

M. le prince et M. le comte de Soissons en parlèrent les premiers à la Reine, les ministres s'ouvrirent, et le marquis d'Ancre lui donna le dernier coup.

Ainsi il se vit contraint de se retirer au commencement de février, chargé de biens, que le temps auquel il avoit servi lui avoit acquis, mais d'envie pour la grande autorité avec laquelle il avoit fait sa charge, et de haine pour son humeur farouche. On peut dire avec vérité que les premières années de ses services furent excellentes; et si quelqu'un ajoute que les dernières furent moins austères, il ne sauroit soutenir qu'elles lui aient été utiles sans l'être beaucoup à l'Etat.

Sa retraite n'est pas plutôt faite, que plusieurs se mettent en devoir de poursuivre la victoire contre lui, pour avoir ses dépouilles.

Pour parvenir à cette fin, on essaya de rompre le mariage du marquis de Rosny avec la fille du maréchal de Créquy, pour n'avoir pas en tête le maréchal de Lesdiguières, et on fit proposer par le marquis de Cœuvres, à M. le duc de Bouillon, de lui donner le gouvernement de Poitou qu'il avoit : à quoi ledit duc témoignant incliner, le marquis d'Ancre lui en alla porter parole expresse de la Reine; mais enfin elle changea d'avis avec grand sujet, n'étant pas raisonnable de maltraiter un personnage dont les services avoient été avantageux à la France, sans autre prétexte que parce qu'étant utile au public, il l'avoit été à lui-même.

La charge de surintendant fut divisée entre le président Jeannin, les sieurs de Châteauneuf et de Thou, qui furent nommés directeurs des finances, le dernier y ayant été mis pour le faire départir de la prétention qu'il avoit en la charge de premier président, qu'il désiroit avoir du président de Harlay son beau-frère; à quoi le nonce du pape s'opposoit tant qu'il pouvoit, pour le soupçon qu'il avoit donné par son histoire de n'avoir pas les sentimens tels qu'un vrai catholique doit avoir pour la foi. Pour obtenir l'éloignement de ce personnage, les ministres représentèrent à la Reine que la rudesse de son esprit lui en faisoit perdre beaucoup d'autres; que, outre son propre naturel qui le portoit à traiter incivilement avec tous ceux qui étoient au-dessous de lui, il en usoit ainsi pour avoir droit d'être peu civil avec elle; qu'il avoit vécu de cette sorte avec le feu Roi, qui le souffroit, tant par une bonté extraordinaire, que parce qu'il estimoit que cette humeur barbare effarouchoit ceux qui autrement l'eussent accablé d'importunités et de demandes; mais que la saison ne permettoit plus ni les contestations d'un tel esprit envers son maître, ni les offenses que chacun recevoit avec plus d'aigreur de ses refus que des refus mêmes; que bien qu'il agît avec peu de prudence dans les affaires, il ne laissoit pas néanmoins de s'en attribuer la gloire, et les effets des bons conseils qui ne venoient pas de lui.

Qu'au reste, s'il avoit bien fait les affaires du Roi en son administration, il n'avoit pas oublié les siennes, ce qui paroissoit d'autant plus clairement, qu'étant entré avec six mille livres de rente en la charge, il en sortoit avec plus de cent cinquante mille; ce qui l'avoit obligé à retirer de la chambre des comptes la déclaration de son bien, qu'il avoit mise au greffe quand il entra dans les finances, afin qu'on n'eût pas de quoi justifier par son propre seing qu'il eût tant profité des deniers du Roi.

Ils ajoutèrent qu'il étoit à propos d'éteindre la qualité de surintendant des finances, qui donnoit trop d'autorité à celui qui en étoit pourvu, et qu'il valoit mieux diviser cette charge à plusieurs personnes de robe longue, dont la Reine disposeroit avec plus de facilité, que de la laisser à un homme seul et particulièrement d'épée, dont la condition rendoit d'ordinaire les hommes insolens.

Mais ils ne disoient pas qu'en s'ôtant de dessus les bras un ennemi puissant, leur intention étoit de se réserver toute l'autorité de sa charge; ils prétendoient tous y avoir part; et le but du chancelier étoit de la réunir à la sienne, ainsi qu'en effet il arriva; le président Jeannin, qui fut créé contrôleur-général, et tous les autres directeurs des finances dépendans absolument de lui, en tant qu'ils ne pouvoient rien conclure sans sa voie.

La maison de Guise fut la seule qui assista le duc de Sully; elle essaya d'empêcher ou retarder sa chute, non pour l'affection qu'elle lui portât, mais par opposition au comte de Soissons et à la maison de Bourbon. Entre les seigneurs de la Cour, Bellegarde fut aussi le seul qui parla pour lui, à cause de l'étroite liaison qu'il avoit avec ceux de Guise; de son chef il étoit son ennemi plus qu'aucun autre, pour en avoir reçu de très-mauvais offices du temps du feu Roi.

Si la foiblesse avec laquelle nous avons remarqué, à l'année précédente, que le duc de Sully se gouverna quand il perdit son maître, et l'étonnement et l'irrésolution en laquelle il se trouva lors, témoignent clairement que les esprits présomptueux ne sont pas souvent les plus courageux, sa conduite en ce nouvel accident fait voir que ceux qui sont timides dans les périls où ils croient avoir à craindre pour leur vie, ne le sont pas moins aux occasions où ils voient bien que le plus qu'ils peuvent appréhender est la diminution de leur fortune.

La Reine lui demandant sa charge, lui demanda aussi le gouvernement de la Bastille, dans laquelle étoient les finances du Roi.

Bien que ce coup ne le surprît pas à l'imprévu, et qu'il le vît venir de loin, il ne put toutefois composer son esprit, en sorte qu'il le reçut avec foiblesse.

Il céda, parce qu'il falloit obéir, mais ce fut avec plaintes; et sur ce que la Reine lui fit dire qu'il lui avoit plusieurs fois offert de se démettre de ses charges, il répondit qu'il l'avoit fait ne croyant pas qu'on le dût prendre au mot. Il demanda d'abord d'être récompensé; puis, revenant à soi et s'apercevant de sa faute, il se plaignit des offres qu'on lui fit sur ce sujet, comme s'il n'y eût pas donné lieu par ses demandes.

Il est vrai qu'on n'avoit autre intention que de lui faire un pont d'or, que les grandes âmes souvent méprisent, lorsqu'en leur retraite ils peuvent eux-mêmes s'en faire un de gloire.

On a vu peu de grands hommes décheoir du haut degré de la fortune sans tirer après soi beaucoup de gens; mais la chute de ce colosse n'ayant été suivie d'aucune autre, je ne puis que je ne remarque la différence qu'il y a entre ceux qui possèdent les cœurs des hommes par un procédé obligeant et leur mérite, et ceux qui les contraignent par leur autorité.

Les premiers s'attachent tellement leurs amis, qu'ils les suivent en leur bonne et mauvaise fortune, ce qui n'arrive pas aux autres.

Pendant que ces choses se passent à la Cour, le duc de Savoie, qui à la mort du feu Roi étoit armé pour son service contre les Espagnols, s'étant accommodé avec eux, fait passer ses troupes de Piémont en

Savoie, avec dessein de se servir du temps pour assiéger Genève.

Il est à noter à ce propos que cette place est de longtemps en la protection du feu Roi; Sancy étant ambassadeur en Suisse en 1579, traita le premier une alliance perpétuelle de cette ville avec le Roi.

Henri III, la recevant, et comprenant dans le traité qui est entre la couronne de France et les ligues, fit qu'aucuns cantons s'obligèrent à fournir un certain nombre d'hommes pour sa défense, au cas qu'elle fût attaquée par quelqu'un de ses voisins; elle fut ensuite comprise dans la paix de Vervins, sous le nom des alliés et confédérés des seigneurs des ligues.

D'où vient que le duc de Savoie, qui a toujours mugueté cette ville, qui est à sa bienséance, n'a jamais osé l'attaquer à force ouverte; mais seulement il a tâché de la surprendre auparavant qu'elle pût être secourue du Roi, qui témoigna toujours la vouloir défendre, et leur donna avis de la dernière entreprise que Le Terrail avoit faite sur elle, dont elle se donna si bien de garde, qu'elle l'attrapa au pays de Vaux et lui fit trancher la tête.

Au premier bruit des desseins du duc de Savoie, force huguenots de qualité s'y rendent, et d'autre part, la Reine envoie le sieur de Barraut audit duc pour le convier de désarmer, lui remontrant qu'il tenoit ses voisins en jalousie, et qu'elle ne pouvoit souffrir l'entreprise qu'on disoit qu'il vouloit faire contre les alliés de cette Couronne.

Barraut étant revenu avec réponse qui ne contentoit pas Sa Majesté, elle lui renvoya La Varenne, qui lui parla de sorte qu'il licencia ses troupes, voyant bien que ses desseins ne lui réussiroient pas pour lors.

Bellegarde, qui sur la nouvelle de ce siége avoit été envoyé en son gouvernement, voulant visiter toutes ses places, ne fut pas bien reçu à Bourg en Bresse, où il fut tiré des mousquetades à quelques uns des siens qui en approchèrent de trop près.

Le sieur d'Alincour, à qui cette place faisoit ombre pour être trop proche de Lyon, qui par ce moyen n'étant plus frontière étoit de moindre considération, prit cette occasion de faire conseiller à la Reine d'en ôter Boesse et la faire démanteler, sous ombre que Boesse étoit huguenot, et que les Suisses, Genève, Bourg et M. de Lesdiguières étoient trop proches tous d'un même parti. On pouvoit récompenser Boesse, y mettre un catholique affidé au Roi, et conserver la place; mais on fit trouver meilleur de donner à Boesse cent mille écus, qu'il voulut avoir avant que d'en sortir, puis la raser. On devoit par raison d'État la conserver; mais le mal de tous les États est que souvent l'intérêt des particuliers est préféré au public.

Le prince de Condé, qui dès le temps du feu Roi avoit eu le gouvernement de Guyenne, témoigna désirer en vouloir aller prendre possession; cela donna quelque soupçon à la Reine. Néanmoins, comme elle l'y vit résolu, elle donna si bon ordre à tout, que quand il eût eu intention de mal faire, il n'eût su l'effectuer.

Le duc d'Epernon profita de ce soupçon; car, étant sur le point de partir malcontent de la Cour, on lui donna charge de veiller aux actions de M. le prince, et on lui fit force caresses en partant.

Le temps de l'assemblée de Saumur étant arrivé,

chacun la considéroit comme un orage qui menaçoit la France ; mais la bonace fut bientôt assurée, et les mauvais desseins des esprits factieux, qui pour profiter de nos malheurs avoient entrepris en cette assemblée de prendre les armes, furent dissipés.

Pour mieux comprendre ce qui se passa en cette assemblée, il faut remarquer qu'aussitôt que le feu Roi fut mort, ceux de la religion prétendue réformée commencèrent à considérer les moyens qu'il y avoit de profiter du bas âge du Roi, et de l'étonnement auquel étoit tout l'Etat de la perte d'un si grand prince. Pour parvenir à leurs desseins, ils poursuivirent une assemblée générale, et en firent d'autant plus d'instance, que le temps auquel il leur étoit permis par l'édit de 1597 de la demander pour nommer leurs députés généraux, échéoit cette année.

La Reine-mère, qui avoit été déclarée régente, et le conseil qui étoit auprès d'elle, jugèrent bien qu'ils ne manqueroient point de faire des cahiers, par la difficulté ou impossibilité desquels ils réduiroient les choses aux extrémités ; tellement qu'à la fin de gagner temps, on ne leur bailla point de brevet pour s'assembler cette année-là, mais seulement pour la suivante, que l'on comptoit 1611, et ce en la ville de Saumur.

Or il est à remarquer que le malheur de la mort du Roi trouva M. de Sully dans l'emploi, et M. de Bouillon éloigné de la Cour. Ainsi celui-là favorisoit les intentions de Sa Majesté, celui-ci se vouloit autoriser le parti des huguenots, ce qui fit qu'en l'intervalle du brevet et de la tenue de l'assemblée, ledit sieur de Bouillon envoya dans les provinces gens exprès, vers les ministres avec des mémoires, pour charger les cahiers des assemblées provinciales qui dévoient précéder la générale. Ces mémoires ne contenoient que plaintes et requêtes de choses irréparables et impossibles, afin que, par ces difficultés et sous le prétexte de ne pouvoir obtenir leurs demandes, l'assemblée générale demeurât toujours sur pied, et que cela ne pouvant être supporté par raison, les choses allassent à ce point, ou que l'on commençât la guerre pour les faire cesser, ou qu'on les tolérât par impuissance, et par ce moyen mettre Etat contre Etat.

Les ministres, susceptibles de toutes les choses qui choquoient l'autorité royale, font des colloques chacun en leur détroit, communiquent lesdits mémoires, et se préparent de les faire passer aux assemblées provinciales.

Pendant qu'on travaille de cette façon dans leurs églises particulières, les faces changent à la Cour, la Reine commandant à M. de Sully de se retirer, et à M. de Bouillon de s'approcher de leurs Majestés.

En ce changement, le duc de Rohan s'intéressa dans la disgrâce du duc de Sully son beau-père; et, ayant concerté avec lui de ce qu'ils avoient à faire, ils trouvèrent, par l'avis de leurs amis, qu'il n'y avoit point de meilleur remède pour eux que d'appuyer et faire valoir les avis que M. de Bouillon avoit envoyés. Ce dernier au contraire eût bien désiré de les ravoir, ou en tout cas de faire connoître que les affaires n'étoient plus aux termes où elles étoient auparavant, et qu'il avoit trouvé la Cour bien disposée à l'avantage de leur église, ce qu'il fit entendre le mieux qu'il put aux ministres. Mais il ne fut pas aisé aux autres de persuader à tous les prétendus réformés, de quelque qualité qu'ils se trouvassent, que son intérêt le faisoit parler ainsi; que c'étoit un membre gâté, et qu'il y avoit plus d'apparence de le retrancher que de le laisser croître. Il promet néanmoins à la Cour qu'il a assez de puissance pour se faire élire président à l'assemblée, et qu'il y aura assez d'amis pour empêcher qu'elle ne grossisse le cahier de ses demandes d'articles qui puissent fâcher.

Surtout il assure que du Plessis-Mornay, gouverneur de Saumur, le considérera comme son ami, et comme celui duquel il disoit avoir la parole.

Enfin les mois de mars et d'avril arrivèrent, destinés à tenir les assemblées provinciales, qui devoient précéder la générale, et auxquelles on devoit nommer les députés qui s'y devoient trouver.

C'est là où tout le pouvoir du duc de Bouillon, qui vouloit défaire ce qu'il avoit fait, fut vain; le parti contraire ayant tellement prévalu, qu'il fit résoudre tous les articles et demandes qu'il voulut, et députer ceux qu'il estimoit les plus séditieux et les plus éloignés du repos et de leur devoir.

Les provinces avoient grande raison de ne croire pas le duc de Bouillon, lors plus intéressé dans la Cour qu'à leur cause; mais ils ne devoient pas suivre les autres qu'ils connoissoient préoccupés de passion pour avoir été maltraités de la Cour.

Tous se trouvèrent à Saumur au mois de mai, où le duc de Bouillon fut bien étonné lorsqu'il apprit de ses amis que du Plessis avoit changé de note; qu'il avoit été ménagé par les ducs de Sully et de Rohan, arrivés quelques jours auparavant, et qu'au lieu de le porter à la présidence, on savoit avec certitude qu'il étoit résolu de la briguer pour soi : ce qui parut le lendemain, en ce que de cent soixante suffrages qu'il y avoit, il n'y en eut pas dix pour lui. On lui donne pour adjoint le ministre Chamier, et pour scribe Desbordes, mercier, deux des plus séditieux qui fussent en France; comme ils témoignèrent pendant tout le cours de l'assemblée, où celui-là ne fit que prêcher feu et sang, et celui-ci porter les esprits autant qu'il lui fut possible à des résolutions extrêmes.

Le duc de Bouillon ne fut pas seulement tondu en ce commencement, mais en toute la suite de l'assemblée, en laquelle il ne put jamais s'assurer plus de vingt-deux voix de la noblesse et d'un ministre.

Encore peut-on dire avec vérité, qu'ils n'étoient pas attachés à sa personne, mais à la raison et au bien de l'Etat, qu'il tâchoit de procurer par son intérêt; le nombre des bons étant du tout inférieur à celui des malintentionnés, il fut impossible d'empêcher que les cahiers fussent composés de façon que, quand le conseil même eût été huguenot, il n'eût su leur donner contentement.

Boissise et Bullion, députés du Roi en cette assemblée, n'oublièrent rien de ce qu'ils purent, dès son commencement jusqu'à sa fin, pour les porter à la raison; mais leur peine fut inutile.

Leurs demandes portées à la Cour, par deux députés, y furent répondues non avec autant d'autorité que la raison le requéroit, mais selon que le temps le pouvoit permettre. Bullion les reporte; il harangue cette compagnie le 5 de juin, pour l'exhorter à demeurer dans les bornes de leur devoir; il leur représente que le temps de la minorité du Roi requéroit plus d'humilité et d'obéissance qu'aucun autre.

Il les assure que, par ce moyen, ils auroient juste satisfaction sur leurs cahiers; ensuite de quoi il leur déclara que l'assemblée n'étoit permise par le Roi qu'aux fins de nommer les députés, et représenter leurs plaintes, ainsi qu'ils avoient accoutumé, et que l'édit de pacification le requéroit. Il avoit charge de Sa Majesté de leur commander de sa part de procéder à la nomination de leurs députés, se séparer ensuite, après toutefois qu'il leur auroit donné les réponses qu'il avoit apportées de la Cour.

Ce discours surprit ces mutins, qui n'estimoient pas qu'en un temps si foible on dût prendre une résolution si hardie et si contraire à leurs desseins; ils résistèrent aux volontés du Roi, le parti des factieux étant beaucoup plus fort que celui des pacifiques.

Comme les uns disoient que la pratique ordinaire et la raison les obligeoient à obéir, les autres soutenoient ouvertement qu'il ne falloit pas perdre un temps propre à avantager leurs églises, à quoi le sieur du Plessis, président, ajouta que lorsque le prince étoit mineur, il falloit qu'ils se rendissent majeurs.

Après beaucoup de contestations, l'assemblée rendit réponse au sieur de Bullion qu'ils ne pouvoient ni nommer leurs députés, ni se séparer, sans, premièrement, avoir la satisfaction qu'il leur faisoit attendre.

Le duc de Bouillon, après plusieurs assemblées qui se faisoient de part et d'autre, estima que le seul remède qui se pouvoit trouver en un tel désordre, étoit qu'il plût au Roi envoyer pouvoir à ceux de son parti, dont les principaux étoient Châtillon, Parabère,

Brissac, Villemade, Guitry, Destrehères, jusqu'au nombre de vingt-trois, de recevoir les cahiers répondus par Sa Majesté, et nommer leurs députés, en cas que les autres ne le voulussent faire.

Cette dépêche étant venue de la Cour, ceux du parti contraire furent tellement transportés de colère et de rage contre ce nombre de gentilshommes, qu'à la séance où il faut dire absolument oui ou non, le gouverneur, qui étoit président, fit cacher des mousquetaires au-dessus de sa chambre où l'on étoit, pour faire main basse, si le petit nombre ne s'accordoit au plus grand. Mais celui-là, composé de personnes de qualité, se résolut à se bien défendre, et ceux qui en étoient, étant non-seulement entrés avec hardiesse en l'assemblée, mais ayant fait mettre tous leurs amis dans la basse-cour pour courir à eux au premier bruit qu'ils entendroient, firent que les autres se ratiédirent en leur chaleur, et finalement consentirent le 3 de septembre à la nomination des députés, et ensuite à la séparation de l'assemblée, avec tel mal de cœur toutefois, qu'ils résolurent ensemble que chaque député de ceux qui étoient à leur dévotion, s'en iroit en sa province, et y feroit trouver mauvais, autant qu'il lui seroit possible, le procédé du parti contraire et celui de la Cour, afin qu'on renouât une assemblée, ou qu'on cherchât, par le moyen des cercles qu'ils avoient introduits, quelque nouveau moyen pour troubler le repos de l'Etat, et tâcher de pêcher en eau trouble.

Pendant que ces infidèles sujets du Roi essayoient de saper par leurs menées les fondemens de l'autorité royale, ces mêmes non moins infidèles serviteurs de Dieu, firent un nouvel effort pour tâcher de faire le semblable de la monarchie de l'église, mettant au jour un détestable livre sous le nom du Plessis Mornay, qui avoit pour titre : le *Mystère de l'iniquité, ou l'Histoire de la Papauté*, par lequel ils s'efforçoient de faire croire aux simples que le Pape s'attribuoit plus de puissance en la terre que Dieu ne lui en avoit donné.

Pour étouffer ce monstre en sa naissance, la Sorbonne le condamna aussitôt qu'il vit le jour, et supplia tous les prélats d'avertir les âmes que Dieu leur a commises de rejeter ce livre, pour n'être infectées du poison dont il étoit rempli.

En même temps Mayerne fit imprimer un livre séditieux, intitulé *de la Monarchie aristocratique*, par lequel il mettoit en avant, entre autres choses, que les femmes ne devoient être admises au gouvernement de l'Etat. La Reine le fit supprimer, et en confisquer tous les exemplaires; mais elle jugea à propos, pour n'offenser pas les huguenots, de pardonner à l'auteur.

L'assemblée dont nous venons de parler, fut la source de beaucoup de troubles, que nous verrons ci-après.

Villeroy, qui avoit été toujours nourri dans les guerres civiles, et qui avoit une particulière expérience de celles qui étoient arrivées sous le règne du roi Charles IX et de la reine Catherine de Médicis, soutenoit qu'y ayant deux partis dans le royaume, l'un de catholiques, l'autre de huguenots, il falloit s'attacher à l'un ou à l'autre. Au contraire, ceux qui avoient été nourris dans les conseils du feu Roi, estimoient cette proposition dangereuse, et conseilloient à la Reine de ne se lier à aucune faction, mais d'être la maîtresse des uns et des autres au nom du Roi, et, par ce moyen, Reine et non partiale.

La foiblesse avec laquelle on souffrit que les huguenots commençassent leurs brigues et leurs factions, leur donna lieu de croire que la suite en seroit impunie. L'audace dont usa Chamier, en demandant la permission de s'assembler peu après la mort du feu Roi, n'ayant point été châtiée, ils estimèrent pouvoir tout entreprendre. Ce ministre impudent osa dire hautement, parlant au chancelier, que si on ne leur accordoit la permission qu'ils demandoient, ils sauroient bien la prendre; ce que le chancelier souffrit avec autant de bassesse, que ce mauvais Français le dit avec une impudence insupportable.

Il falloit arrêter et prendre la personne de cet insolent; l'on eût pu ensuite l'élargir pour témoigner la bonté du Roi, après avoir fait paroître son autorité et sa puissance.

On eût pu aussi permettre l'assemblée, comme on fit, puisque raisonnablement on ne pouvoit la refuser au temps qu'elle devoit être tenue par les édits; mais, tirant profit de la faute de cet impudent, il falloit l'en exclure, vu qu'il étoit impossible de ne prévoir pas que, s'il avoit été assez hardi pour parler comme il avoit fait dans la Cour, il oseroit tout faire dans l'assemblée, où, en effet, il ne fut pas seulement greffier, mais un des principaux instrumens des mouvemens déréglés qui l'agitèrent. Qui soutient la magistrature avec foiblesse, donné lieu au mépris qui engendre enfin la désobéissance et la rebellion ouverte.

En un mot, la plus grande part des esprits de cette assemblée conspirèrent tous à se servir du temps; mais, ne s'accordant pas des moyens propres pour venir à leurs fins, la division qui se trouva entre ceux qui étoient seulement unis au dessein de mal faire en général, donna lieu à Bullion, commissaire du Roi, de profiter des envies et jalousies qui étoient entre eux, pour porter les plus mauvais aux intérêts publics par les leurs particuliers, dont il les rendit capables. Et ainsi de plusieurs demandes que faisoit l'assemblée, préjudiciables à l'Eglise et à l'Etat, ils n'en obtinrent aucune de considération, outre ce dont ils jouissoient du temps du feu Roi.

On fut fort content du duc de Bouillon, auquel, à son retour, on donna l'hôtel qui depuis a porté son nom, au faubourg Saint-Germain; mais il ne le fut pas de la Cour, bien qu'il ne la servit pas, en cette occasion, sans en recevoir grande utilité; il en espéroit davantage.

Il croyoit si bien qu'on le mettroit dans le ministère de l'Etat, que, se voyant frustré à son retour de cette attente, il dit à Bullion qu'on l'avoit trompé, mais qu'il brûleroit ses livres, ou qu'il en auroit revanche; et dès-lors il se résolut d'empiéter sur l'esprit du prince de Condé, pour lui faire faire ce que nous verrons par après.

Le duc de Bouillon avoit tort, à mon avis, de dire que l'on l'avoit trompé; car je tiens les ministres qui gouvernoient lors, trop sages pour lui avoir promis de le faire appeler au ministère de l'Etat, étant de l'humeur qu'il étoit et de la croyance qu'il professoit. Il devoit plutôt dire qu'il s'étoit trompé, se flattant lui-même par vaines espérances de ce qu'il désiroit.

En effet, promettre et tenir à ceux qui ne se conduisent que par leurs intérêts, ce qu'ils peuvent justement attendre de leurs services, et leur laisser espérer d'eux-mêmes ce qu'ils souhaitent, sans qu'ils puissent croire qu'on leur ait rien promis, n'est pas un mauvais art de Cour dont on puisse blâmer ceux qui le pratiquent.

Mais jamais il ne faut promettre ce qu'on ne veut pas tenir; et si quelqu'un gagne quelquefois en ce faisant, il se peut assurer que son mauvais procédé étant reconnu, il perdra bien davantage.

Il arriva, le dimanche de la Trinité, une grande dissension en la faculté de théologie; sur ce qu'un dominicain espagnol soutint, en des thèses qu'il mit en avant au chapitre général que son ordre tenoit lors à Paris, que le concile n'est en aucun cas au-dessus du Pape.

Richer[1], syndic de la Faculté, s'adresse à Coeffeteau, prieur des Jacobins, et le reprend d'avoir souffert que cette proposition fût insérée dans la thèse. L'autre s'excuse sur ce qu'au temps du chapitre général, il n'a plus d'autorité; qu'au reste, il n'en a pas plus tôt été averti, qu'il en a donné avis à messieurs les gens du Roi, qui ont estimé que le meilleur remède qu'on pouvoit apporter à cette entreprise imprévue, étoit d'empêcher qu'on agitât cette proposition en l'acte qui se devoit faire.

Le syndic, au contraire, craignant que le silence

---

[1] Edmond Richer: c'est lui qui le premier a fait des recherches très-curieuses sur Jeanne d'Arc. Ses manuscrits sont à la bibliothèque du Roi.

de la Faculté pût être un jour imputé à consentement, commande à Bertin, bachelier, de l'impugner. Celui-ci, pour satisfaire à l'ordre qu'il avoit reçu, proposa que tout ce qui est contre la détermination d'un concile œcuménique, légitime et approuvé, est hérétique ; que ladite proposition est contre la détermination du concile de Constance, qui est œcuménique, légitime et approuvé ; et par conséquent hérétique.

A ce mot d'hérétique, le nonce qui y étoit présent, s'émut ; le président, qui étoit espagnol, dit qu'il n'avoit mis cette assertion aux thèses de son répondant que comme problématique ; le cardinal du Perron dit que la question se pouvoit débattre de part et d'autre : et ainsi la dispute se termina.

Deux jours après, un autre dominicain proposa d'autres thèses, dans lesquelles il disoit qu'il appartient au Pape seul de définir les vérités de la foi, et qu'en telles définitions il ne peut errer. Cette proposition étant une preuve de la précédente, on estima qu'il en falloit arrêter le cours ; pour cet effet on ferma les écoles pour quelques jours, et ces thèses ne furent point disputées.

Au même temps il s'éleva un tumulte à Troyes, qui ne fut pas petit, contre les Jésuites, qui, prenant l'occasion d'un maire qui leur étoit affectionné, crurent devoir, au temps de sa mairie, faire ce qu'ils pourroient pour s'y établir. Ils sondèrent le gué, et en firent faire la proposition au commencement de juillet.

Il y en avoit dans la ville qui les désiroient, le plus grand nombre n'en vouloit point ; il y eut entre eux de grandes contestations en une assemblée qu'ils firent sur ce sujet, à l'issue de laquelle ceux qui tenoient leur parti dépêchèrent à la Cour, pour faire entendre à la Reine que les habitans les demandoient; les autres envoyèrent un désaveu, remontrant que, dès l'an 1604, ces bons pères avoient demandé permission au feu Roi de s'installer en leur ville, sous prétexte qu'elle les demandoit; ce qui ne se trouva pas; qu'ensuite la compagnie avoit obtenu des lettres par lesquelles Sa Majesté faisoit connoître au corps de la ville qu'ils lui feroient plaisir de les recevoir.

Cette grâce leur ayant été refusée, ils obtinrent des lettres-patentes avec ordre au premier maître des requêtes, bailli de Troyes, ou son lieutenant, de les mettre en exécution. Par ce moyen, voulant emporter d'autorité ce qu'on avoit premièrement présupposé être désiré des habitans, ils furent de nouveau déboutés de leurs prétentions; ce dont les habitans se prévaloient, disant que les mêmes raisons qui empêchèrent leur établissement du temps du feu Roi, étoient encore en leur vigueur; que leur ville ne subsiste que par leurs manufactures et la marchandise; que deux ou trois métiers lui valent mieux que dix mille écoliers; qu'ils n'ont point, grâce à Dieu, de huguenots en la conversion desquels les Jésuites aient lieu de s'employer, et qu'ayant jusqu'alors vécu en paix, ils craignoient qu'on jetât des semences de division, à quoi le naturel du pays, et particulièrement ceux de la ville, sont assez sujets.

Ces raisons ayant été pesées au conseil, la Reine n'estima pas devoir contraindre cette ville à souffrir cet établissement contre leur gré; elle leur manda qu'elle n'avoit eu volonté de les y mettre que sur la prière qui lui en avoit été faite en leur nom, et n'y vouloit penser qu'en tant qu'ils le désiroient.

Si elle s'occupe à remédier aux désordres de cette ville particulière, elle n'étend pas moins sa pensée au soulagement de tout le peuple en général ; elle le décharge par une déclaration du mois de juillet du reste des arrérages des tailles, qui n'avoient point été payées depuis l'an 1597 jusqu'en 1603.

D'autre part, le jeu excessif où elle apprend que les sujets du Roi se laissent aller, à la ruine des meilleures familles du royaume, lui donne lieu de défendre, par arrêt, les académies publiques.

Et sachant que l'édit des duels qui avoit été publié du temps du feu Roi, étoit éludé sous le nom de rencontres, ceux qui avoient des querelles se donnant des rendez-vous si couverts qu'il étoit impossible de justifier qu'ils contrevinssent à la défense des appels, elle fit faire une déclaration qui portoit que, s'il avenoit que ceux qui auroient le moindre différend ensemble pour eux ou pour leurs amis, par après vinssent aux mains en quelque rencontre, ils encourroient les peines ordonnées par l'édit des duels contre les appelans, lesdites rencontres étant représentées comme faites de guet à pens. Cette déclaration fut vérifiée au parlement le 11 de juillet.

Elle eut aussi un très-grand soin de faire éclaircir par le parlement l'affaire de la demoiselle Descoumeran, qui accusoit le duc d'Epernon d'avoir trempé à l'exécrable parricide commis en la personne de Henri-le-Grand. Le parlement ayant examiné soigneusement cette accusation, en avéra la fausseté si clairement, que, pour arrêter le cours de semblables calomnies, il condamna cette misérable à finir sa vie entre quatre murailles. Cet arrêt est du 30 de juillet.

Cette auguste compagnie l'eût fait mourir par le feu, à la vue de tout le monde, si la fausse accusation eût été d'un autre genre; mais où il s'agit de la vie des rois, la crainte qu'on a de fermer la porte aux avis qu'on peut donner sur ce sujet, fait qu'on se dispense de la rigueur des lois.

En ce même temps la Reine estima à propos, par l'avis des ministres, de changer le sieur des Yveteaux de l'instruction du Roi, sur la réputation qu'il avoit d'être libre en ses mœurs et indifférent en sa croyance: elle mit en sa place Le Févre, homme d'insigne réputation pour sa doctrine et pour sa piété, qui avoit été choisi par le feu Roi pour instruire le prince de Condé. Mais, tandis que toutes ces choses se font, et que la Reine à l'œil ouvert à mettre un si bon ordre en cet Etat, Conchine, correspondant peu à cette bonne intention et à ce soin de la Reine, se laisse emporter à la vanité de sa présomption, et prend des visées peu convenables à sa naissance et à sa condition étrangère, et par son ambition commence à épandre beaucoup de semences de divisions, que nous verrons bientôt éclore.

Dès le premier mois de la régence de la Reine, il acheta le marquisat d'Ancre; tôt après elle le récompensa des gouvernemens de Péronne, Roye, Montdidier, la lieutenance de Roi qu'avoit Créquy en Picardie.

Tregny, gouverneur de la ville et citadelle d'Amiens, étant mort durant l'assemblée de Saumur, il eut tant de crédit qu'il emporta ce gouvernement, nonobstant les traverses que lui donnèrent les ministres, qui favorisoient d'autant plus hardiment La Curée en la même prétention, qu'ils croyoient lors le pouvoir de ce favori dépendre plus de sa femme que de lui-même, et qu'ils savoient ensuite qu'elle le connoissoit si présomptueux, qu'appréhendant d'en être méprisée, si toutes choses lui réussissoient à souhait, elle étoit bien aise quelquefois de traverser ses desseins, pour qu'il eût besoin d'elle et ne se méconnût pas en son endroit.

Sur ce fondement ils s'opposèrent vertement au dessein du marquis; mais leurs instances furent inutiles, parce que sa femme, désireuse d'honneurs, considérant qu'elle n'en pouvoit avoir sans le nom de son mari, n'oublia rien de ce qu'elle put auprès de la Reine pour obtenir ce gouvernement.

Cette opposition que les ministres firent en cette occasion contre le marquis d'Ancre, commença à le dégoûter d'eux, et lui fit résoudre d'en prendre revanche, lorsqu'il en auroit l'occasion. Il en falloit moins de sujet à un Italien pour le porter à leur ruine.

Son outrecuidance lui donna bientôt un plus vif et sensible sujet de leur vouloir mal; car, ayant bien osé concevoir en son esprit l'espérance du mariage d'une des filles du comte de Soissons avec son fils, ce qu'il faisoit traiter par le marquis de Cœuvres, l'opposition ouverte que les ministres firent à ce dessein, qui leur fut découvert par le marquis de Rambouillet, les mit aux couteaux tirés.

Une hardiesse de favori qu'il commit à Amiens, leur donna beau jeu de venir à leurs fins. Il ne fut pas plus tôt en cette place, qu'il traita avec les sieurs de Prouille et de Fleury, lieutenant et enseigne de la citadelle, et établit ses créatures en leur place, sans en avertir la Reine.

Peu de jours après, ayant besoin de quelque argent pour sa garnison, il emprunta du receveur-général douze mille sur sa promesse.

Ces deux actions furent représentées à la Reine comme des entreprises de mauvais exemple : ils exagérèrent la seconde comme une violence commise en la personne d'un officier du Roi, et lui remontrèrent ensuite qu'il en feroit bien d'autres, si le mariage de son fils avec la fille du comte se parachevoit.

Le marquis d'Ancre, trouvant à son retour l'esprit de la Reine altéré, s'excusa le mieux qu'il put envers le comte, qui, jugeant bien que les ministres étoient cause de ce changement, craignit, non sans raison, que, pensant l'avoir offensé, ils n'en demeurassent pas là, mais recherchassent tous moyens de le mettre dans les mauvaises grâces de la Reine.

La première preuve qu'il en ressentit fut le refus de l'acquisition du domaine d'Alençon, lequel il avoit retiré du duc de Wirtemberg, sur l'espérance qu'on lui avoit donnée qu'on ne l'auroit pas désagréable; pour l'exclure avec prétexte de cette prétention, la Reine le fit pour elle-même.

Il s'en sentit tellement piqué, qu'il se résolut de s'unir avec M. le prince, et s'acquérir le plus d'amis qu'il pourroit; les ministres en ayant eu le vent, firent dépêcher, à son insu, un courrier à M. d'Epernon, et un autre à M. le prince, pour les faire revenir.

Messieurs de Guise, marris de l'union qu'ils voyoient

entre le comte et M. d'Ancre, étant en ce point de même sentiment que les ministres, bien que par intérêts divers, se résolurent de contribuer ce qu'ils pourroient pour la rompre.

Considérant le marquis de Cœuvres comme le lien de cette alliance, qui leur étoit aussi odieuse pour la haine qu'ils portoient au comte de Soissons, qu'elle étoit désagréable aux ministres, pour la crainte qu'ils avoient pour l'avancement du marquis, ils crurent qu'un des meilleurs moyens de la rompre, étoit de se défaire de celui qui en étoit le ciment.

Pour colorer et couvrir la mauvaise action qu'ils se résolurent de faire pour venir à leurs fins, de quelque prétexte qui la déguisât aux yeux des plus grossiers, le chevalier de Guise, rencontrant de guet à pens le marquis de Cœuvres, au sortir du Louvre, comme si c'eût été par hasard, fit arrêter son carosse, et le convia de mettre pied à terre, pour qu'il lui pût dire deux mots. Le marquis de Cœuvres, qui étoit sans épée ni soupçon, tant parce qu'il n'avoit rien à démêler avec ce prince, que parce qu'il l'avoit entretenu le soir auparavant fort long-temps dans le cabinet de la Reine, et que le duc de Guise avoit soupé le jour précédent chez lui, mit tout aussitôt pied à terre; mais il fut bien étonné, lorsque saluant le chevalier de Guise, il lui dit qu'il avoit mal parlé de lui chez une dame, et qu'il étoit là pour le faire mourir. Il le fut encore davantage voyant qu'il mettoit l'épée à la main pour effectuer ses paroles, mais non pas tant que, bien qu'il eût mauvaise vue, il ne vît la porte d'un notaire, nommé Briquet, ouverte, et ne s'y jetât avec telle diligence, que le chevalier, qui étoit accompagné de Montplaisir et de cinq ou six laquais avec épée, ne le pût attraper.

Ce dessein, qui fut blâmé de tout le monde, n'ayant pas réussi, les amis des uns et autres moyennèrent un accommodement entre le chevalier et le marquis; mais comme le sujet de la querelle qui fut mis en avant, étoit simulé, l'accord qui fut fait fut semblable.

En ces entrefaites, M. le prince arrivant à la Cour, le comte de Soissons, qui étoit sur le point de s'en aller tenir les Etats en Normandie, n'ayant pu se raccommoder avec la Reine, à cause des ministres qui l'empêchoient, désira, devant que de partir, s'aboucher avec M. le prince.

Beaumont, fils du premier président de Harlay, qui prenoit soin des intérêts de M. le prince, ménagea cette entrevue en sa maison près de Fontainebleau. Le marquis d'Ancre fut convié d'y être; les ministres s'y opposèrent, mais il en obtint permission de la Reine, lui persuadant qu'il prendroit bien garde qu'il ne se passât rien entre ces princes au préjudice de son autorité.

Cette entrevue produisit l'effet qu'avoit désiré M. le comte, qui entra en une si étroite union avec M. le prince, qu'ils se promirent réciproquement de ne recevoir aucun contentement de la Cour l'un sans l'autre; et si l'un des deux étoit forcé par quelque mauvais événement à s'en retirer, l'autre en partiroit au même temps, et n'y retourneroient qu'ensemble. Ils voyoient bien que les ministres n'avoient autre but que de les séparer, pour se servir de l'un contre l'autre à la ruine de tous deux.

Cette association fut si bien liée, que jamais, pour quelque promesse qu'on leur pût faire, ils ne se laissèrent décevoir, mais se gardèrent la foi qu'ils s'étoient jurée, et ce jusques à la mort de M. le comte, qui arriva un an après.

Le crédit des ministres fut d'autant plus affermi auprès de la Reine par cette union, que Sa Majesté n'en recevoit pas peu d'ombrage. Pour se fortifier contre les princes, ils envoyèrent querir, de la part de la Reine, le maréchal de Lesdiguières, qui vint aussitôt sous espérance qu'on feroit vérifier ses lettres de duché et pairie, que le Roi lui avoit accordées il y avoit quelque temps.

Mais cette affaire n'ayant pas réussi à son contentement, il se résolut de s'en venger, et prêta pour cet effet l'oreille à beaucoup de cabales et de desseins qui se formèrent avant son partement, et pour éclater les années suivantes. La mort du duc du Maine, qui par son autorité retenoit les princes en quelque devoir, étant arrivée en ce temps, les esprits des grands s'altérèrent d'autant plus aisément, qu'il n'y avoit plus personne dans la Cour capable de les retenir. J'interromprai un peu le fil de mon discours, pour dire que depuis que ce prince se fût remis en l'obéissance du feu Roi, il le servit toujours fidèlement. Il rendit preuve au siége d'Amiens de son affection et de sa capacité, lorsque le Roi voulant par son courage donner bataille aux Espagnols, il le lui déconseilla sagement, disant que, puisqu'il n'étoit question que de la prise d'Amiens qu'ils lui abandonnoient en s'en retournant, il méritoit d'être blâmé, si, par le hasard d'un combat, il mettoit en compromis sa victoire, qui autrement lui étoit entièrement assurée.

Il voyoit peu le Roi, tant à cause des choses qui s'étoient passées, que de son âge et de la pesanteur de son corps, étant fort gros; cependant Sa Majesté l'avoit en telle estime, qu'étant malade à Fontainebleau, d'une carnosité qui le pensa faire mourir en 1608, elle le nomma à la Reine pour être un des principaux de ceux par le conseil desquels elle se devoit gouverner.

Il ne trompa point le Roi au jugement qu'il fit de lui; car, en voyant après sa mort, les princes et les grands qui demandoient augmentation de pensions, il leur dit franchement en plein conseil qu'il leur étoit fort mal séant de vouloir rançonner la minorité du Roi, et qu'ils devoient s'estimer assez récompensés de faire leur devoir en un temps où il sembloit qu'on ne pût les y contraindre. Etant à l'extrémité, il donna la bénédiction à son fils, à deux conditions: la première, qu'il demeureroit toujours en la religion catholique; la seconde, qu'il ne se sépareroit jamais de l'obéissance du Roi. Il mourut au commencement d'octobre.

Sa femme le voyant malade se mit au lit aussi, et mourut sitôt après lui, qu'ils n'eurent tous deux qu'une cérémonie funèbre.

M. d'Orléans mourut le mois suivant; la Reine en eut grande affliction; mais si ses larmes la firent reconnoître mère, sa résolution fit voir qu'elle n'avoit pas moins de puissance sur elle, que sa dignité lui en donnoit sur les peuples qu'elle gouvernoit.

J'ai ouï dire au sieur de Béthune qu'en un autre temps elle fut si peu touchée d'une extrême maladie qu'eut ce prince, que le feu Roi qui vivoit lors, le trouva fort étrange, et l'accusa de peu de sentiment vers ses enfans. Mais qui distinguera les temps, connoîtra la cause de cette différence, qui consista, à mon avis, en ce qu'elle avoit lors plus d'intérêt à la conservation de son fils que durant la vie du feu Roi, pendant laquelle elle en pouvoit avoir d'autres.

La mort de ce prince causa plusieurs mécontentemens dans la Cour, en ce que les principaux officiers prétendoient tous entrer dans la maison de M. le duc d'Anjou, qui par cette mort demeura frère unique du Roi, et quelques uns en furent exclus. Béthune, destiné gouverneur du feu duc, n'eut pas la même charge auprès de l'autre; la défaveur de son frère l'en devoit exclure par raison, et la considération de Villeroy, dont Breves étoit allié, le maintint en l'élection que le feu Roi avoit faite de sa personne pour l'éducation du duc d'Anjou.

Le marquis de Cœuvres fut aussi exclu de la charge de maître de la garde-robe, dont il étoit pourvu du vivant du défunt. Les ministres, craignant son humeur, et se ressouvenant qu'il avoit été entremetteur de l'alliance projetée entre M. le comte et le marquis d'Ancre, firent connoître à la Reine qu'un tel esprit seroit très-dangereux auprès d'un héritier présomptif de la Couronne.

Le marquis d'Ancre ne l'ayant pas assisté en cette occasion comme il le désiroit, il en eut un tel ressentiment, qu'il le quitta et se joignit tout-à-fait au comte de Soissons.

Tandis que la Reine applique son esprit à défendre l'autorité royale de beaucoup de menées qui se firent lors à la Cour, elle ne perd pas le soin de la conservation des alliés du Roi.

Un grand tumulte s'étant élevé à Aix-la-Chapelle, premièrement des catholiques contre les protestans, puis des uns et des autres contre le magistrat, tout l'orage tomboit sur les Jésuites, qui étoient perdus sans la protection du nom de Sa Majesté.

La source de ce tumulte fut que l'Empereur, en l'an 1598, avoit mis cette ville au ban de l'Empire, parce que les protestans en avoient chassé le magistrat catholique, lequel étant rétabli en son autorité par l'archevêque de Cologne, pour revanche de l'injure qu'il avoit reçue, empêcha qu'aucun autre exercice fût fait dans la ville et dans son territoire que celui de la religion catholique.

Les protestans, qui supportoient impatiemment cette interdiction, ne virent pas plus tôt, en 1610, la ville de Juliers prise et mise en la puissance des princes de Brandebourg et de Neubourg, qu'ils allèrent publiquement au prêche sur les frontières de Juliers.

Le magistrat s'y opposa, et fit défenses de continuer cette pratique commencée sur peine de prison et d'amende, ou de bannissement, à faute de paiement d'icelle. Cette ordonnance fut exécutée avec tant de rigueur, que les catholiques et les huguenots se bandèrent contre le magistrat, les uns par pitié et les autres par intérêt; tous coururent aux armes; ils se saisirent des portes, tendirent les chaînes, et se rendirent maîtres de la ville. Attribuant la cause de ce rude procédé aux Jésuites, ils s'animèrent contre eux à tel point, qu'ils pillèrent leur maison et leur église; et les conduisirent à l'Hôtel-de-Ville, où ils couroient danger d'être mis à mort, si l'on n'eût publié que le père Jacquinot, qui par bonheur se trouva lors entre eux, étoit domestique de la Reine.

Ce bruit ne fut pas plus tôt répandu que la sédition cessa, et que ces bons religieux furent délivrés de la main de ces mutins, qui n'étoient leurs ennemis que parce qu'ils étoient serviteurs de Dieu. Cet accident faisant craindre qu'en un autre temps il en pût arriver quelque autre semblable, qui fît le mal dont celui-ci n'avoit fait que la peur, la Reine fut conseillée d'envoyer des ambassadeurs pour calmer cet orage, en sorte qu'on n'eût pas à le craindre par après; La Vieuville et Villiers-Hotman furent choisis à cet effet.

Ils ne furent pas plus tôt arrivés, qu'étant assistés des ambassadeurs des princes de Juliers, ils composèrent tout le différend, en sorte que l'exercice de la religion catholique demeura seul dans l'ancienne ville de Charlemagne, celui des différentes religions permises dans l'Empire pouvant être fait hors l'enceinte d'icelles; le tout jusqu'à ce que l'Empereur et les électeurs en eussent autrement ordonné.

Les pères Jésuites furent rétablis, comme aussi les magistrats catholiques qui avoient été démis en ce tumulte. Il fut arrêté qu'à l'avenir les habitans ne pourroient plus recourir aux armes ni procéder par voie de fait. Toutes ces conditions furent reçues et jurées de tous, tant catholiques qu'autres, et la paix par voie amiable rétablie en ce lieu, dont elle avoit été bannie avec grande violence. Cet accord fut fait le 12 d'octobre.

En ce même temps les Jésuites n'eurent pas grand contentement, n'osant pas ouvertement reprendre la poursuite de la cause qu'ils avoient intentée l'année précédente, pour l'enregistrement des lettres-patentes portant permission d'enseigner publiquement en leur collége de Paris. Ils faisoient enseigner par des maîtres gagés, les pensionnaires qu'ils avoient permission de tenir en leur maison; l'Université s'y opposa, et n'oublia pas de renouveler contre eux les vieilles querelles, qu'ils étoient ennemis des rois; qu'en l'usurpation du royaume de Portugal faite par le roi Philippe II d'Espagne, tous les autres ordres étant demeurés fermes en la fidélité qu'ils devoient à leur Roi, ils en avoient été seuls déserteurs, et avoient pris le parti de Philippe, car plusieurs de leur société avoient écrit contre le Roi; qu'il y en avoit d'entre eux qui avoient justifié le procédé de Jacques Clément; que si on avoit pardonné à d'autres compagnies qui avoient failli, leur faute n'étoit pas universelle, comme les fautes des particuliers d'entre eux sont suivant les maximes de tout leur ordre; que si l'assassinat du cardinal de Borromée ayant été machiné par un des frères humiliés, tout l'ordre, pour l'expiation d'icelui, avoit été aboli, ceux-ci mériteroient bien le même châtiment en un crime non moins exécrable; enfin que si l'Université de Paris a besoin d'être réformée, elle ne le doit pas être à la ruine de tout l'Etat que cette société apporte, et par la désolation de l'Université même qui s'ensuivra par tant de colléges de Jésuites qui s'établissent par tout le royaume, et principalement à Paris.

Ils ne manquèrent pas de se défendre et de représenter qu'ils se soumettroient aux lois de l'Université, et en la doctrine concernant les lois, enseignée par la Faculté de théologie à Paris; que la justice ne permet pas que tout le corps de leur société pâtisse pour la faute d'un particulier dont ils détestent les maximes; que si les Espagnols d'entre eux ont servi le roi d'Espagne, leurs religieux français serviront le Roi avec la même fidélité.

L'affaire étant contestée de part et d'autre avec beaucoup de raisons, ne put être terminée; mais seulement on donna un arrêt le 22 de décembre, par lequel les parties furent appointées au Conseil, et cependant défenses aux Jésuites d'enseigner.

Nous avons, l'année passée, touché un mot des dissensions qui étoient entre l'Empereur et son frère Mathias; elles paroissoient assoupies, mais le temps a fait voir qu'elles ne l'étoient pas, soit que les querelles dont l'ambition de régner est le fondement ne s'accordent jamais, et principalement entre les frères, ou que, quand une des parties est notoirement lézée, l'accord ne dure que jusques à ce qu'elle ait moyen de s'en relever.

L'Empereur, ayant été en effet dépouillé de ses Etats par son frère, et ne demeurant plus que l'ombre de ce qu'il avoit été, essaie avec adresse de se remettre en autorité. Pour y parvenir, il fait sous divers prétextes venir Léopold à Prague, avec une armée, feignant que c'étoit contre sa volonté; mais Mathias et ses adhérens prévalurent, et ce dessein ne servit qu'à affermir ledit Mathias en son usurpation, et l'Empereur fut contraint, par l'accord qu'il fit avec lui, de le faire de son vivant couronner Roi de son royaume de Bohême, et dispenser ses sujets du serment de fidélité qu'ils lui dévoient.

Cette année est remarquable par la mort de Charles (1), roi de Suède, qui avoit usurpé ce royaume sur son neveu Sigismond, roi de Pologne, qui s'en allant prendre possession de ce royaume électif, le laissa régent du sien héréditaire, duquel il s'empara peu de temps après, faisant voir combien il est dangereux de donner en un État la première puissance à celui qui est le plus proche successeur de celui qui la lui donne.

Ce prince en son infidélité se comporta avec une merveilleuse prudence, pour bien conduire le royaume qu'il avoit usurpé.

Le fils qu'il laissa son successeur, appelé Gustave, ajouta à la sagesse de son père le courage et la vertu militaire d'un Alexandre. La suite de l'histoire donnera tant de preuves de son mérite, que j'estimerois mal terminer cette année, si je la finissois sans remarquer le temps auquel ce prince est venu à la Couronne.

La mort d'Antonio Perez, arrivée en novembre, me donne lieu de vous faire voir un exemple de la fragilité de la faveur et de la confiance des rois, de l'instabilité de la fortune, de la haine implacable d'Espagne, et de l'humanité de la France envers les étrangers. Il avoit gouverné le roi Philippe II son maître; prince estimé sage et constant en ses résolutions; il déchut néanmoins de son crédit, sans être coupable d'aucun crime selon la commune opinion.

Il se trouve souvent, dans les intrigues des cabi-

(1) Charles XI.

nets des rois, des écueils beaucoup plus dangereux que dans les affaires d'Etat les plus difficiles ; et en effet, il y a plus de péril à se mêler de celles où les femmes ont part et la passion des rois intervient, que des plus grands desseins que les princes puissent faire en autre nature d'affaire.

Antonio Perez l'expérimenta bien, les dames ayant été cause de tous ses malheurs. Son maître, qui ne conserva pas sa fermeté ordinaire en sa bienveillance, la conserva en sa haine, qu'il lui porta jusques à la mort. Il étoit comblé de biens et de grandeurs ; il les perdit en un instant en perdant les bonnes grâces de son maître, qui en priva même ses enfans, afin qu'ils ne le pussent assister.

Il se retire en France, au plus fort des guerres civiles, qui n'empêchèrent pas que le Roi le reçut humainement. Il lui accorda une pension de quatre mille écus, qui lui fut toujours bien payée, et lui donna moyen de vivre commodément.

L'Espagne ne pouvoit souffrir le bonheur dont ce personnage jouissoit en son affliction ; elle attenta de lui ôter la vie, et envoya expressément deux hommes à ce dessein, lesquels étant reconnus furent exécutés à mort dans Paris. Le Roi, pour garantir à l'avenir ce pauvre exilé de tels attentats, lui donna deux Suisses de la garde de son corps qui l'accompagnoient par la ville aux deux portières de son carrosse, et avoient soin que personne inconnue n'entrât chez lui.

Les Espagnols, ne pouvant plus attenter couvertement à sa personne, et ne l'osant faire ouvertement, se résolurent de le perdre par d'autres moyens. On lui fit promettre par un gentilhomme de l'ambassadeur d'Espagne résident en cette Cour, que le Roi son maître le rétabliroit en ses biens, pourvu qu'il voulût quitter la France et la pension qu'il recevoit du Roi. Le connétable de Castille lui confirmant la même chose au passage qu'il fit en France, l'espérance qui flatte un chacun en ce qu'il désire, l'aveugle de telle sorte, qu'il remet au Roi sa pension, se résolut de sortir de France, et pour cet effet prit congé de Sa Majesté, qui prévit bien et lui prédit qu'il se repentiroit de la résolution qu'il prenoit. Nonobstant les avertissemens du Roi, il passe en Angleterre, lieu destiné pour recevoir la grâce qu'on lui faisoit espérer; mais à peine fut-il arrivé à Douvres, qu'il reçut défenses de passer plus avant, l'ambassadeur d'Espagne ayant supplié le roi d'Angleterre de le faire sortir de ses Etats, et déclaré que s'il ne le faisoit, il s'en retireroit lui-même. Ce pauvre homme revint en France, où il n'osa quasi paroître devant le Roi, parce qu'il sembloit avoir méprisé sa grâce et ses avis; néanmoins ce prince, touché de compassion de sa misère, ne laissa pas de lui faire donner quelque chose pour subvenir à ses nécessités plus pressantes; mais il ne le traita plus comme auparavant, de sorte qu'il eut bien de la peine à subsister, s'entretenant en partie par la vente des meubles qu'il avoit achetés durant qu'il recevoit un meilleur traitement.

Il avoit été tenu en Espagne homme de tête et de grand jugement; il y avoit fait la charge de secrétaire d'Etat avec grande réputation. On n'en fit pas toutefois en France tant d'estime, à cause de la présomption ordinaire à cette nation, qui semble à toutes les autres tenir quelque chose de la folie quand elle va jusques à l'excès.

[1612] En cette année les orages s'assemblent, qui devoient éclater en tonnerre et en foudre les années suivantes. L'union qui fut faite entre M. le prince et le comte, avant le partément du dernier, pour aller aux États en Normandie, tend à la division et à la ruine de ceux dont la conservation est la plus nécessaire pour la paix publique, et n'y a moyen injuste qu'elle ne tente pour parvenir à cette fin.

Le comte de Soissons revient des Etats avec la même volonté contre les ministres, qu'il y avoit portée, et elle s'accrut lorsqu'il trouva à son retour que le marquis d'Ancre, qui s'étoit vu déchu des bonnes grâces de la Reine, s'étoit rangé avec eux pour s'y raffermir, et lui faisoit paroître quelque refroidissement, qui, passant jusqu'à ne le vouloir plus voir, se termina enfin par une rupture entière.

Le marquis de Cœuvres, qui se tenoit offensé de la froideur avec laquelle le marquis d'Ancre s'étoit porté en l'affaire qu'il prétendoit auprès de Monsieur, se mit du côté de M. le comte; et, étant recherché du marquis d'Ancre, témoigna qu'il désiroit plutôt servir à le remettre bien avec M. le comte que non pas à penser à son intérêt particulier.

Ensuite Dolé s'étant abouché avec le sieur de Haraucourt, voulut renouer la négociation du mariage dont nous avons parlé; mais il proposoit que sans en parler à la Reine, M. le comte et le marquis d'Ancre s'y engageassent seulement entre eux : à quoi le marquis de Cœuvres répondit qu'il n'étoit pas raisonnable que M. le comte se mît au hasard de recevoir un nouveau déplaisir, rentrant au traité d'une affaire, de laquelle il avoit déjà reçu tant de mécontentement, mais que si le marquis d'Ancre et sa femme pouvoient prévaloir aux mauvais offices que les ministres lui avoient rendus, le remettre bien auprès de la Reine, et lui faire agréer cette proposition, on le trouveroit toujours tel qu'il avoit été par le passé.

Le marquis d'Ancre, ne se tenant pas assez fort pour tirer ce consentement de la Reine, ne passa pas plus outre en cette négociation; mais, changeant de batterie, fit entendre à M. le comte qu'il recevroit de la Reine tous les bons traitemens qu'il pouvoit désirer; mais qu'il eût bien voulu que la liaison d'entre lui et M. le prince n'eût pas été si étroite, ce qu'il ne put pas lui faire sentir si délicatement que M. le comte ne jugeât bien qu'on ne pensoit qu'à les désunir.

On fit tenter la même chose du côté de M. le prince par le sieur Vignier et autres ; mais tout cela réussit au contraire de ce qu'on disoit, car leur union s'en fit plus grande, et ils en prirent occasion d'avancer leur partement de la Cour, l'un allant à Valery et l'autre à Dreux.

La Reine, lassée du tourment qu'elle avoit des nouvelles prétentions qui naissoient tous les jours en l'esprit de ces princes et autres grands, se résout, pour se fortifier contre eux et assurer la couronne au Roi son fils, de faire, nonobstant leur absence, la publication des mariages de France et d'Espagne, que dès le commencement de sa régence elle avoit désirés ardemment, ayant dès lors mis cette affaire en délibération avec les princes et les grands du royaume, qui firent paroître en cette occasion-là que la diversité des jugemens vient d'ordinaire des passions dont les hommes sont agités; car, la plus grande part le jugeant nécessaire, quelques uns essayèrent de l'en divertir; mais elle, qui, ouvrant les yeux pour en connoître la cause, jugea que l'intérêt particulier faisoit improuver à peu d'esprits ce que l'utilité publique faisoit souhaiter à beaucoup, par l'avis de son conseil, se résolut d'y donner l'accomplissement.

Pour cet effet, elle envoya dès lors des princes et seigneurs découvrir les sentimens du Pape, de l'Empereur, du Roi d'Angleterre, et de tous les autres princes et alliés. Après une approbation générale, elle conclut le double mariage, donnant une fille et en recevant une autre, et ce à même condition, n'y ayant d'autre changement, que ce que la nature du pays change soi-même.

Maintenant ces mariages devant être publiés, et le jour en étant pris au 25 de mars, messieurs le prince et le comte de Soissons, quoiqu'ils eussent opiné à ce mariage, se retirent, et n'y veulent pas assister.

Le duc du Maine ne laissa pas d'aller au jour nommé trouver l'ambassadeur d'Espagne, et le mener au Louvre, où le chancelier ayant fait tout haut la déclaration de leurs Majestés touchant l'accord desdits mariages, l'ambassadeur confirma le consentement et la volonté du Roi son maître; puis, allant saluer Madame, parla à elle à genoux, suivant la coutume des Espagnols quand ils parlent à leurs princes.

En témoignage de l'extrême réjouissance qu'on en reçoit, il se fait des fêtes si magnifiques, que les nuits sont changées en jours, les ténèbres en lumières, les rues en amphithéâtres.

On n'est pas si occupé en ces réjouissances publiques, qu'on ne pense à rappeler à la Cour les princes qui s'en étoient éloignés, la pratique du temps étant qu'on couroit toujours après les mécontens pour les satisfaire, joint que la maison de Guise et le duc d'Epernon se croyoient alors si nécessaires, qu'ils concevoient déjà espérance de tirer de grands avantages de cet éloignement ; ce que le marquis d'Ancre ne pouvoit aucunement souffrir, et les ministres d'autre côté ne croyoient pas que ces mariages se pussent sûrement avancer en leur absence.

On dépêcha à M. le comte M. d'Aligre, qui étoit intendant de sa maison, avec des offres avantageuses pour le ramener ; mais il le renvoya avec défenses de se mêler jamais de telles affaires.

Cependant le marquis de Cœuvres qui avoit commencé, comme nous avons dit, de traiter avec Dolé, pour le raccommodement de M. le comte et du marquis d'Ancre, lui mit en avant le gouvernement de Quillebœuf en Normandie. Le marquis d'Ancre se faisoit fort de le faire agréer de la Reine, et lui en parla. Il s'enferma avec elle dans son cabinet pour l'en prier ; elle le refusa ouvertement, sachant bien que cette place ne le contenteroit que pour trois mois, et lui donneroit par après une nouvelle audace.

Le duc de Bouillon et ses sectateurs lui représentèrent là-dessus qu'elle devoit obliger les princes durant sa régence, afin que, quand elle en seroit sortie, elle se trouvât considérable par beaucoup de serviteurs puissans et affectionnés ; que le Roi pouvant un jour oublier ses services, et trouver à redire à sa conduite, elle pouvoit y apporter des précautions, et prévenir le mal-faisant des créatures intéressées à sa défense.

Ces raisons n'apportèrent aucun changement en son esprit, que les ministres fortifioient comme ils devoient contre tels avis.

Le marquis d'Ancre ne perdoit point courage pour cela, et espéroit enfin l'emporter sur l'esprit de la Reine. Il s'offrit d'aller trouver ces princes de la part de leurs Majestés, et qu'il diroit à M. le comte qu'il avoit laissé leurs Majestés bien disposées en sa faveur pour la demande dudit gouvernement, dont il espéroit qu'enfin il auroit contentement, mais qu'il n'avoit pu en tirer parole plus expresse.

Les ministres, qui eurent peur que outre la négociation publique, il se traitât quelque chose en particulier contre eux, désirèrent que quelqu'un d'entre eux accompagnât le marquis d'Ancre. M. de Villeroy fut choisi. On eut peine à y faire consentir M. le comte, qui jusque-là n'avoit point voulu ouïr parler d'aucune réconciliation avec les ministres, mais seulement avec le marquis d'Ancre.

Ce voyage ne fut pas sans fruit. M. le prince et le comte reviennent par cette entremise, bien que le marquis d'Ancre et M. de Villeroy eussent travaillé bien diversement en leur légation, puisque à l'insu de Villeroy, il fut résolu, avec les princes, que celui qui avoit la faveur n'oublieroit rien de ce qu'il pourroit, pour rabattre l'autorité des ministres et élever les princes, dont ils se promettoient beaucoup.

La première affaire qui fut mise sur le tapis à leur retour, fut celle des articles des deux mariages. Quelques uns conseillèrent à M. le comte de ne pas donner son consentement, et empêcher aussi celui de M. le prince, jusques à ce qu'il eût Quillebœuf qu'on lui avoit fait espérer. Il avoit quelque inclination à ce faire ; mais il en fut empêché par les caresses qui lui furent faites à son arrivée, et le conseil que lui en donna le maréchal de Lesdiguières, qui n'étoit pas encore détrompé de l'espérance qu'on lui donnoit de le faire duc et pair.

Y ayant donné leur consentement, on fait et on reçoit en même temps de célèbres ambassades ; le duc de Pastrane vient en France, le duc du Maine va en Espagne, les contrats sont passés avec solennité de part et d'autre ; le roi d'Espagne, pour favoriser la France, ordonne que la fête de ce grand Saint que nous avons eu pour Roi, sera solemnisée dans ses Etats.

Il y avoit en ce temps un grand différend entre les ecclésiastiques de ce royaume et le parlement, sur un livre intitulé *de ecclesiasticâ et politicâ potestate*, que Richer, syndic de la Faculté de Théologie, fit imprimer sans y mettre son nom, dans lequel il parloit fort mal de la puissance du Pape en l'Eglise.

Plusieurs s'en scandalisèrent. L'auteur fut incontinent reconnu ; la Faculté étoit prête de s'assembler pour en délibérer, le parlement la retient, fait arrêt du premier de février, commandant au syndic d'apporter tous les exemplaires au greffe, et à la Faculté de surseoir toute délibération, jusqu'à ce que la Cour soit éclaircie du mérite ou du démérite du livre.

Le cardinal du Perron, archevêque de Sens, et ses évêques suffragans provincialement assemblés, firent, le 13 de mars, la censure que la Faculté de Théologie avoit été empêchée de faire par le parlement, et le condamnèrent comme contenant plusieurs propositions scandaleuses et erronées, et comme elles sonnent, schismatiques et hérétiques, sans toucher néanmoins aux droits du Roi et de la Couronne, et aux droits, immunités, et libertés de l'église gallicane.

Richer fut si téméraire qu'il en appela comme d'abus, disant que les évêques s'étoient assemblés sans la permission du Roi, et sans indiction et convocation préalablement requise par les ordonnances, sans l'avoir appelé ni ouï, contre l'autorité de la Cour, qui, ayant défendu à la Sorbonne de délibérer sur ce sujet, avoit lié les mains à tous les autres d'en connoître, et enfin que la censure étoit générale et vague, sans coter aucune proposition particulière, et la réservation semblablement.

Son relief d'appel lui ayant été refusé au sceau, il s'adressa à la Cour pour obtenir arrêt afin de le faire sceller; mais le parlement, plus religieux que lui, ne jugeant pas devoir se mêler de cette affaire, ne lui en donna pas le contentement qu'il s'en étoit promis. La Faculté le voulut déposséder de son syndicat, ne pouvant souffrir qu'étant homme de si mauvaise réputation en sa doctrine, il fût honoré de cette charge première.

Ils s'assemblèrent le premier de juin pour ce sujet; mais il déclara qu'il s'opposoit formellement à ce qu'il fût délibéré sur ladite proposition; et, voyant qu'on passoit outre, il fit venir deux notaires, et appela comme d'abus du refus que l'on faisoit de déférer à son opposition.

Cette assemblée s'étant passée ainsi, en la suivante, qui fut le 3 de juillet, la Cour envoya Voisin faire défenses aux docteurs de traiter de cette affaire. Le différend étant rapporté à leurs Majestés, le chancelier, qui étoit long à résoudre et chanceloit long-temps avant que s'arrêter à un avis certain, envoya à leur assemblée du premier d'août, leur faire, de la part du Roi, la même défense qui leur avoit été faite au nom de la Cour; mais en la suivante, qui fut le premier de septembre, il leur envoya des lettres-patentes du Roi, par lesquelles il leur étoit ordonné de procéder à l'élection d'un nouveau syndic.

Richer fit plusieurs contestations au contraire, nonobstant lesquelles on ne laissa pas de passer outre, et on élut le docteur Filsac, curé de Saint-Jean en Grève; et, pour ne plus tomber en semblables fautes et inconvéniens que celui dont on venoit de sortir, la Faculté ordonna qu'à l'avenir le syndic n'exerceroit plus sa charge que deux ans durant, et que même, à la fin de la première année, il demanderoit à la Faculté si elle avoit agréable qu'il continuât l'autre.

Peu après, une prébende de l'église cathédrale de Paris ayant vaqué aux mois des gradués nommés, et lui devant appartenir de droit comme au plus ancien, elle lui fut refusée, étant réputé indigne d'être admis en une si célèbre compagnie.

Cependant, à la Cour, M. le comte continuoit toujours sa poursuite pour Quillebœuf; la Reine dilayoit et essayoit par ce moyen faire ralentir la sollicitation qu'il lui en faisoit, puis enfin cesser tout à fait de l'en presser; mais quand elle vit que cela ne servoit de rien, et qu'il étoit si attaché à ce dessein, qu'il n'en pouvoit être diverti que sur la créance absolue de ne le pouvoir emporter, elle le lui refusa ouvertement, dont M. le prince et lui témoignèrent tant de mécontentement, qu'il ne se peut dire davantage.

La maison de Guise et M. d'Epernon n'étoient pas plus satisfaits de leur côté, recevant un témoignage de leur défaveur en la défense qui fut faite à M. de Vendôme, qui étoit uni à eux avec le consentement de la Reine, d'aller tenir les Etats en Bretagne, dont on donna la charge au maréchal de Brissac, que M. de Vendôme ayant fait appeler, il lui fut fait commandement de se retirer à Anet, et à l'autre d'aller tenir les Etats.

Messieurs le prince et le comte, jugeant, du peu de satisfaction que l'un et l'autre parti recevoient, que le crédit des ministres auprès de la Reine, et leur union entre eux leur étoit un obstacle invincible à tous les avantages qu'ils espéroient tirer de l'Etat, se résolurent, avec le marquis d'Ancre, de tenter les voies les plus extrêmes pour les ruiner; à quoi messieurs de Bouillon et de Lesdiguières s'accordèrent, le premier ayant porté M. le comte jusques à l'engager à faire un mauvais parti au chancelier; l'autre s'étant obligé envers eux, en cas de nécessité, de leur amener jusques aux portes de Paris dix mille hommes de pied et cinq cents chevaux.

Le terme qu'avoit pris M. le comte étoit au retour d'un petit voyage qu'il alloit faire en Normandie; mais, auparavant qu'il arrivât, il changea de volonté par l'avis du marquis de Cœuvres, qui lui conseilla de n'exécuter pas de sang-froid ce qu'il avoit entrepris dans l'ardeur et la promptitude de sa colère.

En ce voyage de Normandie, le maréchal de Fervaques, qui étoit gouverneur de Quillebœuf, en fortifia la garnison de quantité de gens de guerre extraordinaires. M. le comte s'en offense, envoie vers la Reine pour s'éclaircir si c'étoit de son commandement qu'il en eût usé de la sorte; la Reine, qui n'en savoit rien, commanda au maréchal de Fervaques de venir trouver le Roi, d'ôter la garnison de Quillebœuf, et y recevoir quelques compagnies de Suisses, en attendant que M. le comte fût retourné à la Cour.

Monsieur le comte n'est pas satisfait, il prétend que, comme gouverneur, il soit de son honneur que ce changement de garnison soit fait par lui, et non par aucun autre à qui Sa Majesté en donne charge.

A ce bruit, M. de Rohan, qui étoit à Saint-Jean d'Angély, lui envoie faire offre de sa personne et de son crédit dans le parti des huguenots; toute la ligue de la maison de Guise, excepté M. d'Epernon, prit ce temps pour essayer de s'accommoder avec lui.

Mais ce différend fut incontinent assoupi, parce qu'on lui accorda tout ce qu'il demandoit, sous la parole qu'il donna à leurs Majestés que, deux heures après qu'il auroit fait cet établissement de la garnison de Quillebœuf, il en sortiroit, pour assurance de quoi le marquis de Cœuvres demeura près de leurs Majestés durant que ce changement se faisoit.

Cette longue demeure de M. le comte en Normandie ennuyoit fort au marquis d'Ancre, qui étoit si passionné de perdre le chancelier, selon qu'il en étoit convenu avec M. le comte, qu'il lui sembloit qu'il n'y avoit aucune affaire de conséquence égale à celle-là qui le pût retenir en Normandie; et ce qui augmentoit son impatience étoit qu'en ce temps se fit la découverte d'un dessein, qui sembla d'autant plus étrange, qu'il est peu ordinaire d'en pratiquer de semblables dans ce royaume.

Le duc de Bellegarde étoit si jaloux de la faveur que le maréchal et sa femme avoient auprès de la Reine, et si désireux d'occuper leur place, que, ne pouvant, par moyens humains, parvenir à ses fins, il se laissa aller à la curiosité de voir si, par voies diaboliques, il pourroit satisfaire le déréglement de sa passion. Moysset, qui de simple tailleur étoit devenu riche partisan, homme fort déréglé en ses lubricités et curiosités illicites tout ensemble, lui proposa que, s'il vouloit, il lui mettroit des gens en main, qui, par le moyen d'un miroir enchanté, lui feroient voir jusqu'à quel point alloit la faveur du maréchal et de la maréchale, et lui donneroient moyen d'avoir autant de part qu'eux en la bienveillance de la Reine. Le duc n'entend pas plus tôt cette proposition, qui flattoit ses sentimens, qu'il y adhère.

Le peu de fidélité qu'il y a dans le monde, jointe à la bonté de Dieu qui permet souvent que tels desseins soient découverts, pour détourner les hommes par la crainte des peines temporelles, dont ils devroient être divertis par l'amour de Dieu, fit que le maréchal et sa femme eurent connoissance de ce qui se faisoit non-seulement à leur préjudice, mais à celui de leur maîtresse, et ce, par le moyen de ceux-mêmes qui vouloient tromper Moysset et Bellegarde.

Ils animèrent la Reine sur ce sujet avec grande raison, et, pour ce que le chancelier, selon sa coutume de ne pousser jamais une affaire jusqu'au bout, apportoit beaucoup de longueurs à sceller les commissions nécessaires pour cette affaire, ils font que la Reine lui témoigne avoir du mécontentement de son procédé trop lent et irrésolu en un sujet de telle conséquence.

Et, afin de s'appuyer davantage en cette poursuite, à laquelle il s'affectionnoit d'autant plus qu'il avoit toujours été, même avant la Régence, ennemi du duc de Bellegarde, il dépêcha un courrier exprès vers M. du Maine, qui étoit déjà sur les frontières d'Espagne, revenant de son ambassade, afin qu'il lui vînt aider à défaire leur commun ennemi.

L'action est intentée au parlement contre Moysset; il est poursuivi à toute outrance; de sa condamnation s'ensuivoit la perte du duc de Bellegarde, qui ressentoit d'autant plus le poids de cette affaire, qu'il craignoit que, sous ce prétexte, on n'en voulût et au bien de Moysset, qui étoit grand, et à son gouvernement de Bourgogne, et à sa charge de grand-écuyer.

Comme il n'oublioit rien de ce qu'il pouvoit adroitement pour se défendre au parlement, il ne s'endormoit pas pour trouver du secours dans la Cour pour s'aider à se purger de ce qu'il n'estimoit qu'une galanterie. Mais le maréchal et sa femme ne voulurent jamais arrêter le cours du procès, quelque instance que leur en pussent faire les ducs de Guise et d'Epernon, jusqu'à ce que, reconnoissant que la cour de parlement, qui, comme tout le reste du royaume, envioit la faveur de lui et de sa femme, étoit inclinée à l'absoudre par la mauvaise volonté qu'elle leur portoit, jugeant que, sous le prétexte de ces affronteurs, ils en vouloient aux biens de Moysset et aux charges du duc de Bellegarde, comme nous avons dit ci-dessus; ce qui fit que, pour tirer quelque avantage de cette affaire, ils intervinrent auprès de la Reine pour la supplier de l'assoupir, et firent en sorte que le procès fut ôté du greffe et brûlé.

Monsieur le comte étant revenu à la Cour, ne voulut pas exécuter contre le chancelier ce qui avoit été arrêté, mais continua sa poursuite pour le gouvernement de Quillebœuf. Les ministres se résolvoient à porter la Reine à lui donner contentement; M. de Villeroy même s'avança jusque-là de dire que non-seulement il en étoit d'avis, mais le signeroit s'il en étoit besoin. La maison de Guise essayant de se remettre bien avec M. le comte, le marquis d'Ancre faisoit le froid, parce qu'il eût désiré que la ruine des ministres eût précédé; mais la mort dudit sieur comte trancha avec le fil de sa vie le cours de ses desseins et de ses espérances. Il étoit allé à Blandy, pensant y demeurer peu de jours; il y demeura malade d'une fièvre pourprée qui l'emporta l'onzième jour, premier de novembre.

La Reine, reconnoissant la perte que fait la France en la personne de M. le comte, s'en afflige, et témoigne par effet à son fils l'affection qu'elle a au nom qu'il porte, lui conservant sa charge de grand-maître de la maison du Roi, et des deux gouvernemens de Dauphiné et de Normandie qu'il avoit.

Je ne veux pas oublier de dire en ce lieu qu'un père Cordelier, portugais, qui prêchoit lors avec grande réputation à Paris, et faisoit état d'être grand astrologue, lui avoit prédit la mort de ce prince six mois auparavant qu'elle fût arrivée.

Monsieur le comte étant mort, le marquis d'Ancre qui en vouloit aux ministres, pour se fortifier contre eux, se voulut appuyer de M. le prince, et, afin de se lier d'autant plus étroitement avec lui et les siens, fait dessein de moyenner le mariage de M. du Maine avec mademoiselle d'Elbœuf, et de M. d'Elbœuf avec la fille dudit marquis, moyennant quoi l'on ôteroit la Bourgogne à M. de Bellegarde pour la donner à M. du Maine. M. de Bellegarde est mandé pour ce sujet; mais apprenant, sur le chemin, qu'on en vouloit à son gouvernement, il s'en retourna à Dijon, offensé principalement contre le baron de Lus, d'autant qu'à la mort de M. le comte, le marquis de Cœuvres se réunit au marquis d'Ancre, et le baron de Lus prit sa place dans les intrigues du marquis d'Ancre et de M. le prince et de ceux qui l'assistoient. C'est pourquoi M. de Bellegarde lui voulut mal, et lui attribua la cause de ce mauvais conseil, qui avoit été pris contre lui.

La maison de Guise se joint à cette mauvaise volonté, tant pour l'amour de M. de Bellegarde que pour le déplaisir qu'ils ont de voir que le baron de Lus, qui avoit été des leurs et savoit tous leurs secrets, étoit passé dans la confiance de l'autre parti, et leur haine lui coûta cher, comme nous verrons dans l'année suivante.

Voilà ce qui se passa cette année dans la Cour, et la peine que l'ambition de ce prince et des grands donna à la Reine, mais dont elle se tira heureusement pour ce qu'elle donna toujours au conseil des ministres le crédit qu'elle devoit. Elle n'eut pas moins de peine aux affaires qui survinrent hors de la Cour dans les provinces.

Vatan, homme de qualité, s'étant fait huguenot de nouveau, croyant que si tout crime, pendant la minorité du Roi, n'étoit permis, au moins seroit-il impuni, ému de divers mécontentemens qu'il entendoit dire qui étoient à la Cour, et des mouvemens qu'il croyoit que produiroit l'assemblée des huguenots qui étoit lors sur pied, s'abandonna soi-même jusqu'à ce point, après avoir abandonné Dieu, qu'au milieu de la Sologne, où tout son bien étoit situé, à vingt-cinq lieues de Paris, il bat la campagne et fortifie sa maison, sur l'espérance qu'il avoit que ces commencemens seroient suivis de ses confrères, dont il seroit bientôt secondé et secouru. Mais il ne se méconnut pas sitôt, qu'il se vit assiégé dans Vatan, pris et exécuté le 2 de janvier, pour arrêter, par la punition de son crime, le cours de la rébellion qu'il avoit voulu exciter. Son exemple n'ayant pas peu servi à calmer l'orage dont il sembla que nous étions menacés, on peut dire avec vérité que sa mort fut avantageuse au public, utile à lui-même et aux siens, à lui parce qu'il revint au giron de l'Eglise en mourant, et aux siens parce que sa sœur recueillit toute sa succession, dont la Reine la gratifia.

Sa Majesté eut bien plus de peine à apaiser le trouble que le duc de Rohan suscita à Saint-Jean d'Angély, dans lequel il essayoit d'engager tout le parti huguenot, et une assemblée qui ensuite se tint à La Rochelle, contre son autorité.

Chacun s'étant, comme nous avons dit l'année passée, séparé de l'assemblée de Saumur, avec dessein d'aller empoisonner les provinces dont ils étoient partis, le duc de Rohan s'en alla à ces fins à Saint-

Jean d'Angély, place dont il avoit été gouverneur après la mort du sieur de Sainte-Même; mais, parce que le feu Roi ne vouloit point qu'il y demeurât, il avoit mis dans la ville un vieux cavalier, nommé M. Desageaux, en qualité de lieutenant de Roi; celui-ci étant mort, il donna cette lieutenance à M. de Brassac, de laquelle, à l'arrivée de M. de Rohan en cette place, il étoit en possession et exercice.

La Reine-mère, qui ne croyoit pas les desseins du duc de Rohan bons, et qui étoit assurée de l'intention du sieur de Brassac à bien servir, lui manda qu'il gardât soigneusement que le duc de Rohan ne se saisît de la place, évitant néanmoins d'en venir aux extrémités, de peur que cela ne fît émotion par toute la France, et ne servît de prétexte à ceux qui étoient prêts de brouiller.

Ils demeurèrent huit mois en cet état-là, M. de Brassac le plus fort dans la ville, et l'autre tâchant d'y gagner le dessus: ce qui lui étant impossible, il eut recours à une autre voie, et, par le moyen de ses amis qu'il avoit à la Cour, s'accommoda avec la Reine, promit de l'aller trouver, pourvu que Brassac y allât aussi; l'accord fut fait, ils furent mandés tous deux, et s'y acheminèrent ensemble.

Quinze jours après, le sieur de Rohan feignit une maladie arrivée à son frère, demande congé à la Reine pour l'aller voir; il part, s'achemine en Bretagne où l'autre étoit, puis s'en va dans Saint-Jean d'Angély, où, d'abord ayant étonné les habitans, qui ne voyoient plus le sieur de Brassac, il chassa le sergent-major de la garnison(1), nommé Grateloup, natif de la ville,

---

(1) *Le sergent-major de la garnison* : l'adjudant de place.

mais bien serviteur du Roi; mit aussi dehors le lieutenant de la compagnie de M. de Brassac, qui étoit un fort vieux homme, que le feu Roi lui avoit baillé, et encore quelques autres habitans. Ce qui ayant été su à la Cour, on assemble le conseil, où messieurs les maréchaux de Lesdiguières et de Bouillon se trouvèrent; là on mit en délibération si l'on devoit renvoyer ledit sieur de Brassac pour essayer de mettre l'autre dehors, tout le monde jugeant la chose encore assez facile. Enfin la timidité du conseil de ce temps l'emporta, et il fut résolu d'écouter ceux du cercle qui étoient à La Rochelle, et le sieur de Rohan : là-dessus leurs propositions furent que derechef l'on s'accommoderoit, pourvu qu'on donnât récompense audit sieur de Brassac de la lieutenance de Roi de Saint-Jean.

Et, d'autant qu'en même temps le sieur de Preaux, gouverneur de Châtellerault, mourut, la Reine voulut qu'on fît sa démission de la lieutenance en faveur de celui que nomma ledit sieur de Rohan, et qu'il eût le gouvernement de Châtellerault, ce qui fut exécuté.

Cette assemblée de La Rochelle fut prévue long-temps auparavant; et, sur les avis que leurs Majestés eurent que les séditieux et mécontens de l'assemblée de Saumur la vouloient tenir sans son autorité et permission, Le Coudrai, conseiller au parlement de Paris, qui avoit accoutumé d'aller tous les ans à La Rochelle pour ses affaires particulières, y fut envoyé par leurs Majestés, avec commission d'intendant de la justice, et avec charge d'avoir l'œil aux mouvemens qui se pourroient élever à La Rochelle, empêcher que l'assemblée ne se fît si on la vouloit entreprendre, et donner avis à leurs Majestés de ce qui seroit nécessaire de faire pour leur service en cette occasion.

Le peuple en eut quelque avis, mais non selon la vérité, qui n'est jamais naïve ni nue dans les bruits, mais déguisée et enveloppée de faussetés, selon la passion de ceux qui les font courir parmi les peuples. Ils disent que Le Coudrai est envoyé pour avoir soin de la police, qui leur appartient par leurs priviléges, et pour les faire séparer d'avec l'union qu'ils ont avec leurs autres frères, et qu'il a mendié cette commission de leurs Majestés, leur donnant faussement à entendre qu'ils n'étoient pas serviteurs du Roi.

Là-dessus ils s'émurent, s'attroupent, prennent les armes; Le Coudrai saisi de peur demande sûreté au maire pour se retirer; c'est ce qu'ils vouloient : sa peur les assure; il n'est pas plutôt hors la ville qu'ils tiennent assemblée.

La Reine en ayant avis, et craignant cette émeute, à laquelle elle ne peut se résoudre de s'opposer avec vigueur, fait appeler Le Rouvrai et Miletière, députés ordinaires des huguenots à la suite de leurs Majestés, leur témoigne le juste sujet de mécontentement qu'elle reçoit, écoute les plaintes qu'ils lui font, leur fait espérer une partie de ce qu'ils désirent, et commande au Rouvrai d'aller promptement à La Rochelle leur faire commandement de sa part de se séparer, que Sa Majesté oubliera tout ce qui s'est passé, et fera cesser toutes les poursuites qui pourroient avoir été commencées contre eux, et lui met en main une déclaration de Sa Majesté, portant confirmation de l'édit de pacification, et oubli de tout ce qui s'étoit fait au contraire.

Un orage s'éleva au même temps contre les Jésuites pour un livre composé par un des leurs, nommé *Becanus* (1), et intitulé, *la Controverse d'Angleterre touchant la puissance du Roi et du Pape.*

Ce livre fut vu en France en novembre, et accusé par aucuns docteurs en leur assemblée du premier de décembre, comme proposant le parricide des rois et des princes pour une action digne de gloire. Ils se mirent en devoir de le censurer, et s'adressèrent au cardinal de Bonzy pour en avoir permission de Sa Majesté; à laquelle représentant qu'il étoit à propos d'en donner avis à Sa Sainteté, afin que s'il lui plaisoit d'en faire faire la censure, elle fût de plus de poids et eût cours par toute la chrétienté, Sa Majesté eut agréable qu'il leur commandât de sa part de différer jusqu'à quelque temps, qu'elle leur feroit savoir sa volonté sur ce sujet, et que cependant il en donnât avis à Rome, afin qu'on y mît l'ordre qu'on jugeroit être de raison.

Les Vénitiens, d'autre côté, avoient aussi, dès le commencement de l'année, renouvelé tous les décrets qu'ils avoient faits contre leur société, de sorte qu'ils reçurent de l'affliction de toute part.

Nous finirons cette année par quatre accidens remarquables qui y arrivèrent.

L'empereur Rodolphe, non tant cassé d'années que

(1) Ce jésuite portoit si loin l'autorité du Pape dans ses ouvrages, que Paul V fit condamner par le Saint-Office, un de ses Traités sur la puissance du Roi et du Souverain Pontife. Le décret est du 3 janvier 1613.

lassé des afflictions qu'il recevoit de se voir dépouillé de ses Etats par son frère et méprisé de tous les siens, mourut la soixante-unième année de son âge, un lion et deux aigles qu'il nourrissoit chèrement, ayant, par leur mort arrivée peu auparavant, donné un présage de la sienne.

Son frère Mathias, dont il avoit sans cesse en sa maladie, prononcé le nom, en se plaignant et l'accusant d'être cause de sa mort, lui succéda à l'Empire; mais il ne jouira ni heureusement ni longuement de cette dignité, à laquelle il a violemment et injustement aspiré, violant les lois de la piété fraternelle.

Gustave, nouveau roi de Suède, que nous avons dit l'année passée avoir succédé à Charles son père, qui mourut de déplaisir des mauvais succès qu'il eut en la guerre qu'il avoit contre le roi de Danemarck, rappela si bien, par son adresse et son courage, la fortune de son côté, qu'il contraignit le roi de Danemarck à lui demander la paix, à laquelle il consentit, pour tourner ses armes vers la Pologne et la Moscovie.

En Italie, François, duc de Mantoue, mourut le 22 de décembre, laissant enceinte la duchesse sa femme, fille du duc de Savoie, qui en prendra occasion d'allumer la guerre, en laquelle le Roi se trouvera diversement engagé; premièrement contre lui, comme injuste agresseur, puis en sa défense, de peur que les armes d'Espagne ne s'emparent de ses Etats, et n'étendent trop avant leurs frontières vers nous.

Et le roi d'Angleterre, pour étreindre d'un nouveau nœud son alliance avec les princes protestans d'Allemagne, préféra l'alliance de Frédéric, comte Palatin, futur électeur, à celle des têtes couronnées, et lui promet sa fille unique en mariage. Le comte passe en Angleterre en novembre, les fiançailles s'y font, mais leurs réjouissances sont troublées par la mort du prince de Galles, arrivée en décembre : ce prince étoit gentil, et promettoit beaucoup de soi; et sa mort semble présager les malheureux succès que ces noces ont eus pour l'Angleterre.

[1613] M. le prince étant, par la mort du comte de Soissons, demeuré seul, sans plus avoir de compagnon en sa puissance, ni craindre que son autorité pût être divisée ni combattue, comme elle étoit auparavant, lorsque M. le comte se pouvoit faire chef d'un parti contre lui, on estimoit que la France recevroit cet avantage en la perte qu'elle avoit faite en cette mort, qu'il en seroit plus modéré en ses demandes; mais l'expérience fit voir au contraire qu'il jugea qu'étant seul il en devoit être plus considérable.

Il ne donna pas sitôt des témoignages de son dessein; mais attendit l'occasion qui lui en fut ouverte par la défaveur des ministres, à cause de la lâcheté du chancelier de Sillery, qui ôta le moyen à la Reine de tirer raison de la mort du baron de Lus, tué mal à propos, le 5 de janvier, par le chevalier de Guise, qui fut enhardi à cette mauvaise action par l'impunité de l'attentat qu'il avoit fait l'année précédente au marquis de Cœuvres.

Ce baron de Lus s'étoit trouvé à Saint-Cloud durant une grande maladie qu'eut le duc d'Epernon, chez lequel se tint une conférence d'une entreprise violente qu'on vouloit faire pour changer le Gouvernement.

Le duc de Guise et ceux qui en étoient, voyant qu'incontinent après il prit grande habitude avec la Reine, soupçonnèrent qu'il les avoit découverts, et qu'il le pouvoit faire; et pour cet effet le firent quereller par le chevalier de Guise, qui le tua, sous prétexte de la mort de son père, où il s'étoit vanté d'avoir eu quelque part. Jamais on ne vit tant de larmes que celles qu'épandit la Reine.

Des personnes peu affectionnées à la maison de Guise, se voulurent servir de cette occasion pour aigrir l'esprit de cette princesse contre eux; il fut fait diverses propositions sur ce sujet; Dolé alla jusques à ce point, que de proposer de faire venger un tel outrage par les Suisses, en la personne des ducs de Guise et d'Epernon, lorsqu'ils entreroient en la salle des gardes du Roi.

Ce conseil fut rejeté des plus sages, et la Reine se résolut, de son mouvement, à poursuivre le chevalier de Guise par justice. En effet, elle en eût usé ainsi, si le chancelier, qui craignoit tout, n'eût cherché tous les délais qu'il lui fut possible pour différer l'expédition de la commission dont il avoit reçu commandement sur ce sujet.

La foiblesse du chancelier fut cause que Sa Majesté, en l'effort de sa colère, qui n'étoit pas petite, tant pour l'horreur du sang qui avoit été légèrement épandu, que parce que le baron de Lus n'avoit été tué que sur l'opinion et la crainte qu'on avoit qu'il l'eût servie, se rendit capable de l'avis que les ministres lui donnèrent d'accorder quelque chose au temps, et trouva qu'elle devoit, en cette occasion, se servir d'un des conseils que le feu Roi lui avoit donnés, de n'en prendre point de sa passion, quoiqu'en ce sujet elle fût aussi juste qu'elle étoit grande. Ainsi elle pardonna, en cette rencontre, une action qui en toute autre eût été d'autant moins pardonnable, que, bien que le chevalier de Guise mît seul des siens l'épée à la main contre le baron de Lus, il ne laissa pas de l'attaquer avec avantage, en ce qu'il étoit déjà vieil et cassé; qu'il le surprit de telle sorte qu'il n'eut pas le loisir de sortir de carrosse sans pouvoir tirer une petite épée qu'il avoit au côté, et qu'outre que le chevalier en avoit une bonne, qu'il étoit jeune et vigoureux, et cherchoit de propos délibéré le baron de Lus pour le tuer, deux gentilshommes étoient avec lui, qui, à la vérité, ne firent autre chose qu'être spectateurs du combat, qui fut fait en si peu de temps, que beaucoup de ceux qui étoient présens ne s'aperçurent que le baron de Lus n'eut pas le loisir de tirer tout à fait son épée du fourreau.

La Reine fut tellement offensée contre le chancelier de l'avoir vu si mal procéder en cette affaire, qu'elle eut dessein de s'en défaire et consigner les sceaux de France à une personne qui les gardât avec plus de générosité. Elle fit venir secrètement au Louvre M. le prince, M. de Bouillon, le marquis d'Ancre et Dolé. Cette affaire est mise sur le tapis; elle est trouvée bonne de tous; M. le prince est prié de prendre la charge d'aller chez le chancelier lui demander les sceaux, et lui commander, de la part de leurs Majestés, de se retirer dans une de ses maisons.

Mais de plus il fut aussi arrêté que la Reine, sous couleur d'aller dîner chez Zamet, passeroit devant la Bastille, pour entrer dans l'Arsenal, où elle feroit arrêter M. d'Epernon, qui n'étoit de retour que depuis quelques jours.

Cette résolution, prise à la chaude, devoit être promptement exécutée; l'ambition du marquis d'Ancre la retarda et la perdit. Il ne vouloit pas chasser le chancelier, sans mettre un autre à sa place qui fût à sa dévotion : sa femme lui proposoit le sieur de Roissi. Il ne l'eût pas eu désagréable, mais Dolé l'en dissuadoit, et M. de Bouillon aussi, qui le haïssoit, se souvenant qu'autrefois il s'étoit chargé de la commission de saisir ses terres de Limosin.

Pendant ce différend, sa femme et lui ne se pouvant accorder du choix, la Reine changea de volonté, et y fut portée par l'imprudence du parti de M. le prince et du marquis d'Ancre. A peine se virent-ils en cette nouvelle autorité, que M. le prince, aspirant à un pouvoir déraisonnable en l'Etat, demande le gouvernement de Bordeaux et du château Trompette.

Le marquis d'Ancre et sa femme, qu'on estimoit avoir grand pouvoir sur son esprit, se chargent de le servir en cette occasion ; ils appuient ses prétentions, et font tous leurs efforts pour gagner l'esprit de leurs Majestés. Mais ils ne peuvent rien obtenir par la force de leurs persuasions, et si leur travail est vain pour celui qu'ils favorisent, il est grandement préjudiciable pour eux-mêmes; car les ministres, qui étoient quasi tous ruinés, à l'insu desquels la Reine résolvoit beaucoup d'affaires avec M. le prince, et leur parloit seulement par après, prirent cette occasion à propos pour commencer à se remettre bien dans son esprit. Ils la font supplier de leur donner audience en particulier, et qu'ils ont choses de grande importance à lui dire, qu'ils ne veulent communiquer qu'à elle seule; elle donne heure, ils s'y trouvent. Sauveterre a défense de laisser entrer qui que ce soit. Tandis qu'ils sont avec Sa Majesté, le marquis d'Ancre et sa femme, qui ne manquoient pas d'espions auprès de la Reine, pour savoir ce qu'elle faisoit et ceux qui lui parloient, sont incontinent avertis que les ministres sont avec elle et lui parlent en secret. Le marquis monte aussitôt au cabinet de la Reine, frappe à la porte; Sauveterre en avertit la Reine, et reçoit un nouvel ordre de ne laisser entrer ni lui ni autres.

Les ministres disent à la Reine les avis qu'ils ont reçus de la poursuite que le marquis d'Ancre fait auprès d'elle pour M. le prince, le blâment lui et sa femme, les accusent de beaucoup d'imprudence préjudiciable à son autorité et au service du Roi, et lui font connoître la conséquence que ce seroit de donner des places à un premier prince du sang dans son gouvernement, et une place importante comme est la ville de Bordeaux, située au milieu de celles de la religion.

Ils n'eurent pas beaucoup de peine à persuader la Reine, à laquelle le feu Roi avoit dit plusieurs fois, parlant de ce qui s'étoit passé en sa jeunesse, que si, pendant qu'il étoit en guerre avec Henri III, il eût eu le château Trompette, il se fût fait duc de Guyenne.

Quand ils se furent retirés, le marquis voulant parler à la Reine, elle lui fit mauvais visage, tant que, peu de jours après, voyant qu'il continuoit de la presser, elle se mit en telle colère contre lui, qu'il n'osa plus lui en parler davantage.

Les princes, qui le croyoient tout-puissant auprès d'elle, se prenoient à lui de ce refus, en attribuoient à sa mauvaise volonté la cause, qui ne le devoit être qu'à son impuissance. Sa femme, craignant qu'ils lui fissent du déplaisir, si la Reine ne lui accordoit ce qu'ils demandoient, se mêla aussi de lui en parler, mais avec aussi peu de succès que son mari : et, voulant continuer à lui en faire instance, la Reine conçut tant de dégoût contre eux, que peu s'en fallut qu'ils ne déchussent de sa grâce pour toujours.

Elle fut quelques jours qu'elle n'osoit plus monter en la chambre de la Reine. Son mari, désespéré, ne sachant plus comment renouer sa bonne intelligence avec M. le prince, pour lui témoigner que ce n'est pas de lui que vient l'empêchement à son désir, lui fait proposer qu'il se dépouillera lui-même d'un de ses gouvernemens pour l'en accommoder, et qu'il remettra, s'il veut, la ville de Péronne entre les mains de Rochefort, son favori.

Cependant le fils du baron de Lus, porté d'un juste regret de la mort de son père, fit appeler le chevalier de Guise qui l'avoit tué. Ils se battent à cheval à la porte Saint-Antoine, avec chacun un second. Bien qu'il n'y eût rien plus juste que la douleur du jeune baron, Dieu permit qu'il eut du malheur en ce combat, pour apprendre aux hommes qu'il s'est réservé la vengeance, que cette voie de satisfaction n'est pas légitime, et que la justice ne se fait que par une autorité publique.

La Reine, touchée de cette perte, dont l'exemple en eût attiré d'autres, s'il n'y eût été pourvu avec sévérité, fit défendre les duels sous des peines trèsrigoureuses, afin d'arrêter cette fureur par la crainte des supplices.

Deux lieutenances de roi, en Bourgogne, étant vacantes par la mort du baron de Lus, M. du Maine en fit demander une pour le vicomte de Tavannes, l'autre pour le baron de Thiange : mais, parce que M. le prince et ceux qui le suivoient étoient mal avec la Reine, elles lui furent toutes deux refusées; et pour montrer le changement de la Cour, M. de Bellegarde, l'honneur et les charges duquel avoient couru fortune peu auparavant, les obtint pour deux de ses amis.

M. du Maine, qui n'étoit pas beaucoup endurant, se sentit piqué au vif de cette action, et, ne pouvant croire que la défaveur du marquis d'Ancre fût telle qu'elle étoit, mais soupçonnant qu'il y eût de la feinte, en vivoit avec froideur avec lui; de sorte que le marquis voulant faire presser par le marquis de Cœuvres l'affaire des deux mariages, dont nous avons parlé l'année passée, que le baron de Lus s'étoit entremis de faire entre ledit duc du Maine et mademoiselle d'Elbœuf, de M. d'Elbœuf et sa fille, M. du Maine dit qu'il n'avoit jamais eu intention de se marier, et que, si le baron de Lus avoit parlé autrement, il l'avoit trompé.

M. le prince, d'autre côté, voyant qu'il ne pouvoit obtenir le château Trompette, écouta la proposition que lui avoit faite le marquis d'Ancre, de lui donner Péronne, et lui en demanda l'effet. Le marquis, n'ayant plus d'accès auprès de la Reine, prie sa femme de lui obtenir cette grâce de Sa Majesté; elle y étoit même en si mauvaise posture, qu'elle n'en osoit quasi parler, car la Reine ne lui donnoit plus moyen de l'entretenir seule; mais si aux heures qu'elle l'étoit, comme après son dîner, dans son grand cabinet, elle se vouloit approcher d'elle, elle se retiroit dans son petit cabinet et faisoit fermer la porte; si elle pensoit prendre l'heure de son coucher, la princesse de Conti s'opiniâtroit tellement de demeurer la dernière, qu'elle étoit contrainte de s'en aller. Néanmoins la crainte qu'elle eut que ces princes fissent un mauvais parti à son mari, la fit résoudre d'en parler à la Reine, nonobstant le mauvais état auquel elle étoit auprès d'elle.

Ce qu'elle en dit fut sans effet. Elle n'en fit pas aussi grande instance, car Blainville, gentilhomme de Picardie, et qui étoit affidé à son mari et à elle, et regrettoit de leur voir quitter Péronne, et plus encore que cette place fût en la puissance de M. le prince, lui représenta la faute que lui feroit cette place, au pied de laquelle étoit son marquisat d'Ancre, dont le revenu diminuoit de plus de moitié. Cette femme avare préféra ce qu'elle crut être de son intérêt domestique à toutes les raisons de son mari, et fut bien aise de conserver cette place.

Durant le temps de ces poursuites du château Trompette et de Péronne, pour M. le prince, le maréchal d'Ancre se vantoit partout d'avoir dit à la Reine qu'il étoit sa créature, qu'elle pouvoit tout sur lui, mais qu'il ne la pouvoit flatter en passion qu'elle avoit de quitter ses amis, qui étoient messieurs le prince, du Maine, de Nevers, de Longueville, de Bouillon, lesquels ledit maréchal disoit être serviteurs de la Reine, et que l'amitié que ledit maréchal leur portoit, n'étoit fondée que sur son service, qu'il estimoit que le côté des princes étoit le parti le plus légitime. Il s'emportoit jusqu'à tel point que de dire de la personne de la Reine, qu'elle étoit ingrate et légère.

On redisoit tout cela à la Reine, ce qui ne l'offensoit pas peu contre lui; et, entre autres choses, on lui représentoit qu'il vouloit établir M. de Bouillon huguenot, ce qui ne pouvoit être qu'au préjudice du service du Roi.

Ce temps étoit si misérable, que ceux qui étoient les plus habiles parmi les grands, étoient les plus industrieux à faire les brouilleries; et les brouilleries étoient telles qu'il y avoit si peu d'établissement des choses, que les ministres étoient plus occupés aux moyens nécessaires pour leur conservation, qu'à ceux qui étoient nécessaires pour l'Etat.

Le duc de Bouillon, voyant que le marquis d'Ancre ne pouvoit faire réussir pas une de leurs demandes, s'avisa d'une ruse digne de son esprit. Il envoya prier le sieur de Bullion de le voir, et lui dit qu'il le vouloit avertir, comme ami de messieurs les ministres d'Etat, que la Reine étoit résolue de gratifier M. le prince de Péronne, mais qu'elle seroit bien aise d'avoir leur approbation, ce dont il les avertissoit, afin qu'étant sages mondains comme ils étoient, ils allassent au-devant de ses désirs.

La Reine étant avertie de ce discours s'aperçut incontinent que les princes vouloient profiter de la division qu'ils croyoient être entre elle et ses ministres; elle avoua, en cette occasion, au sieur de Bullion qu'il étoit vrai qu'elle avoit eu beaucoup de dégoût de la foiblesse que le chancelier avoit témoignée en l'affaire du baron de Lus, que l'intelligence en laquelle les autres ministres vivoient avec le chancelier lui avoit grandement déplu, mais qu'elle vouloit se raccommoder avec eux pour empêcher que les grands, dont les intérêts ne pouvoient être que contraires aux siens et à ceux de ses enfans, ne vinssent à une insolence insupportable. Et de fait, Sa Majesté avoit tellement en l'esprit ce qu'elle témoigna à Bullion, que, feignant d'aller promener à son palais qu'elle bâtissoit au faubourg Saint-Germain, elle envoya commander au président Jeannin de s'y trouver, auquel elle tint même langage, lui commandant de le faire entendre à ses confrères.

Cette réunion, qui ne dura pas long-temps et qui étoit plus apparente que réelle, ne fut pas plutôt faite, que les ministres conseillèrent à la Reine d'offrir à M. le prince, pour lui ôter tout prétexte de mécontentement, de grandes sommes pour acheter quelque terre notable, estimant qu'il falloit gagner temps par argent, et non pas affoiblir l'Etat par des places, qui eussent pu causer de fâcheuses suites.

Les libéralités de la Reine ne firent pas une profonde impression dans l'esprit de M. le prince; le refus du château Trompette et de Péronne tenoit trop dans son esprit et dans celui du duc de Bouillon, pour qu'ils ne tâchassent pas de faire quelque nouvel édifice préjudiciable à l'Etat. Sur ce fondement le marquis d'Ancre leur en ouvrit le moyen; car, se voyant décrédité auprès de la Reine, et ne sachant comment s'y remettre, les affaires demeurant en l'état auquel elles étoient, il leur conseilla à tous de témoigner ouvertement leur mécontement, et se retirer de la Cour :

en quoi il lui sembloit n'y avoir point de danger, étant chose infaillible que messieurs de Guise et d'Epernon se gouverneroient si insolemment auprès de la Reine, qu'ils l'obligeroient de les rappeler, comme elle avoit déjà fait auparavant à M. le prince et le comte de Soissons.

Le duc de Bouillon, jugeant bien qu'il leur donnoit cet avis pour son intérêt plutôt que pour le leur, s'en défia, représenta que la sortie de la Cour de tant de princes et seigneurs n'étoit pas de petite considération, et qu'ils ne s'y devoient résoudre qu'après y avoir bien pensé; que, d'une part, il étoit bien dangereux, quelques bornes et règles qu'on se pût prescrire en cet éloignement, qu'on ne passât trop avant contre l'autorité et service de leurs Majestés, et, d'autre part, qu'ils devoient craindre que ceux qui restoient à la Cour, ne fissent passer pour grands crimes les moindres choses qu'ils feroient, et même ne prissent occasion de les rendre odieux à la Reine, par la seule considération de leur éloignement, et de les opprimer sous ce prétexte. Mais enfin, néanmoins, ils s'y résolurent tous, après que le duc de Bouillon eût vu le marquis d'Ancre, et fut convenu avec lui, au nom de tous, qu'il veilleroit pour eux auprès de la Reine, leur donneroit avis de toutes choses et de ce qu'ils auroient à faire pour leur bien commun, et qu'eux aussi prendroient créance en lui de revenir sur leur parole, quand il le jugeroit à propos, et que cependant ils ne feroient aucune émotion dans les provinces, et se contiendroient de telle sorte dans leur devoir, qu'ils ne donneroient aucun notable sujet de se plaindre d'eux.

Monsieur le prince s'en alla en Berry, le duc de Nevers en Italie, y conduire mademoiselle du Maine à son mari; M. du Maine s'en va en province avec sa sœur qui y alloit voir ses maisons; le duc de Bouillon s'en alla à Sédan.

Le luxe, en ce temps, étoit si grand, à raison des profusions de l'argent qui étoient faites aux grands, et de l'inclination de la Reine à la magnificence, qu'il ne se reconnoissoit plus rien de la modestie du temps du feu Roi; d'où il arrivoit que la noblesse importunoit la Reine d'accroître leurs pensions, ou soupiroit après des changemens, espérant d'en profiter; ce qui obligea Sa Majesté de faire, par un édit, expresse défense de plus porter de broderies d'or ni d'argent sur les habits, ni plus dorer les planchers des maisons ni le dehors des carrosses; mais cet édit servit de peu, pour ce que l'exemple des grands ne fraya pas le chemin de l'observer.

Bien que ces princes, mécontens, séparés et dispersés par tout le royaume, donnassent quelque crainte de le troubler de séditions et rébellions en toutes ses provinces, l'appréhension néanmoins en fut moindre, en ce que les huguenots étoient apaisés, et que leur assemblée de La Rochelle étoit dissipée, s'étant un chacun d'eux retiré à l'arrivée de Rouvrai, que le Roi y avoit envoyé à la fin de l'année passée. Car Le Rouvrai leur ayant porté et fait lire, en pleine maison de ville, la déclaration du Roi qui portoit défense de continuer leur assemblée, oubli de ce qui s'étoit passé, et confirmation de l'édit de pacification, ils se résolurent d'obéir; qu'ils continueroient néanmoins d'user du nom de cercles, parole, bien qu'inusitée en France, en usage toutefois en Allemagne, où ils distinguent les provinces par cercles.

Quelques uns des plus mutins, et qui étoient sortis mécontens de leur assemblée de Saumur, ne laissoient pas de faire entre eux quelques conventicules avec de nouveaux desseins; mais le maire en étant averti, leur fit défense, le 11 de janvier, de se plus assembler, sur peine de la vie, à laquelle les députés du cercle déférèrent, suppliant le maire seulement de les laisser demeurer dans la ville, jusqu'à ce que la déclaration du Roi fût vérifiée par les parlemens auxquels leurs provinces ressortissoient.

La contestation qui commença aussi à la fin de l'année précédente sur le sujet du livre de Becanus, qu'on vouloit censurer, avoit été résolue en même temps. Les docteurs, non contens de la réponse que le cardinal de Bonzy leur avoit faite de la part de la Reine, leur défendant de procéder à la censure de ce livre pour quelque temps, allèrent trouver M. le chancelier le 7 de janvier, lui représentant l'importance de cette mauvaise doctrine, la créance ancienne de la Faculté contraire à icelle, l'obligation qu'ils avoient d'y pourvoir. Le chancelier les mena au Louvre, les présenta à la Reine, qui les remettant à leur faire savoir le lendemain sa volonté par lui, il leur fit réponse que Sa Majesté leur promettoit d'examiner cette matière.

Mais, auparavant que le premier jour de février, auquel se devoit tenir leur première assemblée, fût venu, le nonce leur envoya la censure qui en avoit été faite à Rome, le 3 de janvier, par laquelle on le mettoit en la seconde classe des livres défendus. Cette censure leur étant présentée en leur assemblée, le premier jour de février, ils ne passèrent pas outre à en faire une nouvelle; et ainsi toutes choses étoient en paix dans le royaume : ni les huguenots ne nous donnoient occasion de crainte, ni ne restoit entre nous aucune contention sur le sujet de la doctrine qui nous pût agiter.

Ce grand repos donna lieu aux ministres de penser seulement à unir la faveur du marquis d'Ancre à leur autorité, sans se soucier de rappeler les princes, ou, pour mieux dire, sans leur vouloir témoigner qu'on eût besoin d'eux.

A cette fin, peu de jours après leur départ, un des amis du sieur de Villeroy vint sonder le marquis de Cœuvres, pour savoir si le marquis d'Ancre voudroit prêter l'oreille à s'accommoder avec les ministres, et lui représenta que c'étoit son avantage, tant pour la sûreté de sa personne, que pour la facilité de s'accroître en honneur, et pour le repos d'esprit et contentement de la Reine, qui, l'aimant et sa femme comme ses créatures, ne pouvoit qu'avec déplaisir les voir appointés contraires avec ceux du conseil desquels elle se servoit en la conduite de l'Etat.

Pour assurance de cette réconciliation, on lui propose le mariage du marquis de Villeroy avec la fille du marquis d'Ancre. Le marquis de Cœuvres ne rejette pas cette proposition, et lui en parle en présence de Dolé. De prime abord il la refuse, de crainte qu'elle ne lui soit faite que pour le mettre en mauvaise intelligence avec ses amis. Puis, venant peu à peu au joindre, il dit qu'une seule chose l'y pourroit faire condescendre, qui est que cela servît à les faire rappeler à leur contentement; qu'il ne vouloit néanmoins se résoudre qu'il n'eût l'avis de M. de Bouillon, qui lui sembloit difficile d'avoir de si loin, les choses ne se pouvant écrire comme elles se pouvoient dire; toutefois qu'il lui en écriroit, ne lui découvrant pas entièrement l'affaire, de peur qu'il en pût faire part à M. le prince, qu'il ne vouloit pas qu'il en sût rien, mais lui donnant simplement avis de la recherche que les ministres faisoient de son amitié; lui demandant le sien sur ce sujet, et le priant de tenir l'un et l'autre secret.

Quant à celui qui avoit porté la parole au marquis de Cœuvres, il lui fit réponse qu'il ne pouvoit entendre à cette ouverture, sans être premièrement assuré que la Reine l'auroit agréable; cela étant, qu'il l'accepteroit volontiers; mais qu'il avoit si peu de crédit auprès d'elle, qu'il n'osoit lui en parler, et qu'il se remettoit à eux de lui en parler.

Le président Jeannin se chargea de le faire trouver bon à la Reine, lui en parla, et lui fit agréer; et ensuite le marquis de Cœuvres et lui commencèrent à en traiter. Il est incertain si ce traité se faisoit avec participation du chancelier, ou si M. de Villeroy le lui cachoit. Le premier a témoigné n'en avoir rien su; l'autre au contraire a toujours protesté lui en avoir fait part, comme n'ayant eu, en cette affaire, autre dessein que de leur commune conservation. Mais, soit qu'il le lui eût célé, ou que le chancelier lui en portât envie, craignant de le voir, par cette alliance, élevé au-dessus de lui, la jalousie et méfiance commença dès-lors à se mettre entre eux, et alla depuis toujours croissant, jusqu'à ce qu'elle vint à une inimitié formée.

Tandis que ce mariage se traite en très-grand secret, il s'ouvre une occasion de laquelle le marquis d'Ancre se servit en faveur des princes, qui est que le duc de Savoie entre en armes dans le Montferrat.

Nous avons dit, l'année passée, que François, duc de Mantoue, étoit mort dès le 22 de décembre, laissant sa femme, fille du duc de Savoie, enceinte. Il avoit deux frères, dont le plus âgé, nommé Ferdinand, étoit cardinal, l'autre s'appeloit Vincent; le cardinal succède au défunt.

Le duc de Savoie, qui ne perd jamais aucune occasion de brouiller, redemande sa fille; le duc de Mantoue la refuse, disant qu'il est raisonnable qu'elle se délivre de sa grossesse auparavant. Elle accouche d'une fille; le duc de Savoie les redemande toutes deux; le duc de Mantoue laisse aller la mère et retient sa nièce, comme étant raisonnable qu'elle demeure en la maison de son père où elle est née, ce que l'Empereur, par son décret, confirma, le chargeant de la garde de sadite nièce.

Le duc de Savoie ne se contente pas; mais, sous ombre de la consolation de la mère, demande que l'une et l'autre soient envoyées à Modène, où le duc les gardera pour rendre la dernière à qui l'Empereur ordonnera.

Le duc de Mantoue s'y accorde, le duc de Modène refuse de vouloir prendre ce soin; le marquis d'Inoiosa, gouverneur de Milan, affectionné au Savoyard, duquel il avoit été autrefois gratifié du marquisat de Saint-Germain, premier titre qui lui donna entrée aux autres plus grands et aux honneurs et charges qu'il reçut depuis du roi d'Espagne, s'offre de recevoir les deux princesses, à quoi le duc de Mantoue ne voulut pas consentir.

Lors le duc de Savoie fait de grandes plaintes, auxquelles il ajoute les vieilles querelles et le renouvellement de ses prétentions sur le Montferrat, tant à raison de l'extraction qu'il tire des Paléologues et de la donation et convention faite, l'an 1435, entre le marquis Jean-Jacques de Montferrat et le marquis de Ferrare, que des conventions matrimoniales de quatre-vingts ducats adjugés par l'empereur Charles-Quint à Charles, duc de Savoie, pour la dot de Blanche de Montferrat sa femme.

Le duc de Mantoue le prie que, s'il a quelque prétention, il en diffère la demande en un autre temps; que leur différend a été jugé en la personne du duc de Savoie son aïeul, au procès qui fut intenté par-devant Charles-Quint, qui jugea en faveur du duc de Mantoue; et que, si quelques prétentions de reste ont été renversées au pétitoire en la maison de Savoie, il les peut maintenant poursuivre par-devant l'Empereur.

Quant à la donation et convention faite par le marquis Jean-Jacques de Montferrat, elle a été annulée par jugement de l'Empereur l'an 1464, comme ayant été extorquée par violence dudit marquis; lequel, ayant été convié sous prétexte de quelque fête solennelle, fut, contre la foi publique, arrêté par le duc de Savoie, et ne s'en put délivrer qu'en lui promettant tout ce qu'il voulut.

Quant à la dot de madame Blanche, il ne la dénie pas; mais aussi a-t-il des prétentions contre lui, à raison de l'indue occupation faite par les ducs de Savoie sur ses prédécesseurs, des villes de Trin, Yvrée, Montdovis, et autres qui furent redemandées à l'Empereur par le même procès, et dont il poursuivra le droit en temps et lieu.

Le duc de Savoie, foible de raisons, a recours aux ruses et aux armes, fait lever des gens de guerre sous couleur de la défense de ses Etats contre quelque entreprise qu'il fait feindre, pratique tous ceux qu'il peut dans le Montferrat; et, tandis qu'il traite à l'amiable avec le duc de Mantoue, et a près de soi l'évêque de Diocésarée, son ambassadeur, il lui fait accroire, le 22 d'avril, qu'il part pour aller au rendez-vous qu'il a donné à ses troupes, les mène dans le Montferrat, pétarde Trin, escalade Albe, et met tout à feu et à sang, sans excepter les filles ni les prêtres, ni épargner les églises. Pour s'excuser, il fait courre un manifeste, dans lequel, colorant le mieux qu'il peut son infidélité, il supplie le Pape et l'Empereur son seigneur d'agréer ce qu'il a fait, et Sa Majesté catholique, oncle de sa fille, et l'électeur de Saxe son parent, et tous les princes chrétiens, de lui être favorables.

Le duc de Nevers, qui arrivoit à Savonne avec sa belle-sœur, apprenant ces nouvelles, l'envoie seule à Florence, où le mariage se devoit faire, et avec ce qu'il put ramasser de gens s'alla jeter dans Cazal, où Vincent, frère du duc, se rendit incontinent.

A ce bruit de guerre, tous les princes d'Italie arment, mais aucuns d'eux en faveur du duc de Savoie. Le marquis d'Inoiosa même, quoiqu'il favorise le duc, est obligé, par le commandement du Roi son maître, d'armer et s'opposer à ses desseins; il fait des troupes avec lesquelles il lui fait lever le siége de Nice. Dès que le Savoyard vit paroître les armes d'Espagne, il lui manda qu'il ne vouloit pas employer les siennes contre celles-là, et se retire.

La nouvelle de ces mouvemens en Italie, met la Reine en peine ; cette affaire ne lui semble pas de peu de conséquence ; elle la juge la plus grande de toutes celles qui sont survenues au dehors depuis sa régence ; et ne voulant pas se hasarder d'y prendre aucune résolution d'elle-même sans l'avis et consentement de tous les grands du royaume, le marquis d'Ancre, qui épioit l'occasion, prend celle-là à propos pour faire revenir les princes, qui furent tous bien aises de retourner, excepté M. de Nevers qui étoit engagé en Italie.

M. de Bouillon est à peine de retour à la Cour, que le marquis d'Ancre envoie chez lui le visiter, et lui faire part de tout ce qui se traitoit entre lui et M. de Villeroy, dont il n'avoit encore rien su, la chose s'étant tenue fort secrète entre ceux qui la traitoient. Tant s'en faut qu'il l'en dissuadât, qu'au contraire il le confirma en cette volonté, et lui promit de lui garder le secret fidèlement, ce qu'il fit ; en sorte qu'il ne fut rien su de cette affaire, qu'elle ne fût parachevée.

Il arriva néanmoins deux sujets de refroidissement qui la retardèrent. Un nommé Magnas, qui suivoit toujours le conseil, fut pris prisonnier à Fontainebleau au mois de mai ; il avoit été accusé d'avoir été gagné par un nommé La Roche de Dauphiné de donner au duc de Savoie avis de tout ce qui se passoit ; il hantoit fort chez Dolé, que le marquis d'Ancre crut que les ministres vouloient envelopper en cette accusation, dont il se tint offensé, jusqu'à ce qu'au dernier du mois, Magnas fut exécuté à mort, sans qu'il fût fait mention que Dolé eût aucune intelligence avec lui.

D'autre côté, M. de Villeroy faisoit instance qu'auparavant que le contrat de mariage fût signé entre eux, la charge de premier gentilhomme de la chambre qu'avoit M. de Souvray, fût par avance donnée au sieur de Courtenvaux son fils, qui avoit épousé une des petites-filles de M. de Villeroy; à quoi le marquis d'Ancre ne vouloit consentir, ayant dessein de la faire tomber à un autre, après la mort du sieur de Souvray qui étoit fort âgé. Et il n'étoit pas si mal auprès de la Reine, que, par divers faux avis donnés à entendre, il ne l'empêchât, par le moyen de sa femme, de l'agréer : d'où il arriva que les ministres qui étoient lors en considération, représentant à la Reine sa trop grande union avec M. le prince et ses adhérens, et leurs visites trop fréquentes, lui firent faire commandement de s'absenter de la Cour, et se retirer en son gouvernement d'Amiens.

Cependant la Reine, par l'avis de tous les grands, se résout de défendre le duc de Mantoue, fait lever quelques troupes, et destine de les faire passer en Italie en sa faveur.

L'Espagne, qui veut avoir seule intérêt en Italie et en être arbitre, prévient la Reine, et commande au marquis d'Inoiosa de faire la paix; ce qu'il fit avec tant de précipitation, que l'agent du duc de Mantoue, qui étoit à Milan, n'eut pas loisir d'avertir son maître du traité, pour recevoir pouvoir de lui de l'accepter, bien que par après ledit duc l'eût agréable.

Ce qu'ils convinrent, fut qu'à la semonce de Sa Sainteté, et pour obéir aux commandemens de l'Empereur et de Sa Majesté catholique, le duc de Savoie, dans six jours, remettroit, entre les mains des commissaires de l'Empereur et du roi d'Espagne, les places qu'il avoit prises dans le Montferrat, afin qu'ils les rendissent au duc de Mantoue; ce qui fut exécuté.

En même temps qu'en Italie ils en étoient aux armes, ils étoient en Angleterre dans les réjouissances du mariage de leur princesse avec le prince Frédéric, devenu depuis peu, par la mort de son père, électeur Palatin. Ils se fiancèrent, comme nous avons dit, sur la fin de l'année passée; ils accomplissent le mariage le 18 de février de la présente, et, après toutes les solemnités accoutumées en semblables occasions, ils partent de Londres, s'en vont en Hollande, où ils sont reçus magnifiquement, arrivent à La Haie le 28 de mai; de là ils s'en vont prendre possession de leur Etat, où ils seroient heureux, si, renfermant leurs désirs dans les bornes de leur condition, et la princesse se souvenant d'être descendue de celle de sa naissance en celle de la naissance de son mari, ils ne concevoient des espérances injustes et immodérées; lesquelles enfin se terminèrent à leur honte et à la perte et anéantissement même de ce qu'ils sont.

Il leur eût été à désirer de mourir alors, et de ne pas attendre les années suivantes, auxquelles tant de disgrâces leur arrivèrent. Il ne l'eût pas été moins à Sigismond Battory d'être parti de ce monde auparavant que de s'être fié à l'Empereur, et avoir, en punition de sa crédulité, perdu non-seulement la possession de ses Etats très-grands et très-beaux, mais de la gloire qui n'étoit pas moindre, et enfin de sa liberté.

Ce prince, ayant été élu en sa jeunesse prince de la Transylvanie, fit la guerre au Turc, et remporta de grandes et signalées victoires sur lui; mais, à la longue, ses forces n'étant pas suffisantes pour empêcher que, nonobstant ses victoires, les armées que le Grand-Seigneur envoyoit, les unes après les autres, contre lui, ne fissent beaucoup de dégât en ses pays, il se laissa persuader de remettre son Etat entre les mains de l'empereur Rodolphe, qui s'en serviroit plus avantageusement comme d'un boulevart pour la chrétienté, de laquelle il emploieroit les forces pour le garder, et endommager l'ennemi commun. On lui promet en récompense une grande principauté en Allemagne; il y va, il se voit trompé. A peine lui donne-t-on de quoi s'entretenir comme un simple seigneur; encore veille-t-on sur ses actions, et on le tient en quelque sorte de garde. Il se repent de sa faute, il s'évade, il gagne la Transylvanie, où il est reçu à bras ouverts, l'Empereur y étant haï à cause de la rudesse inaccoutumée de son gouvernement. Georges Bast y est envoyé contre lui; il se défend courageusement, et a l'avantage en plusieurs rencontres; a une armée aussi puissante que la sienne et l'amour des peuples, aidé de la réputation de ses premiers exploits. Mais des moines lui remontrant le dommage qu'il apporte à toute la chrétienté par l'effusion de tant de sang chrétien en une province si proche du Turc, qui ne se rend maître des pays qu'en les dépeuplant, et celui-ci ayant perdu plus des trois quarts de ses hommes depuis le commencement de la guerre du Turc en Hongrie, il se remet de nouveau en la puissance de l'Empereur, avec promesse de meilleur traitement, qu'il reçut néanmoins pire qu'il n'avoit eu. On le tient prisonnier à Prague en sa maison, on l'accuse d'avoir intelligence avec le Turc, on saisit tous ses papiers; et, ne trouvant rien qui le pût convaincre d'être criminel, on ne lui donne pas plus de liberté pour cela. En ce misérable état il demeure toute sa vie, qui finit à Prague le 27 de mars de la présente année, par une appoplexie.

Exemple mémorable qu'il n'y a point d'issue d'autorité souveraine que le précipice; qu'on ne la doit déposer qu'avec la vie, et que c'est folie de se laisser persuader à quelque apparence qu'il y ait pour se remettre en la puissance d'autrui. L'inhumanité qui a été exercée contre ce prince, n'en est pourtant pas plus excusable, soit que nous la voulions attribuer à la nation ou à la maison de l'Empereur. Maroboduus, roi allemand, pressé de ses ennemis, se fia à Tibère, qui le reçut et le traita toujours royalement; et Sigismond, qui fia volontairement sa personne et un grand Etat à un Empereur chrétien, en reçoit un pire traitement que ne feroit un ennemi que le sort de la guerre auroit mis entre ses mains.

Nous avons laissé le marquis d'Ancre à Amiens, où il se vit envoyé de la Reine avec déplaisir. Il sent bien d'où le mal lui vient, et, au lieu de s'en piquer inutilement, recherche plus que devant M. de Villeroy, et se sert de son absence pour, avec plus de facilité et de secret (et partant moins d'empêchement), parachever l'affaire du mariage proposé. Etant résolue, et lui sur le point de revenir, craignant que l'intelligence qu'il vouloit toujours entretenir avec M. le prince et ceux qui le suivoient ne donnât à ses ennemis un nouveau sujet de lui nuire, il tira parole d'eux que toutes cérémonies et témoignages extérieurs de particulière amitié cesseroient de part et d'autre, jusqu'à ce que le contrat fût signé, et qu'il tînt M. de Villeroy obligé de ne le plus abandonner. M. de Bouillon est rendu capable de ce procédé, et lui conseille de s'aboucher avec M. du Maine, qui étoit à Soissons, afin de lui faire trouver bon; ce qu'il fit, et de là vint à Paris, où, peu après, la Reine s'en allant vers le mois de septembre à Fontainebleau, le mariage fut divulgué et signé en sa présence, dont les ducs de Guise et d'Epernon, qui désiroient et croyoient la ruine du marquis d'Ancre, furent au désespoir, étonnés de voir l'accomplissement de cette affaire, sans qu'ils en eussent eu le vent, ni eussent le temps de chercher les moyens de la pouvoir empêcher.

Leur déplaisir accrut encore, lorsqu'à peu de jours de là le marquis de Noirmoutier étant mort, M. le prince, qui étoit revenu à la Cour et se tenoit toujours avec le marquis d'Ancre, se trouva avoir assez de crédit, avec l'aide de M. de Villeroy, pour faire tomber entre les mains de Rochefort, son favori, la lieutenance de roi en Poitou que le défunt avoit. Tous ces messieurs qui étoient liés à lui se ressentirent en même temps, et en diverses occasions, de sa faveur, et reçurent plusieurs gratifications.

Le maréchal de Fervaques mourut en ce temps-là; le marquis d'Ancre succéda à cette charge, et fit avoir au sieur de Courtenvaux la charge de premier gentilhomme de la chambre, qu'avoit M. de Souvrai, lequel jusques alors n'avoit pu obtenir permission de la Reine de s'en démettre entre ses mains.

M. d'Epernon voulut prendre ce temps pour faire revivre celle qu'il avoit eue du temps du roi Henri III, et qu'il avoit perdue sans en avoir eu récompense; mais sa faveur n'entroit pas en comparaison avec celle des autres, joint que sa cause n'étoit pas si favorable ni si juste. Son humeur altière, toutefois à laquelle non-seulement les choses un peu rudes, mais les équitables mêmes, sont inaccoutumées et difficiles à supporter, le fit offenser du refus qui lui en fut fait avec raison, et prendre résolution de s'absenter et s'en aller à Metz.

Le duc de Longueville eut, à son retour du voyage qu'il étoit allé faire en Italie, une brouillerie avec le comte de Saint-Paul son oncle, sur le sujet du gouvernement de Picardie, duquel le feu Roi l'avoit pourvu à la mort du père dudit duc, pour le garder et le rendre à son fils quand il seroit en âge. Il demanda qu'il satisfît à ce à quoi il étoit obligé; mais l'ambition qui est aveugle, et ne reconnoissoit point la raison, faisoit que le comte estimoit sien ce que dès long-temps il possédoit d'autrui, et dénioit le dépôt qu'il tenoit à son neveu, en faveur duquel la Reine jugea ce différend; et pour contenter le comte lui donna le gouvernement d'Orléans et du pays Blesois.

Ce jeune gouverneur ne fut pas plutôt établi en Picardie, que, ne se souvenant plus de l'étroite confédération qu'il avoit avec le marquis d'Ancre et de la faveur qu'il en venoit tout fraîchement de recevoir, il entra en pointille avec lui sur le fait de leur charge, laquelle augmentant de jour en jour, leurs différends vinrent jusques à tel excès, qu'ils furent une des principales causes de la sortie que feront les princes hors de la Cour au commencement de l'année suivante.

Toutes ces divisions entre les grands de notre Cour, rendoient plus hardis nos huguenots dans les provinces, et principalement dans celle de Languedoc, où ils soulevèrent le peuple en la ville de Nismes contre Ferrière. Peu auparavant un de leurs ministres, de grande réputation, déposé en une petite assemblée qu'ils tinrent à Privas de leur autorité privée, pour ce qu'il n'avoit pas été assez séditieux en l'assemblée de Saumur, le Roi l'honora d'une charge de conseiller au présidial de Nismes. Les peuples, offensés de le voir élevé en honneur pour le mal qu'ils lui avoient fait, lui courent sus au sortir du présidial, le poursuivent à coups de pierres, et, s'étant sauvé, vont abattre sa maison, brûlent ses livres, et arrachent ses vignes. Les magistrats voulant faire justice de cet excès, ces mutins les violentent et leur font rendre les clefs des prisons, disent par dérision : *le Roi est à Paris et nous à Nismes*. La Reine ne pouvant souffrir une action si préjudiciable à l'autorité royale, sans en prendre quelque punition exemplaire, et lui semblant n'en pouvoir prendre une plus grande de cette ville, que d'en ôter le siège présidial, fit expédier à la fin d'août lettres-patentes, par lesquelles Sa Majesté commande qu'il soit transféré de Nismes en la ville de Beaucaire; ce qui fut exécuté.

Cependant, comme elle s'emploie à tenir les hérétiques dans les bornes de leur devoir, elle fortifioit la religion et le culte de Dieu par l'établissement de plusieurs congrégations et religions réformées dans la ville de Paris. Les Carmes Déchaussés furent établis au faubourg Saint-Germain, les Jacobins réformés au faubourg Saint-Honoré, le noviciat des Capucins et un monastère d'Ursulines au faubourg Saint-Jacques; de sorte qu'on pouvoit dire que le vrai siècle de Saint-Louis étoit revenu, qui commença à peupler ce royaume de maisons religieuses.

Et comme la vraie piété envers Dieu est suivie de celle envers les pauvres, elle a soin d'eux, et pour attirer la bénédiction de Dieu sur ce royaume, elle fonde aux faubourgs Saint-Marceau, Saint-Victor et Saint-Germain, trois hôpitaux pour les pauvres invalides, et établit une chambre pour leur réformation.

Ces hautes occupations ne l'empêchent pas de penser aux ornemens publics. Elle achète l'hôtel de Luxembourg, au faubourg Saint-Germain, et plusieurs jardins et maisons voisines pour y commencer un superbe palais, duquel, par avance, elle commença à faire planter les arbres des jardins, qui, ne venant à leur croissance qu'avec le temps qui leur est limité par la nature, sont ordinairement devancés par les bâtimens; le temps de l'accomplissement desquels est mesuré à la dépense, et hâté selon la magnificence et la richesse de celui qui les entreprend. Et pour donner de l'eau à ce palais, elle y fit conduire les fontaines de Rongy, à quatre lieues de Paris; œuvre vraiment royale, et ce d'autant plus que, n'en retenant que la moindre part pour elle, elle donne tout le reste de ses eaux au public, les divisant au collége Royal et en plusieurs autres lieux de l'Université.

On fit aussi en même temps, dans le conseil, une proposition de conjoindre les deux mers par les rivières d'Ouche et d'Armançon, qui ont toutes deux leurs sources en Bourgogne. Celle d'Ouche porte bateaux assez près de Dijon, et va descendre dans la Saône, puis au Rhône, et dans la mer Méditerranée; l'autre, qui est navigable vers Montbard, tombe dans l'Yonne, qui descend dans la Seine, et de là en l'Océan. Cette entreprise étoit trop grande pour le temps, n'y ayant personne qui eût commerce et de la richesse de la France pour l'appuyer; aussi fut-elle seulement mise en avant et non résolue.

Tandis que toutes ces choses se font, il naît de la froideur entre le marquis d'Ancre et M. de Villeroy, le premier commençant à mépriser l'alliance du dernier, et ne l'estimer pas sortable à ce qu'il pouvoit espérer. Dolé aidoit à ce dégoût, offensé de se voir trompé en l'espérance qu'il avoit que le sieur d'Alincour lui avoit donnée, de lui faire avoir le contrôle général des finances qu'avoit le président Jeannin. M. de Villeroy n'en avoit jamais ouï parler; mais le chancelier, par mauvaise volonté, feignant le contraire, faisoit offrir à Dolé sous main de l'y assister ; ce qui augmentoit encore son mécontentement contre Villeroy, duquel il s'estimoit d'autant plus indignement traité, que, lui ayant rendu service, il en étoit, ce lui sembloit, abandonné, et au contraire recevoit assistance du chancelier, dont il devoit espérer le moins.

Peu après, environ le mois de novembre, mademoiselle de Puisieux mourut d'un cholera-morbus; cette mort ne sépara pas seulement tout-à-fait le peu d'union qui restoit encore, au moins en apparence, entre les deux beaux-pères, mais les mit en division pour les intérêts de la succession de ladite dame, ce qui causa leur ruine à tous deux et beaucoup de maux à l'Etat.

Les affaires d'Italie ayant été accommodées avec la précipitation que nous avons dit par le gouverneur de Milan, il se pouvoit plutôt dire que les actes d'hostilité étoient cessés entre les ducs de Savoie et de Mantoue, que non pas qu'il y eût une véritable paix entre eux. Le premier, après qu'il eut rendu les places qu'il avoit prises sur le duc de Mantoue, étoit demeuré armé, sous prétexte, disoit-il, que cela rendroit ledit duc plus facile à se soumettre à ce qu'il seroit ordonné de leurs différends, joint qu'il prétendoit que le gouverneur de Milan lui avoit promis que la princesse Marie seroit mise en la puissance de sa mère.

Ces raisons étoient bonnes pour lui, mais le duc de Mantoue ne les recevoit pas pour telles, et, non content de ravoir le sien, désiroit s'affranchir de la crainte qu'il lui fût ravi une autre fois par le même ennemi, et faisoit instance vers le gouverneur de Milan pour lui faire licencier ses troupes.

Lui, au contraire, s'en défendoit, envoya ses enfans en Espagne, pour obtenir de Sa Majesté catholique ce qu'il désiroit en cela, ou au moins pour gagner autant de temps.

Enfin toutes ces longueurs obligèrent Sa Majesté de dépêcher en Italie, vers l'un et vers l'autre de ces princes, le marquis de Cœuvres, qui partit le 22 de décembre, avec un ordre particulier de faire en sorte que le duc de Mantoue voulût remettre au sieur de Galiguaï, frère de la marquise d'Ancre, son chapeau de cardinal.

Auparavant que de passer en l'année suivante, il est à propos que nous remarquions ici la mort de Gabriel Battory, prince de Transylvanie, et l'élection de Bethléem Gabor en sa place, prince qui fera parler glorieusement de lui ci-après.

Gabriel Battory fut d'une force de corps prodigieuse, de laquelle on raconte en Transylvanie des choses presque incroyables. Son courage n'étoit pas moindre, et il le témoigna en plusieurs guerres contre ses voisins; mais il étoit accompagné d'une outrecuidance barbare, et il étoit esclave de ses passions, s'abandonnant à toutes ses voluptés. Il devint amoureux de la femme de Bethléem, et voulut maltraiter le mari, qui se retira en Turquie, d'où il entra en Transylvanie avec deux armées, l'une par la Valachie, l'autre par le Pont de Trajan, chassa Battory, et se fit élire prince en sa place. Battory s'enfuit à Varadin, recourt à l'Empereur, qui lui envoie quelque foible secours commandé par le sieur Abafy, gouverneur de Tokai, auquel il donna charge de se défaire de lui, de peur que se voyant si foiblement assisté il ne se tournât du côté du Turc, et ne lui mît ce qui lui restoit de places en sa puissance. Abafy exécute son commandement, et, n'osant entreprendre de le faire tuer à coup de main, à cause qu'il craignoit sa grande force, il prit l'occasion d'un jour qu'il s'alloit promener peu accompagné, ne se doutant de rien, et envoya deux cents chevaux, qui le tuèrent dans son carrosse à coups d'arquebuses.

Ainsi Bethléem se trouva confirmé en sa principauté par la mort de son ennemi, à laquelle il n'avoit rien contribué ; et la maison d'Autriche, comme si elle étoit avide de mauvaise renommée, se chargea de tout le crime, ayant témoigné, par le traitement qu'elle a fait à ces deux princes de Transylvanie de la maison de Battory, combien son assistance est dangereuse, puisqu'elle a, contre tout devoir de reconnoissance, tenu en servitude et fait traîner une vie misérable à Sigismond, qui avoit de son bon gré donné à l'empereur Rodolphe la principauté dont il étoit revêtu, et que maintenant son frère Mathias, au préjudice de son propre honneur et du droit des gens, qui l'obligeoient à protéger celui qui s'étoit jeté à ses genoux, le fait cruellement massacrer par ceux même qu'il feignoit envoyer à son secours.

[1614] Les présens que la Reine fit aux grands au commencement de sa régence, par le conseil du président Jeannin, étourdirent la grosse faim de leur avarice et de leur ambition; mais elle ne fut pas pour cela éteinte; il falloit toujours faire de même, si on les vouloit contenter, de continuer à leur faire des gratifications semblables à celles qu'ils avoient reçues. C'étoit chose impossible, l'épargne et les coffres de la Bastille étoient épuisés; et quand on l'eût pu faire, encore n'eût-il pas été suffisant, d'autant que les premiers dons immenses qui leur avoient été faits les ayant élevés en plus de richesses et d'honneurs qu'ils n'eussent osé se promettre, ce qui du commencement eût été le comble de ce qu'ils pouvoient désirer leur sembloit maintenant petit, et ils aspiroient à choses si grandes, que l'autorité royale ne pouvoit souffrir qu'on leur donnât le surcroît de puissance qu'ils demandoient. Ce qui étoit le pis, c'est que la pudeur de manquer au respect dû à la majesté sacrée du prince, étoit évanouie. Il ne se parloit plus que de se vendre au Roi le plus chèrement que l'on pouvoit, et ce n'étoit pas de merveille; car si, à grande peine, on peut par tous moyens honnêtes retenir la modestie et sincérité entre les hommes, comment le pourroit-on faire au milieu de l'émulation des vices, et la porte ayant été si publiquement ouverte aux corruptions, qu'il sembloit qu'on fît le plus d'estime de ceux qui prostituoient leur fidélité à plus haut prix? Cela donne juste sujet de douter si c'est un bon moyen d'avoir la paix achetée avec une telle profusion de charges et de dépenses, puisqu'elle ôte le pouvoir de continuer, fortifie la mauvaise volonté des grands, et augmente le mal par le propre remède et la précaution que l'on y a voulu apporter.

On dira peut-être que cela a différé la guerre quelques années; mais si elle l'a différée, elle a donné moyen de la faire plus dangereuse par après. Il est vrai que la Reine en a tiré cet avantage, qu'elle a quasi gagné le temps de la majorité du Roi, en laquelle, agissant par lui-même, il lui sera plus aisé de mettre à la raison ceux qui s'en voudront éloigner.

Les princes et les grands, voyant que le temps s'approchoit auquel le Roi devoit sortir de sa minorité, craignirent qu'il s'écoulât sans qu'ils fissent leurs affaires, et ne les ayant pu faire à leur souhait dans la Cour par négociations, nonobstant les libéralités et les prodigalités qui leur avoient été faites, ils se résolurent de les faire au dehors par les armes. A ce dessein, et pour chercher noise, ils se retirèrent de la Cour dès le commencement de l'année.

M. le prince part le premier, et va à Châteauroux, après avoir pris congé du Roi, promettant à Sa Majesté de revenir toutes fois et quantes qu'il le manderoit.

Autant en fit M. du Maine, qui s'en alla à Soissons, et M. de Nevers en son gouvernement de Champagne.

Le duc de Bouillon demeura quelque temps après eux à la Cour, et assura les ministres et la Reine qu'ils avoient intention de demeurer dans la fidélité qu'ils devoient à Sa Majesté, et que la cause de leur mécontentement étoit la confusion qu'ils voyoient dans les affaires, de laquelle ils croyoient être obligés de représenter les inconvéniens qui en pourroient arriver à Sa Majesté, et avoient quelque pensée de s'assembler sur ce sujet à Mézières avec leur train seulement.

Le cardinal de Joyeuse fut employé vers lui pour aviser à assoupir ces émotions en sa naissance; mais ledit duc, connoissant qu'il n'avoit aucun pouvoir de procurer les avantages qu'ils désiroient, n'y voulut pas entendre. A peu de temps de là, il partit pour aller trouver les princes, sous prétexte de les ranger à leur devoir, mais à dessein, en effet, de les en éloigner davantage : ce qui parut bien par le bruit qu'il fit courir en partant, qu'il se retiroit parce qu'on avoit eu dessein de l'arrêter.

M. de Longueville partit incontinent après, sans prendre congé de leurs Majestés, qui, ayant eu avis que le duc de Vendôme, qui étoit encore à Paris, étoit aussi de la partie, le firent arrêter au Louvre le 11 de février.

En même temps force livrets séditieux couroient entre les mains d'un chacun; les almanachs, dès le commencement de l'année, ne parloient que de guerre; il s'en étoit vu un, d'un nommé Morgard, qui étoit si pernicieux, que l'auteur en fut condamné aux galères. C'étoit un homme aussi ignorant en la science qu'il professoit, que dépravé en ses mœurs, ayant pour cet effet été repris de justice, ce qui fit juger qu'il n'avoit été porté à prédire les maux dont il menaçoit, que par ceux-là même qui les vouloient faire; c'est pourquoi il mérita justement le châtiment qui lui fut donné.

La Reine envoya le duc de Ventadour et le sieur de Boissise vers M. le prince à Châteauroux; mais ne l'y trouvant pas, pour ce qu'il étoit parti pour se rendre à Mézières, et ne pouvant avoir aucune réponse des lettres qu'ils lui écrivirent, ils retournèrent à Paris.

Dès le commencement de ces mouvemens, elle se résolut de faire revenir M. d'Epernon de Metz, où il étoit allé mécontent sur la fin de l'année dernière; et pour le contenter fit revivre, en la personne de M. de Candale, la prétendue charge de premier gentilhomme de la chambre, qu'il avoit eue du temps du roi Henri III. Elle accorda aussi au sieur de Termes la survivance de la charge de premier gentilhomme de la chambre, qu'avoit M. de Bellegarde, et flatta M. de Guise de l'espérance de lui donner la conduite de ses armées.

Tout cela ne plaisoit point au maréchal d'Ancre, qui n'avoit nulle inclination pour ces messieurs-là, et au contraire la conservoit pour M. le prince et ceux de son parti, quoique, pour cette fois, ils eussent sorti de la Cour sans lui donner aucune participation de leur dessein.

Cependant M. de Vendôme, mal gardé au Louvre, se sauve, le 19 de février, par une des portes de sa chambre qu'on avoit condamnée, va en Bretagne, où le duc de Retz se joignit à lui, et lui amassa quelques troupes, commence à faire fortifier Blavet, et se rend maître de Lamballe.

La Reine envoie défendre à tous les gouverneurs des places de le recevoir, et commande au parlement d'empêcher qu'il se lève des gens de guerre en la province.

Le même jour qu'il se sauva, la Reine eut avis que le château de Mézières avoit été remis en la puissance du duc de Nevers, lequel voyant que Descuroles, lieutenant de La Vieuville, qui en étoit gouverneur, ne lui en vouloit pas ouvrir les portes, et sachant, d'autre part, que la place étoit mal munie de tout ce qui étoit nécessaire pour sa défense, envoya quérir deux canons à la Cassine, et en fit venir deux autres de Sédan, à la vue desquels Descuroles se rendit le 18.

Le duc de Nevers en donna avis à la Reine, et fut si effronté que de lui mander que son devoir l'avoit obligé de se saisir de cette place, d'autant que Descuroles n'avoit pu lui en refuser l'entrée, qu'ensuite de quelque conspiration qu'il tramoit contre l'Etat, attendu qu'en lui, comme gouverneur de la province, résidoit l'autorité du Roi, et que Mézières étoit de son patrimoine. Il demandoit aussi que le marquis de La Vieuville fût puni pour avoir donné à Descuroles un tel commandement.

La Reine n'osant pas blâmer ouvertement l'action qu'il avoit faite, se contenta de lui envoyer M. de Prâlin avec une lettre de sa part, par laquelle elle lui commandoit de recevoir, en ladite citadelle, un lieutenant des gardes qu'elle lui envoyoit.

La Reine, agitée par tant de factions qu'elle voyoit dans le royaume, eut quelque pensée de se démettre de la Régence, et aller au parlement pour cet effet. Le maréchal et sa femme étoient si étonnés des menaces que les princes et autres grands leur faisoient, qu'ils n'osoient la déconseiller. Le seul Barbin, auquel la Reine avoit quelque confiance, pour ce qu'il étoit intendant de sa maison, et étoit homme de bon sens, insista au contraire, lui apportant, pour principale raison, le péril auquel, en le faisant, elle mettoit le Roi.

Elle dit qu'on lui avoit donné avis de Bretagne que quelques uns faisoient courir le bruit qu'elle vouloit faire empoisonner le Roi pour avoir continuellement et à toujours la régence; que c'étoit chose horrible de lui imputer telle calomnie; jurant qu'elle choisiroit plutôt la mort que la continuation d'une si pesante charge. De plus, qu'elle savoit tous les mauvais bruits qu'on faisoit courir contre elle-même, contre sa réputation, et que ce n'étoit la première fois qu'on avoit dit que le marquis d'Ancre la servoit, et que, quand les factieux n'en peuvent plus, ils publient divers discours et contre sa personne et contre le gouvernement de l'Etat. Néanmoins, qu'elle est résolue d'achever l'administration, pendant le temps de sa régence, ayant pour principal but de bien servir le Roi, et se tenir bien auprès de lui, et qu'elle pouvoit dire assurément que cela alloit le mieux du monde entre le Roi et elle, et qu'elle prendroit courage, voyant le temps de la majorité approcher, et qu'elle avoit appris de bon lieu que la reine Catherine de Médicis avoit fait déclarer le roi Charles majeur de bonne heure, pour se décharger d'envie, et avoir l'autorité plus absolue sous le nom du Roi son fils.

Il y avoit dans le conseil une grande division, pour résoudre lequel des deux partis la Reine devoit suivre, ou d'aller droit à ces princes avec ce que le Roi avoit de gens de guerre, ou mettre cette affaire en négociation.

Le cardinal de Joyeuse, M. de Villeroy et le président Jeannin étoient d'avis qu'on courût promptement sus aux princes, sans leur donner temps de faire assemblée de gens de guerre, attendu qu'ils n'étoient pas en état de se défendre, mais si foibles, que le seul régiment des gardes et une partie de la cavalerie entretenue, étoient suffisans de les réduire à la raison.

Qu'au moins la Reine leur devoit-elle faire peur, et partir de Paris pour aller jusqu'à Reims ; ce que faisant, elle les contraindroit ou de venir absolument, sans aucune condition, trouver leurs Majestés, ou de se retirer, avec désordre et à leur confusion, hors du royaume, qui, par ce moyen, demeureroit paisible et en état que chacun seroit bien aise d'abandonner le parti des princes et se remettre en son devoir, et que, par ce moyen, elle retireroit Mézières et toute la Champagne et l'Isle-de-France, qui étoient possédées par ceux qui leur devoient être suspects.

Monsieur de Villeroy ajoutoit que si la Reine faisoit autrement, elle tomberoit en la même faute que l'on avoit commise en la première prise des armes de la ligue. Auquel temps si on eût pu prendre un conseil généreux d'aller droit à M. de Guise et à ses partisans, qui étoient plus armés de mauvaise volonté qu'ils ne l'étoient de gens de guerre, dont ils avoient fort petit nombre près d'eux, on eût mis les affaires en état de ne les voir plus réduites à l'extrémité où elles furent depuis.

Le chancelier, qui avoit accoutumé en toutes occurrences de chercher des voies d'accommodement, et prendre des conseils, moyens que César disoit n'être pas moyens dans les grandes affaires, fut de différente opinion, et estima qu'on devoit donner aux princes toutes sortes de contentemens. Il représentoit que tous les grands du royaume, sans presque en excepter aucun, étoient unis avec M. le prince contre l'autorité royale; que la Reine n'avoit que messieurs de Guise et d'Epernon de son côté, et qu'encore étoient-ils en telle jalousie l'un de l'autre, prétendans tous deux à la charge de connétable, qu'ils se haïssoient de mort. Que le parti des huguenots étoit lors très-puissant, qu'ils ne demandoient que le trouble du royaume, expressément pour en profiter, disant ouvertement qu'il falloit qu'ils se fissent majeurs pendant la minorité du Roi, s'ils ne vouloient consentir à se voir un jour absolument ruinés, quand il auroit connu ses forces. Que le gouvernement étant entre les mains d'une femme, et le Roi âgé seulement de douze à treize ans, la prudence requéroit qu'on ne commît rien au hasard, et obligeoit à prendre les moyens de préférer la paix à une guerre, quelque avantageuse qu'elle semblât de prime face.

Le maréchal d'Ancre, qui étoit à Amiens, et en quelque disgrâce, ce lui sembloit, de la Reine, dépêchoit continuellement courrier sur courrier à sa femme, pour la presser à se joindre à l'avis du chancelier, et faire tout ce qu'elle pourroit pour moyenner la paix. Elle le fit; et pendant ces contestations qui tenoient l'esprit de la Reine divisé entre l'estime qu'elle devoit faire du conseil des uns ou des autres, trouvant plus d'accès auprès d'elle et plus de lieu en sa bonne grâce, elle lui fit mal juger de toutes les raisons de M. de Villeroy, les interprétant à dessein qu'il eut d'obliger M. de Guise, lui faisant avoir le commandement des armées, et à son animosité contre le chancelier et le maréchal d'Ancre, qu'il espéroit de ruiner par la guerre. Et ensuite lui fit prendre la résolution d'accommoder les affaires par la douceur ; ce qui n'empêcha pas, néanmoins, d'envoyer en Suisse faire une levée de six mille hommes.

On présenta à la Reine, le 21 de février, de la part de M. le prince, un manifeste en forme de lettre, par lequel il essayoit de justifier le crime de la rebellion que lui et les siens commettoient, et vouloit faire passer pour criminelle l'innocence de la Reine et de son gouvernement. Il n'avoit dessein, disoit-il, que de procurer la réformation des désordres de l'Etat, à laquelle il ne prétendoit parvenir que par remontrances et supplications, lesquelles, pour ce sujet, il commençoit à faire sans armes, auxquelles il ne vouloit avoir recours qu'au cas qu'il fût forcé à repousser les injures faites au Roi par une naturelle, juste et nécessaire défense.

Ses plaintes étoient de tous les maux imaginaires en un Etat, non d'aucune faute réelle dont la régence de la Reine fût coupable. Il se plaignoit que l'Eglise n'étoit pas assez honorée, qu'on ne s'employoit plus aux ambassades, qu'on semoit des divisions dans la Sorbonne, la noblesse étoit pauvre, le peuple étoit surchargé, les offices de judicature étoient à trop haut prix, les parlemens n'avoient pas la fonction libre de leurs charges, les ministres étoient ambitieux, qui, pour se conserver en autorité, ne se soucioient pas de perdre l'Etat. Et ce qui étoit le meilleur est qu'il se plaignoit des profusions et prodigalités qui se faisoient des finances du Roi, comme si ce n'étoit pas lui et les siens qui les eussent toutes reçues, et que, pour gagner temps avec eux, la Reine n'y eût pas été forcée. Pour conclusion, il demandoit qu'on tînt une assemblée des Etats, sûre et libre, que les mariages du Roi et de Madame fussent différés jusqu'alors.

Ceux qui répondirent de la part de la Reine à ce manifeste, y eurent plus d'honneur que de peine; car les raisons qu'ils avoient sur ce sujet, étoient convaincantes et aisées à trouver. Que M. le prince avoit tort de ne lui avoir pas depuis quatre ans remontré toutes ces choses lui-même, et ne l'avoir pas avertie des malversations prétendues sur lesquelles il fondoit ses mécontentemens. Qu'il ne falloit point s'éloigner pour cela de la Cour, et prendre prétexte sur les mariages que lui même avoit approuvés et signés. Que ni l'église, ni la noblesse, ni le peuple ne se plaignent d'être maltraités, ni n'en ont point de sujet, aussi peu la Sorbonne, en laquelle Sa Majesté a tâché de maintenir la bonne intelligence, laquelle ceux qui se plaignent d'elle ont essayé et essayent journellement de troubler, par mauvais desseins, au préjudice du service du Roi et du repos de l'Etat. Que tant s'en faut qu'elle eût appauvri la noblesse, elle leur avoit plus libéralement départi des biens et des honneurs, qu'ils n'en avoient du temps du feu Roi. Que ce n'étoit pas de son temps que les offices de judicature avoient été rendus vénaux, ni qu'elle n'avoit donné occasion à les hausser de prix. Que le peuple a été soulagé, et les levées ordinaires diminuées, nonobstant les grandes dépenses qu'il étoit nécessaire de faire. Que les parlemens avoient toute liberté en l'exercice de la justice. Que c'est l'ordinaire de ceux qui entreprennent contre leurs souverains, de faire semblant de ne se prendre pas à eux, mais à leurs ministres, et, par ce moyen, épargnant en papier leur nom, faire néanmoins tomber sur eux, en effet, tous les reproches dont on charge leurs serviteurs. Que ceux dont elle se sert sont vieillis dans les affaires publiques et dans les charges qu'ils exercent, lesquelles ils sont tous prêts de lui remettre, s'il est jugé expédient pour le bien de l'Etat; mais qu'elle sait qu'ils méritent plutôt récompense que punition. Que les profusions, qu'il appelle, n'ont été faites que pour contenir en leur devoir ceux qui s'en plaignent maintenant, et en ont eu tout le profit. Que si telles gratifications n'ont produit l'effet qu'on en avoit attendu, on ne peut que louer la bonté de la Reine, et accuser l'ingratitude de ceux qui les ont reçues.

Quant aux Etats-Généraux, elle a toujours eu dessein de les assembler à la majorité du Roi, pour rendre compte de son administration ; mais que la demande qu'il fait qu'on les rende sûrs et libres, témoigne qu'il projette déjà des difficultés pour les éluder, ou en faire avorter le fruit devant la naissance. Et enfin que la protestation qu'il fait de vouloir procéder à la réformation de l'Etat par des moyens légitimes et non par armes, est plutôt à désirer qu'à espérer, vu que la liaison des seigneurs mécontens avec lui est un parti, lequel, sans l'autorité du Roi, ne peut être légitime, va le grand chemin à la guerre, est un son de trompette qui appelle les perturbateurs du repos public, et force le Roi à s'y opposer par toutes voies.

Monsieur le prince envoya à tous les parlemens de France la copie du manifeste qu'il envoyoit à la Reine avec une lettre particulière qu'il leur écrivoit pour les convier de lui aider ; mais nul d'eux ne lui fit réponse. Il écrivit à plusieurs cardinaux, princes et seigneurs particuliers, la plupart desquels envoyèrent au Roi leurs paquets fermés.

La Reine, pour n'oublier aucune voie de douceur, envoie à Mézières le président de Thou, pour le trouver et convenir du lieu pour conférer avec lui. Le président alla jusqu'à Sédan, où il étoit allé voir le duc de Bouillon, où, après lui avoir fait ouïr une comédie ou plutôt une satire contre le gouvernement, ils s'accordèrent de la ville de Soissons, où la la conférence fut assignée pour le commencement d'avril.

En ce temps mourut le connétable de Montmorency, chargé d'années; il fut le plus vieil homme de cheval et le meilleur gendarme de son temps, et en réputation d'homme de grand sens, nonobstant qu'il n'eût aucunes lettres, et à peine sût-il écrire son nom.

La persécution que sa maison reçut de celle de Guise, le porta, pour sa conservation, de s'unir avec les huguenots de Languedoc, auxquels le service du Roi l'obligeoit de s'opposer, sans que néanmoins il leur laissât tant prendre de pied qu'ils fussent maîtres des catholiques, tenant les choses en un équilibre, qui, continuant la guerre, lui donnoit prétexte de demeurer toujours armé. Le roi Henri-le-Grand, pour le retirer avec honneur de cette province, où il avoit vécu presque en souverain, lui donna la charge de connétable, que trois de ses prédécesseurs avoient possédée. Sa présence diminua sa réputation, soit que son âge déjà fort avancé eût perdu quelque chose de la vigueur de son esprit, soit que les hommes concevant d'ordinaire les choses absentes plus grandes qu'elles ne sont quand nous les voyons, elles ne correspondent pas à notre attente, ou soit enfin que le peu de satisfaction que le Roi avoit de ses actions passées, l'envie qu'on lui portoit, et la faveur de Sa Majesté, la bienveillance de tous les gens de guerre vers le maréchal de Biron, qui étoit un soleil levant, obscurcissent l'éclat de ce bon homme, qui étoit déjà bien fort en son déclin. A la mort du Roi, sa vieillesse ne lui laissant que l'ombre de ce qu'il avoit été, il désira retourner en son gouvernement, où il mourut au commencement d'avril de la présente année, s'étant, quelque temps auparavant, séquestré des choses temporelles, pour vaquer à la considération de celles du ciel et penser à son salut.

Le 6 d'avril, la Reine fit partir de Paris le duc de Ventadour, les présidens Jeannin et de Thou, les sieurs de Boissise et de Bullion, pour se rendre à Soissons au temps dont ils étoient convenus avec M. le prince. Après plusieurs conférences avec tous, dont la première fut le 14 du mois, et plusieurs autres particulières avec le duc de Bouillon, qui étoit l'âme de cette assemblée, on convint de trois choses. La première fut celle du mariage qu'ils vouloient qui fût sursis jusqu'à la fin des Etats, qu'on leur accorda de l'être jusqu'à la majorité du Roi ; la seconde, les Etats libres demandés en apparence pour réformer l'Etat, mais, en effet, pour offenser la Reine et les ministres ; la troisième, le désarmement du Roi, qu'ils vouloient être fait en même temps qu'ils désarmeroient ; mais qu'on ne leur accorda qu'après qu'ils auroient désarmé les premiers.

Durant plusieurs allées et venues, qui se firent de Paris à Soissons pendant cette conférence, l'armée du Roi se faisoit toujours plus forte en Champagne, et la levée des six mille Suisses y arriva, dont M. le prince prit ombrage ; et, écrivant à la Reine qu'il laissoit messieurs du Maine et de Bouillon pour parachever le traité, il s'en alla avec le duc de Nevers et le peu de troupes qu'il avoit à Sainte-Menehould, où le gouverneur, lui ayant du commencement refusé les portes, le laissa entrer dès le lendemain.

Cette nouvelle arrivée à la Cour fortifia l'opinion de ceux qui déconseilloient à la Reine d'entendre aux conditions de paix qu'on lui avoit apportées. On parla d'assembler les troupes du Roi en un corps d'armée, et en donner la conduite à M. de Guise. La Reine néanmoins voulut encore une fois dépêcher vers M. le prince, et choisit le sieur Vignier, intendant de ses affaires, qui lui rapportant le désir qu'avoit M. le prince que les députés s'avançassent à Rethel, la Reine leur en fit expédier la commission le 5 de mai; ensuite de laquelle y étant allé, le tout se termina en divers intérêts particuliers, qui passèrent à l'ombre des trois concessions générales prétendues pour le bien public, lesquelles avoient été accordées à Soissons.

Les intérêts particuliers avoient plusieurs chefs. M. le prince eut Amboise; il en demandoit le gouvernement pour toujours, prétendant qu'il lui fût nécessaire pour sa sûreté. On le lui accorda en dépôt seulement, et ce jusqu'à la tenue des Etats; mais, outre cela, on lui promit et paya quatre cent cinquante mille livres en argent comptant.

Monsieur du Maine, trois cent mille livres en argent pour se marier, et la survivance du gouvernement de Paris, pour se rendre plus considérable en l'Isle-de-France, dont il étoit gouverneur. M. de Nevers, le gouvernement de Mézières et la coadjutorerie de l'archevêché d'Auch.

Monsieur de Longueville, cent mille livres de pension. Messieurs de Rohan et de Vendôme comparoissoient par procureurs. M. de Bouillon eut le doublement de ses gendarmes, et l'attribution de la connoissance du taillon, comme premier maréchal de France. Toutes ces conditions étant accordées entre les commissaires du Roi et des princes, M. de Bullion fut député pour le porter à la Reine, où il trouva les choses bien autrement qu'il n'eût pensé.

Car, le cardinal de Joyeuse, les ducs de Guise et d'Epernon, et le sieur de Villeroy, qui étoient réunis ensemble pour empêcher la paix, agirent de telle sorte vers l'esprit de la Reine, par la princesse de Conti, passionnée aux intérêts du duc de Guise, qui prétendoit être connétable par la guerre, que bien que le chancelier, le maréchal et la maréchale, et le commandeur de Sillery, fissent tous leurs efforts pour la paix, ils n'y pouvoient porter l'esprit de la Reine.

Monsieur de Villeroy et le président Jeannin s'opposoient particulièrement à livrer Amboise à M. le prince, remontrant de quelle conséquence étoit cette place, à cause de sa situation sur une grande rivière proche de ceux de la religion.

Cette contestation dura quelque temps entre les plus puissans de la Cour. Le duc d'Epernon voulut même faire une querelle d'Allemand au sieur de Bullion, à qui il tint des paroles fort aigres pour le détourner de favoriser la paix; mais tant s'en faut qu'il s'en abstint pour ce sujet, que, s'étant plaint à la Reine de son procédé, il prit occasion de lui faire connoître que le duc et ses adhérens agissoient avec d'autant d'artifice et de violence, qu'ils ne le pouvoient faire par raison.

Enfin le sieur de Villeroy, qui d'abord se portoit à la guerre, ayant vu que la proposition qu'il avoit faite à la Reine de chasser le chancelier, duquel il s'étoit séparé depuis la mort de la dame de Puisieux qui étoit sa petite-fille, ne réussissoit pas, se porta à la paix en se réunissant avec le maréchal d'Ancre qui la désiroit.

D'autre part, la princesse de Conti et la maréchale d'Ancre étant venues aux grosses paroles sur le sujet des affaires présentes, la dernière, outrée de l'insolence de la princesse, fit si bien connoître à la Reine que, si la guerre étoit, elle seroit tout-à-fait sous la tyrannie de la maison de Guise, qu'elle se résolut à la paix.

Pour la conclure avec les formalités requises, on assembla les premiers présidens et gens du Roi des compagnies souveraines de Paris, prévôt de ladite ville, grands du royaume et ministres, qui tous ensemble approuvèrent les conditions portées ci-dessus. Le sieur de Bullion retourna à Sainte-Menehould, où étoient les princes, où la paix fut signée le 15 de mai.

Cependant le marquis de Cœuvres revint d'Italie, où l'on l'avoit dépêché l'année passée, et arriva à la Cour le 10 de mai. Passant par Milan, il vit le gouverneur, pour lequel il avoit des lettres, et reçut de lui un bon traitement en apparence, et témoignage de confiance sur le sujet pour lequel il avoit été dépêché; mais il ne fut pas sitôt arrivé à Mantoue, qu'il reconnut bien, par effet, la jalousie qu'il y avoit que leurs Majestés prissent part aux affaires d'Italie, et voulussent employer leur autorité pour les accorder; car il dépêcha en même temps secrètement un Cordelier, pour persuader au duc de Mantoue qu'il ne devoit entendre aux propositions que ledit marquis lui feroit de la part du Roi; et, de peur que les raisons du Cordelier ne fussent suffisantes, il envoya encore le prince de Castillan, qui étoit commissaire impérial, pour lui faire la même instance au nom de l'Empereur; et, afin que cela ne parût point, le commissaire se tint caché en une des maisons du duc près de Mantoue. Mais tous ces artifices n'eurent pas assez de pouvoir sur l'esprit du duc pour le faire entrer en soupçon d'aucun conseil qui lui fut donné de la part de Sa Majesté; à quoi déférant entièrement, il pardonna au comte Gui de Saint Georges et à tous ses autres sujets rebelles de Montferrat, renonça à toutes les prétentions que lui et ses sujets pouvoient justement avoir, à cause des ruines et dégâts de la guerre injuste que le duc de Savoie lui avoit faite, promit de se marier avec la princesse Marguerite, et se soumettre à des arbitres qui jugeroient tous leurs différends avant la consommation du mariage. Il dépêcha à la Cour un courrier avec tous ces articles, avec ordre, si leurs Majestés les agréoient, de le faire passer en Espagne, ou de se remettre à la Reine, si elle le vouloit, pour, par ses offices, y faire consentir les Espagnols.

Cela fait, le marquis de Cœuvres ayant exécuté ce qui lui avoit été commis, se remet en chemin pour retourner. Le duc de Savoie, quand il passa à Turin, lui témoigna agréer tout ce qui avoit été arrêté; mais, crainte que les Espagnols traverseroient l'accommodement entier entre lui et le duc de Mantoue, il se servoit de ce prétexte pour ne pas désarmer.

Il arriva à Paris, le 10 de mai, à propos pour être peu après envoyé à M. de Vendôme, lui conseiller de revenir en son devoir. Car, en cette paix qui avoit été faite, les ennemis du Roi ayant obtenu pardon, sans réparer leur faute, et reçu des bienfaits, sinon à cause, au moins à l'occasion du mal qu'ils avoient fait, et de peur qu'ils en fissent davantage, tant s'en faut qu'ils perdissent la mauvaise volonté qu'ils avoient au service du Roi, qu'ils s'y affermirent davantage par l'impunité avec laquelle ils voyoient qu'ils la pouvoient exécuter. Nonobstant toutes les promesses qu'avec serment messieurs le prince et de Bouillon firent au président Jeannin de demeurer à l'avenir dans une fidélité exacte au service du Roi, ni l'un ni l'autre ne revint à la Cour, comme ils avoient donné à entendre qu'ils feroient; mais M. de Bouillon alla à Sédan, et M. le prince n'approcha pas plus près que Valery, d'où il écrit à la Reine, qui lui envoya Descures, gouverneur d'Amboise, qui lui remit la place en ses mains, de laquelle il alla incontinent après prendre possession. Le duc de Nevers s'en alla à Nevers; le duc de Vendôme étoit en Bretagne; M. de Longueville vint saluer le Roi, mais demeura peu de jours près de sa personne; M. du Maine y vint, qui y demeura davantage, et étoit très-bien venu de leurs Majestés.

Le seul duc de Vendôme témoignoit ouvertement n'être pas content de la paix; le duc de Retz et lui, prétendant qu'on n'y avoit pas eu assez d'égard à leurs intérêts, voulurent essayer de la désavantager, et gagner quelque chose de plus pour eux-mêmes; de sorte que non-seulement ledit duc de Vendôme ne se mettoit en devoir de raser Lamballe et Quimper, selon qu'il étoit obligé, mais surprit encore la ville et château de Vannes par l'intelligence d'Aradon, qui étoit gouverneur, et faisoit beaucoup d'actes d'hostilités en cette province.

La Reine ne crut pas pouvoir envoyer vers lui personne qui pût gagner davantage sur son esprit, que le marquis de Cœuvres, qui n'en rapporta néanmoins plus grand fruit; ce qui obligea la Reine à le lui envoyer encore une fois, avec menaces que le Roi useroit de remèdes extrêmes, si volontairement il ne se mettoit à la raison.

Elle changea seulement l'ordre du rasement de Blavet en un commandement de faire sortir la garnison qui y étoit pour en faire entrer une des Suisses. La crainte obligea M. de Vendôme à signer toutes les conditions que l'on désiroit de lui; mais, pour les avoir signées, il ne se hâtoit néanmoins pas encore de les exécuter.

Tandis que la maison de Guise tenoit le haut du pavé, et que le mauvais gouvernement des autres princes la rendoit recommandable, elle reçut une grande perte en la mort du chevalier de Guise, qui arriva le premier jour de juin. C'étoit un prince généreux, et qui faisoit beaucoup espérer de lui; mais le duc de Guise, qui en faisoit son épée, le nourrissoit au sang, et lui avoit fait entreprendre deux mauvaises actions: l'une contre le marquis de Cœuvres, l'autre contre le baron de Lus, la dernière desquelles il exécuta à son malheur; car Dieu, qui hait le meurtre et le sang innocent répandu, le punit, et fit qu'il répandit le sien même par sa propre main; car étant à Baux, en Provence, il voulut, par galanterie, mettre le feu à un canon, qui créva et le blessa d'un de ses éclats, dont il mourut deux heures après, non sans reconnoître qu'il méritoit ce genre de mort cruelle et avancée.

Environ ce temps, le parlement fit brûler, par la main du bourreau, un livre de Suarez, jésuite, intitulé : *La Défense de la foi catholique, apostolique, contre les erreurs de la secte d'Angleterre;* comme enseignant qu'il étoit loisible aux sujets et aux étrangers d'attenter à la personne des souverains. Et, pour ce que ce livre étoit nouvellement imprimé et apporté en France, nonobstant la déclaration des Pères et le décret de leur général, de l'an 1610, la Cour fit venir les pères jésuites Ignace Armand, Fronton du Duc, Jacques Sirmond, et fit prononcer ledit arrêt en leur présence, leur enjoignant de faire en sorte, vers leur général, qu'il renouvelât ledit décret, et qu'il fût publié, et d'exhorter le peuple en leurs prédications en une doctrine contraire. Cet arrêt de la cour fut si mal reçu à Rome, par les faux donnés à entendre de ceux qui y étoient intéressés, que Sa Sainteté fut sur le point d'excommunier le parlement, et de traiter leur arrêt comme ils avoient fait le livre de Suarez. Mais quand l'ambassadeur du Roi l'eut informé de la procédure et du fait, Sa Sainteté, bien loin de condamner ledit arrêt, donna un bref et décret confirmatif de la détermination du concile de Constance en ce sujet, laquelle le parlement avoit suivie en son arrêt.

Tandis que le parlement travailloit à Paris contre les pères jésuites, M. le prince en avoit à Poitiers contre l'évêque. On s'aperçut en cette ville, au temps que l'on a accoutumé d'élire un maire, qui est le lendemain de la Saint-Jean, de quelques menées de sa part; on y découvrit un parti formé pour lui, duquel Sainte-Marthe, lieutenant-général, et quelques autres des principaux officiers étoient. Le 22 du mois, un nommé Latrie, qui étoit à M. le prince, fut attaqué dans la ville, et blessé d'un coup de carabine par quelques habitans, qui se retirèrent dans l'évêché. M. le prince part d'Amboise, se présente aux portes, que l'évêque (auquel la Reine, dès le commencement de ces mouvemens, avoit écrit et commandé de ne laisser entrer aucun des grands en ladite ville) lui fit refuser. M. le prince demandant à parler à quelqu'un, un nommé Berland se présenta, qui lui dit qu'on ne le laisseroit point entrer; et, sur ce qu'il l'interrogea de la part de qui il lui faisoit cette réponse, il lui dit que c'étoit de la part de dix mille hommes armés, qui étoient dans la ville, qui mourroient plutôt que de l'y laisser entrer, et qu'il le prioit de se retirer, ou qu'on tireroit sur lui.

Le duc de Rouanais, gouverneur de la ville, affidé à M. le prince, y alla le 25; mais il fut contraint de prendre le logis de l'évêque pour asile, et ceux de la ville, refusant de lui obéir, et protestant qu'ils ne reconnoissoient lors personne que l'évêque, il en sortit deux jours après. M. le prince se retira à Châtellerault, d'où il écrivit à la Reine une lettre de plaintes, lui demandant justice de l'évêque et de ceux qui avoient été contre lui; puis, ayant amassé quelque noblesse, et le marquis de Bonnivet lui ayant amené un régiment, il alla loger à Dissé, maison épiscopale, et autres lieux à l'entour de Poitiers, qui envoyèrent demander assistance à la Reine, et la supplier de les dégager de M. le prince.

La Reine lui manda qu'elle lui feroit faire justice, et qu'elle attribuoit au parlement la connoissance de ce qui s'étoit passé en cette affaire, pour en juger selon les lois; et, afin qu'on ne pût prendre aucun prétexte pour ne pas exécuter le traité de Sainte-Menehould, la Reine fit vérifier, le 4 de juillet, une déclaration du Roi, portant que Sa Majesté avoit été bien informée que le sieur prince et tous ceux de son parti n'avoient eu aucune mauvaise intention contre son service, et partant avouoit tout ce qu'ils avoient fait, et ne vouloit pas qu'ils en pussent être jamais recherchés. Tout cela ne put pas faire retirer M. le prince, qui muguetoit cette ville, et auquel la lâcheté du gouvernement passé faisoit peu appréhender l'avenir.

M. de Villeroy persistoit au conseil généreux qu'il avoit toujours donné, qui étoit que le Roi et la Reine s'acheminassent en ces quartiers-là; joint que M. de Vendôme, qui étoit en Bretagne, n'obéissoit non plus que s'il n'eût point signé le traité.

M. le chancelier étoit d'avis contraire, auquel le maréchal d'Ancre, et sa femme se joignoient; et la chose se traitoit avec tant d'animosité de part et d'autre, qu'il y eut beaucoup de paroles d'aigreur entre eux et ceux qui étoient d'avis du voyage.

Mais enfin, la Reine s'étant mal trouvée des premiers conseils de M. le chancelier, et d'avoir voulu éviter le naufrage en cédant aux ondes, suivit pour cette fois le conseil de M. de Villeroy, nonobstant tous les offices du maréchal et de sa femme, et se résolut de résister au temps, faire force à la tempête, et mener le Roi à Poitiers et en Bretagne. Elle le fit partir le 5 de juillet. Le maréchal et sa femme s'estimant ruinés, n'osèrent accompagner leurs Majestés en ce voyage, mais demeurèrent à Paris.

La Reine étant arrivée à Orléans, dépêcha M. du Maine vers M. le prince; croyant qu'ayant été de son parti il auroit plus de pouvoir de le faire retirer; mais son voyage n'eut autre fin, sinon que M. le prince, voyant le Roi s'approcher de lui, dit qu'il s'en alloit à Châteauroux, où il attendroit la satisfaction de l'offense qu'il avoit reçue, et fut voir en passant M. de Sully, sous prétexte de le ramener en son devoir, mais en intention toute contraire.

Elle renvoya aussi d'Orléans, pour la troisième fois, au duc de Vendôme, le marquis de Cœuvres, et fit expédier en ladite ville, le 14 de juillet, une déclaration en faveur dudit duc, par laquelle le Roi le rétablissoit dans les fonctions de sa charge de gouverneur de Bretagne, et commandoit aux villes de le laisser entrer comme elles avoient accoutumé auparavant ces mouvemens.

M. le prince éprouva lors combien peu de chose étoit le gouvernement d'Amboise, qu'il avoit désiré avec tant de passion, vu que ceux qui y commandoient en apportèrent les clefs à leurs Majestés à leur passage, lesquelles elles laissèrent néanmoins entre leurs mains.

A leur arrivée à Tours, la nouvelle leur ayant été apportée de l'éloignement de M. le prince, ceux qui avoient déconseillé le voyage voulurent persuader la Reine de retourner à Paris; mais la venue de l'évêque de Poitiers avec deux cents habitans, qui représentèrent la ville en péril à cause de l'absence des principaux magistrats d'icelle, qui, ayant été soupçonnés d'être contre le service du Roi, avoient été obligés de se retirer, leurs Majestés s'y acheminèrent, furent reçues avec applaudissement de tout ce peuple, y mirent l'ordre nécessaire, et firent résigner à Rochefort sa charge de lieutenant de roi en Poitou, en faveur du comte de La Rochefoucault.

Toutes choses succédant si heureusement en ce voyage, messieurs de Guise, d'Epernon et de Villeroy étoient en faveur et gouvernoient tout, et on ne faisoit qu'attendre l'heure que le chancelier seroit chassé, ce que, si le sieur de Villeroy eût fait alors, il se fût garanti de beaucoup de maux que le chancelier lui fit depuis.

Le commandeur de Sillery croyoit tellement son frère et lui ruinés, qu'il traita et tomba quasi d'accord de sa charge de premier écuyer de la Reine, avec le sieur de La Trousse; Barbin seul l'empêchant, lui représentant que l'honneur l'obligeoit à ne s'en point défaire sans en parler au maréchal d'Ancre, par la faveur duquel il la tenoit.

Le duc de Vendôme, nonobstant l'approche du Roi, demeura toujours dans son opiniâtreté, ne désarmant ni rasant les fortifications de Lamballe et de Quimper, ni ne recevant la garnison de Suisses dans Blavet, jusques à ce qu'il sût que leurs Majestés fussent arrivées à Nantes, où, pour sa sûreté, on lui fit expédier, le 13 d'août, une déclaration semblable à celle qui lui avoit été envoyée d'Orléans, et lors seulement il se rendit à son devoir.

Le Roi tenant ses Etats à Nantes, il fut étonné des excès et violences dont avoient usé les troupes de

M. de Vendôme, desquelles les Etats lui firent des plaintes, suppliant Sa Majesté qu'il lui plût ne point comprendre dans l'abolition qu'il leur donnoit de leurs crimes, ceux qui avoient fait racheter les femmes aux maris, les filles et les enfans aux pères et mères, les champs ensemencés aux propriétaires, et ceux qui, pour exiger de l'argent, avoient donné la gêne ordinaire et extraordinaire, et pendu ou autrement fait mourir les hommes, ou les avoient rançonnés pour ne pas brûler les maisons, ou mettre le feu à leurs titres et enseignemens ; ce qui fit tant d'horreur à leurs Majestés et à leur conseil, qu'elles déclarèrent qu'ayant mieux aimé oublier que venger les injures faites à leur particulier, elles entendoient que les crimes susnommés qui concernent le public, fussent sévèrement punis selon la rigueur des ordonnances. Le Roi ayant pacifié ces deux provinces, le Poitou et la Bretagne, retourna à Paris, et y arriva le 16 de septembre.

Durant ce voyage, le prince de Conti mourut à Paris le 13 d'août, sans enfans, n'ayant eu qu'une fille de son second mariage avec mademoiselle de Guise. Il étoit prince courageux, et qui s'étoit trouvé auprès de Henri-le-Grand à la bataille d'Ivry, et en plusieurs autres occasions où il avoit très-bien fait ; mais il étoit si bègue qu'il étoit quasi muet, et n'avoit pas plus de sens que de parole.

M. le prince arriva treize jours après le Roi à Paris, pour l'accompagner au parlement, où il devoit être déclaré majeur le 2 d'octobre, suivant l'ordonnance du roi Charles V, par laquelle les rois de France entrent en majorité après treize ans accomplis.

Le jour précédent, Sa Majesté fit expédier une déclaration, par laquelle elle confirmoit de nouveau l'édit de pacification, renouveloit la défense des duels et celle des blasphèmes.

Le lendemain, cette cérémonie se passa avec un grand applaudissement de tout le monde, la Reine y ayant remis au Roi l'administration de son gouvernement. Sa Majesté, après l'avoir remerciée de l'assistance qu'il avoit reçue d'elle en sa minorité, la pria de vouloir prendre le même soin de la conduite de son royaume, et fit vérifier la déclaration susdite qu'il avoit fait expédier le jour auparavant.

Le 13 du mois, il mit, avec la Reine sa mère, la première pierre au pont que leurs Majestés, pour la décoration et commodité de la ville, trouvèrent bon de faire construire pour passer de la Tournelle à Saint-Paul, et en donnèrent la charge à Christophle Marie, bourgeois de Paris, moyennant les deux îles de Notre-Dame que leurs Majestés achetèrent, et lui donnèrent en propre pour subvenir aux dépenses dudit pont.

Lors il ne fut plus question que de la tenue des Etats, que dès le 9 de juin l'on avoit convoqués au 10 de septembre en la ville de Sens ; mais les affaires du Poitou et de la Bretagne les firent remettre au 1er d'octobre ensuivant ; puis à quelques jours de là, le Roi les fit assigner à Paris et non à Sens.

M. le prince ne vit pas plutôt la Reine résolue de les assembler, qu'il lui fit dire sous main que, si elle vouloit, il ne s'en tiendroit point, et qu'eux-mêmes, qui les avoient demandés, y consentiroient les premiers. Mais le conseil, prévoyant très-prudemment que, quoi que dissent ces princes, ce seroit le premier sujet de leurs plaintes au premier mécontentement qu'ils prendroient, et que ce prétexte seroit spécieux pour animer le peuple contre son gouvernement, et pour justifier leur première rébellion, et la seconde qu'ils recommenceroient encore, s'affermit à les tenir, d'autant plus qu'ils la sollicitoient de ne le pas faire. A quoi l'exemple de Blanche, mère de Saint Louis, la fortifioit, qui fit tenir à l'entrée de la majorité de son fils une semblable assemblée; par le conseil de laquelle elle pourvut si bien aux affaires de son royaume, que la suite de son règne fut pleine de bénédictions.

Quand les princes la virent en cette résolution, ils remplirent de brigues toutes les provinces, pour avoir des députés à leur dévotion, et faire grossir leurs cahiers de plaintes imaginaires : ce qui leur réussit toutefois au contraire de ce qu'ils pensoient, nonobstant que, durant lesdits Etats, tous les esprits factieux vinssent à Paris pour fortifier M. le prince, qui y étoit en personne, et qu'on ne vît jamais tant de brigues et factions; jusque-là même que M. le prince même voulut aller se plaindre ouvertement du gouvernement de la Reine, et l'eût fait, si Saint-Geran ne l'eût été trouver à son lever, et ne lui en eût fait défenses expresses de la part de Sa Majesté.

L'ouverture de cette célèbre compagnie fut le 24 du mois d'octobre (1) aux Augustins. Il s'émut en l'ordre ecclésiastique une dispute pour les rangs, les abbés prétendant devoir précéder les doyens et autres dignités de chapitres. Il fut ordonné qu'ils se range-

(1) Les Etats furent ouverts le 27 et non le 24 octobre.

roient et opineroient tous confusément, mais que les abbés de Citeaux et de Clervaux, comme étant chefs d'ordres et titulaires, auroient néanmoins la préférence.

Les hérauts ayant imposé silence, le Roi dit à l'assemblée qu'il avoit convoqué les Etats pour recevoir leurs plaintes et y pourvoir. Ensuite le chancelier prit la parole, et conclut que Sa Majesté permettoit aux trois ordres de dresser leurs cahiers, et leur y promettoit une réponse favorable.

L'archevêque de Lyon, le baron de Pont-Saint-Pierre, et le président Miron, firent, l'un après l'autre, pour l'Eglise, la noblesse et le tiers-état, les très-humbles remercîmens au Roi de sa bonté et du soin qu'il témoignoit avoir de ses sujets, de l'obéissance et fidélité inviolable desquels ils assuroient Sa Majesté, à laquelle ils présenteroient leurs cahiers. Cela fait, on se sépara, et, durant le reste de l'année, chacune des trois chambres travailla à la confection desdits cahiers.

M. le prince, ayant su que les Etats, jusqu'à l'assemblée desquels seulement il avoit reçu en dépôt la ville et château d'Amboise, avoient résolu de faire instance qu'il les remît entre les mains du Roi, les prévint, au grand regret du maréchal d'Ancre, qui soupçonna qu'il avoit rendu cette place pour l'obliger par son exemple à rendre celles qu'il avoit. Le château d'Amboise fut donné à Luynes, qui commença à entrer dans les bonnes grâces du Roi, parce qu'il se rendit agréable en ses plaisirs.

Le maréchal d'Ancre, qui de long-temps regardoit de mauvais œil messieurs de Souvray, père et fils, leur

portant envie pour la crainte qu'il avoit qu'ils gagnassent trop de crédit dans l'esprit du Roi, eut dessein d'élever celui-ci pour le leur opposer, et fit office auprès de la Reine pour lui donner ce gouvernement, lui représentant qu'elle feroit choses qui contenteroient fort le Roi, et que ce seroit une créature qu'elle auroit près de lui.

Mais, pour ce que ce jour est le premier auquel commence à poindre la grandeur à laquelle on l'a vu depuis élevé, il est bon de remarquer ici de quel foible commencement il est parvenu jusques à cette journée, qu'on peut dire l'aurore d'une fortune si prodigieuse.

Son père, nommé le capitaine Luynes, étoit fils de maître Guillaume Ségur, chanoine de l'église cathédrale de Marseille. Il s'appela Luynes, d'une petite maison qu'avoit ledit chanoine, entre Aix et Marseille, sur le bord d'une rivière nommée Luynes, et prit le surnom d'Albert, qui étoit celui de sa mère, qui fut chambrière de ce chanoine.

Ayant un frère aîné, auquel son père laissa le peu de bien qu'il avoit, et n'ayant en sa part que quelque argent comptant, il se fit soldat, et s'en alla à la Cour, où il fut archer de la garde du corps, fut estimé homme de courage, fit un duel dans le bois de Vincennes avec réputation, et enfin obtint le gouvernement du Pont-Saint-Esprit, où il se maria à une demoiselle de la maison de Saint-Paulet, qui avoit son bien dans Mornas. Ils y acquirent une petite maison du président d'Ardaillon, d'Aix en Provence, qu'on appeloit autrement M. de Montmiral, une métairie chétive, nommée Brante, assise sur une roche, où il fit planter une vigne, et une île que le Rhône a quasi toute mangée, appelée Cadenet, au lieu de laquelle, pour ce qu'elle ne paroît quasi plus, on montre une autre nommée Limen. Tous leurs biens et leurs acquêts pouvoient valoir environ douze cents livres de rente. A peu de temps de là, il leur fallut quitter le Pont-Saint-Esprit, pour ce que sa femme devant beaucoup à un boucher qui les fournissoit, ayant un jour envoyé pour continuer à y prendre sa provision, le boucher ne se contenta pas de la refuser simplement, mais le fit avec telle insolence, qu'il lui manda que, n'ayant jusques alors reçu aucun paiement de la viande qu'il lui avoit vendue, il n'en avoit plus qu'une pièce à son service, dont, se conservant la propriété, il lui donneroit, si bon lui sembloit, l'usage, sans en rien demander. Cette femme hautaine et courageuse reçut cette injure avec tant d'indignation, qu'elle alla tuer celui de qui elle l'avoit reçue, en pleine boucherie, de quatre ou cinq coups de poignard. Après quoi ils se retirèrent à Tarascon.

Ils eurent trois fils et quatre filles de ce mariage : l'aîné fut appelé Luynes, le deuxième Cadenet, et le troisième Brante.

L'aîné fut page du comte du Lude; à son hors de page, il demeura avec lui, et le suivit quelque temps avec ses deux frères, qu'il y appela. Ils étoient assez adroits aux exercices, jouoient bien à la longue et courte paume et au ballon. M. de La Varenne, qui les connoissoit, à cause que la maison du Lude est en Anjou, province d'où il est natif, et avoit le gouvernement de la capitale ville, les mit auprès du feu Roi, et fit donner à l'aîné quatre cents écus de pension, dont ils s'entretenoient tous trois : depuis il la leur fit augmenter jusqu'à douze cents écus. L'union étroite qui étoit entre eux les faisoit aimer et estimer ; le Roi les mit auprès de M. le Dauphin, en la bonne grâce duquel ils s'insinuèrent par une assiduité continuelle, et par l'adresse qu'ils avoient à dresser des oiseaux.

Le Roi, à mesure qu'il croissoit en âge, augmentant sa bienveillance envers l'aîné, il commença à se rendre considérable. Le maréchal d'Ancre, voyant l'inclination du Roi à l'aimer, pour se l'obliger et plaire à Sa Majesté tout ensemble, lui fit donner ledit gouvernement d'Amboise, que M. le Prince remettoit entre les mains de Sa Majesté, espérant que, reconnoissant le bien qu'il avoit reçu de lui, il lui seroit un puissant instrument pour dissiper les mauvaises impressions qu'on donneroit au Roi à son désavantage. En quoi paroît combien est grand l'aveuglement de l'esprit de l'homme, qui fonde son espérance en ce qui doit être le sujet de sa crainte ; car le maréchal ne recevra mal que de celui de qui il attend tout le contraire, et Luynes, qu'il regardoit comme un des principaux appuis de sa grandeur, non-seulement le mettra par terre, mais ne bâtira sa fortune que sur les ruines de la sienne.

Il eut quelque peine à y faire consentir la Reine ; mais lui ayant représenté que le Roi avoit quelque inclination vers ledit de Luynes, et qu'entre ceux qui le suivoient il avoit meilleure part en son jeune esprit, elle crut faire bien de se l'acquérir pour serviteur, et lui acheta la ville et château d'Amboise plus de cent mille écus. En quoi elle commet une erreur assez ordinaire entre les hommes, d'aider ceux qu'ils voient s'élever plus qu'ils ne désireroient, n'osant ouvertement s'opposer à eux, et espérant de les pouvoir gagner par leurs bienfaits, sans prendre garde que cette considération-là n'aura pas un jour tant de force pour nous en leur esprit, qu'en aura contre nous le propre intérêt de leur ambition démesurée, qui ne peut souffrir de partager l'autorité qu'elle désire avoir seule, ni moins la posséder avec dépendance d'autrui.

Le respect dont M. le prince usa en cette occasion, de rendre au Roi cette place, suivant la condition avec laquelle il l'avoit reçue, sans attendre qu'on la lui demandât, ne fut pas suivi du duc d'Epernon, qui, à la face des Etats, usa d'une violence inouie contre l'honneur dû au parlement.

Un soldat du régiment des gardes fut mis prisonnier au faubourg Saint-Germain, pour avoir tué en duel un de ses camarades. Le duc d'Epernon prétendant, comme colonel général de l'infanterie française, en devoir être le juge, l'envoya demander. Sur le refus qui lui en fut fait, il tire quelques soldats d'une des compagnies qui étoient en garde au Louvre, fait briser les prisons et enlever le soldat.

Le bailli de Saint-Germain en fait sa plainte à la Cour, le 15 de novembre; elle commet deux conseillers pour en informer. Le duc d'Epernon, offensé de ce qu'on y travailloit, va, le 19 du mois, au palais, si bien accompagné qu'il ne craignoit point qu'on lui pût faire mal; et, à la levée de la Cour, les siens, se tenant en la grande salle et en la galerie des Merciers, se moquoient de Messieurs du parlement, à mesure qu'ils sortoient, et aux paroles et gestes de mépris ajoutèrent quelques coups d'éperons, dont ils perçoient et embarrassoient leurs robes; de sorte qu'aucuns furent contraints de retourner, et ceux qui n'étoient pas encore sortis, se tinrent enfermés jusqu'à ce que cet orage fût passé.

Cette action sembla si atroce, que chacun prit part à l'offense. La cour s'assembla le 24 de novembre, qui étoit le jour de l'ouverture du parlement, pour délibérer quelle punition elle prendroit de ce crime, où, non-seulement la justice avoit été violée au bris de la prison du faubourg Saint-Germain, la sûreté de la personne du Roi méprisée, par l'abandonnement de ses gardes, qui ont été tirés de leur faction pour employer à cet attentat, mais la majesté royale même foulée aux pieds en l'injure faite à son parlement, et tout cela à la vue des Etats.

La Reine n'étoit pas en état de prendre aucune résolution généreuse sur ce sujet, pour ce qu'elle n'avoit entière confiance en aucun des ministres, ni aucun d'eux aussi assez d'assurance de sa protection, pour lui oser donner un conseil qui le chargeât de la haine d'un grand, joint qu'elle étoit en défiance de M. le prince et de tous ceux de son parti, et partant avoit quelque créance aux ducs de Guise et d'Epernon; ce qui fit qu'elle envoya au parlement le sieur de Praslin avec une lettre du Roi, par laquelle il leur commandoit de surseoir pour deux jours la poursuite de cette affaire, et que cependant il aviseroit pour donner contentement à la cour. Ils en étoient déjà aux opinions quand il arriva; néanmoins, ils ne passèrent pas outre, mais ordonnèrent que le parlement ne seroit point ouvert jusques alors.

Toute la satisfaction que le parlement en reçut, fut que le soldat fut remis dans la prison de Saint-Germain. Le duc d'Epernon alla trouver la cour le 29, où, sans faire aucune mention de l'affront qu'il lui avoit fait dans la grande salle et la galerie des Merciers, il dit simplement qu'il étoit venu au Palais ledit jour, pensant venir rendre compte à la cour de l'action de l'enlèvement du soldat; mais que le malheur s'étoit rencontré qu'elle étoit levée, ce que les malveillans avoient mal interprété; qu'il supplioit la cour de perdre à jamais la mémoire ce qui s'étoit passé; qu'il les honoroit et étoit en volonté de les servir tous en général et en particulier.

Si le duc d'Epernon fit peu de compte du Roi et de son parlement, le maréchal d'Ancre n'en fit pas davantage de l'assemblée des Etats, que l'on publioit être pour mettre ordre aux confusions qui étoient dans le royaume, et principalement à celle qui étoit dans les finances, dont la plupart des autres tiroient leur origine; car, lorsque l'on parloit de modérer l'excès des dépenses du Roi, il fit impudemment créer des offices de trésoriers des pensions, dont il tira dix-huit cent mille livres.

Les huguenots aussi, en la ville de Milhaud, se soulevèrent, la veille de Noël, contre les catholiques, les chassèrent de la ville, entrèrent dans l'église, y brisèrent le crucifix, les croix et les autels, rompirent les reliquaires, et, ce qui ne se peut écrire sans horreur, foulèrent le Saint Sacrement aux pieds, duquel excès et sacrilége il ne fut pas tiré grande raison.

Tandis qu'en France nos affaires étoient dans cet

état, et que la Reine, d'un côté, étoit occupée à garantir le royaume de la mauvaise volonté des grands, et d'autre part s'y comportoit avec tant de foiblesse, la puissance d'Espagne se faisoit craindre en Italie, et se fortifioit en Allemagne. En Italie, nonobstant que le marquis de Cœuvres y eût laissé les affaires en train d'accommodement, l'ambition néanmoins du duc de Savoie en continua non-seulement le trouble, mais l'augmenta, en ce que les Espagnols agréant les articles qui avoient été concertés, et dont nous avons parlé ci-dessus, et faisant instance audit duc de désarmer, il le refusa. Davantage il commença à se plaindre d'eux, demandant le paiement de soixante mille livres par an, que Philippe II, son beau-père, avoit, par contrat de mariage, données à l'Infante sa femme, dont il lui étoit dû huit années d'arrérages; et d'autres huit mille écus de ce qui lui avoit été semblablement promis, et dont il lui étoit dû aussi des arrérages. Le roi d'Espagne, employant le nom de l'Empereur pour mieux colorer son procédé, lui fit faire, le 8 de juillet, un commandement de la part de Sa Majesté impériale, de licencier ses troupes; à quoi ne voulant obéir, le gouverneur de Milan entra dans le Piémont avec une armée, et fit bâtir un fort près de Verceil.

D'autre côté, le marquis de Sainte-Croix, assisté des Génevois, descendit avec une armée navale sur la rivière de Gênes, entra dans les Etats du duc de Savoie, et prit Oneille et Pierrelatte.

L'avis en étant venu en France, Sa Majesté ne voulut pas laisser perdre ce prince, dépêcha, le 26 de septembre, le marquis de Rambouillet en ambassade extraordinaire en Italie, pour composer ces différends, dont toutefois il ne put pas venir à bout pour cette année, le nonce de Sa Sainteté et lui étant convenus d'un traité à Verceil; qui fut signé du duc de Savoie, mais que le gouverneur de Milan refusa; et depuis étant aussi convenus d'un autre à Ast, que ledit gouverneur agréa, mais que le roi d'Espagne refusa de ratifier, ne voulant entendre à aucunes autres propositions d'accommodement qu'aux premières qu'il avoit accordées, et voulant absolument, pour sa réputation en Italie, que ledit duc obéît à ce qu'il avoit désiré de lui, dont il se défendoit, par l'espérance qu'il avoit que la France, pour son propre intérêt, le prendroit en sa protection. En Allemagne, la maison d'Autriche se saisit d'une partie des pays héréditaires de Juliers, sur le sujet de la contention qui naquit entre les princes possédans.

Le duc de Neubourg s'étant marié à une fille de Bavière, l'électeur de Brandebourg entra en soupçon de lui; d'où vient que ledit Neubourg voulant, vers le mois de mars de cette année, entrer dans le château de Juliers, la porte lui en fut refusée par le gouverneur, et Brandebourg, croyant que le duc s'en étoit voulu rendre maître, fit une entreprise sur Dusseldorf.

Cette mésintelligence fut cause que Neubourg se résolut d'abjurer son hérésie, et faire profession de la religion catholique, et l'un et l'autre de faire quelques levées de gens de guerre pour leur défense. L'archiduc Albert et les Etats se voulurent mêler de les accorder; mais, comme leur principal dessein étoit de profiter de leur division, les uns et les autres s'emparèrent des places qui étoient les plus en leur bienséance, les Hollandois de Juliers et d'Emmerick, qui étoit une belle et grande ville sur le bord du Rhin, de Rées, qui est située entre Wesel et Emmerick, et plusieurs autres places.

Le marquis de Spinola commença par la prise d'Aix-la-Chapelle, qui, pour les divisions qui avoient continué entre eux, avoit été mise au ban de l'Empire ; et, pour l'exécution d'icelui, l'électeur de Cologne et l'archiduc avoient été commis. Spinola, en qualité de lieutenant du commissaire de l'Empereur, attaqua cette place le 2 d'août, et la prit le 24. De là il passa outre, et s'empara de Muthein dont il fit démolir les fortifications, prit Wesel en la Basse-Westphalie, située sur le Rhin et très-bien fortifiée, et diverses autres places moindres.

Les rois d'Angleterre et de Danemarck et plusieurs autres princes, craignant que de cette étincelle naquît un grand embrasement, envoyèrent des ambassadeurs pour tâcher à composer ces différends. On tint, pour ce sujet, une conférence en la ville de Santen, qui étoit demeurée neutre, où enfin les princes possédans firent une transaction entre eux, qui devoit être, par provision observée, jusqu'à un accord final, mais dont Spinola empêcha l'effet, sous prétexte qu'il vouloit que les Hollandois promissent de ne s'ingérer plus à l'avenir aux affaires de l'Empire, et que lui de son côté ne pouvoit faire sortir la garnison qu'il avoit mise dans Wesel, jusqu'à ce qu'il en eût commandement exprès de leurs Majestés impériale et catholique. Ainsi les Hollandois et les Espagnols divisèrent entre eux les Etats dont les princes perdirent l'effet de possédans, et en gardèrent le titre en vain. Le Roi étoit lors si occupé à pacifier les troubles de son royaume, qu'il ne put leur départir son assistance, comme il avoit fait incontinent après la mort du feu Roi.

[1615] LES Etats, qui furent ouverts le 27 d'octobre de l'année précédente, continuèrent jusqu'au 23 de février de celle-ci.

La première contention qui s'émut entre eux, fut du rang auquel chacun des députés devoit opiner dans les chambres. Sur quoi le Roi ordonna qu'ils opineroient par gouvernement, tout le royaume étant partagé en douze, sous lesquels toutes les provinces particulières sont comprises.

Quand on vint à délibérer de la réformation des abus qui étoient en l'Etat, il s'éleva d'autres contentions, dont l'accommodement n'étoit pas si facile.

La chambre de la noblesse envoya prier celle de l'Eglise qu'elle se voulût joindre à elle, pour supplier Sa Majesté qu'attendant que l'assemblée eût pu délibérer sur la continuation ou la révocation de la paulette qui rendoit les offices héréditaires en France, il plût à Sa Majesté surseoir le payement du droit annuel pour l'année suivante, lequel on tâchoit de hâter, et faire révoquer les commissions qui obligeoient les ecclésiastiques et nobles à montrer les quittances du sel qu'ils auroient pris depuis deux ans, ce qui étoit en effet les traiter en roturiers.

Le clergé, considérant que par la paulette la justice, qui est la plus intime propriété de la royauté, est séparée du Roi, transférée et faite domaniale à des personnes particulières; que, par elle, la porte de la judicature est ouverte aux enfans, desquels nos biens, nos vies et nos honneurs dépendent; que de là provient la vénalité du détail de la justice, qui monte à si haut prix, qu'on ne peut conserver son bien contre celui qui le veut envahir qu'en le perdant, et pour le payement de celui qui le doit défendre; qu'il n'y a plus d'accès à la vertu pour les charges; qu'elles sont rendues propres à certaines familles, desquelles vous ne les sauriez tirer qu'en les payant à leur mort, d'autant qu'elles sont assurées de ne les pouvoir perdre : ce qui établit une merveilleuse tyrannie en elles, et principalement en celles de lieutenans généraux des provinces, les charges desquels ne furent jamais, du vivant du feu Roi, comprises au droit annuel : pour toutes ces considérations, elle trouva bon de se joindre à cette première proposition de la noblesse. Quant à la seconde, elle s'y joignit pour son propre intérêt.

La chambre du tiers-état, les députés de laquelle étoient, par un des principaux articles de leur instruction, chargés de demander l'extinction de ladite paulette, députa vers le clergé, et consentit à se joindre auxdites demandes. Mais, pour ce que la plupart desdits députés étoient officiers, et partant intéressés à faire le contraire de ce qui leur étoit ordonné, ils ajoutèrent, pour éluder cette résolution, qu'ils prioient aussi le clergé et la noblesse de se joindre à eux en deux supplications qu'ils avoient à faire à Sa Majesté : la première, qu'il lui plût, attendu la pauvreté du peuple, surseoir l'envoi de la commission des tailles, jusqu'à ce que Sa Majesté eût ouï leurs remontrances sur ce sujet, ou, dès à présent, leur en eût diminué le quart; la seconde, qu'attendu que, par ce moyen et par la surséance du droit annuel, ses finances seroient beaucoup amoindries, il lui plût aussi faire surseoir le payement des pensions et gratifications qui étoient couchées sur son état.

Les chambres du clergé et de la noblesse, jugeant bien que cette réponse du tiers-état étoit un déni en effet, sous un apparent prétexte de consentir à leurs avis, délibéroient de faire leurs supplications au Roi sans l'adjonction de ladite chambre, lorsque Savaron et cinq autres députés d'icelle vinrent trouver celle du clergé, leur remontrer que, sur la surséance du droit annuel, on faisoit courre fortune à tous les officiers, dont il y avoit grand nombre en leur chambre; que le Roi retiroit par ce droit un grand argent; que si on l'ôtoit c'étoit retomber en la confusion qui étoit auparavant la ligue; que le Roi donnoit les offices à la recommandation des grands, auxquels les officiers demeuroient affidés et non pas au Roi; que, si on vouloit retrancher le mal par la racine, il falloit ôter toute la vénalité. Puis ils firent une particulière plainte de l'ordonnance des quarante jours, priant messieurs du clergé de se joindre à eux pour en tirer la révocation.

La chambre ecclésiastique fut confirmée, par cette seconde députation, au jugement qu'elle fit de la première, et n'estima pas bonnes les raisons alléguées en faveur de la paulette: la première, d'autant que c'étoit une mauvaise maxime, de croire que tout ce qui est utile aux finances du Roi, le soit au bien et à la conservation de l'Etat; que ce n'est pas tant la recette qui enrichit comme la modération de la mise, laquelle si elle n'est réglée comme il faut, le revenu du monde entier ne seroit pas suffisant; la seconde, d'autant que l'expérience du passé rendroit sage pour l'avenir, et que Sa Majesté donneroit à la vertu et au mérite les charges, non à la recommandation des grands.

Quant à la proposition d'éteindre la vénalité, il n'y avoit personne qui ne l'agréât. Premièrement, parce que c'étoit ce qui augmentoit le nombre au préjudice du pauvre peuple, aux dépens duquel ils vivent, et, s'exemptant de la part qu'ils devoient porter de leurs charges, le laissent tellement opprimer, qu'il ne peut plus payer les tailles et subvenir aux nécessités de l'Etat.

Secondement, parce que cela donne lieu non-seulement à l'augmentation des épices, ce qui va à la ruine des oppressés, mais à l'anéantissement de la justice même, ceux qui les achettent semblant avoir quelque raison de ne penser qu'à chercher de la pratique pour gagner et vendre en détail à la foule des particuliers ce qu'ils ont acheté en gros.

Et en troisième lieu, parce que, par ce moyen, l'or et l'argent ravit à la vertu tout ce qui lui est dû, savoir est l'honneur, qui est l'unique récompense qu'elle demande. Et l'exemple qu'on apporte qu'en la république de Carthage toutes les charges se vendoient, et que la monarchie romaine n'en étoit pas entièrement exempte, n'est pas tant une raison qu'un témoignage de l'ancienneté de cette corruption dans l'Etat, laquelle Aristote, en ses politiques, blâme en la république de Carthage, et les plus sages et vertueux Romains ne l'ont pas voulu souffrir. Et nous n'avons besoin d'autres preuves pour montrer qu'elle est contraire aux lois fondamentales de cette monarchie, que le serment que les juges, de coutume immémoriale, faisoient de n'être point entrés en leurs charges par argent; et que Saint-Louis appeloit du nom de simonie l'introduction de cette vénalité, laquelle fut faite, non parce qu'on l'estimât juste, ni qu'il en provînt du bien à l'Etat, mais seulement par pure nécessité et pour mettre de l'argent aux coffres du Roi, que les guerres avoient épuisés.

Louis XII commença, à l'imitation des Vénitiens. François I, qui fut encore plus oppressé de guerre, érigea le bureau des parties casuelles. Et Henri IV, qui le fut plus que tous, la confirma si manifestement, qu'il défendit que les juges ne feroient plus le serment ancien, et ajouta encore la paulette à la vénalité. Car, quant à la raison que l'on apporte que, par ce moyen, il n'entre dans les offices que des personnes riches, lesquelles partant sont moins sujettes à corruption, et qu'il n'y a point lieu de craindre qu'ils ne soient de vertu et probité requise, puisqu'on ne les reçoit point que l'on n'ait auparavant informé de leurs vies et mœurs, qu'ils sont destituables s'ils s'y comportent autrement qu'ils doivent, et que, pour ce sujet, il falloit avoir entre les Romains un certain revenu pour être admis aux charges, ce n'est pas une raison qui oblige à ladite vénalité, attendu que le Roi, qui auroit le choix d'y commettre qui il lui plairoit, ne choisiroit que des personnes qui pourroient soutenir la dignité des charges, seroient d'autant plus obligés à y bien vivre qu'ils n'en auroient rien payé, et d'une vertu si connue qu'on en seroit plus assuré qu'on ne peut être par quelque information de leurs vies et mœurs qu'on puisse faire; et n'y auroit point sujet de craindre qu'ils ne correspondissent à l'estime qu'on feroit d'eux.

Mais, bien que cette proposition leur fût agréable, néanmoins la chambre ne crut pas y devoir alors avoir égard, d'autant que le temps pressoit de faire leurs remontrances au Roi sur la surséance du payement du droit annuel.

Ensuite de cela, les députés du clergé et de la noblesse allèrent ensemble trouver le Roi, lui faire ladite remontrance, et celle touchant la révocation de la commission pour la recherche du sel, dont ils reçurent réponse et promesse de Sa Majesté à leur contentement.

Les députés du tiers-état allèrent aussi faire la leur, où ils s'emportèrent en quelques paroles offensantes contre la noblesse, ce qui augmenta encore la division qui étoit déjà entre eux.

Depuis on fit une autre proposition pour l'extinction de la vénalité des offices, offrant de faire, en douze années, le remboursement actuel de la finance qui auroit été payée és coffres du Roi, tant pour les offices que taxations et droits; et, à la fin de ce temps, ces offices étant tous remis en la main du Roi, Sa Majesté les réduiroit au nombre ancien, et ce sans payer finance, ains, au contraire, augmentant les gages des officiers, afin qu'ils ne prissent plus d'épices.

Le clergé et la noblesse agréèrent cette proposition, à laquelle le tiers-état ne voulut pas se joindre;

mais tous s'accordèrent de demander au Roi l'établissement d'une chambre de justice pour la recherche des financiers, suppliant Sa Majesté que les deniers qui en proviendroient, fussent employés au remboursement des offices supernuméraires, ou du rachat du domaine. Ce que Sa Majesté leur accorda pour la recherche de ce qui n'avoit pas été aboli par le feu Roi, ou des malversations commises depuis.

Il y eut une seconde contention entre eux sur le sujet du concile de Trente, dont la chambre du clergé et celle de la noblesse demandèrent la publication, sans préjudice des droits du Roi et privilèges de l'église gallicane. A quoi la chambre du tiers-état ne voulut jamais consentir, prétendant qu'il y avoit dans ledit concile beaucoup de choses qui étoient de la discipline et police extérieure, qui méritoient une plus grande discussion, que le temps ne permettoit pas de faire pour lors; qu'il y avoit des choses où l'autorité du Roi étoit intéressée, et le repos même des particuliers.

Qu'entre les ecclésiastiques, les réguliers y perdoient leurs exemptions, les chapitres étoient assujétis aux évêques, les fiefs de ceux qui mourroient en duel étoient acquis à l'Eglise; les indults du parlement étoient cassés, la juridiction des juges subalternes à l'endroit du clergé étoit éclipsée, et l'inquisition d'Espagne introduite en France; enfin, que c'étoit une chose inouïe en ce royaume qu'aucun concile y eût jamais été publié, et qu'il n'étoit pas bon d'y rien innover maintenant.

Le plus grand différend qui survint entre eux, fut sur le sujet d'un article que le tiers-état mit dans son cahier, par lequel il faisoit instance que Sa Majesté fût suppliée de faire arrêter, dans l'assemblée de ses Etats, pour loi fondamentale du royaume, qu'il n'y aura puissance sur terre, soit spirituelle ou temporelle, qui ait aucun droit sur son royaume, pour en priver les personnes sacrées de nos rois, ni dispenser leurs sujets de l'obéissance qu'ils leur doivent, pour quelque cause ou prétexte que ce soit; que tous les bénéficiers, docteurs et prédicateurs seroient obligés de l'enseigner et publier; et que l'opinion contraire seroit tenue de tous pour impie, détestable et contre la vérité; et que, s'il se trouve aucun livre ou discours écrit qui contienne une doctrine contraire, directement ou indirectement, les ecclésiastiques seroient obligés de l'impugner et contredire.

Messieurs du clergé, en ayant eu avis, envoyèrent en la chambre du tiers-état les prier de leur vouloir communiquer ce qu'ils auroient à représenter au Roi touchant les choses qui concernoient la foi, la religion, la hiérarchie et la discipline ecclésiastique; comme aussi ils feroient de leur part ce qu'ils auroient à représenter à Sa Majesté touchant ce qui les regarderoit. A quoi ladite chambre ne voulut acquiescer, et le clergé jugeant que cette proposition tendoit à exciter un schisme, voulant faire un article de foi d'une chose problématique, elle depêcha en ladite chambre l'évêque de Montpellier pour la prier de lui communiquer l'article susdit; ce qu'elle fit, mais témoignant qu'elle n'y vouloit changer aucune parole.

Le clergé l'ayant examiné, résolut qu'il ne seroit reçu ni mis au cahier, ains rejeté. A quoi la noblesse s'accorda, et députa douze gentilhommes pour accompagner le cardinal du Perron, qui fut envoyé par la chambre ecclésiastique vers celle du tiers-état.

Il les remercia premièrement du zèle qu'ils avoient eu de pourvoir avec tant de soin à la sûreté de la vie et de la personne de nos rois, les assurant que le clergé conspiroit également en cette passion avec eux.

Mais il les pria de considérer que les seules lois ecclésiastiques étoient capables d'arrêter la perfidie des monstres qui osent commettre ces abominables attentats; que les appréhensions des peines temporelles étoient un trop foible remède à ces maux, qui procèdent d'une fausse persuasion de religion, d'autant que ces malheureux se baignent dans les tourmens, pensant courir aux triomphes et couronnes du martyr, et partant ne sont retenus que par les défenses de l'Eglise, dont la rigueur et la sévérité s'exécute après la mort.

Mais il faut, pour cet effet, que ces lois et défenses sortent d'une autorité ecclésiastique certaine et infaillible, c'est-à-dire universellement, et ne comprennent rien de ce dont toute l'église catholique est d'accord; car, si elles procèdent d'une autorité douteuse et partagée, et contiennent des choses en la proposition desquelles une partie de l'Eglise croye d'une sorte, et le chef et les autres parties d'icelle enseignent de l'autre, ceux en l'esprit desquels on veut qu'elle fasse impression, au lieu d'être épouvantés et détournés par leurs menaces, s'en moqueront et les tourneront à mépris.

Puis il leur dit qu'en leur article dont il s'agit, et

lequel ils baptisent du nom de loi fondamentale, il y a trois points.

Le premier, que, pour quelque cause que ce soit, il n'est pas permis d'assassiner les rois; qu'à cela toute l'Eglise souscrit, voire elle prononce anathème contre ceux qui tiennent le contraire.

Le deuxième, que nos rois sont souverains de toute sorte de souveraineté temporelle dans leur royaume; que ce deuxième point-là encore est tenu pour certain et indubitable, bien qu'il ne le soit pas d'une même certitude que le premier, qui est un article de foi.

Le troisième, qu'il n'y a nul cas auquel les sujets puissent être absous du serment de fidélité qu'ils ont fait à leur prince; que ce troisième point est contentieux et disputé en l'Eglise, d'autant que toutes les autres parties de l'église gallicane, même depuis que les écoles de théologie y ont été instituées jusques à la venue de Calvin, ont tenu qu'il y a quelque cas auquel les sujets en peuvent être absous : savoir est, que, quand un prince vient à violer le serment qu'il a fait à Dieu et à ses sujets de vivre et mourir en la religion catholique, par exemple, non-seulement se rend arien ou mahométan, mais passe jusqu'à forcer ses sujets en leurs consciences, et les contraindre d'embrasser son erreur et infidélité, il peut être déclaré déchu de ses droits, comme coupable de félonie envers celui à qui il a fait le serment de son royaume, c'est-à-dire envers Jésus-Christ, et ses sujets peuvent être absous au tribunal ecclésiastique du serment de fidélité qu'ils lui ont prêté.

D'où il s'ensuit que ledit article en ce point est inutile et de nul effet pour la sûreté de la vie de nos rois, puisque les lois d'anathème et défenses ecclésiastiques ne font point d'impression dans les âmes, si elles ne sont crues parties d'une autorité infaillible, et de laquelle toute l'Eglise convienne; et que ce n'est pas encore assez de dire qu'il est inutile pour elle, mais qu'il lui est même préjudiciable, d'autant qu'étant tenu pour constant par toute l'Eglise que, pour quelque cause que ce soit, il n'est permis de les assassiner, si on mêle cette proposition avec celle-ci, qui est problématique, on lui fait perdre sa force en l'esprit de ses perfides assassins, infirmant par le mélange d'une chose contredite ce qui est tenu pour article de foi.

Que le titre même qu'ils donnent à cet article de loi fondamentale, est injurieux à l'Etat, duquel ce seroit avouer que les fondemens seroient bien mal assurés, si on les appuyoit sur une proposition incertaine et problématique. Davantage, que cet article, couché comme il est, fait un schisme en l'Eglise de Dieu; car nous ne pouvons tenir et jurer que le Pape et toutes les autres parties de l'église catholique, que nous savons avoir une créance contraire, tiennent une doctrine opposée à la parole de Dieu et impie, et partant hérétique, sans faire schisme et nous départir de leur communion. Et enfin qu'ils attribuent aux personnes laïques l'autorité de juger des choses de la religion, et décider quelle doctrine est conforme à la parole de Dieu, et leur attribuer même l'autorité d'imposer nécessité aux personnes ecclésiastiques de jurer, prêcher et annoncer l'une, et impugner par ces mots et par écrit l'autre; ce qui est un sacrilége, fouler aux pieds le respect de Jésus-

Christ et de son ministère, et renverser l'autorité de son Eglise.

Et partant, il conclut que messieurs du tiers-état devoient ôter cet article de leur cahier, et se remettre à messieurs du clergé de le changer, réformer, et en ordonner ce qu'ils jugeroient à propos.

L'opiniâtreté ne donna pas lieu de céder à la raison : comme ils s'étoient animés dès le commencement contre les deux chambres de l'église et de la noblesse, ils ne voulurent pas se relâcher de ce qu'ils avoient mis en avant, principalement se laissant emporter à la vanité des spécieux prétextes du soin qu'ils prenoient de la défense des droits du royaume et de la sûreté de la personne des rois, sans ouvrir les yeux pour reconnoître qu'au lieu de la conservation de l'Etat, ils le mettoient en division; et, au lieu d'assurer les vies de nos rois, ils les mettoient en hasard, et leur ôtoient la vraie sûreté que leur donne la parole de Dieu.

La cour de parlement intervint, et, au lieu de mettre ordre à ce tumulte, l'augmentoit davantage; mais le Roi y mit la dernière main et le termina, évoquant la connoissance de cette affaire, non à son conseil seulement, mais à sa propre personne, et retirant cet article du cahier du tiers-état.

Durant la tenue des Etats il se fit tant de duels, que la chambre ecclésiastique se sentit obligée de députer vers le Roi, l'évêque de Montpellier, pour lui représenter qu'ils voyoient à regret que le sang de ses sujets étant épandu par les querelles, leurs âmes, rachetées par le sang innocent de Jésus-Christ, descendissent aux enfers; que c'étoit proprement renouveler la coutume barbare du sacrifice des payens, qui immoloient les hommes au malin esprit ; que la France en étoit le temple, la place du combat en étoit l'autel, l'honneur en étoit l'idole, les duellistes en étoient les prêtres et l'hostie ; qu'il étoit à craindre que ce fût un présage de malheur pour le royaume, puisque les simples plaies de sang, qui tombent de l'air sans aucun crime des hommes, ne laissent pas de présager des calamités horribles qui les suivent de près ; qu'ils sont obligés d'en avertir Sa Majesté, à ce que, par sa prudence et l'observation rigoureuse de ses édits, elle y porte remède, afin que Dieu ne retire pas d'elle ses bénédictions, attendu que non-seulement tous les droits des peuples sont transférés en personne de leurs princes, mais aussi leurs fautes publiques quand elles sont dissimulées ou tolérées.

Sa Majesté ayant eu agréable leur requête, et témoignant de vouloir prendre un grand soin de remédier à un désordre si important, ils en mirent un article dans leur cahier.

Il survint un nouveau sujet de mécontentement entre les chambres de la noblesse et du tiers-état, qui leur fut bien plus sensible que tous ceux qu'ils avoient eus auparavant ; car un député de la noblesse du haut Limosin donna des coups de bâton au lieutenant d'Uzerche, député du tiers-état du bas Limosin. Ladite chambre en fit plaintes au Roi, qui renvoya cette affaire au parlement ; et, quelque instance que pussent faire le clergé et la noblesse vers Sa Majesté, à ce qu'il lui plût évoquer à sa personne la connoissance de ce différend, ou la renvoyer aux Etats, elle ne s'y voulut pas relâcher, d'autant que tous les officiers s'estimoient intéressés en cette injure. Le parlement condamna le gentilhomme, par contumace, à avoir la tête tranchée ; ce qui fut exécuté en effigie. Et, comme si à la face des Etats chacun se plaisoit à faire plus d'insolence et montrer plus de mépris des lois, Rochefort donna des coups de bâton à Marsillac, sous prétexte qu'il avoit médit de M. le prince, et déclaré la mauvaise volonté qu'il avoit pour la Reine, et dit plusieurs particularités de ses desseins contre la Reine, qui les lui avoit confiés. Saint-Geran et quelques autres offrirent à la Reine d'en donner à Rochefort; M. de Bullion l'en détourna, et lui proposa de poursuivre cette affaire par la forme de justice, ce qu'elle refusa d'abord, disant que M. le chancelier l'abandonneroit, comme il avoit fait en l'affaire du baron de Lus ; et, pour cet effet, fut envoyée commission au parlement, en vertu de laquelle le procureur-général fit informer.

M. le prince en étant averti, alla en la grand'-chambre, et depuis, en toutes celles des enquêtes, faire sa plainte ainsi qu'il ensuit :

Qu'il avoit, suivant ce qu'il avoit promis à la Cour, fait tout son possible pour satisfaire au Roi par toutes sortes de soumissions, et à la Reine semblablement, reconnoissant le pouvoir qu'elle a et qui lui a été commis par le Roi, voulant rendre ce qu'il doit à leurs Majestés, pour donner exemple à tous autres d'obéir; qu'à cette fin, il avoit commencé par envoyer vers M. le chancelier, afin de tenir les moyens qui seroient avisés pour se raccommoder avec leurs Majestés, en leur rendant ce qui est de son devoir;

que, depuis, la reine Marguerite avoit été employée pour cet effet, et que madame la comtesse s'en étoit entremise; que par les conseils de ceux qui lui vouloient mal, le Roi et la Reine, desquels il ne se plaignoit point, avoient été portés contre lui, et qu'il n'avoit trouvé la porte ouverte auprès de leurs Majestés; qu'il savoit ce qui s'étoit passé le jour de devant au cabinet; qu'il n'étoit de qualité pour être jugé en un conseil de cabinet, où il savoit ceux qui s'y étoient trouvés, et ce qui s'y étoit passé; qu'il n'avoit espéré du Roi et de la Reine que toute bonté, s'ils n'en étoient divertis par la violence de ses ennemis; qu'il étoit de qualité pour être jugé en la cour des pairs, le Roi y étant assisté des ducs et pairs; mais que la faveur, la colère et violence empêchoient qu'il n'eût contentement, étant cause de toutes les injustices qui se font en l'Etat. Et, puisqu'il ne pouvoit avoir justice, et qu'elle lui étoit déniée, que sa juste douleur, conjointe à l'intérêt de ceux qui étoient accusés, apporteroit, comme il espéroit envers eux, et comme il les en supplioit, quelque considération pour adoucir et amollir l'aigreur et la dureté de la chose; qu'il vouloit retirer ses requêtes, comme il fit, et lui furent données par le rapporteur; qu'il épioit l'occasion pour leur dire, toutes les chambres assemblées, ce qu'il avoit à leur dire pour le bien de l'Etat.

Messieurs du parlement lui firent réponse qu'ils ne devoient ouïr parler des affaires d'Etat sans le commandement du Roi, ni ouïr des plaintes de ses serviteurs particuliers.

Nonobstant tout ce que fit M. le prince, M. de

Bullion, poursuivant l'affaire pour la Reine, eut décret de prise de corps.

Il est à noter que M. le prince avoit présenté sa requête au parlement, par laquelle il avouoit la violence faite par Rochefort, prétendant que les princes du sang peuvent faire impunément telles violences. Mais, depuis, ayant eu avis que tant s'en faut que son aveu pût garantir Rochefort, que le parlement eût procédé contre lui pour l'aveu qu'il en avoit fait, étant vrai que les princes du sang ne peuvent user de telle violence sans en être repris par la justice, il retira sa requête.

L'affaire se termina en sorte qu'après le décret de Rochefort, M. le prince demanda son abolition.

Un autre attentat fut commis en la personne du sieur de Riberpré, qui ne fit pas tant de bruit, mais ne fut pas moins étrange. Le maréchal d'Ancre, qui étoit fort mal avec M. de Longueville sur le sujet de leurs charges, comme nous avons dit en l'année précédente, se défiant de Riberpré, qu'il avoit mis dans la citadelle d'Amiens, reprit le gouvernement de Corbie pour lui donner et se défaire de lui.

Riberpré, offensé de cette défiance, se mit, avec ladite place, du parti de M. de Longueville; puis après étant allé à Paris, les Etats y étant encore, il fut attaqué seul, en plein jour, par trois ou quatre personnes inconnues, d'entre lesquelles il se démêla bravement, non sans une opinion commune que c'étoit une partie qui lui avoit été dressée par le maréchal d'Ancre ; ce qui indigna d'autant plus les Etats contre lui, que les assassinats sont inusités et en horreur en ce royaume.

Quand on approcha du temps de la clôture des États, les trois chambres appréhendant que, si tous les conseillers d'État du Roi jugeoient des choses demandées par les États, ou si après la présentation des cahiers on n'avoit plus de pouvoir de s'assembler en corps d'États, la faveur des personnes intéressées dans les articles desdits cahiers ne les fissent demeurer sans effet, l'Église et la noblesse résolurent de supplier Sa Majesté d'avoir agréable que les princes et officiers de la Couronne jugeassent seuls de leurs cahiers, ou, s'il lui plaisoit, qu'ils fussent assistés de quelques autres de son conseil, ce ne fût que cinq ou six qu'ils lui nommèrent ; que trois ou quatre des députés de chaque chambre fussent au conseil lorsqu'il s'agiroit de leurs affaires, et que les États ne fussent rompus qu'après que Sa Majesté auroit répondu à leurs demandes.

Sa Majesté ayant eu avis de cette résolution, leur témoigna qu'elle ne l'avoit pas agréable ; et qu'ils se restreignissent à leur dernière demande, et à ce que six des plus anciens de son conseil seulement, avec les princes et officiers de sa Couronne, fussent employés à donner avis à Sa Majesté sur leurs cahiers.

Le Roi leur manda, par le duc de Ventadour, que ce seroit une nouveauté trop préjudiciable que la présentation de leurs cahiers fût différée jusqu'après la résolution de leurs demandes, comme aussi que les États continuassent à s'assembler après que leurs cahiers auroient été présentés ; que ce qu'elle leur pouvoit accorder étoit qu'ils députassent d'entre eux ceux qu'ils voudroient pour déduire les raisons de leurs articles devant Sa Majesté et en son conseil, et que les réponses de Sa Majesté seroient mises ès mains des trois ordres qui demeureroient à Paris, et ne seroient point obligés de se séparer jusques alors.

Après cette réponse, toutes les trois chambres firent une seconde instance au Roi que Sa Majesté eût agréable qu'après avoir présenté leurs cahiers ils se pussent encore assembler, jusqu'à ce qu'ils eussent été répondus.

Sa Majesté refusa leur requête pour la seconde fois, leur mandant néanmoins que si, après la présentation de leurs cahiers, il survenoit quelque occasion pour laquelle ils dussent s'assembler de nouveau, elle y pourvoiroit. Lors, se soumettant entièrement à la volonté du Roi, ils présentèrent leurs cahiers le 23 de février. Les principaux points qui y étoient contenus étoient: le rétablissement de la religion catholique en Geix et en Béarn, et particulièrement que le revenu des évêchés de Béarn, qui avoit été mis entre les mains des officiers royaux depuis le temps de la reine Jeanne, mère du feu Roi, fût rendu aux évêques, au lieu des pensions que le Roi leur donnoit pour entretenir leur dignité, attendu que cette promesse leur avoit toujours été faite par le feu Roi, et depuis sa mort leur avoit été confirmée par la reine régente, et le temps de l'exécution remis à la majorité du Roi; l'union de la Navarre et du Béarn à la Couronne; la supplication qu'ils faisoient à Sa Majesté d'accomplir le mariage du Roi avec l'infante d'Espagne; qu'elle eût agréable de composer son conseil de quatre prélats, quatre gentilshommes et quatre officiers, par chacun des quartiers de l'année, outre les princes et officiers de la Couronne; d'interdire au parlement toute connoissance des choses spirituelles, tant de matière de foi que sacremens de l'Eglise, règles monastiques et autres choses semblables; de commettre quelques-uns pour régler les cas des appellations comme d'abus, réformer l'Université et y rétablir les Jésuites; ne donner plus de bénéfices ni pensions sur iceux qu'à personnes ecclésiastiques, et n'en donner plus aucune survivance; députer des commissaires de deux ans en deux ans, pour aller sur les provinces, pour recevoir les plaintes de ses sujets, et en faire procès-verbal, sans faire pour cela aucune levée sur le peuple; d'ôter la vénalité des offices, gouvernemens et autres charges; supprimer le droit annuel; abolir les pensions, régler les finances, et établir une chambre de justice pour la recherche des financiers.

Je fus choisi par le clergé pour porter la parole au Roi, et présenter à Sa Majesté le cahier de son ordre, et déduisis les raisons des choses desquelles il étoit composé, en la harangue suivante, laquelle je n'eusse volontiers non plus rapportée ici que celle des députés de la noblesse et du tiers-état, n'eût été que pour ce qu'elles sont toutes trois sur un même sujet, et que j'ai essayé d'y traiter, le plus brièvement et nettement qu'il m'a été possible, tous les points résolus dans les Etats, il m'a semblé ne les pouvoir mieux représenter que par ce que j'en ai dit; outre que s'il y a quelque faute de l'insérer toute entière et non les principaux chefs seulement, un équitable lecteur excusera, à mon avis, facilement, si j'ai voulu rapporter en historien tout ce que j'en ai prononcé en orateur (1).

Après que j'eus ainsi parlé au Roi, le baron de Senecé présenta le cahier de la noblesse, et le président Miron celui du tiers-état. Sa Majesté, pour plus promptement donner ses réponses aux cahiers des Etats, commanda que sur chaque matière on fît extrait de ce qui en étoit demandé dans les troisièmes cahiers, et ordonna quelques-uns des plus anciens de son conseil pour examiner les choses qui regarderoient l'Eglise, les maréchaux de France et le sieur de Villeroy pour celles qui concerneroient la noblesse et la guerre, les présidens Jeannin et de Thou, et les intendans pour celles des finances, et autres personnes pour les autres matières contenues dans leurs cahiers.

Cependant, pour ce que quelques députés des Etats, qui étoient de la religion prétendue, s'étoient émus sur la proposition que quelques-uns des catholiques avoient faite, que le Roi seroit supplié de conserver la religion catholique selon le serment qu'il en avoit prêté à son sacre, Sa Majesté fit, le 12 de mars, une déclaration par laquelle elle renouvelle les édits de pacification, et pour ce que le temps étoit venu que l'assemblée de ceux de ladite religion prétendue se devoit tenir pour élire de nouveaux agens, le Roi la leur accorda à Gergeau, bien qu'il changeât depuis ce lieu en la ville de Grenoble.

Quelque presse que l'on apportât à l'examen des cahiers des Etats, les choses tirant plus de longue qu'on ne s'étoit imaginé, Sa Majesté jugea à propos

(1) *Voyez* la harangue à la suite des Mémoires, pièces justificatives, N°. I.

de congédier les députés des Etats, et les renvoyer dans leurs provinces. Et, afin que ce fût avec quelque satisfaction, elle leur manda que les chefs des gouvernemens des trois ordres la vinssent trouver, le 24 de mars, au Louvre, où Sa Majesté leur dit qu'elle étoit résolue d'ôter la vénalité des charges et offices, de régler tout ce qui en dépendroit, rétablir la chambre de justice et retrancher les pensions. Quant au surplus des demandes, Sa Majesté y pourvoiroit aussi au plus tôt qu'elle pourroit.

Par cette réponse la paulette étoit éteinte; mais elle ne demeura pas long-temps à revivre: car le tiers-état, qui y étoit intéressé, en fit une si grande plainte, que le 13 de mai ensuivant, le Roi, par arrêt de son conseil, rétablit le droit annuel, déclarant que la résolution que Sa Majesté avoit prise pour la réduction des officiers, au nombre porté par l'ordonnance de Blois, la révocation du droit annuel et la défense de vendre les offices, seroient exécutées dans le premier jour de l'an 1618, et cependant pour bonnes causes seroient sursises jusques alors.

Ainsi ces Etats se terminèrent comme ils avoient commencé. La proposition en avoit été faite sous de spécieux prétextes, sans aucune intention d'en tirer avantage pour le service du Roi et du public, et la conclusion en fut sans fruit; toute cette assemblée n'ayant eu d'autre effet sinon que de surcharger les provinces de la taxe qu'il fallut payer à leurs députés, et de faire voir à tout le monde que ce n'est pas assez de connoître les maux, si on n'a la volonté d'y remédier, laquelle Dieu donne, quand il lui plaît faire prospérer le royaume, et que la trop grande corruption des siècles n'y apporte pas d'empêchement.

Le 27 de mars, trois jours après que le Roi eut congédié les députés des Etats, la reine Marguerite passa de cette vie en l'autre. Elle se vit la plus grande princesse de son temps; fille, sœur et femme de grands rois, et, nonobstant cet avantage, elle fut depuis le jouet de la fortune, le mépris des peuples qui lui devoient être soumis, et vit une autre tenir la place qui lui avoit été destinée. Elle étoit fille d'Henri II et de Catherine de Médicis, fut, par raison d'Etat, mariée au feu Roi, qui lors étoit roi de Navarre, lequel, à cause de la religion prétendue dont il faisoit profession, elle n'aimoit pas. Ses noces, qui sembloient apporter une réjouissance publique, et être cause de la réunion des deux partis qui divisoient le royaume, furent au contraire l'occasion d'un deuil général et d'un renouvellement d'une guerre plus cruelle que celle qui avoit été auparavant; la fête en fut la Saint-Barthélemi. Les cris et les gémissemens retentirent par toute l'Europe, le vin du festin fut le sang des massacrés, la viande les corps meurtris des innocens, pêle-mêle avec les coupables. Toute cette solennité n'ayant été chômée avec joie que par la seule maison de Guise, qui y immola pour victime à sa vengeance et sa gloire, sous couleur de piété, ceux dont ils ne pouvoient espérer avoir raison par la force des armes.

Si ces noces furent si funestes à toute la France, elles ne le furent pas moins à elle en son particulier. Elle voit son mari en danger de perdre la vie, on délibère si on le doit faire mourir, elle le sauve. Est-il hors de ce péril ; la crainte qu'il a d'y rentrer fait qu'il la quitte et se retire en ses Etats ; il se fait ennemi du Roi son frère ; elle ne sait auquel des deux adhérer : si le respect de son mari l'appelle, celui de son frère et de son Roi et celui de la religion la retient. L'amour enfin a l'avantage sur son cœur ; elle suit celui duquel elle ne peut être séparée qu'elle ne le soit d'elle-même. Cette guerre finit toutefois, mais recommence incontinent après, comme une fièvre qui a ses relâches et ses redoublemens. Il est difficile qu'en tant de mauvaises rencontres il n'y ait entre eux quelque mauvaise intelligence ; les soupçons, nés des mauvais rapports, fort ordinaires à la Cour, et de quelques occasions qu'elle lui en donne, séparent l'union de leurs cœurs, comme la nécessité du temps fait celle de leurs corps. Cependant les trois frères meurent, l'un après l'autre, dans la misère de ces guerres ; son mari succède à la Couronne : mais, comme elle n'a point de part en son amitié, il ne lui en donne point en son bonheur. La raison d'Etat le persuade facilement à prendre une autre femme pour avoir des enfans, qu'il ne pouvoit plus avoir de celle-ci. Elle, non si touchée de se voir décheoir de la qualité de grande reine de France en celle d'une simple duchesse de Valois, qu'ardente et pleine de désir du bien de l'Etat et du contentement de son mari, n'apporte aucune résistance à ce qu'il lui plaît, étant, ce dit-elle, bien raisonnable qu'elle cède de son bon gré à celui qui avoit rendu la fortune esclave de sa valeur. Et, au lieu que les moindres femmes brûlent tellement d'envie et de haine contre celles qui tiennent le lieu qu'elles estiment leur appartenir, qu'elles ne les peuvent voir, ni moins encore le fruit dont Dieu bénit leurs mariages, elle, au contraire, fait donation de tout son bien au Dauphin que Dieu donne à la Reine, et l'institue son héritier comme si c'étoit son fils propre, vient à la Cour, se loge vis-à-vis du Louvre, et non-seulement va voir la Reine, mais lui rend jusqu'à la fin de ses jours tous les honneurs et devoirs d'amitié qu'elle pouvoit attendre de la moindre princesse. L'abaissement de sa condition étoit si relevé, par la bonté et les vertus royales qui étoient en elle, qu'elle n'en étoit point en mépris. Vraie héritière de la maison de Valois, elle ne fit jamais don à personne sans excuse de donner si peu, et le présent ne fut jamais si grand qu'il ne lui restât toujours un désir de donner davantage, si elle en eût eu le pouvoir; et, s'il sembloit quelquefois qu'elle départît ses libéralités sans beaucoup de discernement, c'étoit qu'elle aimoit mieux donner à une personne indigne, que manquer de donner à quelqu'un qui l'eût mérité. Elle étoit le refuge des hommes de lettres, aimoit à les entendre parler, sa table en étoit toujours environnée, et elle apprit tant en leur conversation, qu'elle parloit mieux que femme de son temps, et écrivoit plus éloquemment que la condition ordinaire de son sexe ne portoit. Enfin, comme la charité est la reine des vertus, cette grande Reine couronne les siennes par celle de l'aumône qu'elle départoit si abondamment à tous les nécessiteux, qu'il n'y avoit maison religieuse dans Paris qui ne s'en sentît, ni pauvre qui eût recours à elle sans en tirer assistance. Aussi Dieu récompensa avec usure, par sa miséricorde, celle qu'elle exerçoit envers les siens, lui donnant la grâce de faire une fin si chrétienne, que, si elle eut sujet de porter envie à d'autres durant sa vie, on n'en ait davantage de lui en porter à sa mort.

Quand M. le prince et ceux de son parti demandèrent les Etats, ce ne fut que pour dresser un piége à la Reine, espérant d'y faire naître beaucoup de difficultés et de divisions qui mettroient le royaume en combustion. Mais, lorsqu'ils virent qu'au contraire toutes choses alloient au contentement de la Reine, et que s'il y avoit quelquefois de la diversité dans les opinions des députés, leur contention n'étoit qu'une, et, conspirant tous au bien de l'Etat, ils n'étoient en différend que du choix des moyens pour y parvenir, ils se tournèrent alors vers le parlement, et essayèrent d'y produire l'effet qu'ils n'avoient pu aux Etats. Ils semèrent en ce corps de la jalousie contre le gouvernement, les persuadant qu'après s'être servi d'eux en la déclaration de la régence, on les méprisoit, ne leur donnant pas la part que l'on devoit dans les grandes affaires que l'on traitoit lors. Ces paroles n'étoient pas sans leur promettre de les assister à maintenir leur autorité, et appuyer les instances qu'ils en feroient près de leurs Majestés. Ces inductions à des personnes qui d'eux-mêmes n'ont pas peu d'opinion de l'estime qu'on doit faire d'eux, eurent assez de pouvoir pour faire que le 24 de mars, quatre jours après que les députés des Etats furent congédiés (1), la Cour assembla toutes les chambres; et sur ce que le Roi avoit répondu aux cahiers des Etats, sans avoir ouï la Cour et entendu ce qu'elle avoit à lui remontrer, nonobstant la promesse que

(1) Les Etats ne furent congédiés que le 24.

quelque temps auparavant il leur avoit faite au contraire, elle arrêta que, sous le bon plaisir du Roi, les princes, ducs, pairs et officiers de la Couronne seroient invités de se trouver en ladite Cour, pour, avec le chancelier, les chambres assemblées, aviser sur les propositions qui seroient faites pour le service du Roi, le soulagement de ses sujets et le bien de son Etat.

Cet arrêt fut incontinent cassé par un arrêt du conseil, et le Roi envoya querir ses procureurs et avocats généraux, leur témoigne le mécontentement qu'il a de cet attentat: que lui présent à Paris, le parlement ait osé, sans son commandement, s'assembler pour délibérer des affaires d'Etat; lui majeur et en plein exercice de son autorité royale, ils aient convoqué les princes pour lui donner conseil; ce qui, nonobstant que le chancelier fut requis de s'y trouver, ne se pouvoit faire que par exprès commandement de Sa Majesté. Ils disent pour excuse que ce qu'ils en ont fait n'est que sous le bon plaisir du Roi, et non pas par entreprise sur son autorité; mais elle n'est reçue pour valable. On leur dit qu'on sait bien les mauvais propos qu'ils ont tenus en leurs opinions; que ces mots n'y furent pas mis par résolution de la compagnie, mais seulement par le greffier qui dressa l'arrêt, outre qu'ils n'étoient pas suffisans pour les empêcher de coulpe; et partant, Sa Majesté leur commande de lui apporter l'arrêt de la Cour, à laquelle il défend de passer outre à l'exécution d'icelui.

Ce qui ayant été fait, le Roi, le 9 d'avril, manda les présidens et quelques-uns des plus anciens conseillers de la Cour, auxquels il fit une réprimande de l'entreprise qu'ils avoient faite ; qu'ils se devoient ressouvenir des offenses et ressentimens contre eux des rois ses prédécesseurs en pareilles occasions; qu'ils devoient, comme son premier parlement, employer l'autorité qu'ils tenoient de Sa Majesté, à faire valoir la sienne, non à la déprimer et en sa présence, et qu'il leur défendoit de délibérer davantage sur ce sujet.

Ils ne délaissèrent pas de le faire le lendemain, arrêtant entre eux de dresser des remontrances. Sa Majesté les appelle, les reprend, et leur renouvelle les défenses, nonobstant lesquelles ils dressent leurs remontrances, qu'ils apportent au Roi, le 22 de mai.

Ils commencèrent par excuser et justifier leur arrêt du 28 de mars, puis apportèrent quelques raisons et exemples peu solides pour prouver que de tout temps le parlement prend part aux affaires d'Etat, et que les rois ont même accoutumé de lui envoyer les traités de paix pour lui en donner avis.

De là ils passèrent à improuver ce que le cardinal du Perron avoit dit touchant l'article du tiers-état, supplièrent Sa Majesté d'entretenir les anciennes alliances, ne retenir en son conseil que des personnes expérimentées, ne permettre la vénalité des charges de sa maison, n'admettre les étrangers aux charges, défendre toute communication avec les princes étrangers, ni prendre aucune pension d'eux; ne permettre qu'il soit entrepris sur les libertés de l'église gallicane, réduire les dons et pensions au même état qu'elles étoient du temps du feu Roi, remédier aux désordres et larcins de ses finances, ne souffrir que ceux qui en ordonnent achettent à bon marché de vieilles dettes notables dont ils se fassent payer entièrement; ne permettre qu'ils accordent de grands rabais et dédommagemens frauduleux, ni qu'on fasse des collations d'offices dont les deniers soient convertis au profit des particuliers, et les finances du Roi demeurent à perpétuité chargées des gages qui y sont attribués; établir une chambre de justice; défendre la vaisselle d'or et la profanation de celle d'argent, jusqu'aux moindres ustensiles de feu et de cuisine; ne casser ou surseoir sur requête les arrêts du parlement, ni faire exécuter aucuns édits, déclarations et commissions qui ne soient vérifiés aux cours souveraines, et surtout permettre l'exécution de leur arrêt du 28 de mars; se promettant que, par ce moyen, Sa Majesté connoîtroit beaucoup de choses importantes à son Etat, lesquelles on lui cache. Ce que si Sa Majesté ne leur accorde, ils protestent qu'ils nommeront ci-après les auteurs des désordres de l'Etat.

Ces remontrances furent mal reçues; le Roi leur dit qu'il en étoit très-malcontent; la Reine, avec quelque chaleur, ajouta qu'elle voyoit bien qu'ils attaquoient la régence, qu'elle vouloit que chacun sût qu'il n'y en avoit jamais eu de si heureuse que la sienne.

Le chancelier leur dit de la part du Roi qu'il ne leur appartenoit pas de contrôler le gouvernement de Sa Majesté; que les rois prenoient quelquefois avis du parlement aux grandes affaires, mais que c'étoit quand il leur plaisoit, non qu'ils s'y pussent ingérer d'eux-mêmes; que les traités de paix ne se délibéroient point au parlement, mais que l'accord étant fait, on les faisoit publier à son de trompe, puis on les envoyoit registrer au parlement; que le feu Roi en avoit encore ainsi usé en la paix de Vervins. Davantage, qu'outre qu'ils s'étoient mal comportés en leurs remontrances, qu'ils avoient délibérées contre le commandement du Roi, ils les avoient faites à contre-temps, vu que s'ils eussent attendu que le Roi eût achevé de faire la réponse aux cahiers des Etats, et la leur eût envoyée pour la vérifier, ils eussent pu lors faire leurs remontrances, s'ils eussent eu lieu de le faire, et que le Roi eût oublié quelque chose de ce qu'ils avoient à lui représenter.

Dès le lendemain, qui fut le 23 de mai, le Roi donna un arrêt en son conseil, par lequel il cassoit derechef leur arrêt du 28 de mars, et leurs remontrances représentées le jour précédent; déclara qu'ils avoient en cela outrepassé le pouvoir à eux attribué par les lois de leur institution, et commanda que, pour effacer la mémoire de cette entreprise et désobéissance, ledit arrêt et remontrances fussent biffés et ôtés des registres, et qu'à cet effet, le greffier fût tenu les apporter à Sa Majesté, incontinent après la signification qui lui seroit faite du présent arrêt.

Ensuite les gens du Roi sont appelés au Louvre le 27 de mai; la lecture leur en est faite, et leur est commandé de la porter, faire lire et registrer au parlement. Après plusieurs refus, ils sont contraints de s'en charger, et le parlement, après diverses délibérations de n'ouïr la lecture, la souffrit; mais ils ne purent jamais résoudre d'en faire l'enregistrement, ni apporter au Roi leurs registres pour en voir biffer leur arrêt du 28 de mars et leurs remontrances. Mais ils donnèrent un autre arrêt le 23 de juin, par lequel il fut arrêté que le premier président et autres de la cour iroient trouver le Roi pour l'assurer de leurs très-humbles services, et supplier Sa Majesté de considérer le préjudice que le dernier arrêt en son conseil apporte à son autorité, et que leurs remontrances sont très-véritables. L'affaire en demeura là; l'opiniâtreté du parlement l'emporta sur la volonté du Roi.

Durant toutes ces brouilleries du parlement, M. le prince ne se trouva point à Paris, afin de ne point donner de sujet de les lui imputer; mais étoit à Saint-Maur, d'où néanmoins étant revenu sur la fin de mai, lorsque le dernier arrêt du conseil fut donné, la Reine craignant qu'il voulût assister au parlement, lorsqu'il délibéreroit là-dessus, envoya Saint-Geran à son lever lui en faire défenses de la part du Roi; d'où il prit le prétexte, qu'il cherchoit il y avoit long-temps, de se retirer de la Cour, sous couleur qu'il n'y avoit pas d'assurance pour lui.

Il s'en alla à Creil, place dépendante de son comté de Clermont, dont le château est assez fort pour se défendre de surprise.

Leurs Majestés, qui, dès-lors que les Etats se tenoient, se disposoient à partir le plus tôt qu'ils pourroient pour faire le voyage de Guyenne, et recevoir et donner mutuellement les deux princesses de France et d'Espagne, avoient souvent sollicité M. le prince et autres grands de se tenir prêts pour les y accompagner. Ils en avoient redoublé leurs instances, depuis que les Etats eurent demandé l'exécution desdits mariages, laquelle il sembloit qu'elle fût préjudiciable à l'honneur du Roi de retarder; d'autant que cela feroit croire au roi d'Espagne, ou qu'on n'eût pas assez la volonté de les accomplir, ou que l'on n'osât pas l'entreprendre, ce qui le rendroit notre ennemi, ou lui donneroit lieu de nous mépriser.

M. le prince, du commencement, ne se laissant pas encore entendre de ne vouloir pas suivre leurs Majestés, essayoit néanmoins de leur faire trouver bon de différer quelque temps leur résolution, en laquelle, comme étant importante, il disoit n'être à propos d'user de précipitation. Mais, quand il fut une fois parti de la Cour et les autres princes aussi, et qu'il fut à Creil, il dit tout hautement qu'il ne consentoit point à ce voyage, et qu'il n'y suivroit point le Roi, si on ne le différoit en un temps où il pût être maître de ses volontés, ses sujets fussent plus contens, ses voisins plus assurés, et toutes choses avec sa personne disposées au mariage.

Les ministres furent divisés en leur opinion. M. de Villeroy et M. le président Jeannin sont d'avis qu'on diffère, et qu'on défère à M. le prince; le chancelier, au contraire, presse fort le partement. Ledit sieur de Villeroy n'étoit pas si bien avec la Reine qu'il étoit l'année précédente, d'autant que la maréchale d'Ancre s'étoit remise en la bonne grâce de Sa Majesté, à son retour du voyage de Nantes, et avoit remis en son esprit le chancelier. Ce qui faisoit que M. de Villeroy conseilloit de retarder le voyage, c'étoit le regret qu'il avoit que la Reine eût donné, durant les Etats, au commandeur de Sillery, la commission de porter, de la part du Roi, le brasselet que Sa Majesté envoyoit à l'Infante, dont ledit sieur de Villeroy désiroit que le sieur de Puisieux fût le porteur.

Le maréchal d'Ancre, qui étoit en froideur avec ledit sieur de Villeroy, et principalement depuis la paix de Mézières, à laquelle il s'étoit ardemment opposé, et que plusieurs occasions dans les Etats augmentèrent encore, lui fit recevoir ce déplaisir, ne lui en pouvant faire davantage; car, voyant qu'aux Etats il se faisoit beaucoup de propositions contre lui, auxquelles les amis dudit sieur de Villeroy ne s'opposoient point, et que lui-même sollicitoit, s'entendant pour cet effet avec Ribier, et sachant d'autre part qu'il étoit déchu de crédit dans l'esprit de la Reine par les artifices du chancelier, qui lui avoit persuadé qu'il s'entendoit avec M. le prince, et le voyoit en cachette à l'insu de Sa Majesté, n'ayant plus de peur qu'il lui pût nuire, eut volonté, pour se venger, de lui faire l'affront de rompre le contrat de mariage passé entre eux.

Mais le marquis de Cœuvres le lui déconseilla, de peur qu'il lui fût imputé à lâcheté, au moins lui vouloit-il faire ce déplaisir de préférer le commandeur de Sillery qu'il savoit qu'il haïssoit, au sieur de Puisieux à qui il avoit de l'affection.

Cela le piqua de telle sorte, qu'il faisoit tout ce qu'il pouvoit pour retarder l'exécution de cette alliance, jusques à faire intervenir même dom Innigo de Cardenas, ambassadeur d'Espagne, qui supposa à la Reine que le Roi son maître en désiroit le retardement.

Le maréchal d'Ancre, pour éviter que l'on vînt à la guerre, qu'il craignoit et croyoit être le moyen de sa ruine, se joignit à M. de Villeroy, et d'ami du chancelier devient le sien, fortifiant son avis auprès de la Reine par son autorité ; ce qu'il a toujours fait jusques ici, n'ayant jamais opiné qu'à la paix, et s'étant toujours rendu ennemi de celui qui conseilloit la guerre, se souciant fort peu duquel des deux avis, ou la paix ou la guerre, étoit le plus avantageux pour l'État, mais ayant l'œil seulement à sa sûreté et conservation.

Maintenant un nouveau sujet l'obligeoit à être de l'avis de la paix, et différer le partement de Sa Majesté, d'autant qu'il espéroit que messieurs le prince et de Bouillon porteroient M. de Longueville à s'accommoder du gouvernement de Picardie qu'il désiroit, et recevoir en échange celui de Normandie qui étoit en sa puissance. Mais ni toutes les raisons du sieur de Villeroy et du président Jeannin, ni la faveur du maréchal ne put faire incliner l'esprit de la Reine à leur avis, tant elle avoit le mariage à cœur, et lui sembloit qu'il y alloit de son honneur et de l'autorité du Roi à l'accomplir. Joint que M. le chancelier trouva moyen d'arrêter l'opposition dudit maréchal d'Ancre, M. d'Epernon et lui lui promettent que la Reine lui donneroit le commandement de l'armée, qu'elle laisseroit ès provinces de deçà pour s'opposer à celle des princes.

Elle commença lors à se plaindre tout ouvertement dudit sieur de Villeroy, de ce qu'au lieu d'avancer cette affaire selon son intention, il traitoit avec l'ambassadeur d'Espagne pour la reculer, et tout cela pour son propre intérêt, ayant dessein de gagner temps pour se pouvoir auparavant établir en créance auprès du Roi, et y affermir les sieurs de Souvrai et le marquis de Courtenvaux, afin que les mariages s'achevant, ils en reçussent seuls tout le gré de Sa Majesté.

Ces plaintes de la Reine, et la presse que de jour en jour le roi d'Espagne faisoit, d'autant plus grande, pour l'exécution de ces mariages, qu'il se doutoit qu'on les voulût rompre, firent que ledit sieur de Villeroy, pour éviter la mauvaise grâce d'Espagne, y écrivit que ce n'étoit pas lui qui retardoit l'exécution de ce dessein, mais la Reine, vers qui le maréchal et la maréchale avoient tout pouvoir. Mais, comme rien de secret n'est secret, cet artifice fut depuis découvert par le comte Arso, principal ministre de Florence, à qui on envoya d'Espagne la copie de l'article de la lettre dudit sieur de Villeroy, qui, le sachant, demanda pardon à la Reine, la suppliant qu'en considération des bons services qu'il avoit rendus, il lui plût oublier cette méprise; ajoutant que s'il s'étoit voulu décharger d'envie, ce n'étoit pas à ses dépens, mais à ceux du maréchal et de la maréchale, qu'il ne tenoit pas ses amis jusques au point qu'il estimoit le mériter.

Leurs Majestés, auparavant que partir, crurent ne devoir oublier aucun moyen qu'elles pussent apporter pour persuader aux princes mécontens de les accompagner en ce voyage, leur remontrer leur devoir, et leur faire voir la faute signalée qu'ils commettoient s'y opposant. Elle envoya à Creil, vers M. le prince, le sieur de Villeroy, qu'elle jugea ne lui devoir pas être désagréable. N'ayant rien pu gagner sur l'esprit dudit sieur prince, la Reine le renvoya vers lui à Clermont, où il s'étoit avancé; et enfin, pour la troisième fois, le président Jeannin à Coucy, où il s'étoit assemblé avec les princes de son parti, pour prendre, se disoient-ils, avis ensemble sur le sujet des remontrances du parlement.

En ce troisième voyage, les affaires ne semblant pas s'acheminer à plus prompt accommodement qu'aux deux premiers, la Reine se lassa de tant attendre, étant avertie aussi que cependant ils armoient de tous côtés, pour arracher de force ce qu'ils ne pouvoient obtenir par leurs remontrances. Le chancelier, pour achever de perdre le sieur de Villeroy, rendant sa négociation inutile, poussoit à la roue tant qu'il pouvoit, remontrant à la Reine que le président Jeannin et lui entretenoient exprès cette négociation pour retarder son départ, et qu'ils l'engageroient enfin insensiblement à promettre des choses dont elle auroit de la peine à se dédire, ce qui serviroit aux princes de prétexte d'entreprendre avec plus de couleur ; joint qu'il étoit assuré que le sieur de Villeroy étoit uni avec les princes, et leur servoit de conseil au lieu de les détourner de leur dessein ; cela fit que la Reine envoya le sieur de Pontchartrain, le 26 de juillet, avec lettres du Roi à M. le prince, par lesquelles il lui mandoit qu'il étoit résolu de partir le premier jour d'août, qu'il le prioit de l'accompagner, ou de dire en présence dudit Pontchartrain si, contre ce qu'il avoit fait espérer, il lui vouloit dénier ce contentement.

M. le prince répond à Sa Majesté que son voyage étoit trop précipité ; qu'il devoit auparavant avoir donné ordre aux affaires de son Etat, et pourvu aux désordres qui lui avoient été représentés par les Etats et par son parlement, desquels désordres le maréchal d'Ancre, le chancelier, le commandeur de Sillery,

Bullion et Dolé étoient les principales causes; que jusques-là il supplioit Sa Majesté de l'excuser s'il ne pouvoit l'accompagner.

Tandis qu'il se plaignoit des désordres, il essayoit de s'en prévaloir d'un contre le service du Roi, qui étoit arrivé en la ville d'Amiens.

Prouville, sergent major de ladite ville, n'étoit pas fort serviteur du maréchal d'Ancre, non plus que de beaucoup d'autres d'icelle, et étoit pour ce sujet mal voulu de lui et des siens. Le jour de la Madeleine, se promenant sur le fossé, un soldat italien de la citadelle le rencontra, et l'ayant tué de deux ou trois coups de poignard, se retira dans la citadelle, où celui qui y commandoit, non-seulement le reçut et refusa de le rendre à la justice, mais monta à cheval avec lui, et le conduisit en Flandres jusques en lieu de sûreté.

Tout le peuple en fut merveilleusement ému; les princes espérant qu'il le pourroit être jusques à les vouloir aider à s'emparer de la citadelle, sous couleur d'en chasser le maréchal d'Ancre, envoyèrent des gens de guerre tout autour de la ville, et y font venir de la noblesse de leurs amis, et M. de Longueville va dans la ville même pour les y animer. Mais des lettres de cachet du Roi, par lesquelles on leur défendoit de laisser entrer M. de Longueville, le plus fort dans la ville, ayant été montrées à quelques uns des principaux, il ne trouva pas un seul bourgeois de son côté, et fut contraint de se retirer et s'en aller à Corbie, de peur que ceux de la citadelle se saisissent de sa personne.

Durant ces brouilleries, le feu de la guerre, qui

avoit été au commencement de cette année plus allumé que jamais en Italie, s'assoupit pour quelque temps par l'entremise de Sa Majesté. Les Espagnols, pour contraindre le duc de Savoie à désarmer, étoient entrés avec une grande armée en Piémont; le duc de Savoie se défendoit avec une armée non moindre que la leur, en laquelle les Français accouroient de toutes parts, nonobstant les défenses que le Roi pût faire au contraire. Les offices du marquis de Rambouillet ne faisoient pas grand effet auprès du duc, qui disoit n'oser désarmer le premier, de peur que les ministres d'Espagne, en la partie desquels il ne se fioit pas, prissent ce temps d'envahir ses Etats; mais il reconnut que ce n'étoit qu'un prétexte pour continuer la guerre, d'autant que, pour découvrir son intention qu'il tenoit cachée, lui ayant proposé après des conditions fort avantageuses pour lui, à la charge qu'il désarmât le premier, il y consentit; ce dont le marquis avertit leurs Majestés, afin que, puisque ledit sieur duc agissoit avec fraude, elles convinssent avec le roi d'Espagne de conditions justes et raisonnables, avec lesquelles elles le contraignissent de désarmer le premier. Le commandeur de Sillery en traita à Madrid, et en demeura d'accord avec les ministres d'Espagne. Le duc en ayant avis, se résolut de ne pas obéir; à quoi il étoit fortifié par les ambassadeurs d'Angleterre et de Venise qui étoien près de lui, et beaucoup de grands qui lui écrivoient de France que, quoi que lui dît le marquis de Rambouillet, le Roi ne l'abandonneroit point.

Le marquis y remédia, faisant que leurs Majestés écrivissent en Angleterre et à Venise, pour savoir s'ils y vouloient assister le duc de Savoie, en cas qu'il refusât des conditions justes et raisonnables, sous lesquelles il pût sûrement désarmer le premier, Sa Majesté lui promettant de le secourir de toutes ses forces, si ayant désarmé on lui vouloit courre sus; car le roi d'Angleterre et la République répondirent que non, et mandèrent à leurs ambassadeurs qu'ils eussent à le déclarer au duc de Savoie. D'autre part, il fit que le maréchal de Lesdiguières manda aux troupes françaises, la plupart desquelles dépendoient de lui, qu'elles eussent créance audit marquis, qui leur conseilla de se tenir toutes ensemble, et ne permettre pas que le duc de Savoie les séparât, comme il avoit dessein, afin de les rendre par ce moyen à sa merci, ne se soucier de leur payer leur solde, et leur faire aussi mauvais traitement qu'ils pourroient recevoir de leurs ennemis. Le duc de Savoie, qui, à peu de temps, les voulut séparer et n'en put venir à bout, reconnoissant par là qu'il n'en étoit pas le maître contre la volonté du Roi, joint qu'il se voyoit abandonné des autres princes ses alliés, s'il persistoit en une opiniâtreté déraisonnable, fut contraint de recevoir et signer au camp près d'Ast, le 21 de juin, les articles concertés entre les deux couronnes par le marquis de Rambouillet.

La substance de ce traité étoit que, dans un mois, il désarmeroit, et ne retiendroit des gens de guerre que le nombre qui étoit nécessaire pour la sûreté de son pays; n'offenseroit les États du duc de Mantoue, n'agiroit contre lui que civilement devant la justice ordinaire de l'Empereur; que les places et prisonniers pris durant cette guerre seront restitués de part et d'autre; que le duc de Mantoue pardonneroit à tous ses sujets qui en ces mouvemens ont servi contre lui; que Sa Majesté pardonne à tous les siens qui, contre ses défenses, sont venus assister le duc de Savoie; et qu'en cas que les Espagnols, contre la parole donnée à Sa Majesté, voulussent troubler, directement ou indirectement, le duc de Savoie en sa personne ou en ses Etats, Sa Majesté le protégera et assistera de ses forces, et commandera au maréchal de Lesdiguières et à tous les gouverneurs desdites provinces voisines dudit duc, de le secourir, en ce cas, de toutes leurs troupes, non-seulement sans attendre pour cela nouveau commandement de la Cour, mais même contre celui qu'ils pourroient recevoir au contraire.

Mêmes promesses furent faites au duc de Savoie par les ambassadeurs d'Angleterre et de Venise, au nom de leurs maîtres.

Par ce traité, la paix d'Italie sembloit être bien cimentée, et n'y avoir rien qui la pût ébranler; mais l'inadvertance qui fut apportée en ce traité, de n'obliger pas le roi d'Espagne à désarmer aussi bien que le duc de Savoie, sera cause de nouveaux et plus dangereux mouvemens, comme nous verrons ci-après.

Puisque nous sommes sur le discours de ce qui se passa en Italie, il ne sera pas hors de propos d'ajouter ici une chose bien étrange, qui arriva à Naples. Une religieuse, nommée Julia, qui étoit en telle réputation de sainteté qu'on l'appeloit béate, ayant une plus étroite familiarité avec un moine de la Charité que la condition religieuse ne porte, changea enfin son amitié spirituelle en amour; elle ne s'arrêta pas simplement à pécher avec lui, mais passa jusques à la créance que c'étoit une chose licite. Et, comme l'estime de piété en laquelle elle étoit, faisoit que les plus honnêtes femmes et filles la visitoient, elle eut moyen d'épandre en leur esprit les semences de cette opinion, et l'inclination naturelle que nous avons au péché, et la facilité d'y consentir, en persuada un grand nombre à suivre son exemple. Ce mal alloit toujours croissant, jusques à ce qu'étant découvert par un confesseur, l'Inquisition en fut avertie, et la béate et son moine envoyés à Rome, où ils furent châtiés.

En même temps, un autre Italien, nommé Côme, abbé de Saint-Mahé en Bretagne, à qui la reine de Médicis avoit fait du bien, lequel étoit aimé du maréchal d'Ancre, qui se servoit de lui en plusieurs choses, ayant vécu toute sa vie en un grand libertinage, mourut sans vouloir reconnoître pour rédempteur celui devant lequel il alloit comparoître pour être jugé. Le maréchal d'Ancre fit de grandes instances, afin qu'on l'inhumât en terre sainte; mais l'évêque de Paris y résista courageusement, et le fit jeter à la voirie.

Ce prodige fit que le Roi, par un édit nouveau, bannit tous les Juifs, qui, depuis quelques années, à la faveur de la maréchale d'Ancre, se glissoient à Paris.

Mais la hâte que le Roi a de partir pour son voyage, nous rappelle, et ne nous permet pas de faire une plus longue digression.

M. le prince ayant, comme nous avons dit ci-dessus, écrit au Roi, par M. de Pontchartrain, qu'il ne le pouvoit accompagner, Sa Majesté ensuite manda, par toutes les villes de son royaume, qu'elles se tinssent sur leurs gardes, ne donnassent entrée à aucun des princes et seigneurs unis à M. le prince.

Ce que ledit seigneur prince ayant su, il envoya au Roi, le 9 d'août, un manifeste en forme de lettre, par laquelle il se plaint que quelques mauvais esprits, desquels Sa Majesté est prévenue et environnée, lui ont jusques ici fait mal recevoir toutes ses remontrances, qu'il les a fait désarmer, et néanmoins ont fait lever à Sa Majesté des gens de guerre pour lui courre sus et l'opprimer, ce qui l'a obligé d'amasser ses amis et faire lever quelques troupes pour se défendre; qu'il a montré la bonne intention qu'il avoit, en ce qu'incontinent qu'on lui a accordé, à Sainte-Menehould, la convocation des Etats du royaume pour remédier aux désordres qui s'y font, il a posé les armes : mais qu'à peine les a-t-on promis, qu'on les a voulu éluder; puis, quand on s'est vu par honneur obligé de tenir la parole qu'on avoit donnée, on a usé de tant d'artifice, qu'on a mandé en la plupart des lieux ce qu'on vouloit qu'on mît dans les cahiers, sans qu'en plusieurs villes les communautés aient eu connoissance de ce qui y étoit; et depuis encore, nonobstant toutes ces fraudes, les Etats étant clos et leurs cahiers présentés, on n'a pas répondu à tous leurs articles, et on n'observe rien de ce qui a été accordé en aucuns (1).

(1) Le manuscrit qui a servi pour l'impression des Mémoires n'étoit pas complet. Les derniers cahiers de l'année 1615 manquoient, et l'histoire de cette année s'arrête au mois d'août. Cette lacune n'existe pas dans le manuscrit que M. de Foncemagne a vu au dépôt des affaires

[1616] CETTE année bissextile, qui a été remarquable par les mutations extraordinaires de l'air, l'a été davantage par les effets prodigieux que nous verrons en ce royaume durant son cours, pendant lequel les cœurs seront acharnés à la rebellion; que, nonobstant une paix en laquelle on se relâchera jusqu'au-delà de leurs désirs, ils conserveront encore leur malignité, osant se porter à des entreprises si pernicieuses, que l'on sera contraint, avec très-grands regrets, de les mettre, non sans péril, en état auquel ils ne les puissent exécuter.

Quelques-uns conseilloient au Roi de poursuivre à outrance les princes, lui représentant de la facilité à les ruiner, leurs troupes n'étant ni égales en nombre ni si bien armées que celles de Sa Majesté; outre qu'elle avoit déjà plusieurs fois éprouvé que leur malice étoit telle, qu'elle s'irritoit par la douceur des remèdes, et que sa bonté royale ne servoit qu'à les rendre plus audacieux.

Mais les plus foibles conseils étant quelquefois les plus agréables, pour éviter la peine qu'il y auroit d'exécuter les plus forts, ceux qui lui conseillèrent de ne poursuivre pas les princes jusqu'à l'extrémité, et qu'il valoit mieux au Roi, en ce temps, avoir la paix que faire la guerre contre ses sujets, prévalurent, sous couleur qu'il étoit plus glorieux de vaincre par équité que par le sang répandu, et par justice et bon droit que par armes.

Du côté des princes aussi il y avoit divers senti-

étrangères. Il y a trouvé la fin du manifeste du prince de Condé, le voyage du Roi à Poitiers et à Bordeaux; son mariage avec Anne d'Autriche, les mouvemens des protestans, et la mort du cardinal de Joyeuse.

mens. M. le prince, les ducs de Mayenne et de Bouillon vouloient la paix ; le premier espérant de s'établir dans les conseils de sorte qu'il en demeureroit le chef, et que, toutes choses passant par son avis, il auroit moyen de faire ses affaires.

Le duc de Mayenne craignoit que le parti des huguenots, qui étoit fort en son gouvernement, prît trop d'avantage et profitât le plus de cette division.

Le troisième se voyoit vieil, voulant conserver Sédan à son fils, craignoit de le mettre en hasard, et avoit aussi quelque espérance qu'aidant à la paix, cela obligeroit le Roi à lui donner part dans les affaires. En quoi il montroit la foiblesse de l'esprit de l'homme, qui, quelque grand et expérimenté qu'il soit, ne se peut empêcher d'espérer ce qu'il désire ; car il avoit eu assez de sujet, depuis la régence, de se détromper de cette prétention.

Le duc de Longueville étoit d'opinion contraire, par la seule crainte qu'il avoit que le maréchal d'Ancre en la paix lui fît perdre le crédit qu'il avoit en son gouvernement.

Mais les ducs de Sully, de Rohan et de Vendôme, et tout le parti huguenot ne vouloient ouïr parler de paix en aucune façon, si ce n'étoit avec des conditions si indignes que nul de ceux du conseil n'eût osé proposer à Sa Majesté de les accepter.

Il n'y eut artifice dont ils ne se servissent, ni raison qu'ils ne représentassent à M. le prince pour le tirer à leur avis. Ils lui représentoient qu'il partageoit avec le Roi l'autorité en ce royaume, tandis qu'il avoit les armes à la main, et qu'il pouvoit facilement conserver la puissance, demeurant dans son gouvernement, où il étoit environné de tout le corps des huguenots. Ils n'oublièrent pas de lui faire connoître qu'il n'y avoit pas beaucoup de sûreté pour lui à retourner dans la Cour; qu'à un homme comme lui, il ne falloit ou jamais prendre les armes, ou jamais les poser contre son maître; et qu'après les avoir deux fois prises, il n'y avoit pas d'assuré fondement sur quelques promesses que lui pussent faire leurs Majestés; qu'en chose de si grande importance on ne faisoit jamais qu'une faute, et qu'il seroit blâmé si, sur quelque petite espérance de profiter dans les finances, il se désunissoit d'avec tous ceux qui lui étoient associés, et se mettoit en danger de se perdre et eux avec lui.

Mais si leurs remontrances étoient fortes en elles-mêmes, sa propre passion l'étoit davantage envers lui; joint que ses serviteurs, qui n'espéroient pas pouvoir ailleurs si bien faire leurs affaires qu'à la Cour, le fortifioient en son inclination. En quoi le maréchal de Bouillon, qui considéroit ne pouvoir être tout à la fois en Guyenne auprès dudit sieur prince, et à Sédan où son propre intérêt l'appeloit, l'appuyoit par toutes les raisons que la fertilité de son esprit lui suggéroit.

Ainsi M. le prince, charmé par les trompeuses apparences de la Cour, et attiré par sa passion et par les conseils que ses serviteurs et ses amis lui donnèrent pour leur propre utilité, se résolut à la paix, à laquelle aussi Sa Majesté, nonobstant les conseils qu'on lui avoit donnés au contraire, avoit eu agréable d'entendre.

Dès le premier jour de cette année, le duc de Nevers et Edmond, ambassadeur d'Angleterre, revinrent d'auprès M. le prince, où ils étoient allés, avec permission de Sa Majesté, pour le convier de revenir à son devoir. Ils amenèrent le baron de Thianges, qui apporta au Roi une lettre de lui, par laquelle, faisant bouclier des remontrances des Etats et du parlement, il témoignoit ne désirer sinon que Sa Majesté y eût égard pour le bien propre de sa sacrée personne et de son Etat. Il supplioit Sa Majesté de donner la paix à ses sujets, puis ensuite qu'il se tînt une conférence en laquelle elle envoyât ses députés pour traiter avec lui, et ceux de l'assemblée de Nismes, laquelle, pour plus de facilité, supplioit le Roi de trouver bon qu'elle s'avançât en quelque lieu plus proche de la Cour, qu'il daignât lui faire savoir le nom de ceux qu'elle y vouloit envoyer, et que l'ambassadeur d'Angleterre y pût intervenir comme témoin.

Sa Majesté accorda que l'assemblée de Nismes fût transférée à La Rochelle, et envoya, dès lendemain 2 de janvier, M. de Nevers pour convenir de toutes les circonstances de la conférence.

Le même jour Sa Majesté partit de La Rochefoucault, et arriva le 7 à Poitiers, ayant failli une entreprise que l'on avoit faite d'enlever tous les princes à Saint-Maixent où ils se devoient assembler, et s'ils n'en eussent été avertis, comme on croit qu'ils le furent par le duc de Guise même, ils fussent tous tombés en la puissance du Roi.

Le 8 Sa Majesté envoya vers M. le prince le baron de Thianges, qui l'étoit venu trouver de sa part, et le maréchal de Brissac et M. de Villeroy, qui convinrent avec lui de la ville de Loudun pour le lieu de la conférence, qu'elle commenceroit le 10 de février, et cependant qu'il y auroit suspension de part et d'autre jusqu'au premier jour de mars. L'ordonnance de Sa Majesté pour cette suspension, fut publiée le 23 de janvier.

Leurs Majestés arrivèrent à Tours le 25, où il survint un accident bien étrange et d'un mauvais présage; car, le 29 du mois, le plancher de la chambre où la Reine étoit logée à l'hôtel de La Bourdaisière fondit, et la plupart des grands et des officiers qui y étoient tombèrent; la Reine seule et ceux qui étoient auprès d'elle ne furent point enveloppés en cette ruine. Et à Paris, la nuit de ce jour même, la glace de la rivière de Seine, qui étoit prise, venant à se rompre, fit périr plusieurs bateaux qui étoient chargés de provisions nécessaires pour la vie, et emporta une partie du pont Saint-Michel; l'autre qui ne fut pas emportée fut tellement ébranlée, qu'elle tomba aussi à quelque temps de là.

Le duc de Vendôme, qui avoit eu commandement et reçu de l'argent du Roi pour faire des troupes, et les avoit levées, étant jusqu'alors toujours demeuré sans se venir joindre en l'armée du Roi, ni aussi se déclarer contre son service, faisoit, nonobstant la suspension d'armes, tant d'actes d'hostilité, qu'on fut contraint de lui commander de désarmer; à quoi, au lieu d'obéir, il se retira vers la Bretagne, où le parlement de Rennes ordonna, par arrêt du 26 de janvier, aux habitans des villes et bourgades de courir sus à ses troupes à son de tocsin, et le Roi lui envoya un héraut commander de poser les armes, sous peine d'être déclaré criminel de lèse-Majesté.

Lors il leva le masque et déclara, le 18 de février, être du parti de M. le prince, qu'il vint trouver à Loudun ; ce qui retint Sa Majesté de le poursuivre plus avant.

Les propositions des princes furent à leur ordinaire colorées du spécieux prétexte du service du Roi et du bien de l'Etat. Ils demandent qu'il soit fait une exacte recherche de ceux qui ont participé à la mort du feu Roi, et que Sa Majesté en veuille faire expédier une commission au parlement ; que les libertés et autorités de l'église gallicane soient maintenues ; que le concile de Trente ne soit point reçu ; que l'autorité et dignité des cours souveraines ne soient point affoiblies ; que les édits de pacification soient entièrement observés ; qu'il soit pourvu dans quelque temps aux remontrances du parlement et aux cahiers des Etats ; que les anciennes alliances soient conservées ; retrancher l'excès des dons et pensions, et principalement aux personnes de nul mérite. Tout cela ne reçut point de difficulté à être admis et accordé par le Roi. Ils demandèrent que le premier article du cahier du tiers-état fût accordé. A quoi Sa Majesté ne put consentir, mais promit seulement qu'elle y pourvoiroit avec l'avis des principaux de son conseil, lorsqu'il seroit répondu aux cahiers des Etats.

Ils insistèrent que l'arrêt du conseil, sur le sujet des remontrances du parlement, fût révoqué. Sa Majesté fut, par leur importunité, obligée de consentir qu'il demeurât sans effet.

Ce qui apporta plus de préjudice à son autorité royale, fut que Sa Majesté accorda que tous édits, lettres-patentes, déclarations, arrêts, sentences, jugemens et décrets donnés contre les princes et tous ceux qui les ont suivis, seroient révoqués et tirés des registres, et qu'ainsi en seroit-il fait de la déclaration faite à Poitiers, en septembre dernier, sans qu'elle pût être tirée en exemple pour l'avenir, en ce qui regarde la dignité des princes du sang. Car, par-là, Sa Majesté sembloit avouer que ladite déclaration donnée à Poitiers, avoit été contre la justice et les formes ordinaires. Elle promet aussi de faire réparer l'offense que M. le prince prétendoit lui avoir été faite par l'évêque et habitans de Poitiers, et que tous ceux qui, pour avoir eu intelligence avec lui, s'étoient retirés et absentés de la ville, y seroient rétablis, et toutes les informations et procédures faites contre eux déclarées de nul effet et valeur. Et que, d'autre côté, à l'instance dudit sieur prince, Sa Majesté promit qu'elle seule pourvoiroit aux charges du régiment des gardes ; ce qui, encore qu'il fût juste, ne devoit être accordé à la requête dudit sieur prince, qui sembloit le proposer en haine du service que le duc d'Epernon, en cette occasion, avoit rendu au Roi : ce qui donnoit sujet à leurs partisans de publier que ceux qui servoient le Roi en recevoient du mal, et ceux qui le desservoient en servant les princes en tiroient récompense.

La Reine eut de la peine à accorder une chose que M. le prince demandoit instamment, qui étoit qu'il seroit chef du conseil de Sa Majesté, et signeroit tous les arrêts qui s'expédieroient. Mais elle ne voyoit pas tant de jour à la refuser que la demande qu'avec plus de chaleur les princes firent au Roi, et à laquelle ils s'affermissoient avec plus d'opiniâtreté, qui fut celle de la citadelle d'Amiens. Cet article, long-temps débattu, obligea à prolonger la trêve jusqu'au 5 de mai.

Leurs Majestés, sachant qu'ils n'en vouloient qu'à la personne du maréchal d'Ancre, aimèrent mieux lui ôter cette place que permettre qu'elle fût rasée, étant de l'importance qu'elle est à l'Etat ; à la charge, toutefois, que M. de Longueville demeureroit en sa maison de Trie, en attendant que Sa Majesté eût pourvu au gouvernement de ladite place.

Monsieur de Villeroy, ayant eu le vent que la Reine étoit mécontente de lui pour ces deux derniers articles, comme s'il n'eût pas fait tout ce qui étoit en lui pour empêcher les princes de les lui proposer, ou en affoiblir leurs poursuites, la vint trouver à Tours. Et pour se justifier lui représenta qu'il étoit avantageux pour le service du Roi de donner à M. le prince toute la satisfaction qui se pouvoit pour l'attirer à la Cour ; qu'il lui étoit préjudiciable de permettre qu'il demeurât éloigné dans son gouvernement, où de nouveaux bouteleux seroient tous les jours à l'entour de lui pour l'exciter à rallumer la guerre ; qu'au reste, l'autorité qu'on lui donneroit de signer les arrêts ne diminueroit en rien celle de la Reine, vu que, s'il y servoit bien, les choses que Sa Majesté y feroit ordonner en seroient d'autant plus autorisées, et s'il faisoit mal on y pouvoit facilement remédier, sa personne étant en la puissance de leurs Majestés. Quant à ce qui regardoit le maréchal d'Ancre, il lui avoit semblé être obligé pour le service qu'il devoit à la Reine, et pour la considération dudit maréchal même, de ne pas attirer sur lui, et ensuite sur elle, cette envie que l'on crût et publiât par tout le royaume que son intérêt particulier, qui seroit réputé à une vanité très-dommageable, empêchât la pacification de ces troubles, le repos des peuples et le bien public; et qu'à l'extrémité, si la Reine lui vouloit conserver cette place, elle la lui pourroit remettre par après en ses mains, quand les princes seroient séparés et leur armée licenciée; et ce d'autant plus facilement que l'échange seroit aisé à faire avec M. de Longueville, de la Picardie avec la Normandie, et ce duc, hors d'intérêt, ne penseroit plus à la citadelle d'Amiens.

La Reine fut contente ou feignit de l'être de ces raisons. Cependant le Roi s'avança à Blois, où, peu de jours après, la Reine se rendit, et en même temps M. le prince tomba malade d'une fièvre continue, ce qui fut cause que la paix ne put être signée qu'au commencement de mai.

Le 4 de mai, Sa Majesté fit publier deux ordonnances, l'une pour la retraite des gens de guerre qui avoient suivi M. le prince, l'autre pour la pacification des troubles présens; attendant que l'édit qu'elle en avoit fait fût publié au parlement, ce qui fut le 8 de juin ensuivant.

Voilà ce qui fut publié de l'édit de Loudun; mais les articles secrets, qui étoient les principaux, et ceux auxquels les princes avoient buté, furent que chacun d'eux reçut, en son particulier, de grands dons et récompenses du Roi, au lieu de la punition qu'ils avoient méritée. Aussi ne livrèrent-ils pas à Sa Majesté la foi qu'ils lui vendoient si chèrement, ou s'ils la lui livrèrent, ce ne fut pas pour long-temps.

On donna à M. le prince la ville et château de Chinon, et, pour son gouvernement de Guyenne qu'en apparence il offrit, pour montrer qu'il vouloit se déporter de toute occasion de remuement, mais duquel, en effet, il se défaisoit à la suscitation de son favori, qui avoit son bien éloigné de la Guyenne, et préféroit son intérêt à ceux de son maître, on lui donna celui de la province de Berry, de la Touraine et ville de Bourges, et plusieurs autres places en icelles, la plus grande part du domaine et quinze cent mille livres d'argent comptant, pour les frais qu'il prétendoit avoir faits en cette guerre, outre les levées qu'il avoit faites en ce royaume et les deniers du Roi qu'il avoit pris.

Tous les autres princes et seigneurs qui l'avoient suivi reçurent aussi chacun des gratifications, le Roi achetant cette paix plus de six millions de livres.

Le Roi donnant la paix à son peuple, la donna encore à la Cour, à tous ceux qui étoient mécontens du chancelier; il lui fit rendre les sceaux et les donna au sieur du Vair, premier président de Provence, la réputation duquel fit estimer d'un chacun le choix que Sa Majesté en avoit fait.

Il y avoit long-temps que M. de Villeroy disoit à la Reine et à la maréchale que, si Sa Majesté ne chassoit le chancelier de la Cour, tout étoit perdu, et leur avoit souvent répété ce discours durant le voyage, en toutes les occasions qui se présentoient de satisfaire à la mauvaise volonté qu'il avoit contre lui, et lui donner à dos. Il disoit aussi à la Reine que le parlement et le peuple recevroient grande satisfaction de son éloignement, étant certain que ce personnage, ayant beaucoup de bonnes qualités, avoit ce malheur de n'être pas bien dans la réputation publique. Et, sur la difficulté que faisoit la Reine d'éloigner un vieil ministre, auquel naturellement elle avoit quelque inclination, disant que c'étoit un bon homme qui n'avoit pas de mauvais desseins, il lui avoit mis le président du Vair en avant comme un homme là créance de la vertu duquel feroit perdre le regret que quelques-uns pourroient avoir de son éloignement.

Mais le chancelier s'étant aperçu que Villeroy et le président Jeannin commençoient à prévaloir contre lui en l'esprit de la Reine, il n'y eut sorte d'adresse dont il ne se servît, ni de soumission qu'il ne leur fît pour se réconcilier avec eux; ce qui fit que le sieur de Villeroy, qui avoit particulière connoissance de M. du Vair, et savoit qu'outre que c'étoit un esprit rude et moins poli que la vie de la Cour et le grand rang qu'il y tiendroit ne pouvoient souffrir, il étoit si présomptueux que, sans déférer à l'avis de personne, il voudroit usurper toute l'autorité du gouvernement, essaya de ramener l'esprit de la Reine; et faire que, continuant à se servir du chancelier, elle se contentât d'éloigner de la Cour le commandeur de Sillery, et le sieur de Bullion qui avoit épousé sa nièce.

La Reine les chassa tous deux, et continua toujours sa volonté de faire de même du chancelier; à quoi la maréchale la confortoit, mécontente de voir que le sieur de Villeroy et le sieur Jeannin eussent sitôt changé d'avis.

Le sieur de Villeroy reconnoissant cela, tâcha d'arrêter ce dessein par un autre moyen, et écrivit au président du Vair, avec lequel il avoit une ancienne amitié, qu'il ne lui conseilloit pas en ce temps orageux, auquel les affaires avoient peu de fermeté, d'accepter les sceaux, si on les lui offroit; qu'il penseroit manquer à l'affection qu'il lui portoit, s'il ne lui donnoit ce conseil; qu'il y avoit peu de sûreté dans cet emploi, grande difficulté à y bien faire, et plus encore à y contenter tout le monde, grand nombre d'ennemis à y acquérir, et peu ou point de protection à y attendre de ceux qui avoient le principal crédit dans le gouvernement.

Le président du Vair, intimidé, refusa l'offre qu'on lui en fit. La maréchale, étonnée de ce refus, et soupçonnant qu'il y avoit de la tromperie, envoya quérir Ribier son neveu, qui lui dit que ce que son oncle en avoit fait, étoit sur les lettres qu'il en avoit reçues de M. de Villeroy qui l'en dissuadoit, et offrit, si elle l'avoit agréable, de l'aller quérir lui-même, ce qu'il fit incontinent.

Le partement de M. du Vair fut si public, par le grand nombre de personnes de toutes qualités qui voulurent aller prendre congé de lui et l'accompagner, que le chancelier en eut promptement avis. Il se résolut, pour n'être prévenu avec honte à la face de toute la Cour, de partir de Tours où il étoit encore, et venir à Blois trouver la Reine pour lui demander congé de se retirer. Le président du Vair avoit la même volonté que lui, et ne désiroit pas, à son arrivée, le trouver encore à la Cour, soit pour respect de la bienveillance qui étoit entre eux de long-temps, soit qu'il ne s'estimât point assuré qu'il ne le vît actuellement dépossédé, et avoit supplié la maréchale, par son neveu Ribier, de lui vouloir procurer cette satisfaction.

Le chancelier, étant en chemin, communique son dessein au président Jeannin, et, comme l'espérance meurt toujours la dernière en nos esprits et principalement à la Cour., il pria Jeannin (parce que M. de Villeroy étoit alors à la conférence de Loudun) d'aller devant, trouver la Reine, et savoir d'elle si le bruit que l'on faisoit courir de la venue du sieur du Vair étoit véritable, et lui rendre, en cette occasion, les derniers bons offices que son péril présent, qui leur pouvoit être commun bientôt après lui, devoit faire espérer de lui.

Le président Jeannin va trouver la Reine, elle lui dit ce qui en étoit. Il lui parla de différer ce changement, ce qui étonne la Reine. Il lui dit que M. de Villeroy et lui autrefois lui en avoient parlé et donné le conseil, mais qu'ils ne le jugeoient plus nécessaire depuis les protestations qu'il leur avoit faites de vouloir suivre leur avis, et leur être tellement soumis qu'il ne feroit plus rien que ce qu'ils voudroient, dont ils avoient sujet d'être assurés, puisqu'il n'avoit plus auprès de lui le commandeur de Sillery et Bullion. A quoi la Reine, pour toute réponse, lui demanda si c'étoit ainsi qu'il gouvernoit les affaires du Roi par ses intérêts particuliers, et, dès le lendemain, fit faire commandement au chancelier de rapporter les sceaux au Roi; ce qu'il fit, et se retira de la Cour.

L'éloignement du président Jeannin et de M. de Villeroy étoit aussi déjà résolu, mais ce dessein n'éclatoit pas encore, Barbin, à qui la Reine avoit donné la charge du premier, ayant cru devoir différer à la recevoir jusqu'à ce que leurs Majestés fussent de retour à Paris, et la paix bien assurée.

Leurs Majestés, qui arrivèrent le 16 de mai, donnèrent les sceaux à M. du Vair; le président Le Jay fut remis en liberté, et rentra en l'exercice de sa charge au parlement. Mais une liberté plus chère et moins espérée fut rendue, et plus volontiers, au comte d'Auvergne, que leurs Majestés, ne sachant plus à qui des princes avoir une confiance entière, délivrèrent comme une créature anéantie, à laquelle ils auroient donné l'être de nouveau. Il avoit été mis deux fois à la Bastille par le feu Roi, pour crimes de rebellion et entreprise contre Sa Majesté, au service de laquelle il ne s'étoit jamais bien comporté de la sorte qu'il étoit obligé par sa condition. Son premier arrêt ne l'ayant rendu sage, il n'y avoit point d'espérance que celui-ci dût prendre fin; mais ce que son propre mérite lui dénioit, la malice des autres le lui fit obtenir, sous espérance que la grandeur de cette obligation dernière surmonteroit ses mauvaises inclinations; et, afin que la grâce fût toute entière, Sa Majesté lui fit rendre, par le duc de Nevers, l'état de colonel de la cavalerie légère, dont il étoit honoré avant sa prison.

Leurs Majestés récompensèrent aussi ceux qui avoient des places fortes et le domaine du Roi en Berry, afin de satisfaire à la promesse qui avoit été faite à M. le prince.

Le maréchal d'Ancre remit la citadelle d'Amiens entre les mains du duc de Montbason, à qui, en outre, le Roi donna la lieutenance en Picardie, au lieu de celle de Normandie qu'il avoit. Et, afin que le maréchal d'Ancre ne perdît point en cet échange, ains au contraire trouvât son élèvement en l'abaissement qu'on lui avoit voulu procurer, on lui donna la lieutenance de Roi en Normandie, le gouvernement de la ville et château de Caën dont on retira Bellefont, celui du Pont-de-l'Arche, et peu après Quillebœuf.

Les princes, nonobstant que leurs Majestés témoignassent, par ces commencemens, vouloir exécuter ponctuellement ce qui avoit été promis, ne se hâtoient point de venir à Paris, chacun d'eux désirant laisser couler davantage de temps pour voir plus assurément quel train prendroient les affaires.

Ils s'étoient néanmoins séparés avec assez mauvaise intelligence les uns d'avec les autres; ce qui arrive ordinairement entre personnes desquelles chacun estimant plus mériter qu'il ne vaut, nul n'est content de la part qui lui est donnée en la récompense commune. Ils se plaignent tous que M. le prince avoit pris tout l'avantage pour lui. Les ducs de Rohan et de Sully, qui prétendoient être seuls qui avoient joint à ses armes le parti des huguenots, estimoient qu'il avoit eu trop peu d'égard à leurs intérêts. M. de Longueville n'étoit pas plus satisfait que les autres, se voyant retiré en sa maison, et n'osant retourner en Picardie, nonobstant que le maréchal d'Ancre se fût démis de la citadelle d'Amiens, pour ce qu'il jugeoit bien qu'il n'y auroit pas plus de crédit étant entre les mains de M. le duc de Montbason, qu'il y en avoit eu étant entre les mains du maréchal d'Ancre. Et entre M. de Bouillon et M. le prince il y avoit si peu de confiance, que le dernier, qui étoit désiré à la Cour avec impatience de la part de la Reine, lui faisoit paroître qu'il auroit bien souhaité, quand il y arriveroit, en trouver le premier éloigné : tant cette union si étroite de ces princes contre le Roi, et qui ne se maintenoit que par les avantages que chacun d'eux en espéroit par la guerre, fut promptement dissipée par ce traité de paix.

Les seuls ducs de Mayenne et de Bouillon se maintinrent en intelligence l'un avec l'autre. Le dernier, ayant volonté de s'en aller en Limosin et à Negrepelisse, que depuis peu il avoit acquis, changea de dessein à la semonce de la Reine, qui lui fit l'honneur de lui écrire de sa main propre, pour le convier de se rendre au plus tôt auprès de Sa Majesté; ce qu'il fit, et amena le duc de Mayenne avec lui ; mais, encore que la Reine le reçut très-bien, ils ne furent pas sitôt arrivés qu'ils se repentirent de s'être hâtés plus que les autres, d'autant qu'ils virent un changement universel que la Reine fit bientôt après de tous les ministres.

Monsieur de Villeroy et le président Jeannin étoient déjà à leur arrivée sans crédit, et ne se passa guère de temps que le premier se retira en sa maison de Conflans; la charge du second fut donnée à Barbin, et celle de secrétaire d'Etat que M. de Puisieux exerçoit, au sieur Mangot. La raison dictoit assez qu'ayant ôté les sceaux à M. le chancelier, il n'étoit pas à propos de laisser son fils premier secrétaire d'Etat en un temps si orageux que celui auquel on étoit alors; mais la bonté de la Reine, qui n'avoit éloigné le père qu'y étant contrainte par son mauvais gouvernement, faisoit qu'elle avoit difficulté d'éloigner le fils, qui n'avoit point commis de faute particulière qui semblât le mériter. Le sieur du Vair, qui ne croyoit être assuré tandis qu'il verroit une personne à la Cour si proche à celui dont il tenoit la place, oubliant toute l'obligation qu'il avoit à M. de Villeroy, qui seul l'avoit proposé au feu Roi pour être premier président de Provence, lui avoit fait valoir ses services, et l'avoit maintenu envers et contre tous, fit tant d'instance à la Reine de le congédier, qu'il lui en fit enfin prendre résolution; non toutefois tout à son contentement qu'il espéroit; car au lieu qu'il se promettoit de faire entrer en cette charge Ribier, son neveu, qui s'en étoit déjà vanté, la Reine la donna au sieur Mangot, à qui elle avoit, peu auparavant, accordé la charge de premier président de Bordeaux. C'est ainsi que les honneurs changent les mœurs en un moment. Le sieur du Vair qui, peu de jours avant, faisoit profession d'être un philosophe stoïque, et en écrivoit des livres, n'est pas sitôt à la Cour que, changeant d'esprit en faisant paroître les qualités qui y étoient cachées, non-seulement il devient ambitieux, mais noye dans son ambition tous les devoirs de bienséance et d'amitié, commettant une ingratitude qu'un homme qui n'eût jamais été courtisan eût eu honte qu'on lui eût pu reprocher.

En ce temps la Reine ayant été avertie par ses serviteurs de l'adresse et des artifices dont le sieur de Luynes usoit auprès du Roi pour lui rendre sa conduite odieuse, lui représentant les manquemens plus grands qu'ils n'étoient, et amoindrissant ce qui étoit à louer, se résolut de lui offrir de se démettre de l'autorité qu'il lui avoit donnée, et la consigner en ses mains, jugeant bien qu'il ne la recevroit pas, et cette offre, néanmoins, feroit en son esprit l'effet qu'elle désiroit, qui étoit de lui ôter la créance qu'elle eût un désir démesuré de continuer son gouvernement, auquel elle étoit portée par ambition, non pour le bien de son service, ni que la nécessité publique le requît..

Elle le supplia donc d'avoir agréable de prendre jour pour aller au parlement, où, après lui avoir justifié combien elle étoit éloignée de ces sentimens, elle désiroit se décharger du soin de ses affaires ; qu'il trouveroit que, par le passé, on n'avoit pu conduire les choses plus heureusement, et qu'ayant fait tout ce qu'elle avoit dû pour lui assurer la Couronne, il étoit bien raisonnable qu'il prît cette peine pour lui procurer son repos; qu'il lui fâchoit, après tant de glorieuses preuves qu'elle avoit données de sa passion au bien de cet Etat, de se voir en peine de défendre ses sentimens contre des calomnies secrètes.

Comme elle n'avoit rien à craindre de son naturel, aussi voyoit-elle qu'elle avoit juste sujet de se défier de son âge ; qu'elle prévoyoit que, s'il avoit eu l'audace de l'attaquer en un lieu si saint, il pourroit avec le temps être emporté par force, et se laisser vaincre à la violence de leurs poursuites.

Qu'elle jugeoit bien que, quand l'on est parvenu par beaucoup de peine et de périls au comble d'une grande réputation, la prudence veut qu'on pense à une favorable retraite, de peur qu'on ne perde par la révolution des choses humaines ce qu'on a si chèrement acquis.

Qu'elle savoit que les offices les plus mal reconnus sont ceux qu'on rend au public, et qu'un mauvais événement pouvoit ternir la gloire de ses actions passées.

Mais, quelque instance qu'elle pût faire, le Roi ne lui voulut jamais accorder de quitter le gouvernement de ses affaires. En quoi elle ne fut pas trompée, car elle ne désiroit, ni ne craignoit que le Roi la prît au mot; mais les raisons qu'elle lui avoit apportées lui sembloient être si recherchées, qu'il crut qu'elles lui avoient été plutôt insinuées qu'elle ne les avoit pas conçues en son esprit; et pour ce ne s'ouvrit pas avec elle des mécontentemens qu'il commençoit à recevoir du prodigieux élèvement du maréchal d'Ancre, ne jugeant pas qu'elle eût volonté d'y remédier, mais l'assura qu'il étoit très-satisfait de son administration, que personne ne lui parloit d'elle qu'en des termes convenables à sa dignité.

Le sieur de Luynes ne lui en dit pas moins, et accompagna ses paroles de gestes et de sermens, et de toutes autres circonstances qui peuvent servir à cacher un cœur double, et qui a une intention toute contraire à ce qu'il promet. Il ne put, néanmoins, si bien feindre, que la Reine, qui n'étoit pas inexperte en ces artifices, n'en aperçût quelque chose. Elle ne s'en douta pas tant, qu'elle en prît dessein de le chasser d'auprès la personne du Roi, ni si peu aussi qu'elle ne commençât à penser à quelque retraite honorable, si le Roi prenoit de lui-même quelque jour la résolution qu'il avoit refusée de prendre à sa requête. Et, pour ce qu'elle avoit commencé à gouverner ce royaume avec autorité souveraine en la minorité du Roi, ne désirant pas retourner à vivre sous la puissance d'autrui, elle fit traiter de la principauté de la Mirandole, et envoya exprès André Lumagne en Italie pour convenir du prix. Mais le roi d'Espagne traversa l'exécution de ce traité, et ne voulut plus que les Français remissent le pied, en quelque manière que ce fût, en un lieu d'où il les avoit chassés avec tant de peines, de périls et d'années.

Monsieur de Bouillon, qui savoit bien se servir de tout à son avantage, essaya de profiter de l'absence de M. le prince, et convertit en artifices de prudence, la disgrâce en laquelle, par fortune, se rencontroit alors M. de Villeroy : car jugeant que Villeroy, pour, par appréhension, se rendre nécessaire, favoriseroit toutes les demandes qu'il pourroit faire, pour peu raisonnables qu'elles fussent, et représenteroit que le refus qu'on lui en feroit seroit une infraction au traité de Loudun, ne fit point de difficulté de désirer de la Reine plusieurs choses frivoles et impertinentes, et qui, en vérité, étoient au-delà des choses qui avoient été accordées par ledit traité, mais que néanmoins il disoit être nécessaires, tant pour la sûreté de M. le prince que de ceux qui avoient été joints avec lui.

Entre autres choses, ils faisoient grande instance sur le règlement du conseil, lequel ils vouloient être réduit à un certain nombre de personnes choisies, le choix desquelles étoit très-difficile à faire, tant pour n'encourir l'envie de ceux qu'on rebutoit, que pour ce qu'ils eussent formé difficulté sur beaucoup de ceux qu'on eût retenus, s'ils n'eussent été de leur intelligence.

Cela mettoit la Reine bien en peine ; car le garde des sceaux du Vair étoit si nouveau dans les affaires, qu'elle n'en étoit aucunement assistée, étant étonné en toutes rencontres, ne sachant se démêler d'aucune, et M. de Bouillon ayant tel ascendant sur son esprit, qu'il en faisoit ce qu'il vouloit, de sorte qu'il se laissa aller jusques-là que de dire à la Reine, en présence du sieur de Bouillon, qu'elle n'étoit pas bien conseillée de prendre si peu de confiance qu'elle faisoit à lui et à M. de Mayenne; ce que la Reine, qui sur-le-champ ne lui voulut rien répondre, lui reprocha par après, lui remontrant les sujets qu'elle avoit de se méfier d'eux, et que, quand bien cela ne seroit pas ainsi, il ne devoit pas lui en parler en leur présence.

Toutes ces choses faisoient désirer à la Reine plus ardemment la venue de M. le prince, qui étoit allé en Berry prendre possession du gouvernement, et avoit de sa part bonne volonté de se rendre à la Cour, espérant d'y disposer de toutes choses dans le conseil; mais les ducs de Bouillon et de Mayenne faisoient tous les offices qu'ils pouvoient auprès de lui pour retarder son partement; ce qui fit que la Reine lui dépêcha plusieurs personnes l'une après l'autre, et lui aussi lui en dépêcha de même, chacun desquels se vantoit avoir le plus de créance auprès de lui. Et de fait, toutes les lettres qu'il écrivoit par eux, étoient en une créance fort particulière, et la plupart contraires les unes aux autres: ce qui fit que, pour démêler ces fusées, la Reine me dépêcha vers lui, croyant que j'aurois assez de fidélité et d'adresse pour dissiper les nuages de la défiance que les mauvais esprits lui donnoient d'elle contre la vérité. Ce qui me réussit assez heureusement, l'ayant en peu de temps rendu capable de l'avantage que la Reine recevroit de sa présence, de l'affermissement qu'elle donneroit à la paix, de l'autorité qu'elle avoit aux résolutions du conseil, de l'espérance qu'elle ôteroit aux brouillons de voir leurs mauvaises volontés appuyées, et du repos qu'elle donneroit à l'esprit de Sa Majesté, qui ne pouvoit plus davantage supporter les soins et les craintes perpétuelles où ces divisions passées l'avoient tenue si long-temps. Pour toutes lesquelles raisons il ne pouvoit raisonnablement douter qu'elle n'eût sa présence très-agréable, et lui donnât toutes les satisfactions qu'elle pourroit pour le retenir auprès du Roi, en la dignité et au crédit que sa qualité et son affection au service de Sa Majesté lui faisoient mériter; outre que je lui donnai assurance, de la part de la maréchale, qu'elle employeroit ce que son mari et elle auroient de pouvoir auprès d'elle, pour le maintenir en l'honneur de ses bonnes grâces, et que, si jusques ici ils l'avoient fait, comme il en pouvoit lui-même être bon témoin, ils n'y manqueroient pas à l'avenir, après s'y être obligés par une solennelle promesse.

On lui avoit donné jalousie du baron de La Châtre, qui étoit à Bourges, lequel on lui mandoit y avoir été envoyé pour épier ses actions, et de ce qu'on ne lui faisoit point encore de raison de ce qui s'étoit passé à Poitiers, ces deux choses témoignant assez le peu de sincérité avec laquelle on désiroit son retour, quoiqu'on fît semblant du contraire.

J'en donnai avis à la Reine, qui fit venir incontinent le baron de La Châtre à Paris, auquel elle donna soixante mille livres et le brevet de maréchal de France pour sa démission du gouvernement de Berry, qui, par ce moyen, demeureroit sans dispute à M. le prince, et dépêcha à Poitiers le maréchal de Brissac pour y faire exécuter ce qui avoit été promis par le traité de Loudun. Il approuva aussi le changement des ministres, et l'élection de Mangot et de Barbin, insistant seulement que l'on contentât M. de Villeroy s'il avoit intérêt en la charge du sieur de Puisieux. Il promit de sa part que, la Reine lui faisant l'honneur d'avoir confiance en lui, il ne communiqueroit rien des conseils secrets qu'à qui elle voudroit en être communiqué, et trouva bon aussi que, si on vouloit, on se servît de son nom pour avancer ou retarder le règlement du conseil qui étoit poursuivi par les princes.

Ce voyage, que la Reine me fit faire au déçu de messieurs de Mayenne et de Bouillon, fut cause qu'ils dépêchèrent incontinent vers M. le prince, pour savoir ce que j'avois traité avec lui et le détourner de venir en Cour : mais ce fut en vain. Le maréchal de Bouillon m'ayant soudain enquis, après mon retour, si je n'avois pas trouvé M. le prince tout disposé au service de leurs Majestés, je lui répondis que non-seulement il protestoit de leur demeurer inviolablement obéissant, mais, en outre, qu'il leur donneroit la même assurance pour M. de Mayenne et pour lui, afin de lui donner sujet de désirer aussi son retour, le croyant en bonne intelligence avec eux.

Mais il y avoit un sujet particulier et bien important, qui, outre les raisons générales, les empêchoit de pouvoir avoir agréable qu'il revînt sitôt. C'étoit un dessein qu'ils avoient formé de se défaire du maréchal d'Ancre, dont ils craignoient que la langue ou la timidité de M. le prince, s'il étoit présent, les pût empêcher.

Peu après leur arrivée à Paris, le maréchal d'Ancre, sur l'ancienne mésintelligence de ces deux ducs avec les ducs d'Epernon et de Bellegarde, qui faisoient un parti contraire à eux, leur proposa de les ruiner tout-à-fait. Mais eux qui n'avoient pas tant d'aversion des deux qu'ils en avoient de lui, étranger, homme de peu, élevé sans mérite en cette grande fortune à laquelle ils portoient envie, et auquel ils attribuoient tous les mauvais contentemens qu'ils avoient ci-devant reçus à la Cour, et pour lesquels ils avoient pris les armes, prirent, de ce dessein, occasion de faire une entreprise toute nouvelle, et, au lieu d'entendre à la ruine de ces deux-là, entreprendre la sienne, et délivrer le royaume de sa personne.

Ils en firent part à M. de Guise, qui entra dans ce dessein, y étant induit par le sieur du Perron, frère du cardinal, qui étoit de long-temps affectionné aux ducs d'Epernon et de Bellegarde; et parce que de soi-même il n'aimoit pas le maréchal, qui lui avoit semblé ne tenir pas de lui le compte qu'il devoit. Lors ils commencèrent à rallier tous les ennemis du maréchal d'Ancre, non dans la Cour seulement, mais dans le parlement et dans le peuple même qui l'avoient en horreur.

Il les aidoit par ses imprudences à se fortifier, ne se retenant en aucune de ses passions, quoi qu'il lui en pût arriver.

Durant la conférence de Loudun, ayant été fait à Paris une expresse défense à ceux qui gardoient les portes de laisser passer aucun sans passeport, un cordonnier picard, sergent du quartier de la rue de la Harpe, l'arrêta le samedi de Pâques à la porte de

Bussi, dans son carrosse, refusant de le laisser sortir s'il ne montroit son passeport, à faute de quoi il le contraindroit de rebrousser chemin. En ce contraste il se passa plusieurs choses et se dit plusieurs paroles, qu'un seigneur français, né en un climat plus benin, eût oubliées, mais qui tenoient à cœur au maréchal, qui s'en voulant venger, remit à le faire quand le Roi seroit de retour à Paris, auquel temps il y auroit plus de sûreté pour lui. Pour cet effet il commanda à un de ses écuyers d'épier l'occasion de rencontrer ce cordonnier hors des murailles de la ville, pour le châtier de l'affront qu'il estimoit avoir reçu de lui. Il le rencontre, le 19 de juin, au faubourg Saint-Germain, et le fit battre si outrageusement par deux valets qu'il avoit avec lui, qu'il le laissa pour mort.

Cette action renouvela la mémoire de celle de Riberpré, qu'il avoit voulu faire assassiner l'année de devant, et celle du sergent-major Prouville, qu'il avoit fait tuer à Amiens; de sorte qu'elle fut poursuivie avec tant de chaleur, qu'il n'osa l'avouer, et ses valets, par arrêt de la cour, furent pendus le 2 de juillet, devant la maison du Picard, et son écuyer se garantit par sa fuite. Mais ces punitions, au lieu d'apaiser la haine du peuple, ne faisoient que l'animer davantage contre lui, qu'il eût voulu être pendu avec les siens.

En même temps M. de Longueville, qui étoit mécontent en sa maison de Trie, s'imaginant que tandis qu'il demeureroit chez lui on n'avanceroit rien en ses affaires, se résolut d'aller en Picardie et y faire quelque remuement. Il en donne avis à messieurs de Mayenne et de Bouillon, qui agréent son voyage comme faisant à leur dessein contre ledit maréchal, et lui offrent leur assistance et celle de M. de Guise. Il part, il va à Abbeville, il y est reçu avec grande démonstration d'amitié par les habitans.

Monsieur le prince cependant s'achemine à la Cour. Passant à Vilbon, chez M. de Sully, il apprend quelque chose de la conspiration qui se tramoit contre le maréchal d'Ancre, et, ne voulant pas offenser la Reine et rentrer en nouvelle brouillerie, ni abandonner les princes, il fut sur le point de prendre quelque prétexte pour s'en retourner et remettre son arrivée à quelque temps de là; mais la crainte qu'il eut de donner soupçon à la Reine, fit qu'enfin il passa outre, et arriva à Paris le 20 de juillet, allant droit descendre au Louvre, où il reçut de leurs Majestés toute la bonne chère qu'il eût su désirer; mais les Parisiens témoignèrent de sa venue plus de contentement qu'on n'eût voulu et qu'il n'eût été à propos pour lui-même.

Le lendemain de sa venue, Barbin parlant au marquis de Cœuvres combien il seroit à désirer que M. le prince et M. de Bouillon fussent en bonne intelligence avec la Reine et en un ferme désir de servir l'État, oubliant tous les mécontentemens et prétextes passés, il lui dit que de M. le prince on ne pouvoit douter qu'il n'eût une intention véritable de complaire, puisqu'il étoit venu, et que c'étoit une chose certaine qu'il n'y avoit qualité, puissance, ni crédit qui pût garantir un homme qui entroit dans le Louvre, de faire ce qu'il plairoit à leurs Majestés, et d'être absolument soumis à tout ce qu'elles commanderoient.

Quant à M. de Bouillon, il lui étoit aisé de recevoir satisfaction, et tout tel traitement qu'il lui plairoit, pourvu qu'il cessât de vouloir, par un conseil nouveau dont il poursuivoit l'établissement, contrecarrer l'autorité du Roi, et qu'il lui feroit plaisir de lui représenter ce qu'il lui en disoit.

Le marquis de Cœuvres, qui étoit tout à ce parti-là, ne manqua pas de le lui dire, et non-seulement ce qui le regardoit en son particulier, mais encore ce qui touchoit à M. le prince. Il fit peu de réflexions sur ce qui le regardoit, pour ce qu'il étoit dans le dessein de se défaire du maréchal d'Ancre, ce qui eût changé la face des affaires; mais il fut étonné de la hardiesse de la parole qu'il avoit avancée sur le sujet de M. le prince, et cela lui fit croire plus facilement qu'elle avoit été dite plutôt par inconsidération que par aucune intention qu'on eût de lui faire mal.

Monsieur le prince aussi n'en conçut aucune crainte, pource qu'il se tenoit assuré du maréchal et de sa femme, qui, dès incontinent après la paix de Loudun, lui avoient témoigné se vouloir lier avec lui d'une étroite intelligence, qu'ils avoient toujours recherchée auparavant, ainsi que l'on peut voir par le cours de cette histoire, s'étant portés, autant qu'ils avoient pu, à toutes les choses qui étoient de son consentement.

Le maréchal et sa femme l'avoient vu si puissant en ces mouvemens passés, qu'ils croyoient que l'ayant pour ami, il ne leur pouvoit mesavenir; et M. le prince, qui savoit que leur entremise auprès de la Reine lui étoit avantageuse, feignit de les recevoir entre ses bras, et agréer leur bonne volonté: ce dont ils étoient si transportés d'aise, que non-seulement ils tenoient peu de compte de messieurs de Guise et d'Epernon, avec lesquels, durant cette dernière guerre, ils avoient contracté amitié, mais ils les abandonnèrent entièrement, et tous ceux qui, avec eux, avoient servi le Roi en cette dernière occasion. En quoi ils agissoient en favoris aveugles, que la fortune plutôt que le mérite avoit élevés, lesquels, se voyant en un degré si inespéré et disproportionné à ce qu'ils valent, sont si éperdus et hors d'eux-mêmes, qu'ils ne voient pas les choses les plus visibles et palpables qui sont à l'entour d'eux.

Car, premièrement, ils ruinoient le service de leurs Majestés, qui étoit néanmoins le fondement de toute leur subsistance; d'autant que, un chacun voyant qu'on n'avoit aucun gré, honneur, ni récompense d'avoir servi le Roi, mais, au contraire, ceux qui avoient desservi étoient caressés et gratifiés, l'offense du mauvais traitement que l'on recevoit, augmentée, par l'exemple du bon traitement des autres, faisoit perdre la fidélité de ceux que l'intérêt ni l'espérance des biens n'avoient pu jusques alors faire éloigner de leur devoir; joint que les plus prudens ne vouloient plus encourir pour néant la mauvaise grâce de ces princes, lesquels étoient pleins de ressentimens contre ceux qui n'avoient pas été de leur parti, et du côté du Roi on n'avoit point de soin de ceux qui avoient servi.

En second lieu, ils n'étoient pas bien avisés de croire que M. le prince les pût aimer, sinon en tant que ses affaires et les occasions qui, en la Cour, changent tous les jours, le pourroient requérir, et de ne pas considérer que cette liaison si étroite feroit qu'ils l'auroient continuellement sur leurs épaules en toutes les choses qu'il auroit pour lui et pour les siens à demander à la Reine, quelque impertinentes qu'elles fussent; et qu'outre que ces demandes lui pourroient quelquefois causer quelque refroidissement de la Reine, qui s'en sentiroit importunée, comme ils avoient déjà avec grand péril expérimenté, quand ils lui auroient aujourd'hui obtenu une chose, demain une autre, il leur en demanderoit une autre; et, quelque service qu'ils lui eussent rendu auparavant, s'ils manquoient une seule fois à faire ce qu'il désireroit, tout seroit oublié, et ils l'auroient pour ennemi, comme ils l'avoient déjà éprouvé ès affaires du château Trompette et de Péronne; où, n'ayant pu surmonter l'opposition des ministres en l'esprit de la Reine, M. le prince s'étoit déclaré leur ennemi, nonobstant tous les bons offices qu'il avoit reçus d'eux; outre que la posture en laquelle ils étoient d'étrangers et favoris de la Reine, noms qui sont d'ordinaire l'objet de la haine des peuples, les rendoit à M. le prince le plus spécieux et presque l'unique prétexte de prendre les armes contre l'autorité du Roi, sous couleur de la vouloir maintenir.

Mais, soit qu'ils eussent peu de jugement, qu'ils fussent prévenus, ou que leur mauvaise fortune les entraînât dans la ruine, ils ne s'aperçurent point de leur faute; et au lieu de demeurer entre M. le prince et l'autre parti, l'obligeant en choses justes sans desservir les autres, et demeurant par leur faveur comme le lien de tous les deux, sans prendre parti et se joindre ni à l'un ni à l'autre, ils se donnèrent à M. le prince, qui ne se donna pas à eux, et perdirent les autres qui, pour leur foiblesse, ayant besoin d'eux, s'y désiroient plus fidèlement tenir unis. Ils allèrent même jusques à cet excès vers M. le prince, qu'ils crurent tellement qu'il leur suffisoit de l'avoir pour ami, qu'ils méprisoient même ceux qui étoient de son parti, et dédaignoient de les entretenir, dont le duc de Bouillon ne se put tenir de se plaindre à Barbin, qui, étant homme de bon jugement, leur en dit son avis, mais en vain.

Cependant M. le prince avoit tout à souhait : il partageoit l'autorité que la Reine, sous le bon plaisir du Roi son fils, avoit aux affaires, et quasi l'en dépouilloit pour s'en revêtir. Le Louvre étoit une solitude, sa maison étoit un Louvre ancien ; on ne pouvoit approcher de la porte pour la multitude du monde qui y abordoit. Tous ceux qui avoient des affaires s'adressoient à lui ; il n'entroit jamais au conseil que les mains pleines de requêtes et mémoires qu'on lui présentoit, et qu'il faisoit expédier à sa volonté : tant il avoit ou peu tenu compte, ou peu conservé de mémoire de l'avertissement que je lui avois donné, d'user de modération en la part que la Reine, par sa facilité, lui avoit donnée au gouvernement.

Aussi étoit-il très-content de sa condition, et, quelque ambition qu'il eût, il avoit sujet de l'être. Mais messieurs de Mayenne et de Bouillon ne l'étoient pas, d'autant qu'ils vouloient avoir part aux avantages qu'il recueilloit seul, et étoient fâchés de voir que tout le profit des mouvemens derniers fût arrêté en sa seule personne. Cela faisoit que, mécontens de l'état présent, ils lui faisoient tous les jours des propositions nouvelles de choses qu'ils le pressoient de demander à la Reine, comme étant nécessaires pour l'observation du dernier traité ; mais, quand ils virent qu'on ne leur refusoit rien de ce qui pouvoit avoir quelque apparence de leur avoir été promis, ils s'arrêtèrent à une demande qu'ils crurent la plus difficile, c'étoit la réformation du conseil.

Cette affaire tenoit la Reine en perplexité ; le choix qui devoit être du conseil étoit difficile, et n'étoit pas plus aisé de le faire de personnes qui fussent agréables à tous, que de personnes en qui le Roi dût avoir une entière confiance ; outre qu'il en falloit rejeter un grand nombre, qu'il étoit fâcheux d'offenser par ce rebut. Barbin ouvrit un expédient, qui ne fut pas trouvé mal à propos, et dont la Reine se trouva bien, qui fut de remettre à ces messieurs d'en faire le choix eux-mêmes, et que la Reine agréeroit ceux qu'ils éliroient ; car par ce moyen ils se chargeroient de l'envie, chacun jugeant bien que leurs Majestés auroient été violentées en cette occasion.

M. le prince et M. de Mayenne étant assemblés chez M. de Bouillon, pour attendre la résolution de la Reine sur ce sujet, Barbin même la leur porta, dont ils furent si étonnés qu'ils commencèrent à se regarder l'un l'autre. M. le prince, selon la promptitude ordinaire de son naturel, se leva de sa chaise, et se prenant à rire, et se frottant les mains, s'adressa à M. de Bouillon, et lui dit : « Il n'y a plus rien à dire « à cela, nous avons sujet d'être contens ; » par où il paroissoit bien que c'avoit été à son instigation qu'on avoit fait cette poursuite. M. de Bouillon, se grattant la tête, ne répondit un seul mot ; mais Barbin étant sorti, il dit à ces messieurs qui étoient assemblés, qu'il voyoit bien que cet homme-là leur donneroit trente en trois cartes, et prendroit trente et un pour lui, c'est-à-dire qu'il feroit, par son artifice, qu'ils auroient toutes les apparences de contentemens, et qu'il en garderoit la réalité pour lui-même. Cela leur faisoit d'autant plus presser l'exécution de leur dessein contre le maréchal d'Ancre, auquel M. le prince, quelque promesse d'amitié qu'il eût faite au maréchal, se joignit, bien que froidement et quasi contre sa volonté; mais la crainte de perdre ces messieurs pour amis, prévalut à toute autre considération.

Pour arrêter les moyens qu'il falloit tenir pour cela, ils résolurent de s'assembler, et choisirent la nuit pour le pouvoir faire plus secrètement, bien que ces assemblées nocturnes ne laissèrent pas d'être remarquées et soupçonnées; mais l'arrivée à la Cour de milord Hays, ambassadeur extraordinaire d'Angleterre, leur vint tout à propos; car, sous l'ombre de lui faire des festins, ils s'assembloient et traitoient de cette affaire.

M. le prince, les ducs de Guise, de Mayenne et de Bouillon, étoient ceux qui en avoient le principal soin. Le duc de Nevers en avoit une grande connoissance, car ils n'osèrent pas la lui ôter tout-à-fait; mais ils ne lui faisoient pas néanmoins part des conseils secrets, d'autant qu'ils avoient peur qu'il les découvrît, sous espérance d'être assisté plus fortement de l'autorité de la Reine, pour faire réussir son affaire de l'institution des chevaliers du Saint-Sépulcre, par laquelle il se promettoit de se faire empereur de tout le Levant.

Il vouloit démembrer l'ordre de Saint-Jean de Jérusalem, celui du Saint-Sépulcre, s'en faire grand-maître, et espéroit, en se faisant aider de quelques intelligences qu'il avoit en Grèce, et de l'affection que tous les Grecs lui portoient, pour ce qu'il disoit être descendu d'une fille des Paléologues, mettre un nombre assez suffisant de vaisseaux sur mer pour s'emparer de quelques places fortes dans le Péloponèse, et les défendre assez long-temps pour attendre le secours des chrétiens, et pousser avec leur faveur ses progrès plus avant.

Bien que cette entreprise fût mal fondée et sans apparence à ceux qui étoient tant soit peu versés en la connoissance des affaires du Levant, néanmoins, comme les choses les moins raisonnables réussissent quelquefois, par le peu d'attention qu'on a souvent, dans les conseils des grands rois, à une affaire particulière, pour la multitude des autres qui tiennent les esprits occupés, le grand-maître de Malte eut crainte qu'il obtînt du Roi ce qu'il désiroit, et envoya une ambassade solennelle en France pour remontrer au Roi l'injustice de cette demande.

Il représenta à Sa Majesté que cet ordre étoit depuis cent vingt ans annexé au leur; que, si Sa Majesté favorisoit en cela le duc de Nevers, les ordres militaires d'Espagne et d'Italie renouvelleroient leurs poursuites anciennes, pour leur ôter semblablement les biens du Saint-Sépulcre qu'ils possèdent en leurs terres; que, bien que l'offre que faisoit le duc de Nevers fût sincère, ce qu'il ne croyoit pas néanmoins qu'il fût à l'avenir, qu'il se contentât du seul titre de sa grande-maîtrise dudit ordre, sans rien prétendre aux biens qui en sont unis à Saint-Jean de Térusalem, cela n'étoit pas raisonnable, vu qu'elle fait partie de la dignité de leur grand-maître, à la conservation de laquelle Sa Majesté a intérêt, vu que des sept langues qui composent le corps de l'ordre de Malte, quatre sont françaises, et la plupart des grands-maîtres sont de leur nation; et que non-seulement le grand-maître en recevroit diminution en sa dignité, mais tout l'ordre y seroit intéressé, en ce que la noblesse française ayant un grand-maître dans le royaume, auquel elle se pourroit engager de vœu, même sans exercice de la guerre, aimeroit mieux prendre cette condition que d'aller à Malte avec tant de difficulté et de dépense, dont ils voient l'expérience en l'ordre Teutonique, qui avoit ruiné la langue d'Allemagne, autrefois la plus belle des sept; joint qu'il ne seroit peut-être pas expédient au service du Roi, qu'un prince, son sujet, eût un si grand moyen de lier avec lui et s'obliger un grand nombre de noblesse, laquelle considération a fait que les rois d'Espagne, qui sont savans en matière de gouvernement, ont réuni à leurs couronnes toutes les grandes-maîtrises qu'ils ont dans leurs Etats.

Sa Majesté donna de bonnes paroles à l'ambassadeur, et lui promit de ne point préjudicier à leur ordre, ains au contraire de commander à son ambassadeur à Rome de leur faire tous les bons offices sur ce sujet auprès de Sa Sainteté.

En ce temps-là arrivèrent au Roi les nouvelles de la prise de Péronne, que M. de Longueville enleva au maréchal d'Ancre, sur un faux donné à entendre que ledit maréchal y vouloit mettre garnison, ce qui émut ce peuple de telle sorte qu'ils résolurent d'envoyer au Roi pour supplier Sa Majesté de leur vouloir entretenir ce que le feu Roi son père leur avoit accordé, lorsque, du temps de la ligue, ils se remirent en son obéissance, qu'ils n'auroient point de gouverneur étranger. Tandis qu'ils envoyèrent à Sa Majesté pour cela, M. de Longueville paroissant aux portes, elles lui furent ouvertes, et, peu de temps après, ceux qui étoient dans le château de la part du maréchal d'Ancre, le remirent en la puissance du duc.

Cette nouvelle affligea la Reine tout ce qui se pouvoit, pour ce qu'elle vit bien que les princes ne donnoient point de bornes à leur mauvaise volonté; que la douceur dont elle avoit usé jusques alors étoit inutile; qu'ils en abusoient; qu'ils tiroient avantage d'avoir profité de leurs brouilleries passées; que l'espérance qu'elle avoit eue que sa patience les ramèneroit à la raison, et que le bon traitement qu'ils reçoivent les gagneroit, étoit vaine, et qu'enfin elle seroit contrainte de repousser leurs mauvais desseins par la force des armes, dont la pensée seule lui faisoit horreur.

M. le prince ayant eu avis de cette affaire avant la Reine, d'autant qu'elle ne s'étoit pas faite sans son consentement, s'en alla à l'heure même en une terre qu'il avoit achetée auprès de Melun, soit afin que son absence retardât le conseil que l'on avoit à prendre en cet accident, et en fît le remède plus difficile, soit afin de laisser évaporer le premier feu de la colère que la Reine en avoit, et ne laisser lui-même échapper aucune parole qui pût donner soupçon qu'il eût part en cette action ; mais la Reine ayant dépêché vers lui en diligence, pour le convier de venir, il ne s'en put excuser. Toutefois il ne laissa pas en venant de faire une nouvelle faute ; car, quelqu'un des siens l'étant venu avertir que M. de Bouillon l'attendoit chez M. de Mayenne, il passa par là avant que d'aller au Louvre, quoique les plus sages lui conseillassent d'aller vers la Reine auparavant.

Les siens parloient si insolemment de cette affaire, qu'ils témoignoient assez y avoir part. La Reine crut que, selon la maxime commune, ceux qui ont fait les fautes étant les plus propres à les réparer, il étoit bon d'envoyer à M. de Longueville M. de Bouillon, qui étoit l'oracle du parti, pour lui faire reconnoître l'offense qu'il avoit commise, et l'obliger à satisfaire à Sa Majesté en remettant la chose en son entier. Il sembla partir si peu volontiers et avec si peu d'espérance de son voyage, que, quoique leurs Majestés lui dissent, quand il prit congé d'elles, des paroles qui pouvoient gagner un autre cœur que le sien, ceux qui le connoissoient ne crurent pas en devoir attendre aucun fruit, et ne furent pas trompés en leur opinion. Car le duc de Mayenne y ayant, par son avis, envoyé tambour battant et enseignes déployées des gens de guerre des garnisons de Soissons, Noyon et Chauni, il y mena aussi des capitaines et des ingénieurs pour défendre la place, qui étoit une action bien éloignée de la charge qu'il avoit prise de la remettre en l'obéissance du Roi. Ce qui contraignit enfin la Reine d'y envoyer le comte d'Auvergne, avec une partie du régiment des gardes et quelques compagnies de cavalerie, pour investir cette place.

On savoit bien que ce n'étoit pas des forces suffisantes pour la prendre, mais on le faisoit à dessein, premièrement de reconnoître si les princes avoient résolu de faire la guerre, puis de leur faire paroître que le Roi étoit délibéré de s'y opposer avec plus de vigueur que par le passé, comme aussi de leur ôter le sujet d'être à Paris en alarme du Roi, lequel, par ce moyen, étoit destitué d'une bonne partie des forces dont il avoit accoutumé d'être accompagné, et de leur donner lieu de faire éclore plutôt leurs mauvais desseins, s'ils en avoient, contre lesquels Sa Majesté s'étoit, sous main, préparée sans qu'ils s'en donnassent de garde, d'autant qu'ils l'avoient en mépris par la foiblesse qu'ils avoient éprouvée en ses conseils jusqu'alors.

La Reine, ayant reconnu ès mouvemens passés qu'en matière de soulèvement de peuples, les bruits les plus faux sont bien souvent plus vraisemblables que les véritables, et particulièrement ce qui se dit en faveur des séditieux est plus facilement cru que la vérité qui est rapportée en faveur du prince, voulut patienter jusqu'à l'extrémité, pour ne leur donner aucun jour à publier, avec la moindre apparence du monde, qu'ils eussent été obligés, pour leur défense, à prendre les armes contre le Roi.

Si cela portoit d'un côté quelque préjudice à l'opinion qu'on devoit avoir de la puissance royale, qui en étoit moins estimée, de sorte que plusieurs parloient mal des affaires du Roi et en désespéroient, cela lui apportoit d'autre part un avantage bien plus considérable, qui étoit que les princes prenoient une telle assurance en leurs forces, qu'ils ne pensoient plus à sortir de la Cour, et croyoient pouvoir exécuter tout ce qu'ils voudroient entreprendre contre Sa Majesté, ne sachant pas ni que sous main elle eût mis ordre à la sûreté de ses affaires, ni que ceux-là même d'entre eux à qui ils se fioient le plus, jouoient à la fausse compagnie, et l'avertissoient d'heure à autre de tout ce qu'ils faisoient.

La Reine, voyant cette grande cabale de princes, qui étonnoit tout le monde, voulut prendre cette occasion de reparler au Roi comme elle avoit fait auparavant, et dit à Barbin qu'elle voyoit les affaires si désespérées, qu'elle croyoit qu'il seroit de son honneur d'en remettre entièrement la conduite entre les mains du Roi. Mais ledit Barbin lui fit toucher au doigt qu'elle ne devoit pas seulement penser à sortir volontairement des affaires, mais employer tout son soin à empêcher que le Roi en fût chassé avec force et infamie ; qu'elle étoit plus obligée à maintenir la succession de ses enfans qu'à chercher son repos ; que toute l'Europe l'accuseroit d'avoir manqué de naturel et de courage, quittant le gouvernement en un temps où on prévoyoit une si grande tempête.

Ces considérations la persuadèrent, mais à condition qu'elle en parleroit encore une fois au Roi ; ce qu'elle fit en présence des sieurs Barbin, Mangot et de Luynes, où elle le conjura de reprendre en main la conduite de ses affaires ; qu'il étoit déjà grand, pourvu des qualités nécessaires pour régner heureusement ; qu'il avoit un conseil composé de personnes portées avec passion à l'affermissement de son autorité, ou, en cas qu'il désirât y apporter quelque changement, un État abondant en hommes ; que ce lui seroit une gloire immortelle si, à la sortie de son enfance, il s'occupoit à commander à des hommes, si, en l'âge où les autres suivent les plaisirs défendus, il s'abstenoit même de ceux qui sont honnêtes et permis pour sa puissance, que Dieu lui avoit commise.

Luynes, en qui le Roi avoit déjà une entière confiance, la supplia de laisser une pensée si contraire au bien public et à la sûreté de son maître; qu'elle avoit trop d'intérêt en la conservation de ces deux choses pour en abandonner le soin, en une saison où rien n'empêchoit de faire mal que le respect de son nom et la générosité de ses conseils.

Peut-être que les maux qui sembloient se préparer dans l'Etat, lui faisoient croire la subsistance de la Reine nécessaire, principalement dans le peu d'expérience qu'il avoit des affaires; peut-être aussi qu'il ne désiroit pas qu'elle s'éloignât de la sorte, parce qu'en demeurant près du Roi, elle auroit toujours plus d'autorité, que son ambition et ses desseins ne pouvoient pas souffrir qu'elle eût.

A quelque fin qu'on lui parlât, elle se soumit à ce que le Roi désira d'elle par sa bouche, et lui dit qu'elle pouvoit dissimuler; que, bien qu'il y eût beaucoup de peine au maniement des affaires, beaucoup d'ennemis à acquérir pour son service, rien ne l'auroit dégoûtée de cet emploi, que la jalousie qu'on lui avoit donnée de son gouvernement, et les inventions dont on usoit pour lui rendre ses actions moins agréables; mais que s'il vouloit qu'elle fît, avec contentement, ce qu'elle n'entreprenoit qu'avec obéissance, elle désiroit à l'avenir partager avec lui les fonctions de la charge, en prendre la peine et lui laisser la gloire, se charger des refus et lui donner l'honneur des grâces ; qu'elle le prioit, à cette fin, de disposer, de son mouvement, des charges qui viendroient à vaquer, et d'en gratifier les personnes dont la fidélité et l'affection lui étoient assez connues ; que si, entre autres, il vouloit récompenser les soins que M. de Luynes apportoit auprès de lui, par de nouveaux bienfaits, il n'avoit qu'à commander, et ce avec d'autant plus de liberté que la franchise dont il useroit lui seroit une preuve qu'il avoit satisfaction de sa conduite ; que, quelque opinion qu'on lui veuille donner de ses déportemens, elle ne manquera jamais à ce que doit une Reine à ses sujets, une sujette à son Roi, et une mère au bien de ses enfans.

Luynes, faisant semblant de croire ces paroles au Roi pleines de sincérité, vint en particulier lui en faire des remercîmens, avec des protestations de vouloir dépendre absolument de ses volontés ; ou, s'il les crut, les faveurs qu'il venoit de recevoir ne le rendirent pas meilleur, mais bien celle qui les avoit faites moins prévoyante. Au lieu de veiller sur ses actions, elle se fia sur ses promesses, elle crut l'avoir gagné par bonté, au lieu de l'éloigner par prudence. En un mot, elle pensa l'avoir attaché par l'intérêt à son devoir, l'avoir rendu homme de bien par la maxime des méchans ; mais elle n'eut pas le loisir de vieillir en cette croyance, comme nous verrons ci-après.

Pour revenir aux princes, ils n'étoient pas d'accord en leurs opinions dans les assemblées qu'ils faisoient de nuit contre Sa Majesté ; car, selon que les uns et les autres étoient plus ou moins violens en leurs passions, et avoient plus ou moins perdu la crainte de

Dieu et le respect dû à Sa Majesté royale, les propositions qu'ils faisoient étoient différentes.

Les uns, qui étoient les plus modérés, étoient d'avis que l'on se saisît de la personne du maréchal d'Ancre, pour le livrer au parlement, auquel on présenteroit requête pour lui faire faire son procès.

Les autres passoient plus avant, et, se défiant que quelque aversion que le parlement eût de lui, le Roi y seroit le plus fort et le retireroit de leurs mains, vouloient qu'étant pris on l'enlevât de Paris, et qu'on le mît en garde en quelqu'une de leurs maisons fortes, ou des places dont ils étoient les gouverneurs. Mais il y en eut qui allèrent jusque-là d'opiner qu'il n'en falloit point faire à deux fois; qu'un homme mort ne pouvoit plus leur nuire, et qu'il étoit plus sûr de s'en défaire tout d'un coup.

Cela se traitoit entre eux, nonobstant l'assurance que M. le prince lui donnoit de le défendre contre tous des entreprises que l'on pourroit avoir contre sa personne : en quoi se voit le peu de foi qu'on doit avoir à ceux qui ne sont pas maîtres d'eux-mêmes, mais esclaves de leur ambition. Il avoit néanmoins raison de lui avoir promis, car il s'en garantit par foiblesse et par crainte d'exécuter ce qu'il vouloit et avoit résolu.

Un jour qu'il fit un festin solennel à l'ambassadeur extraordinaire d'Angleterre, le maréchal d'Ancre ne se doutant de rien, le vint visiter; tous ces princes y étoient, et en si grande compagnie, qu'ils se pouvoient rendre maîtres de sa personne pour en faire ce que bon leur sembleroit. Ils en pressèrent M. le prince, lui représentant que l'occasion ne s'offriroit pas toujours si belle; mais ils ne l'y surent jamais faire résoudre, et il remit la partie à une autre fois.

Barbin, qui avoit lors crédit dans l'esprit de la Reine, voyant cette grande liaison de tous les princes, qui étoit si publique qu'on ne s'en cachoit plus, conseilla à la Reine d'essayer à retirer M. de Guise d'avec eux, et le conserver au service du Roi, duquel il croyoit avoir sujet de mécontentement, par l'abandon que le maréchal avoit fait de son amitié pour rechercher celle de M. le prince.

Il l'alla trouver de sa part, lui dit que Sa Majesté se ressouvenoit des services qu'il lui avoit rendus en l'occasion dernière; que si elle oublioit les déservices de ceux qui s'étoient dévoyés du droit chemin pour le bien de la paix, qu'elle vouloit conserver à quelque prix que ce fût, elle se souviendroit à jamais qu'il étoit quasi le seul des princes qui étoit demeuré dans le devoir; qu'elle savoit qu'il avoit des différends pour divers sujets avec aucuns d'eux; qu'elle le prioit de passer les choses le plus doucement qu'il pourroit, mais que s'il étoit question d'en venir à rupture, il fût assuré qu'elle ne l'abandonneroit point.

Le duc de Guise reçut cet office avec un grand témoignage de ressentiment, après avoir fait quelque plainte de ce que, les autres princes ayant pris les armes contre le Roi, on s'étoit servi de lui, et la paix faite on ne l'avoit plus regardé, et eux, au contraire, avoient toute autorité, et ayant différend avec lui pour les rangs, lui feroient un de ces jours une querelle d'Allemand, et lui joueroient un mauvais tour. Le lendemain il alla trouver la Reine, et lui fit mille protestations de sa fidélité envers et contre tous.

Cela ne le retira pas de la mauvaise volonté qu'il avoit contre le maréchal d'Ancre, ni peut-être de tout le mécontentement qu'il avoit de la Reine, à laquelle il ne pouvoit attribuer les actions du maréchal et de sa femme; mais au moins lui fit-il perdre une partie de l'aigreur qu'il avoit.

Etant assemblé à quelques jours de là avec les conjurés, M. le prince proposa qu'il se falloit hâter de faire ce qu'ils avoient entrepris, et se chargea de l'exécuter lui-même; mais il ajouta que, comme c'étoit une action qui auroit beaucoup de suite, il falloit penser plus avant, et prévoir à ce qu'ils feroient pour se défendre de la Reine, laquelle demeureroit si mortellement offensée, qu'infailliblement elle se vengeroit d'eux, et le pourroit faire sans difficulté, ayant toute l'autorité royale en sa puissance, et ne manquant pas de serviteurs qui le lui conseilleroient et l'enhardiroient s'il en étoit besoin; que, quant à lui, il n'y voyoit qu'un remède, qui étoit de l'éloigner d'auprès du Roi quand ils auroient fait le coup. Tel eût bien été de son avis, qui n'osa pas lâcher la parole comme lui. D'autres trouvèrent la proposition étrange, et tous ne répondirent que du silence et du chapeau. Le duc de Guise seul prit la parole, et dit qu'il y avoit grande différence de se prendre au maréchal d'Ancre, homme de néant, l'opprobre et la haine de la France et la ruine des affaires du Roi, ou perdre le respect qu'on devoit à la Reine, mère du Roi, et faire entreprise contre sa personne; quant à lui, qu'il haïssoit le maréchal, mais qu'il étoit très-humble serviteur de Sa Majesté.

Cette réponse faisoit assez paroître que M. de

Guise étoit serviteur de la Reine, mais la haine qu'il témoigna avoir du maréchal fit que les autres ne se cachèrent pas de lui. M. le prince seulement s'en refroidit un peu, craignant que, quand ils se seroient défait du maréchal, le duc de Guise en recueillît seul tout l'avantage et le profit, et entrât seul dans la confiance de la Reine, dans l'aversion et haine de laquelle, ils demeureroient tous. Il ne laissa pas de poursuivre néanmoins, et l'audace de lui et des siens croissoit de jour en jour; de sorte que la Reine recevoit souvent des paroles trop hardies de ceux de son parti, jusqu'à lui oser dire de sa part une fois qu'elle avoit fait bon visage à quelques seigneurs de la Cour, qu'il ne trouvoit pas bon qu'elle lui débauchât ses amis; et une autre fois il lui manda, sur le sujet de M. de Guise, qu'il vouloit bien qu'elle sût que lui et ses frères étoient si étroitement liés à lui, qu'il n'étoit pas en sa puissance de les en séparer.

Mais, si les serviteurs de M. le prince lui parloient si insolemment, il y en avoit assez d'autres de ceux auxquels il se fioit le plus qui lui venoient donner avis de tout ce qui se passoit; et, entre les autres, messieurs l'archevêque de Bourges et de Guise l'en faisoient avertir très-soigneusement, et ce à heures particulières et de nuit, afin de n'être point reconnus. Enfin, ils commencèrent à dire à la Reine qu'ils jugeoient les affaires en tel point et en tel péril pour le Roi, qu'ils ne croyoient plus qu'il fût possible d'y donner remède.

Monsieur de Sully demanda audience à la Reine pour lui parler seul d'affaires qu'il disoit importer à la vie de leurs Majestés. Elle avoit pris médecine;

mais, sur un sujet si important, elle ne jugea pas devoir différer à le voir : le Roi s'y trouva par hasard; les sieurs Mangot et Barbin y furent aussi. Lors il fit un long discours des mauvais desseins que ces princes avoient, et du mal inévitable qu'il en prévoyoit pour le Roi. Les sieurs Mangot et Barbin lui dirent que ce n'étoit pas assez, mais qu'il étoit besoin qu'il dît les remèdes plus propres à y apporter; à quoi il ne fit autre réponse, sinon que le hasard étoit grand, et qu'infailliblement on en verroit bientôt de funestes effets. S'étant retiré du cabinet, il y remit une jambe avec la moitié de son corps, disant ces mêmes paroles : « Sire, et vous, Madame, je supplie vos « Majestés de penser à ce que je vous viens de dire ; « j'en décharge ma conscience. Plût à Dieu que vous « fussiez au milieu de douze cents chevaux, je n'y « vois autre remède; » puis s'en alla.

La Reine, qui ne vouloit venir qu'à l'extrémité aux derniers remèdes, après avoir jeté plusieurs larmes de s'y voir quasi contrainte, voulut encore auparavant essayer un remède de douceur, par lequel elle fît voir à tous les peuples le désir qu'elle avoit que les affaires pussent souffrir une conduite bénigne, et à tous les princes qu'ils n'en étoient pas encore où ils pensoient, et que la plupart de ceux qui leur promettoient étoient en leurs cœurs serviteurs du Roi, et les abandonneroient quand ce viendroit au point d'exécuter l'entreprise qu'ils avoient faite.

Elle parla à tous les seigneurs de la Cour l'un après l'autre, et leur fit voir le procédé qu'elle avoit tenu dans son gouvernement jusques alors, combien elle avoit relâché de l'autorité du Roi pour maintenir les choses en paix, le mésusage que de mauvais esprits en avoient fait. Il n'y en eut quasi un seul de tous ceux à qui elle parla qui ne revînt de bon cœur à vouloir servir le Roi, et ne l'assurât de sa fidélité envers et contre tous.

Ces choses qui étoient publiques ne pouvoient pas être celées à M. le prince et aux siens; mais elles étoient venues si avant, et ils croyoient leur parti si fort, qu'ils ne désistèrent point pour cela, et la résolution et le courage que la Reine montra ne leur fit point de peur.

Comme néanmoins la difficulté des entreprises paroît plus grande, quand on est sur le point de les exécuter, qu'elle ne paroît à la première pensée que l'on a eue, et que d'abondant l'esprit de M. le prince est irrésolu et a peu de fermeté, il se trouva en telle perplexité, quand le temps arriva de faire ce qu'il avoit promis aux siens, que s'étant retiré à Saint-Martin seul, il envoya querir Barbin, et lui dit qu'il étoit en la plus grande peine où il s'étoit jamais trouvé, et qu'il y avoit trois heures qu'il ne cessoit d'épandre des larmes, d'autant que ces princes le pressoient de conclure, ou le menaçoient de l'abandonner, ce que, s'ils faisoient, il savoit bien que la Reine le mépriseroit incontinent; qu'à la vérité, il étoit en tel état qu'il ne restoit plus qu'à ôter le Roi de son trône, et se mettre en sa place; que c'étoit trop: mais aussi que d'être abaissé jusqu'au mépris, il ne le pouvoit souffrir, joint qu'il voyoit les affaires à un tel point et en une si grande conjuration de tous les princes contre le Roi, qu'il ne croyoit pas, quand même il se mettroit du parti de Sa Majesté, qu'il fût le plus fort:

Barbin lui répondit que sa qualité et sa naissance le garantissoient d'être méprisé, que la Reine lui avoit témoigné l'estime qu'elle faisoit de lui, qu'elle auroit toujours volonté de lui augmenter plutôt que de diminuer sa puissance.

Quant au parti du Roi, qu'il n'étoit point si foible qu'il s'imaginoit; que tous ceux qu'il pensoit être liés avec les princes ne l'étoient pas, que le seul nom du Roi étoit extrêmement puissant, que tout ce qu'on entreprendroit contre son autorité seroit un feu de paille qui ne dureroit point.

Lors M. le prince, revenant un peu à soi, lui dit que la Reine chassât le duc de Bouillon hors de la Cour, qu'il le brouilloit et tourmentoit son esprit, qu'il lui falloit avouer qu'il avoit un grand ascendant sur lui, que lui dehors il tourneroit les autres comme bon lui sembleroit. Barbin, qui ne savoit s'il lui parloit à dessein pour découvrir son sentiment, lui répondit que la Reine les affectionnoit tous, qu'elle désiroit les contenter et maintenir la paix en ce royaume. Quant à M. de Bouillon, s'il y avoit quelque commission honorable et digne de lui hors de la Cour, elle la lui donneroit volontiers, et qu'il falloit qu'en cela M. le prince lui aidât.

Cet entretien fini ils se séparèrent. M. le prince retournant en son logis y trouva M. de Bouillon qui l'attendoit, et qui sut si bien l'ensorceler par ses discours, qu'il lui fit prendre des pensées et des résolutions toutes nouvelles : à quoi son esprit, en l'état où il se trouvoit, n'étoit pas mal disposé; car l'ordinaire de ceux qui sont éperdus de crainte, c'est de croire que les nouveaux conseils sont les meilleurs ;

qu'il y a plus d'assurance autre part que là où ils se trouvent, et que tout ce qu'on leur propose est plus assuré que ce qu'ils avoient pensé. Il le fit résoudre de pousser les choses jusqu'à l'extrémité; et, rompant avec le maréchal d'Ancre, lui envoie dire, comme une parole de défi, qu'il ne vouloit plus être son ami. Une des principales raisons par lesquelles le duc de Bouillon l'y anima, fut qu'il lui dit que le maréchal s'étoit moqué de lui sur le sujet du démariage d'avec madame la princesse, qu'il lui avoit fait espérer d'obtenir de Rome, et ne le faisoit pas néanmoins.

M. le prince donna cette commission à M. l'archevêque de Bourges, qui, trop hâté valet, s'en alla de ce pas chez le maréchal d'Ancre, où il trouva Barbin que ledit maréchal avoit envoyé quérir, et l'abbé d'Aumale. Il dit à l'un et à l'autre qu'ils pouvoient être présens à ce qu'il diroit; dès qu'ils furent assis, il adressa sa parole au maréchal, et lui dit qu'il lui venoit dire de la part de M. le prince qu'il n'étoit plus son ami, parce qu'il lui avoit manqué à ce qu'il lui avoit promis. Il en dit autant à Barbin, qui ne répondit sinon, « Qu'ai-je donc fait depuis deux heures « qu'il m'a tant assuré du contraire? » Quant au maréchal, il lui dit que ce lui étoit un grand malheur d'avoir perdu ses bonnes grâces, mais que sa consolation étoit qu'il ne lui avoit point donné de sujet.

L'abbé d'Aumale prenant la parole, dit aussi à l'archevêque : « Je vois bien que vous voulez dire que j'ai
« porté la parole à M. le prince de la part de M. le
« maréchal qu'il l'assisteroit en son démariage ; mais
« tant s'en faut que cela soit, que je lui ai dit que cela
« ne se pouvoit faire ; et y ai toujours insisté contre

« vos conseils, que je lui ai soutenu n'être pas bons. »

L'archevêque demeura tout confus, et, se tournant vers Barbin, le convia de venir trouver M. le prince, ce qu'il refusa de faire; mais il lui promit d'attendre ledit sieur archevêque le lendemain chez lui, auparavant que d'aller au conseil.

Lors le maréchal mena Barbin chez sa femme, qui étoit malade, et dit à Barbin qu'ils étoient désespérés, et vouloient, l'un et l'autre, se retirer à Caen, et de là, par mer, s'en aller en Italie; qu'ils voyoient bien que tout étoit perdu et pour le Roi et pour eux; que plût à Dieu qu'ils fussent dans une barque au milieu de la mer pour retourner à Florence. Il leur dit que le temps étoit bien orageux, mais que les choses n'étoient pas si désespérées qu'ils croyoient; qu'il espéroit que l'autorité de leurs Majestés seroit bientôt plus grande qu'elle n'avoit été durant la régence; mais que cependant ils ne prenoient pas un mauvais conseil de s'absenter pour quelque temps, afin que les princes ni les peuples ne pussent prendre leur prétexte accoutumé sur eux.

Ils firent lors mille protestations que, quand bien ils reviendroient à la Cour, ils ne se mêleroient jamais d'aucunes affaires, et se contenteroient d'avoir assez de pouvoir pour établir la sûreté de leur fortune, sans chercher les apparences d'une autorité si grande, qui ne faisoit que leur engendrer la haine de tout le monde.

Ils pensoient partir tous deux le lendemain matin; mais le mauvais génie qui les persécutoit retint la maréchale à son malheur; car, pensant entrer en sa litière, elle se trouva si foible qu'elle s'évanouit deux fois entre les bras des siens. Ne pouvant partir, elle voulut retenir son mari à toute force; il envoie querir Barbin à la pointe du jour, il les trouve tous deux si effrayés qu'ils ne savoient ce qu'ils faisoient. Le mari lui dit qu'il étoit perdu s'il ne persuadoit sa femme de le laisser aller; ce qu'il fit, lui remontrant qu'il n'y avoit point de péril pour elle, son mari étant absent, et principalement se faisant porter au Louvre, où elle seroit plus assurée que si elle étoit en Italie.

Le maréchal étant parti, Barbin retourne en son logis, où, peu après, l'archevêque de Bourges arrive selon qu'ils étoient convenus le jour précédent, et lui dit, de la part de M. le prince, que ce qu'il avoit mandé au maréchal et à lui avoit été pour se dépêtrer de M. de Bouillon, qui l'y contraignoit, et qu'il ne croyoit pas qu'il dût sitôt exécuter ce commandement, qu'il avoit dessein de contremander aussitôt qu'il eut été hors de la présence dudit duc.

Barbin lui répondit que le maréchal étoit parti, et que ce n'étoit point pour ce que M. le prince lui avoit mandé; d'autant qu'il en avoit dessein auparavant.

Dès qu'il fut retiré, Viré, premier secrétaire de M. le prince, entra, qui lui dit la même chose et beaucoup de mauvaises paroles contre l'archevêque, qui avoit eu si peu de jugement que d'exécuter si inconsidérément une chose qui lui avoit été commandée par M. le prince en présence d'un homme qu'il savoit bien qu'il violentoit son esprit. Quand il lui eut dit aussi que le maréchal étoit parti, il fit de grandes exclamations, soit parce que le maréchal leur fût échappé, soit pour ce que son maître fût en effet marri de l'avoir offensé jusqu'à ce point; mais il en devoit être marri pour autre cause qui étoit plus essentielle et lui importoit davantage que celle-là, qui étoit que s'il fût demeuré à Paris, on n'eût rien exécuté contre M. le prince, pour ce que la crainte du péril auquel il eût cru ensuite être exposé, et la fureur du peuple qui étoit forcené contre lui, l'eût empêché d'y consentir, comme il avoua depuis à Barbin.

Les choses étant donc venues en cet état, l'union de ces princes se maintenant et pullulant de plus en plus, la Reine ayant eu avis certain qu'ils faisoient des pratiques par la ville pour débaucher le peuple et pour gagner les colonels et capitaines des quartiers qui y ont la charge des armes, qu'ils cabalent tous les corps, et tâchent de s'acquérir toutes les compagnies de Paris, qu'on sollicite les curés et les prédicateurs contre le Roi et elle, que déjà tout haut leurs partisans se vantoient que rien que Dieu ne les pouvoit empêcher de changer le gouvernement; M. le prince même lui ayant avoué qu'il s'étoit trouvé en un de ces conseils là où l'on parloit de se cantonner, et que leurs Majestés lui étoient plus obligées qu'aux pères qui leur avoient donné la vie: nonobstant laquelle déclaration qu'il n'a faite que des lèvres, il ne laissa pas d'adhérer à ces mauvais esprits et pousser en avant ses mauvais desseins, jusque-là que de proposer d'aller au parlement, poursuivant l'arrêt par lequel, en l'année précédente, la Cour avoit ordonné que les princes, pairs et officiers de la Couronne seroient convoqués pour délibérer du gouvernement et y pourvoir, parler de mettre la conduite de l'Etat en autres mains que de celles de Sa Majesté.

Ces choses étoient si publiques, que les ambassadeurs des princes étrangers qui étoient à la Cour, en donnoient des avis signés de leurs mains, et que, dans les festins publics qui se faisoient, ils disoient tout haut pour terme d'allégresse : *Barre à bas* (1).

Etant tout manifeste que, d'autre part, on faisoit des levées de gens de guerre en toutes les provinces, et qu'enfin ils avoient fait tirer de Paris des armes pour armer trois mille hommes, ce qu'ils ne purent pas faire si secrètement que leurs Majestés n'en eussent avis certain, la Reine jugeant que si elle attend davantage, il ne sera plus temps d'y apporter le remède qui est encore de saison; étant avertie si assurément qu'elle n'en pût douter par M. de Guise, madame de Longueville, les ducs de Sully et de Rohan de ce qui se machine; l'archevêque de Bourges même, qui étoit le principal instrument de M. le prince, lui avoit déclaré tout ce qu'il en savoit; et tous ces avis qu'elle recevoit de toutes parts aboutissant à ce point, que le dessein des conjurés est de la mettre en un monastère, pour, ayant ôté au Roi sa protection et sa défense, s'emparer de son esprit et de sa personne pour la faire agir à leur mode, et se cantonner par toutes les provinces du royaume; nonobstant toutes leurs belles intentions, qui, ne sonnant autre chose que le service de Sa Majesté et le bien de l'Etat, prétextes accoutumés en toutes les guerres civiles, n'ont pour fin que la ruine de l'un et de l'autre, elle crut qu'elle manqueroit au Roi et à soi-même, et seroit plus coupable

---

(1) Une petite barre placée dans le milieu de l'écusson est la seule différence qu'il y ait entre les armes de Condé et celles de France.

que les coupables de sa perte, si elle n'y apportoit promptement l'unique remède qui lui restoit pour dissiper ce grand corps de rebellion, qui étoit d'arrêter M. le prince qui en étoit le chef, et avec lui ceux qu'elle pourroit des principaux d'entre eux. Elle communiqua son dessein au maréchal de Thémines, sur lequel elle jeta les yeux, à cause de sa fidélité et de son courage, pour l'assister en l'exécution d'icelui.

Il n'eut pas plutôt connoissance de son dessein qu'il s'y porta fort franchement. Sa Majesté le choisit, parce que plusieurs fois le feu Roi son seigneur, qui prenoit plaisir à l'instruire des diverses humeurs des seigneurs de son royaume, lui avoit dit qu'il étoit homme à ne reconnoître jamais que le caractère de la royauté; ce qu'il témoigna bien en cette occasion, qui devoit sembler fort périlleuse, non-seulement à cause de la qualité de M. le prince, mais principalement à raison du grand nombre de princes et de seigneurs qui étoient de son parti. Mais, s'il servit bien, aussi crut-il bien l'avoir fait; car depuis il ne put être contenu, quelques récompenses qu'il eût reçues de la Reine. Elle le fit maréchal de France, lui donna comptant cent et tant de mille écus, et fit son fils aîné capitaine de ses gardes, donna à Lauzières, son second fils, la charge de premier écuyer de Monsieur, et avec tout cela il crioit et se plaignoit encore : tant les hommes vendent cher le peu de bien qu'ils ont en eux, et font peu d'estime des bienfaits qu'ils reçoivent de leurs maîtres.

Barbin, qui avoit le plus animé la Reine à ce conseil, et étoit le principal conducteur de cette affaire, lui demanda de la part de la Reine combien de gens il avoit dont il se pût assurer en un effet si important. Il leur dit qu'il avoit ses deux fils et sept ou huit gentilshommes des siens, du courage et de la fidélité desquels il répondoit. Et, pour ce que cela lui sembloit peu en cette affaire, qui devoit être exécutée avec un tel ordre et prévoyance qu'il n'y eût rien à douter, il pensa en son esprit s'il y avoit encore quelqu'un en qui la Reine se pût entièrement confier; il se souvint d'Elbène, italien, et partant plus assuré à la Reine qu'aucun autre, et du courage duquel le feu Roi faisoit cas. Il l'envoya querir, et lui demanda, de la part de la Reine, s'il étoit homme à faire ce qui lui seroit commandé contre qui que ce fût; s'en étant assuré, et lui ayant donné charge d'être de là en avant pour quelques jours à toutes heures auprès de lui avec sept ou huit de ses compagnons pour recevoir le commandement qu'on lui voudroit donner, il ne resta plus que d'avoir des armes; mais la difficulté étoit de les faire entrer dans le Louvre secrètement. M. de Thémines se chargea de l'achat de pertuisanes, et les envoya dans une caisse, en guise d'étoffes de soie d'Italie, chez Barbin, qui les fit le lendemain conduire au Louvre par un des siens, ayant fait tenir à la porte un des valets de chambre de la Reine, pour assurer les archers que c'étoit des étoffes de soie d'Italie pour Sa Majesté, pour ce qu'autrement ils eussent voulu savoir ce qui étoit dedans.

Le jour de l'exécution ayant été pris au lendemain, qui étoit un mardi, dernier jour d'août, et toutes choses étant bien disposées pour cela, la Reine se trouva si étonnée, que le soir elle commanda qu'on laissât encore écouler cette journée, ce qui pensa faire perdre l'entreprise. Car comme ces grandes affaires ne se peuvent pas traiter si secrètement qu'on ne fasse plusieurs choses qui donnent à penser et à soupçonner, bien qu'on ne découvre pas précisément à beaucoup de personnes ce qu'on a à faire, néanmoins on ne peut que l'on ne soit contraint de leur faire des commandemens, et dire des choses dont ils infèrent la fin à laquelle on tend. D'Elbène, qui, outre son ordinaire, étoit vu depuis quelques jours assidûment au Louvre, avec quelques uns de ses compagnons; la compagnie des gendarmes de la Reine, qui étoit retournée au Louvre, de l'armée de Péronne où elle étoit; un nouveau serment de fidélité que la Reine avoit fait prendre des sieurs de Créqui, de Bassompierre, de Saint-Géran, de La Curée, et des autres principaux, qu'on appeloit les dix-sept seigneurs, et plusieurs autres conjectures donnèrent une telle lumière aux plus clairvoyans, que l'après-dînée de ce jour que la Reine avoit fait différer, d'Elbène vint dire à Barbin qu'il ne savoit pas ce qu'il vouloit faire, mais que Lignier, son beau-fils, lieutenant de la compagnie des chevau-légers de M. de Mayenne, lui étoit venu dire de sa part qu'il le tenoit pour homme de bien, et qu'il le prioit de ne rien faire mal à propos.

Le duc de Mayenne étant allé voir M. de Bouillon, qui, quelques jours auparavant, avoit gardé le logis, soit qu'il s'y trouvât mal, ou qu'il s'y estimât plus assuré, ils résolurent ensemble que ledit duc de Mayenne prieroit M. le prince de ne point aller au conseil le lendemain. Mais sa prière fut en vain, pour ce qu'il lui sembloit qu'on n'eût osé entreprendre contre lui une telle chose, et croyant assurément que s'il y avoit quelque entreprise, c'étoit plutôt contre M. de Bouillon que contre lui. La nuit venue, les sieurs de Thémines, Mangot et Barbin étant avec la Reine pour résoudre cette affaire, le dernier, pour l'empêcher de la différer encore une fois, lui remontroit le péril où ce premier délai l'avoit mise d'être découverte, et que l'on avoit perdu une belle occasion, pour ce que tous les princes, hormis M. de Bouillon, étoient le matin venus au Louvre.

Il lui représenta aussi que, pour ne se trouver étonnée, quoi qu'il arrivât de cette entreprise, elle se devoit résoudre au pis; qu'il ne croyoit pas que la ville de Paris se voulût révolter pour M. le prince; que M. Miron, prévôt des marchands, et le chevalier du Guet, lui avoient apporté l'état des capitaines de la ville; que le nombre de ceux dont l'on devoit avoir crainte étoit petit. Néanmoins que, comme toutes choses sont possibles, il étoit à propos que la Reine pensât en elle-même lequel elle aimoit mieux, ou abandonner son entreprise et laisser les affaires dans le péril dans lequel elles étoient pour le Roi, ou arrêter M. le prince, qui ne lui pouvoit manquer, et l'emmener avec elle hors de la ville de Paris, qui se seroit révoltée. Elle prit le dernier parti, et le jour de l'exécution en fut arrêté au lendemain.

M. le prince arriva de bonne heure au Louvre, et vint à un conseil qui se tenoit trois heures avant le conseil des affaires; et, ayant su que Barbin étoit au Louvre il y avoit long-temps, il appela Feydeau, et lui dit qu'il falloit qu'il y eût quelque chose, puisqu'il y étoit de si bon matin, et lui donna charge d'aller savoir où il étoit. Barbin lui dit qu'il le laissât en repos, qu'il étoit en une grande peine, pour ce que la maréchale rendoit l'esprit : cela ôta pour lors le soupçon à M. le prince.

Leurs Majestés envoyèrent querir M. de Créqui, maître de camp du régiment des Gardes, et M. de Bassompierre, colonel général des Suisses et maître de camp du régiment des gardes-suisses de Sa Majesté. La Reine les ayant avertis du dessein que le Roi et elle avoient pris, afin qu'ils se tinssent à la porte du Louvre, avec leurs régimens en bataille, pour empêcher tout désordre et arrêter M. le prince, si par hasard il vouloit sortir ; après avoir fait ce qu'ils purent pour empêcher la Reine de son dessein, en exagérant les inconvéniens qui en pourroient arriver, ils demandèrent des lettres patentes scellées du grand scel, pour exécuter le commandement qui leur étoit fait.

Sur quoi la Reine leur demandant s'il leur falloit d'autre commandement que celui de la propre bouche du Roi, en une occasion si pressée que celle-là, en laquelle il ne leur pouvoit donner l'assurance qu'ils vouloient, ils la supplièrent d'envoyer au moins avec eux quelque exempt des gardes-du-corps du Roi, et que, moyennant qu'il y fût, ils feroient ce qu'il leur commanderoit de la part de Sa Majesté. Le Roi, après avoir long-temps pensé qui il y pourroit nommer, dit à la Reine qu'il falloit prendre Launay, qui étoit celui qui avoit pris le président Le Jai, et étoit brave homme. On l'envoya querir aussitôt. Dès qu'il fut venu; Sa Majesté lui commanda d'aller avec lesdits sieurs de Créqui et de Bassompierre en leurs corps-de-gardes, et que lorsque les princes et seigneurs qu'il lui nomma voudroient sortir du Louvre, il fît commandement auxdits sieurs de Créqui et de Bassompierre de les en empêcher. Lors ils partirent ensemble, et s'y en allèrent.

M. de Créqui, en partant, demanda à la Reine si on empêcheroit aussi M. de Guise de sortir. Elle lui répondit que non, et qu'elle étoit assurée de ses frères et de lui.

Les gardes étoient en bataille devant le Louvre, et, afin que ce fût sans soupçon, le carrosse du Roi étoit au pied du degré, comme s'il vouloit sortir.

Tout cela n'empêcha pas néanmoins que les partisans des princes, que leurs consciences accusoient, n'entrassent en quelque peur. Thianges, lieutenant de la compagnie des gendarmes de M. de Mayenne, dit à La Ferté, qui étoit au duc de Rohan, qu'il y avoit quelque chose, qu'il avoit vu les sieurs de Créqui et de Bassompierre passer en leurs corps-de-gardes avec un exempt des gardes du corps, fort pâles, que les gardes étoient en bataille, qu'il voyoit bien le carrosse du Roi, mais qu'il craignoit qu'il y eût quelque mystère caché qu'on n'entendoit point, et appela incontinent un gentilhomme qui étoit à lui, et l'envoya avertir M. de Mayenne, qui étoit ce matin-là allé visiter M. le nonce. Un autre entra au conseil, qui parla à M. le prince, qui changea un peu de couleur, et rompit tout aussitôt le conseil.

Cependant le Roi et Monsieur étoient avec la Reine dans son cabinet : Sa Majesté étoit peu auparavant entrée dans sa chambre, et avoit parlé aux gentilshommes qui assistoient messieurs de Thémines et d'Elbène, les assurant qu'il se souviendroit du service qu'ils lui rendoient cette journée-là. Saint-Géran vint à demander à parler à leurs Majestés, et leur dit qu'il venoit de rencontrer sur le pont Notre-Dame M. de Bouillon, qui se retiroit en grande diligence, dans un carrosse à six chevaux, avec nombre de cavalerie, qui avoient tous le pistolet, et que M. de La Trimouille galopoit après lui. Il ne l'avoit pas vu, mais on lui avoit rapporté qu'on l'avoit vu passer : car le duc de Bouillon ne voulant pas aller au Louvre, et faire la faute qu'il voyoit bien que M. le prince commettoit, avoit pris occasion d'aller dès le matin à Charenton, avec bon nombre de ses amis, et quelques soldats de ses gardes.

On vint aussi dire à leurs Majestés que M. de Mayenne s'étoit retiré, ce qui n'étoit toutefois pas, car il ne partit de plus d'une heure après. Néanmoins cela fut cause qu'on n'attendit pas davantage, croyant qu'ils ne viendroient pas.

Au sortir du conseil, Thianges se jeta à l'oreille de M. le prince, et lui dit ce qu'il avoit charge de M. de Mayenne, et qu'il n'avoit pu lui dire plus tôt, parce qu'il n'étoit arrivé que lorsque le conseil étoit déjà commencé. M. le prince pâlit entièrement à cette nouvelle, et lui dit que si on avoit quelque dessein contre lui, il n'y avoit plus moyen de s'en garantir, et continua son chemin par la salle basse des Suisses, pour gagner le petit degré et monter en la chambre de la Reine, pour entrer au conseil des affaires, qui se tenoit d'ordinaire à onze heures. Il trouva à la porte deux gardes-du-corps, dont il s'étonna, et crut alors assurément, mais trop tard, ce qu'il ne s'étoit pas jusque-là voulu persuader. Dès qu'il fut entré, il demanda plusieurs fois le Roi et la Reine, qui étoient là auprès, en un lieu qui pour lors servoit de cabinet à la Reine. Leurs Majestés, sachant qu'il étoit venu, et croyant que tous les autres étoient évadés, estimèrent qu'il ne falloit plus différer, et commandèrent au sieur de Thémines de l'arrêter, ce qu'il fit sans aucune résistance de la part de M. le prince, qui étoit tout seul; seulement fit-il quelque peu de refus de donner son épée, et appela M. de Rohan qu'il vit là, et demeura muet sans lui répondre.

Comme on le menoit en la chambre qu'on lui avoit préparée, il aperçut d'Elbène, et le voyant avec quelques-uns de ses compagnons, tous la pertuisane en la main, il dit qu'il étoit mort; mais l'autre lui répondit qu'ils n'avoient nul commandement de lui rien faire, et qu'ils étoient gentilshommes.

Il ne fut pas plutôt arrêté qu'il fut su par toute la ville, car on fit incontinent sortir tout le monde du Louvre. Les premières nouvelles en furent portées aux princes de son parti par ceux qui y étoient intéressés, dont les uns se retirèrent chez M. de Guise, les autres chez le duc de Mayenne, qui ne faisoit que de retourner chez le nonce, qu'il étoit allé visiter. Le marquis de Cœuvres fut le premier qui y arriva : peu après, Argencour le vint trouver de la part de M. de Guise, qui, n'ayant point eu avis de ce dessein du Roi, craignoit d'y être enveloppé avec les autres, auxquels le péril commun le sembloit obliger de se tenir uni, et lui envoya demander s'il vouloit qu'il l'allât trouver, ou s'il lui feroit l'honneur de passer par l'hôtel de Guise, pour prendre ensemble une même résolution. Le duc de Mayenne, qui avoit avec lui cent ou deux cents gentilshommes, lui manda qu'il l'attendît, et qu'ils passeroient tous incontinent chez lui.

Dès que le marquis de Cœuvres lui eut porté la nouvelle, trois ou quatre gentilshommes partirent pour en aller avertir le duc de Bouillon, qui étoit allé à Charenton, et sans perdre temps reprit droit le premier chemin de la porte Saint-Antoine, et envoya Chambret à M. de Mayenne, le prier de lui vouloir venir dire un mot à deux cents pas de ladite porte où il l'attendoit. M. de Mayenne y alla tout à l'heure, et lui dit qu'il avoit prié M. de Guise de l'attendre chez lui. Ils se résolurent de l'aller trouver tous deux, à dessein d'amasser avec lui tout ce qu'ils pourroient de noblesse de leurs amis, et se faire voir par les rues de Paris, essayant d'émouvoir le peuple et y faire des secondes barricades. Mais comme ils furent sur le point d'entrer dans la ville, ils considérèrent qu'ils ne se pourroient pas facilement rendre maîtres de la porte Saint-Antoine, pour, si leur dessein manquoit, avoir la retraite libre, et que la porte du Temple étoit plus aisée à s'en saisir et à la garder. S'y étant acheminés, Argencour les y vint trouver de la part de M. de Guise, pour les en empêcher, et leur dit que M. de Prâlin l'étoit venu trouver de la part de leurs Majestés, pour lui commander de les venir trouver, dont néanmoins il s'excuseroit et s'échapperoit, s'il pouvoit, dès le soir même, pour les aller trouver à Soissons, qu'il jugeoit devoir être le lieu de leur retraite.

Cette nouvelle refoidit toute la compagnie, qui crut pis de M. de Guise qu'il n'y en avoit, et, se voyant divisés, n'osèrent entrer dans la ville, mais prirent le chemin de Bondi, envoyèrent à Paris pour savoir ce qui se passoit, et particulièrement de M. de Vendôme; mandèrent au cordonnier Picard qu'ils étoient prêts d'entrer dans la ville avec cinq cents chevaux, et que, de son côté, il essayât de les assister, émouvant le plus de peuple qu'il pourroit.

Incontinent après que M. le prince fut arrêté, une grande foule de noblesse vint au Louvre, pour se montrer et donner assurance de sa fidélité. Tel le faisoit sincèrement, tel avoit intention et désir tout contraire. Mais il n'y en avoit pas un qui n'approuvât ce que Sa Majesté avoit fait; beaucoup même témoignèrent envier la fortune du sieur de Thémines, qui avoit eu le bonheur d'être employé en cette entreprise. Mais, en effet, la Cour étoit si corrompue pour lors, qu'à peine s'en fût-il trouvé un autre capable de sauver l'Etat par sa fidélité et son courage.

Le duc de Guise, ni le cardinal, son frère, n'y osèrent venir, mais y envoyèrent le prince de Joinville, pour faire bonne mine et découvrir s'ils étoient ou non de ceux qu'on devoit arrêter. Il ne manqua pas de donner de grandes assurances à leurs Majestés de ses frères et de lui. La Reine, assez grave de son naturel et peu caressante, et alors encore lassée de la presse qui étoit au Louvre et de la chaleur qu'elle causoit, lui répondit peu de chose, et lui fit assez froide mine. Ce qui lui ayant été remontré, et que cela peut-être leur donneroit l'alarme, elle fit appeler M. de Prâlin, qu'elle savoit être des amis particuliers de M. de Guise, et lui commanda de l'aller trouver, et l'assurer, lui et ses frères, que le Roi avoit confiance en eux et les estimoit ses fidèles serviteurs. Cet envoi tint le duc de Guise en son irrésolution ordinaire, et l'empêcha de prendre parti avec les autres princes et les laisser venir chez lui, où il eût fallu lier la partie avec eux, qu'il eût bien voulu laisser agir sans y paroître. Mais ce qu'il leur manda les empêcha de pousser plus avant le dessein qu'ils avoient d'entrer dans Paris, où, s'ils fussent venus, il y a beaucoup d'apparence qu'ils eussent pu chaudement émouvoir le peuple, qui ne manquoit que de chef et de quelqu'un qui osât commencer le premier.

Madame la princesse de Condé la mère eut bien le cœur de sortir de sa maison et de s'en aller jusques sur le pont Notre-Dame, criant partout aux armes, et que le maréchal d'Ancre avoit fait tuer le prince de Condé son fils. Chacun l'écoutoit avec étonnement et pitié; mais, comme elle étoit seule, elle ne les encourageoit pas à ce qu'ils eussent bien désiré s'ils eussent été assistés. Le cordonnier Picard, excité par ce que lui avoient mandé les princes, fit seul quelque effet, et commença une émotion en son quartier; mais, pour ce qu'il n'y avoit aucun homme de qualité pour conduire cette multitude, l'orage qu'il émut ne tomba que sur la maison du maréchal d'Ancre et celle de son secrétaire Corbinelli, qui, avec une extraordinaire furie, furent pillées sans qu'il y restât que les pierres et le bois, le pillage continuant encore le lendemain tout le jour; outre que le bon ordre qui fut mis dans Paris, modéra le feu en la plupart des esprits séditieux; car, premièrement, la Reine fit donner avis au parlement de ce qui s'étoit passé, envoya quelques seigneurs de la part du Roi par les rues de la ville pour empêcher le désordre, et fit désabuser le peuple par le lieutenant-civil; leur mandant que M. le prince étoit en sûreté, qu'on ne lui avoit point fait de mal, et qu'on s'étoit seulement assuré de sa personne pour quelques raisons nécessaires qu'ils sauroient par après.

Mais, nonobstant que M. de Guise n'eût pas voulu que messieurs de Mayenne et de Bouillon le fussent venus trouver en sa maison, pour suivre leur dessein, il ne s'assura néanmoins pas tant dans Paris qu'il n'en sortît dès le jour même, et ne s'en allât à Soissons avec telle diligence qu'il y arriva le premier d'eux tous.

On crut à la Cour que le sieur de Prâlin avoit fait un office tout au contraire de celui qu'on lui avoit commandé, et l'avoit conseillé de se retirer au lieu de lui donner des assurances de la part de leurs Majestés, étant indigné de ce qu'on s'étoit plutôt fié en M. de Thémines, pour prendre M. le prince, qu'à lui. Ce qui donna plus de fondement à cette créance, fut, outre la malice ordinaire des courtisans où il y a peu de fidélité, que messieurs de Guise partirent incontinent après qu'il leur eut parlé, et que mesdames de Guise, mère et femme, et la princesse de Conti, assuroient qu'ils ne s'étoient retirés que sur la crainte qu'on leur avoit donnée qu'il y avoit dessein contre eux, et quelqu'une d'elles dit à Barbin qu'elle lui nommeroit un jour celui qui leur avoit donné le conseil de s'éloigner, et qu'il l'eût cru de tout autre plutôt que de celui-là.

M. de Vendôme s'étoit dépaysé dès auparavant. On dit à la Reine, dès que M. le prince fut arrêté, qu'il étoit chez lui, où il faisoit quelques assemblées. Saint-Géran étoit un de ceux qui le lui dirent, et quelques autres encore qui étoient de ses plus confidens, lesquels s'offrirent eux-mêmes à s'aller saisir de sa personne; on leur en donna la commission, mais il les prévint, sortit par une porte de derrière, s'en alla en diligence. On le poursuivit quelque peu; mais l'envie qu'il avoit de se sauver étant plus grande que n'étoit pas à le prendre celle de ceux qu'on y avoit envoyés, ils ne le purent attraper; il gagna Verneuil au Perche, place qui étoit entre ses mains, et de là passa à La Fère. Quelques-uns soupçonnoient que pendant que Saint-Géran, qui fut envoyé pour le prendre, investissoit le devant de sa maison, il le fit avertir de sortir par un autre côté.

Il fut le seul après qui la Reine envoya, ayant cru que messieurs du Maine et de Bouillon s'étoient sauvés trop tôt pour pouvoir être atteints. Et quant à M. de Guise, comme elle n'avoit eu aucun dessein de le faire arrêter, elle ne l'eut aussi de le faire poursuivre, tant parce qu'il avoit été de ceux qui avoient découvert le péril où étoient leurs Majestés, que parce qu'elle ne se vouloit pas attaquer à tant de gens, et qu'elle et le conseil connoissoient bien que si la légèreté de ce prince l'avoit rendu capable de prêter l'oreille aux mauvais desseins des autres, cette même raison empêcheroit qu'il ne pût demeurer dans leur union; joint que ses intérêts, dont la plupart des grands sont fort curieux, se trouvoient à servir le Roi.

Madame la comtesse fit aussi sortir son fils, et ainsi la Cour se trouva vide de beaucoup de grands, et le Roi presque sans aucun prince auprès de lui.

Rochefort, favori de M. le prince, s'en alla à Chinon, et y mena Le Menillet pour s'y enfermer avec ceux qu'il pourroit amasser des serviteurs de M. le prince, et défendre cette place contre le Roi. Les huguenots de Sancerre prirent cette occasion de se saisir de leur château, dans lequel, depuis quelques années, le comte de Sancerre étoit rentré par le moyen du curé et des catholiques, et le gardèrent depuis avec permission du Roi, qui ne leur voulut pas donner prétexte de se soulever contre son service pour cela. Ceux de La Rochelle se saisirent de Rochefort sur Charente ; mais le duc d'Epernon amassa aussitôt des troupes, et mit garnison dans Surgères et Tonnay-Charente, pour arrêter leurs mauvais desseins.

Mais pour retourner à M. le prince, que nous avons laissé entre les mains de M. de Thémines, qui le mena en la chambre qui lui avoit été préparée pour le garder, il fit difficulté de manger quand l'heure de dîner fut venue, et demanda que les siens lui apprêtassent ses viandes ; ce qui lui fut accordé. Le sieur de Luynes lui fut envoyé de la part du Roi, pour le consoler et l'assurer qu'il recevroit tout bon traitement ; la Reine-mère lui envoya aussi un autre de sa part. Il fit telle instance de voir Barbin, que la Reine lui commanda d'y aller. Dès qu'il le vit, il lui parla de plusieurs choses tout à la fois, tant il étoit hors de lui et transporté de passions différentes, qui aboutissoient néanmoins au désir de sa liberté. Il lui demanda si M. de

Bouillon étoit pris ; et, sachant qu'il ne l'étoit pas, il dit plusieurs fois qu'on avoit tort de ne l'avoir pas arrêté, et qu'en vingt-quatre heures il lui eût fait trancher la tête : soit qu'ayant été cause de le mettre en cet état, le regret du mal qu'il en avoit reçu le portât à en parler ainsi ; soit que la malice de la nature de l'homme se fît voir en ses paroles, laquelle fait que nous voudrions que tout le monde pérît avec nous, et que nous portons envie à ceux qui ne sont pas participans à notre mal.

Il le pria en même temps de supplier la Reine de le mettre en liberté, et la maréchale de se jeter à ses pieds pour l'obtenir : tant les grands croient que tout leur est dû, quelque mauvais traitement qu'ils fassent aux hommes, et que leurs offenses ne désobligent point.

Il lui dit que, si on lui pensoit faire son procès, il ne répondroit point ; et une autre fois encore qu'il désira à parler à lui, il lui répéta la même chose ; mais que, si la Reine lui vouloit faire donner parole de sa délivrance par le maréchal d'Ancre et le sieur de Thémines, il découvriroit toutes les cabales que lui et ceux de son parti avoient faites contre le Roi : ce qui ne témoignoit pas tant de générosité et de courage qu'une personne de sa condition devoit avoir.

La Reine fit une réponse sage et digne d'elle, qu'elle n'en vouloit pas apprendre davantage qu'elle en savoit, et qu'elle aimoit mieux oublier le passé que de s'en rafraîchir la mémoire.

Il dit une autre fois au maréchal de Thémines, qui le rapporta à la Reine, qu'elle ne l'avoit prévenu que de trois jours, et que, si elle eût attendu davantage, le Roi n'auroit plus de couronne sur la tête. Ce qui, dit en l'état auquel il se trouvoit, témoignoit assez l'audace qu'il avoit conçue en celui auquel il étoit auparavant, et les pernicieux desseins qu'avoient ceux de son parti; et toutes ces choses ensemble montroient les diverses passions qui agitent l'esprit des grands, quand ils se voient réduits en une extrémité à laquelle ils ne s'étoient pas attendus, et le peu de générosité qu'ont en leurs adversités ceux qui n'ont pas eu la force de se contenir, quand ils ont été en meilleure fortune.

Le même jour qu'il fut pris, les sieurs du Vair, garde des sceaux, Villeroy et le président Jeannin vinrent trouver la Reine, où se trouva M. de Sully, et lui dirent que les choses étoient en telle extrémité que l'Etat s'en alloit perdu, si elle ne faisoit relâcher M. le prince; soit qu'ils en parlassent ainsi par inexpérience, comme le sieur du Vair, ou par timidité naturelle de leurs esprits, comme le sieur de Villeroy, qui avoit toujours gouverné de sorte, que cédant aux orages, il s'étoit laissé plutôt conduire aux affaires qu'il ne les avoit conduites; ou pour ce qu'ils affectionnoient les princes, comme le président Jeannin, qui espéroit toujours bien d'un chacun, et croyoit qu'il pouvoit être ramené à son devoir. M. de Sully, violent et peu considéré, le feu de l'esprit duquel ne s'appliquoit qu'au présent, sans rappeler le passé, ni considérer de bien loin l'avenir, ajouta à ce que les autres avoient dit, que quiconque avoit donné ce mauvais conseil à la Reine avoit perdu l'Etat. La Reine, animée de se voir reprise d'une chose qu'elle avoit résolue, et exécutée après une si mûre délibération, lui répondit qu'elle s'étonnoit qu'il lui osât parler ainsi, et qu'il falloit bien qu'il eût perdu l'esprit, puisqu'il ne se souvenoit plus de ce qu'il avoit dit au Roi et à elle il n'y avoit que trois jours ; dont il resta si confus qu'il se retira incontinent, au grand étonnement de tous les seigneurs qui étoient là présens. Sa femme, puis après, essaya de l'excuser, disant que le transport de crainte dans lequel il étoit, lui avoit fait parler ainsi, d'autant qu'on lui venoit de dire présentement que les princes et seigneurs du parti de M. le prince étoient résolus de le faire tuer, le croyant être auteur de l'arrêt dudit sieur prince, par les avis qu'il avoit donnés de leurs desseins.

La Reine, assurée par autres de ses serviteurs ès-quels elle avoit confiance, et par la grande foule de noblesse qu'elle voyoit venir au Louvre faire protestation de leur fidèle service au Roi, ne pensa pas à changer de dessein, mais seulement aux moyens convenables pour affermir celui qu'elle avoit pris, et remédier à tous les inconvéniens qui en pourroient survenir.

Elle fit changer M. le prince de chambre, et le fit mettre dans une plus assurée et grillée dans le Louvre, le 3 de septembre. Le 6 le Roi alla au parlement pour y faire vérifier une déclaration qu'il avoit faite sur la détention de M. le prince, par laquelle il représentoit que, pour acheter la paix, il avoit, par le traité de Loudun, accordé audit sieur prince le domaine et le gouvernement de la province et des places de Berry, grande somme d'argent à l'un des grands qui suivoient son parti, le taillon à l'autre, et de grands et injustes avantages à tous les particuliers, sans lesquels on n'eût pu convenir d'aucun accord avec eux; ce qui étoit bien un évident témoignage qu'ils n'avoient les armes qu'à cette fin.

Que, nonobstant toutes ces choses, ils avoient enfreint ledit traité, et, non contens d'avoir en toutes façons foulé son autorité aux pieds, avoient encore attenté sur la liberté de sa royale personne. Que tous ces actes de rebellion l'avoient obligé, non-seulement pour sa conservation et pour celle de son Etat, d'arrêter M. le prince, pour, par ce moyen, le retirer de la puissance de ceux qui l'eussent achevé de perdre, s'il y fût davantage demeuré, ne retranchant pas tant sa liberté, qu'ôtant aux mauvais esprits qui l'environnoient la commodité d'abuser de sa facilité et de son nom.

Sa Majesté déclaroit néanmoins qu'elle pardonnoit à tous ceux qui avoient eu part et adhéré à ses mauvais desseins, conseils et actions, pourvu qu'ils revinssent dans quinzaine en demander pardon à Sa Majesté: comme aussi elle vouloit que, persévérant outre ce temps en leur mauvaise volonté, il fût procédé contre eux selon la rigueur de ses ordonnances, comme contre des criminels de lèse-Majesté.

Peu de jours après elle fit publier à son de trompe que tous les domestiques et suivans desdits princes eussent à sortir, dans vingt-quatre heures, de Paris, s'ils ne venoient, selon sa déclaration susdite, faire protestation de vivre et mourir en son obéissance. Et, pour ne rien oublier de ce qui se pouvoit pour pacifier toutes choses, elle dépêcha, au même temps qu'ils étoient assemblés à Soissons, les sieurs de Chanvalon, de Boissise et le marquis de Villars, beau-frère de M. de Mayenne, pour traiter avec eux et leur offrir tout ce que l'autorité royale pouvoit souffrir leur être concédé pour les ramener à leur devoir.

Ces princes étoient arrivés à Soissons dès le 2 de septembre. Messieurs de Guise et de Chevreuse y étant arrivés les premiers, le sieur de Frêne, gouverneur de la ville, sous M. de Mayenne, leur refusa les portes jusqu'à l'arrivée dudit sieur de Mayenne, et, quoique M. de Guise s'en voulût offenser, il en fut néanmoins loué de tout le monde.

Dès le jour même ils s'assemblèrent, et avisèrent d'envoyer vers le duc de Vendôme, qui étoit à La Fère, et celui de Longueville, qui étoit à Péronne, pour les prier de se trouver, à trois heures de là, à Coucy, où ils se rendroient tous pour prendre conseil en leurs affaires. Le cardinal de Guise, qui arriva à Soissons le 3, se trouva à Coucy à ladite conférence avec les autres. M. de Guise y étoit fort triste et décontenancé, soit que l'exemple de feu son père lui fît peur, et que, sans y penser, il se trouvât plus engagé avec eux qu'il n'avoit eu désir de l'être; soit que ce fût la première fois qu'ouvertement il avoit été du parti contraire à Sa Majesté, et qu'il perdoit la gloire de laquelle il se vantoit, d'être toujours demeuré attaché à ses commandemens; soit qu'il ne jugeât pas leur ligue, M. le prince étant pris, pouvoir subsister; soit qu'il regrettât de voir qu'il perdoit l'honneur de commander les armées de Sa Majesté, et se vît réduit dans un moindre parti à l'égalité avec beaucoup d'autres princes qui lui contestoient le rang.

Cela mettoit ces princes en peine, et les faisoit méfier de lui. Pour essayer de le gagner tout-à-fait à eux, ils lui rendoient tout l'honneur qu'ils pouvoient, et lui déféroient davantage qu'ils n'eussent fait sans cela, lui donnant lieu d'espérer qu'ils le reconnoîtroient tous pour leur chef, fors M. de Longueville, qui y montra de la répugnance. Cela n'empêcha pas qu'ils ne prissent tous ensemble une résolution commune de faire, chacun de son côté, le plus de levées qu'ils pourroient, pour, dans douze jours après, se trouver aux environs de Noyon, où ils avoient assigné leur rendez-vous général, en dessein d'aller avec ces forces, qu'ils n'espéroient pas moindres de huit à neuf mille hommes de pied, et quinze cents ou deux mille chevaux, droit aux portes de Paris, pour combattre les troupes du Roi, si elles s'opposoient à leur chemin, et voir quel mouvement leur venue pourroit causer dans les esprits mécontens à Paris.

Ce conseil si bien pris n'eut pas le succès qu'ils espéroient; car, bien qu'ils se fussent tous séparés pour faire leurs levées, M. de Guise étant allé à Guise, M. de Mayenne à Soissons, M. de Bouillon à Sédan, M. de Longueville à Péronne, et le marquis de Cœuvres à Laon, M. de Vendôme à La Fère, plusieurs d'entre eux jouèrent à la fausse compagnie; comme on fait en toutes ligues, où chacun pensant à son intérêt particulier, qui ne dépend pas de celui des autres, se détache du lien commun qui leur sert de prétexte plutôt que de véritable sujet de ce qu'ils font.

M. de Guise fut le premier qui manqua à ce qu'il avoit promis. Dès qu'il fut arrivé à Guise, il dépêcha un courrier à M. de Lorraine, pour le prier d'être de la partie, et un autre vers messieurs d'Epernon et de Bellegarde ; car, quant au maréchal de Lesdiguières, il étoit assez empêché en Italie, sans se mêler des affaires de deçà. Mais ayant, dans trois jours après, avis de sa femme, par l'abbé de Foix qu'elle lui envoya, que le Roi avoit résolu de leur envoyer les commissaires que nous avons dit ci-dessus, pour traiter avec eux, et qu'elle espéroit faire son accommodement à son avantage et avec sûreté, il laissa là toutes ces levées, et s'en alla à Liesse, où il manda au marquis de Cœuvres qu'il le prioit de faire savoir à M. de Mayenne qu'il seroit le lendemain à Soissons.

M. de Mayenne trouva fort mauvais qu'il eût intermis ses levées. Néanmoins, sur l'avis des commissaires, ils envoyèrent avertir tous les ligués de se trouver à Soissons, ce qu'ils firent, hormis M. de Longueville, qui, par l'entremise du sieur.... (1), qui avoit été autrefois de son conseil, traita à part avec le Roi, nonobstant qu'il eût été et le premier de tous, et le plus animé et intéressé contre le maréchal d'Ancre, et se détacha d'avec les autres, qui néanmoins s'étoient presque, pour son seul sujet, engagés dès le commencement en ces brouilleries, et remit, à peu de temps de là, Péronne entre les mains du Roi, qui en donna le gouvernement au sieur de Blerancour, et à lui celui de Ham. Tandis qu'ils étoient là, M. de Thermes vint, de la part de

(1) Le nom est resté en blanc dans toutes les éditions.

M. de Bellegarde, trouver M. de Guise, sur le sujet de ce qu'il lui avoit mandé par le gentilhomme qu'il lui avoit envoyé.

Il avoit eu à Liesse réponse de M. de Lorraine, par le comte de Boulay, qui l'étoit venu trouver de sa part, et le gentilhomme qu'il avoit envoyé à M. d'Epernon revint aussi, et ne rapporta que de belles paroles, étant échappé audit sieur d'Epernon de dire en sa présence que si M. de Guise étoit parti promptement de la Cour, il y retourneroit encore plus vite.

M. de Guise, soit qu'il ne voulût pas faire semblant de l'être, fit diverses propositions, tantôt de s'en aller à Joinville, comme étant un lieu qui est plus proche de Lorraine, pour y faire de plus grandes levées, et essayer de retirer sa femme de la Cour, qui l'assisteroit de bagues et d'argent; tantôt il proposoit d'aller en Provence, pour y faire une plus puissante diversion; mais les princes, connoissant son humeur peu arrêtée en ses paroles et en ses pensées, ne faisoient ni mise ni recette de tout ce qu'il disoit.

Le cardinal de Guise blâmant la conduite de son frère, ils lui promirent tous de lui obéir, ayant une qualité qui les ôtoit de jalousie pour les rangs.

M. de Nevers n'étoit pas à Paris quand M. le prince fut arrêté, ni n'avoit aucun sujet de se lier avec eux en leurs menées, ni eux ne l'espéroient aussi, quand ils sont étonnés qu'un gentilhomme de sa part arrive pour leur faire entendre qu'il veut être de la partie, tant il étoit léger et peu considéré.

Il avoit témoigné à la Reine, après le traité de Loudun, être dégoûté des brouilleries qu'il voyoit entre les grands, et avoir désir de s'employer hors du royaume en un dessein qu'il avoit dès long-temps contre le Turc, pour lequel il supplia la Reine d'écrire au Pape et au roi d'Espagne. Et, pour ce qu'il espéroit aussi de disposer les princes d'Allemagne à y contribuer, il désira d'aller en ambassade extraordinaire vers l'Empereur, sous couleur de se réjouir, de la part de Sa Majesté, de sa nouvelle assomption à l'Empire; et, avant partir, il porta à la Reine un livre, où il espéroit de faire signer tous ceux qui voudroient contribuer en cette affaire, et la supplia d'y vouloir signer en tête pour quatre cents écus. Après avoir reçu d'elle toutes les satisfactions qu'il avoit désirées, il partit au commencement d'août pour son voyage.

Etant sur les frontières de Champagne, il reçut la nouvelle de la prise de M. le prince, et non-seulement s'arrêta, mais eut bien l'audace d'écrire au Roi, sur ce sujet, des lettres qui étoient bien au-delà du respect que lui et les autres plus relevés devoient à Sa Majesté. La Reine dissimula pour lors le mécontentement qu'elle en devoit recevoir; mais, néanmoins, voyant sa mauvaise volonté, donna ordre qu'on ne le reçût en aucune des villes fortes de son gouvernement. Ensuite de quoi, voulant entrer dans Châlons, avec dessein de s'en saisir, on lui en ferma les portes, dont il fut tellement outré de déplaisir, que, sans plus de retenue, il se déclara tout ouvertement, et manda aux princes assemblés à Soissons, qu'il vouloit être des leurs.

Cependant les députés du Roi arrivèrent à Villers-Coterets, et, n'ayant pas charge d'aller jusqu'à Soissons, convinrent, avec les princes, d'une ferme nommée Cravausson, distante d'une lieue de Soissons, où ils se trouvèrent ensemble la première fois.

Ils commencèrent par essayer de détacher tout-à-fait M. de Guise d'avec eux, croyant qu'ils auroient meilleur marché des autres. Le sieur de Chanvalon, comme ayant charge des affaires et résidant pour le service de M. de Lorraine auprès de Sa Majesté, avoit beaucoup de crédit en son esprit; mais le secrétaire du duc de Montéléon, ambassadeur d'Espagne, y en eut davantage pour le persuader, lui faisant entendre, de la part de son maître, qu'il se rendoit caution de la parole qu'on lui donneroit, sachant bien qu'il lui étoit difficile de prendre assurance sur celle du maréchal d'Ancre, lequel étoit bien averti de ce qu'avec les autres il avoit tramé contre lui.

Toutes ces choses aidoient bien l'armée du Roi, qui étoit forte et avancée auprès de Villers-Coterets, et prête à les mettre en état de ne pouvoir plus long-temps contester ni prétendre de recevoir de grands avantages. Ils proposèrent néanmoins beaucoup d'articles, plus pour la forme et faire bonne mine, que pour espérance de les obtenir; mais ce qu'ils recherchèrent le plus, fut de n'être point obligés de tout l'hiver d'aller à la Cour, et d'avoir du Roi de quoi entretenir leurs garnisons.

Ils demandoient que le traité de Loudun fût entretenu; que les siéges mis devant le château de Chinon et la tour de Bourges fussent levés, et ceux qui commandoient en ces places maintenus en leurs charges; que les garnisons du duc de Mayenne fussent augmentées de deux cents hommes de pied; que la paiement de ses pensions, garnisons, compagnies de cavalerie, et autres gratifications qu'il plaisoit à Sa Majesté de lui accorder, fût assigné sur la recette générale des finances; qu'on envoyât au duc de Vendôme la commission pour tenir les Etats en Bretagne; que sa compagnie de chevau-légers servît où il seroit par lui ordonné; qu'il lui fût entretenu cent hommes de pied pour tenir garnison à La Fère; que Sa Majesté fît raser les fortifications de Blavet, et ôtât les garnisons des places où elle en avoit envoyées depuis la détention de M. le prince, et considérant s'il étoit expédient qu'elle tînt sur pied son armée.

M. de Guise, ne desirant plus que de retourner trouver leurs Majestés, prit sujet de leur demander qu'ils approuvassent qu'il y fît un voyage, sur l'espérance qu'il faciliteroit la concession des demandes qu'ils faisoient. Il arriva à la Cour le 24 avec ses frères, fut très-bien reçu, fit encore un voyage vers eux, pour leur faire savoir la volonté du Roi; et, étant de retour le 29, Sa Majesté accorda les deux cents hommes de surcroît de garnison qu'ils demandoient pour M. de Mayenne, à Soissons, et les cent hommes pour M. de Vendôme, à La Fère, mais ne voulant affecter aucune recette au paiement d'icelle.

Quant au traité de Loudun, elle déclara le vouloir observer de bonne foi et n'y contrevenir point. Pour le reste, il ne leur fut rien accordé, mais Sa Majesté voulut qu'il demeurât en sa puissance de faire ce qu'il lui plairoit.

Le sieur de Boissise seul leur porta cette réponse à leurs articles, à laquelle ils ne voulurent consentir, mais seulement signèrent, le 6 d'octobre, qu'ils l'avoient reçue par exprès commandement de Sa Majesté, et pour obéir à ses volontés.

Ensuite Sa Majesté fit une déclaration, le 16 d'octobre, par laquelle elle fit savoir qu'en celle qu'elle avoit faite sur la détention de M. le prince, elle n'entendoit comprendre sous le nom des coupables des cas mentionnés en icelle, les princes, seigneurs et autres officiers de Sa Majesté, qui étoient partis de Paris le premier de septembre; mais qu'elle les tenoit tous pour ses bons serviteurs, et vouloit qu'ils jouissent de ses grâces et faveurs, et exerçassent leurs charges ainsi qu'ils avoient fait auparavant. Elle en fit une autre particulière sur le sujet de M. de Longueville, qu'elle dit être fort assurée n'avoir eu aucune mauvaise intention contre son service, et de n'avoir non plus entendu comprendre en la susdite première déclaration.

Toutes choses, par ce moyen, sembloient être pacifiées, au moins pour quelque temps. Les places que tenoit M. le prince en Berry, étoient toutes rendues à M. de Montigny, qui avoit été fait maréchal de France avec M. de Thémines, peu après la détention de M. le prince; Chinon, où Rochefort étoit allé pour s'enfermer, étoit aussi remis en l'obéissance du Roi, ledit Rochefort en étant sorti, non tant sur les lettres de M. le prince, que sur l'appréhension de l'événement du siége que le maréchal de Souvray avoit mis devant cette place, le gouvernement de laquelle fut donné à d'Elbène. Toutes choses étoient aussi établies en leur premier état à l'entour de La Rochelle, ceux de la ville ayant remis entre les mains d'un exempt du Roi le château de Rochefort dont ils s'étoient saisis, et le duc d'Epernon retiré ses garnisons de Surgères et Tonnay-Charente. Les princes et seigneurs unis étoient retenus dans leur devoir, au moins en apparence, par ce dernier traité. M. de Nevers seul apporta de nouveaux troubles, fit des levées de gens de guerre, s'assuroit de ses amis, et alla plusieurs fois consulter à Sédan le donjon des rébellions, et mit des gens de guerre dans Mézières, Rethel, La Cassine, Château-Portien, Richecourt, et autres places de son gouvernement, sans permission du Roi, dont les plus sages, qui ne considéroient pas son esprit, étoient étonnés, attendu les forces que le Roi avoit prêtes, auxquelles il ne pouvoit faire aucune résistance, s'il les eût voulu employer contre lui.

La Reine employa tous les moyens qu'elle put pour lui faire connoître sa faute ; elle dépêcha vers lui M. Marescot, maître des requêtes ; lequel n'ayant rien avancé, elle me fit l'honneur de me choisir pour y faire un voyage de la part de Sa Majesté, croyant que j'avois quelque dextérité par laquelle je pourrois ménager son esprit et le ramener à la raison ; mais tout cela fut en vain, car il n'en étoit pas capable. Il continuoit en ses mauvais desseins ; on en avoit avis par les gouverneurs des places de la province, qui demandoient qu'on renforçât les garnisons, et protestoient qu'ils ne seroient pas responsables de la perte desdites places s'il en mésavenoit.

La Reine, pour ne donner occasion à leur prétexte ordinaire qu'ils étoient opprimés et n'armoient que pour se défendre, étoit résolue de le laisser commencer ; et, s'étant contentée d'envoyer des commissaires en Champagne pour informer de ce qui s'y passoit, elle ne voulut pas même envoyer renfort de garnison dans les places, mais se contenta de mander aux gouverneurs et aux villes qu'ils se tinssent sur leurs gardes, afin que sous ombre de ce renfort de garnisons, on ne pût dire qu'on eût dessein contre lui.

Il n'en faisoit pas de même, mais eut dessein de se saisir de la ville de Reims. Le Roi y envoya le marquis de La Vieuville, qui étoit son lieutenant-général en ce quartier de Champagne, mais lui commanda de ne s'accompagner que de ceux de sa maison. Madame de Nevers, à peu de jours de là, qui fut le 14 de novembre, se présenta aux portes de la ville pour y entrer : le marquis, qui avoit reconnu l'état de la ville et les grandes intelligences qu'elle y avoit, joint que son mari étoit proche de là, lui refusa l'entrée avec toutes les soumissions qu'il lui fut possible, et la contraignit de se loger, pour cette nuit-là, au faubourg. Le duc de Nevers, irrité de ce refus, envoya quantité de gens de guerre se saisir du château de Sij, appartenant au marquis de La Vieuville, situé en Rethelois, et peu après manda à son procureur fiscal, au duché de Réthelois, qu'il requît une saisie féodale de ladite terre, à faute d'hommes, droits et devoirs non faits et non payés par ledit marquis, depuis le décès de son père.

Le marquis de La Vieuville s'en étant plaint au Roi, Sa Majesté lui envoya Barenton, exempt de ses gardes-du-corps, qui, le 21 dudit mois, lui fit commandement de sa part de faire sortir dudit château dudit marquis, les gens de guerre qu'il y avoit envoyés, et que ce qu'il avoit fait à Reims étoit par son commandement. M. de Nevers lui répondit fort insolemment, entre autres choses, que ceux qui étoient à la Cour étoient sous la baguette, mais qu'il n'y étoit plus, et que dans trois mois tous auroient la même franchise, et qu'il iroit avec vingt mille hommes au-devant du sieur de Prâlin, qui commandoit les armées de Sa Majesté; et néanmoins il n'avoit pas effectivement des troupes pour garder la moindre place de son gouvernement. Barenton en dressa son procès-verbal, qu'il apporta à Sa Majesté, laquelle commanda au garde des sceaux que, sur icelui et sur les rapports des sieurs de Caumartin et d'Ormesson, conseillers d'Etat, qui leur avoient été aussi envoyés pour informer des levées des gens de guerre et entreprises dudit duc, et sur les avis des gouverneurs des villes de cette province et protestations qu'ils faisoient, il s'avisât, en son conseil, à ce qui étoit à faire pour le bien de son service et le repos de son Etat.

La chose étant mise en délibération, le garde des sceaux fut d'avis qu'il falloit renvoyer l'affaire au parlement. M. de Villeroy, quoiqu'il fût soupçonné de favoriser les princes, dit que ce n'étoit point une affaire du parlement : et le président Jeannin donnant un conseil moyen de diviser l'affaire et renvoyer au parlement la saisie féodale, il lui répondit courageusement que ce seroit mettre un gentilhomme en procès avec un prince, pour avoir servi le Roi. Le sieur Mangot, secrétaire d'Etat, prenant la parole et l'affirmative pour la défense du marquis de La Vieuville, le sieur Barbin lui dit qu'il oublioit une chose, laquelle mettoit tout-à-fait M. de Nevers en son tort, qui étoit que la saisie féodale n'avoit été faite que plusieurs jours après la prise de sa maison.

Le garde des sceaux, que l'on voyoit bien qui ne faisoit qu'à regret délibérer de cette affaire, et qui montroit dans son visage la peine de son esprit, éclata alors, et dit à Barbin qu'il se trompoit s'il pensoit le rendre ministre de ses conseils violens. L'autre lui répondit assez modestement qu'il étoit homme de bien, qu'il disoit son avis, qu'ils étoient tous assemblés pour cela, et qu'il falloit prendre les opinions. A quoi le garde des sceaux dit qu'il n'en feroit rien, jusqu'à ce qu'il fût avec des gens qui entendissent les affaires. Barbin se leva et lui dit : « Je suis seul qui « peut-être ne les entends pas ; tous ces messieurs qui « restent ici les entendoient très-bien, lorsque vous « n'en aviez jamais ouï parler : » et cela dit, il s'en alla au Louvre, où il raconta ce qui s'étoit passé à leurs Majestés.

Cependant l'heure du conseil des affaires arrivant, le garde des sceaux vint au Louvre. La Reine lui demande si on avoit le procès-verbal de l'exempt, et s'il étoit à propos de le lire devant tous les princes et seigneurs qui étoient là. Le garde des sceaux n'en étant pas d'opinion, Barbin fit instance qu'on le lût, afin que chacun connût l'insolent procédé du duc de Nevers. Etant lu, il n'y eut personne qui ne le blâmât, et qui n'avouât que leurs Majestés en devoient avoir du ressentiment. La Reine demanda au garde des sceaux ce qui lui en sembloit ; il recula un pas en arrière, sans rien dire : elle, étonnée, lui redemanda jusqu'à trois fois, sans qu'il répondît rien. Ce que le Roi trouva si mauvais, outre qu'il étoit déjà mécontent de la rudesse de son esprit, de son peu d'expérience dans les affaires, de voir que la plus saine partie du clergé se plaignoit de lui et qu'il étoit en réputation d'être peu affectionné à la religion, que Sa Majesté, de son propre mouvement, se porta à dire à la Reine qu'il le falloit éloigner, et lui envoya, dès le soir, redemander les sceaux, et les donna au sieur Mangot, et m'honora de la charge de secrétaire d'Etat, que ledit sieur Mangot exerçoit lors. Peu de jours auparavant j'avois été nommé pour aller en Espagne, ambassadeur extraordinaire, pour terminer plusieurs affaires, auxquelles le comte de La Rochefoucault fut désigné en ma place. Je desirois plutôt la continuation de cet emploi, qui n'étoit que pour un temps, que celui-ci, la fonction duquel étoit ordinaire. Mais, outre qu'il ne m'étoit pas honnêtement permis de délibérer en cette occasion, où la volonté d'une puissance supérieure me paroissoit absolue, j'avoue qu'il y a peu de jeunes gens qui puissent refuser l'éclat d'une charge qui promet faveur et emploi tout ensemble. J'acceptai donc ce qui me fut proposé en ce sujet par le maréchal d'Ancre, de la part de la Reine, et ce d'autant plus volontiers que le sieur Barbin, qui étoit mon ami particulier, me sollicitoit, et m'y poussoit extraordinairement.

Incontinent que je fus en cette charge, le maréchal me pressa fort de me défaire de mon évêché, qu'il vouloit donner au sieur du Vair. Mais, considérant les changemens qui pouvoient arriver, tant par l'humeur changeante de ce personnage, que par les accidens qui pouvoient arriver à sa fortune, jamais je ne voulus condescendre, ce dont il eut du mécontentement, quoique sans raison. Je lui représentois qu'il étoit bien raisonnable que, quoi qu'il arrivât, je me trouvasse en l'état que j'étois entré en cette charge, où, ne voulant rien profiter, il étoit plus que juste que je ne me misse en hasard de perdre tout.

Je lui représentois encore que, si je me défaisois de mon évêché, il sembleroit que j'eusse acheté et me fusse acquis l'emploi de la charge où il me mettoit, au prix d'un bénéfice, ce qui ne se pouvoit en conscience, et ne seroit pas honorable ni pour lui ni pour moi. Mais toutes ces raisons ne le contentèrent point, et le sieur Barbin, qui étoit plus pratique de son humeur que moi, me dit que, quoi que je pusse faire, il ne seroit pas satisfait s'il ne venoit à ses fins, parce que son intention étoit, en me dépouillant de ce que j'avois, de me rendre plus nécessairement dépendant de ses volontés. En quoi il témoigna être véritablement mon ami, en me fortifiant sous main dans la résolution que j'avois prise de ne me défaire pas de mon évêché.

Quant au sieur du Vair, jamais homme ne vint en cette charge avec plus de réputation, et ne s'en acquitta avec moins d'estime; si bien que le choix qu'on fit de sa personne ne servit qu'à faire connoître la différence qu'il y a entre le palais et la Cour, entre rendre la justice aux particuliers et la conduite des affaires publiques. Il étoit rude en sa conversation, irrésolu ès moindres difficultés, et sans sentiment des obligations reçues.

Messieurs de Bouillon et de Mayenne avoient un tel pouvoir sur son esprit, qu'il ne pouvoit s'empêcher d'en embrasser ouvertement les intérêts. Un jour il reprocha à la Reine, en leur présence, comme nous avons dit ci-devant, le peu de confiance qu'elle avoit en eux, et que si elle continuoit ses soupçons, elle leur donneroit occasion de chercher ailleurs leur appui : sans considérer les sujets qu'elle avoit de se défier d'eux, qu'ils n'avoient rien oublié à faire, durant la minorité, pour changer le gouvernement des affaires, et décrier sa conduite; qu'ayant redoublé leurs appointemens dès le commencement de sa régence, et les ayant gratifiés de pensions excessives, pensant les retenir par leur intérêt en leur devoir, ils s'étoient servis du bien qu'elle leur avoit fait pour lui faire mal, avoient gagné les uns par argent, les autres par espérance, fait cabales dans la Cour, pris les armes à la campagne, perdu le respect qu'ils devoient à leur souverain, troublé la tranquillité publique; que tous les gens de bien désiroient voir leur insolence châtiée, et cependant, entre leurs vœux, ils avoient profité de la rébellion qui les devoit ruiner, et la Reine avoit porté le Roi à récompenser leurs fautes; que sa bonté ne les avoit pas rendus meilleurs, et la paix n'avoit pas été plutôt conçue, qu'ils ne méditassent une nouvelle guerre. On parla du mariage du Roi, ils menacèrent de s'y opposer; le Roi l'entreprit, ils arment aussitôt pour en troubler l'exécution. Leur crime ayant donné au Roi sujet de les punir, et leur foiblesse le moyen, la Reine s'étoit contentée de le pouvoir faire. On avoit traité avec eux, le Roi les avoit reçus en père, au lieu de les châtier en maître; et qu'après tout cela, ils n'avoient pas plutôt été de retour dans la Cour, qu'ils s'étoient proposés de s'en éloigner. Toutes lesquelles choses étant, c'eût été à la Reine une aussi grande imprudence de s'y fier, que c'étoit à lui une grande indiscrétion de lui conseiller.

Cependant le trouble et l'étonnement de l'arrêt de M. le prince ne fut pas plutôt cessé, que le maréchal d'Ancre revint à la Cour. S'il en étoit parti avec un grand désespoir, il n'y vint pas avec une moindre présomption et espérance de recommencer à gouverner pis que jamais. Sa femme étoit si abattue de l'effroi où elle s'étoit trouvée, duquel nous avons parlé ci-devant, et de son humeur mélancolique que cette crainte avoit irritée, qu'elle en étoit en quelque manière sortie hors de son bon sens, ne partant plus de sa chambre, et ne voulant voir personne, croyant que tous ceux qui la regardoient l'ensorceloient, et elle avoit étendu ce soupçon jusques à la personne de Barbin, qu'elle avoit pour ce sujet prié de ne la plus aller voir.

Le maréchal, à son arrivée, demanda audit Barbin s'il y auroit plus de danger qu'il se mêlât des affaires. L'autre, qui savoit qu'il étoit déjà résolu de faire ce qu'il lui demandoit, et qu'il ne s'en abstiendroit pas, quoi qu'il lui conseillât, mais prendroit sujet de croire que l'ambition le porteroit à lui donner ce conseil, lui dit qu'à son avis il le pouvoit faire, et qu'il ne voyoit point de raison qui l'en dût empêcher. Mais cela, néanmoins, fut l'entrée de sa ruine, ce qui le confirma en la haine de tout le monde, et donna un des principaux moyens à Luynes de médire de lui à la Reine et au Roi, et préparer l'orage que nous verrons tomber sur sa personne l'année suivante. Luynes commença à représenter au Roi que l'autorité royale étoit en la personne dudit maréchal, qu'elle ne résidoit en Sa Majesté que de nom, et que, pour se fortifier en ses mauvais desseins, il éloignoit la Reine sa mère de la bienveillance qu'elle lui devoit.

Le Roi étant tombé malade à la Toussaint d'une espèce d'évanouissement, la Reine, qui étoit aux Feuillans, accourt incontinent au Louvre, tout effrayée : le Roi, qui se portoit mieux, n'en fut néanmoins entièrement guéri que trois ou quatre jours après. La Reine, parlant souvent de cette maladie, du Vair, qui étoit encore lors garde des sceaux, et soupçonnoit que ce fût un autre mal que ce n'étoit, dit qu'il étoit à craindre qu'il ne recommençât au printemps. Cela fit que la Reine, parlant plusieurs fois au sieur Herouard, premier médecin du Roi, lui disoit qu'elle avoit peur que Sa Majesté ne retombât malade au printemps. Luynes prit occasion de dire au Roi que l'on tramoit quelque chose contre lui, qui devoit s'exécuter au printemps, et que l'on disoit qu'il lui pourroit bien mésavenir en ce temps-là. Il donnoit quant et quant à entendre au Roi que tous ces princes n'étoient persécutés que pour l'amour du maréchal d'Ancre, qu'ils étoient passionnés pour Sa Majesté, et qu'ils avoient témoigné un déplaisir indicible de sa maladie.

Ces choses firent effet en l'esprit du Roi, et tel que M. de Gêvres dépêcha exprès, à Soissons, à M. de Mayenne, pour lui faire savoir, non de la part du Roi, mais comme de lui-même, la bonne volonté que Sa Majesté lui portoit, et qu'elle avoit eu quelque pensée de se retirer d'avec la Reine sa mère, et s'en aller à Compiègne, où il savoit bien que tous les autres princes et lui n'auroient pas manqué de le venir trouver.

Cet avis encouragea fort les princes, qui donnèrent ordre au cardinal de Guise de ménager auprès de M. de Luynes tout ce qu'ils pourroient en cette occasion. L'affaire fut si bien suivie que La Chenaie, gentilhomme ordinaire du Roi, qui avoit grande part auprès dudit sieur de Luynes, leur envoya Génie, par lequel il leur fit savoir la mauvaise volonté que le Roi portoit au maréchal d'Ancre, et le mécontentement qu'il avoit de ses comportemens, les conviant tous de se maintenir bien unis ensemble, et quoi qu'on leur pût dire, n'entendre aucune réconciliation avec lui.

Nonobstant toutes ces choses, le changement des ministres les étonnoit; car ils crurent que, n'ayant plus personne de leur intelligence dans le ministère, leurs actions seroient reconnues pour ce qu'elles étoient, et plusieurs détrompés de ce qu'on en avoit fait accroire à leur avantage contre la vérité. Ils ne se rapprochèrent pas néanmoins de leur devoir; mais, au contraire, s'affermissoient dans leur rébellion, le duc de Nevers tout ouvertement, M. de Bouillon couvertement, et sous mains décriant le gouvernement aux pays étrangers, et envoyant exprès en Hollande, à Liége et en divers lieux d'Allemagne pour en parler mal. Entre lesquels le sieur du Péché étant à Liége, et se laissant aller, selon qu'il lui étoit commandé, à parler autrement du Roi qu'il ne devoit, un gentilhomme liégeois, abhorrant cette infidélité, le blâma de sa trahison, et, des paroles étant venus aux mains, le tua sur-le-champ. Il faisoit plusieurs autres pratiques au préjudice de l'autorité royale, faisant enlever quantité d'armes, et passer à petites troupes nombre de gens de guerre, par Sédan, en Champagne, où le duc de Nevers les recueilloit, et les faisoit couler dans les places qui ne lui pouvoient faire de résistance. Le Roi en étant averti, fut contraint de faire avancer des gens de guerre en cette province, sous le commandement du maréchal de Pralin, tant pour tenir la main à l'exécution des jugemens des commissaires de Sa Majesté qu'elle avoit envoyés sur les lieux pour informer des contraventions à ses ordonnances, en faire le procès à ceux qui se trouvoient coupables, que pour être prêts à toute occasion qui se pourroit présenter pour son service.

Il ne se passa guère de temps qu'il n'eût sujet de les employer; car M. de Nevers, de nuit et par surprise, entra le premier jour de décembre dans la ville de Sainte-Menehould, s'en saisit, et mit dans le château cinq cents hommes de garnison. Cette ville étoit importante, couvroit Sédan et Mézières, et fermoit le passage pour aller à Verdun. Le maréchal de Pralin y alla avec les troupes du Roi, avec lesquelles et la promesse qu'il fit de dix mille écus à Bouconville, gouverneur du château, il se rendit maître de la place, et en chassa la garnison du duc de Nevers, le 26 de décembre, et la fit conduire à Rethel.

Nonobstant tout ce mauvais procédé des ducs de Nevers et de Bouillon, le dernier, qui s'étoit tenu un peu plus couvert, eut bien la hardiesse d'écrire au Roi, en se plaignant de ce que les troupes que Sa Majesté avoit en Champagne lui donnoient jalousie, et que l'ambassadeur du Roi, à Bruxelles, empêchoit la liberté du commerce avec Sédan, duquel il sembloit que Sa Majesté ne voulût plus embrasser la protection; ce qui l'obligeroit à s'aider des remèdes que la nature permet à un chacun pour sa propre défense.

Sa Majesté lui fit réponse, le 27, avec plus de vigueur que l'on n'avoit pas accoutumé du temps des autres ministres, lui remontra son mauvais procédé, que la plainte qu'il lui faisoit n'étoit que pour prévenir celles que le Roi avoit sujet de faire de lui, ou tenir les peuples en une fausse créance qu'ils étoient maltraités ; que ce qu'il disoit du commerce qui n'étoit pas laissé libre à Sédan du côté de la Flandre, n'étoit que par l'empêchement qu'y avoit fait l'ambassadeur du Roi, au passage des armes qu'il en vouloit faire venir contre son service, et que, s'il étoit sage, au lieu des remèdes dont il menaçoit qu'il se serviroit pour sa juste défense, et que Sa Majesté n'entendoit pas, et seroit bien aise d'en être éclaircie par lui, il n'en rechercheroit point d'autres que la bonne grâce de Sa Majesté, à laquelle il étoit obligé de tout le bien qu'il avoit. Ce procédé vigoureux du Roi sentant plus Sa Majesté royale que la conduite passée, n'étoit pas néanmoins bien reçu, à cause du maréchal d'Ancre, l'audace duquel et la haine qu'on lui portoit étoient telles, qu'elles faisoient prendre en mauvaise part, et du peuple et des grands et du Roi, tout ce qui autrement étoit de soi et eût été reconnu le plus avantageux au service de Sa Majesté et au bien de l'Etat.

Nous avons dit que M. le prince fut trois jours après sa détention changé de la chambre où il étoit, et mis en une autre plus assurée qu'on lui avoit fait préparer, en laquelle, tandis qu'il demeura, il avoit quelque espérance d'être bientôt mis en liberté; mais les choses furent changées bientôt après, sur la méfiance qu'on eut de lui et de ceux qui tenoient son parti à Paris.

Un de ses chevau-légers, nommé Boursier, fut accusé, sur la fin d'octobre, par une femme de mauvais bruit, d'avoir dit, en un lieu assez malhonnête, qu'il eût, quelques jours auparavant, tué la Reine-mère en son bâtiment du Luxembourg qu'elle étoit allé voir si le cardinal de Guise un jour, et Bassompierre un autre ne se fussent mis entre Sa Majesté et lui. Barbin fit incontinent envoyer cette femme au garde des sceaux du Vair pour l'interroger; le rapport qu'il en fit fut que c'étoit une garce, aux paroles de laquelle on ne pouvoit pas prendre assurance. Il sembla à Barbin que c'étoit un peu trop négliger cette affaire, qui importoit à la vie de la Reine, et fit que Sa Majesté commanda audit sieur du Vair de sceller, toutes affaires cessantes, une commission adressante au sieur de Mesmes, lieutenant-civil, portant pouvoir à lui et aux conseillers du Châtelet de juger cette affaire souverainement: ce qu'il fit, craignant la diversité des jugemens, et peut-être des affections de ceux du parlement. Boursier fut condamné quasi d'une voix à la mort, le 4 de novembre, à être appliqué auparavant à la question ordinaire et extraordinaire, pour savoir ses complices. Tous les conseillers y voulurent assister, contre ce qui a accoutumé d'être fait, soit pour complaire et paroître zélés, soit que, les preuves n'étant pas si entières qu'elles eussent dû être, ils désiroient tous savoir si à la question il diroit quelque chose qui confirmât la justice de leur jugement. Ce que l'on dit qu'il fit, et reconnut son crime, confessant la chose s'être passée selon qu'on l'avoit accusé.

Deux autres, qui avoient été des gardes de M. le prince, furent pris avec lui, pour ce qu'ils le hantoient; mais n'ayant été trouvés coupables furent relâchés. Un des deux, nommé Vaugré, s'en alla à Soissons, espérant y être bien reçu, et là il fut pratiqué pour dire qu'on l'y avoit envoyé pour tuer le duc de Mayenne, comme nous verrons l'année suivante.

Cette accusation de Boursier fit qu'on se méfia davantage de M. le prince, et que, sur quelques soupçons que l'on eut que ses officiers, qui jusques alors lui avoient apprêté son manger et l'avoient servi, lui avoient mis quelques lettres dans un pâté, on les congédia tous, et ne fut plus servi que par ceux du Roi. Ensuite, le 24 de novembre, il fut mis dans un carrosse et mené à la Bastille, pour être plus assurément, et, le 19 de décembre, le comte de Lauzières, fils du maréchal de Thémines, en la garde duquel il étoit, fut changé, et du Thiers, qui commandoit à la compagnie des chevau-légers de la Reine-mère, eut ordre de le garder avec quelques-uns de ses compagnons.

Avant finir cette année, il est raisonnable que nous disions ce qui s'est passé en Italie depuis le traité d'Ast, pourquoi il ne fut point exécuté, l'assistance que le duc de Savoie eut du côté de la France, et ce que leurs Majestés firent pour acheminer les affaires à un accommodement.

Après le traité d'Ast, l'Espagne retira le marquis

d'Inoiosa de l'Etat de Milan, et y envoya don Pedro de Tolède, lequel, fondé sur ce que par ledit traité le Roi son maître n'étoit point obligé formellement à désarmer, non-seulement ne désarma point, quoique le duc de Savoie eût licencié son armée, mais leva de nouvelles troupes, donnant une juste jalousie audit duc de se vouloir prévaloir de ce qu'il étoit sans défense, et envahir ses Etats.

En ce même temps les Vénitiens étoient en guerre avec l'archiduc Ferdinand, à raison de quelques-uns de ses sujets de Croatie, qui avoient, sur la fin de l'année précédente, fait quelques voleries, pour lesquelles les Vénitiens n'en pouvant tirer raison dudit archiduc, étoient entrés en guerre avec lui.

L'armée de dom Pedro de Tolède ne pouvant être employée contre eux comme contre le duc de Savoie, ils entrèrent en traité ensemble. Ils se promirent une mutuelle assistance contre les Espagnols, ensuite de laquelle les uns et les autres firent nouvelles levées de gens de guerre.

Le Roi, ayant avis de ce nouvel embrâsement en Italie, y envoya M. de Bethune en qualité de son ambassadeur extraordinaire, au lieu du marquis de Rambouillet, pour essayer de les faire venir à un accommodement.

Les esprits sont irrités, l'orgueil est grand du côté d'Espagne; le courage ne manque point du côté du duc, ni la prudence du côté des Vénitiens. Diverses propositions sont faites; ils ne peuvent convenir, mais s'arrêtent sur des pointilles; le Roi est convié d'être de la partie, le duc de Savoie le semond de le défendre, selon qu'il y est obligé par le traité d'Ast, et dépêche au maréchal de Lesdiguières, afin que, sans attendre un commandement de Sa Majesté, il lui envoyât des troupes, comme il lui a été promis. Le maréchal de Lesdiguières passe à Turin, fait lever quantité de gens de guerre, leur fait passer les Monts, de sorte que le duc de Savoie se vit avec une armée de treize à quatorze mille hommes de pied, dont il y avoit dix mille hommes français en état de se défendre contre celle de dom Pedro de Tolède, bien qu'elle fût plus forte de la moitié. Ce qui lui fait plus de peine, est le duc de Nemours, qui, s'étant, du commencement, chargé de faire quelques levées pour son service dans le Fossigny et le Gènevois, tourna ses armes contre lui-même, non tant pour quelque nouveau sujet de mécontentement qu'il eût reçu, que pour l'ulcère que de long-temps il avoit dans le cœur, de ce qu'espérant hériter de ses biens, il l'avoit premièrement, dès l'année 1611, empêché d'épouser mademoiselle d'Aumale, puis, sous une fausse amorce de lui faire épouser une de ses filles, lui faisoit couler les années les unes après les autres pour le faire vieillir sans se marier. Il fit alliance avec l'Espagne, passa en Franche-Comté où il leva des troupes, demande passage par la France pour entrer en Savoie, ce qu'on ne lui voulut pas souffrir, sinon que ses gens passassent un à un comme faisoient ceux qui alloient au service du duc de Savoie : ce qui étoit ne rien promettre ; car ceux qui alloient trouver le duc de Savoie passoient sûrement un à un, d'autant que partant de France ils entroient immédiatement en Savoie, qui étoit terre amie, au lieu que les autres entroient de France en Savoie comme en terre ennemie, et partant n'y pouvoient passer un à un sans rencontrer la mort au même passage. Le duc de Montéléon fit tant d'instance, et sut si bien représenter que les troupes du duc de Nemours étoient quasi toutes dissipées, et que cette permission, qu'il demandoit au nom de son maître, n'étoit que pour la réputation de leur alliance, qu'enfin il obtint ce qu'il désiroit. Un nommé Lassé, trésorier de France à Bourges, fut choisi pour porter le commandement au duc de Bellegarde de leur laisser le passage libre par la Bresse, et lui dire à l'oreille qu'on savoit très-bien que cela ne pouvoit porter préjudice au duc de Savoie, d'autant que ces troupes prétendues étoient si foibles qu'elles n'oseroient passer. Mais Lassé, qui fut gagné par l'ambassadeur de Savoie, ne dit pas le mot à l'oreille au duc de Bellegarde, lequel, pour ce sujet, n'obéit pas au commandement qui lui étoit fait; ce qui obligea le duc de Nemours de tenter le passage par la vallée de Cizery, où à peine il se présenta, que ses troupes s'enfuirent à la présence du régiment du baron de Sancy et de quelques autres régimens français, que le duc de Savoie envoya pour s'opposer à elles. Cette déroute fut suivie d'un traité entre les ducs de Nemours et de Savoie, le 14 de décembre, par lequel ils convinrent de tous leurs différends.

Le roi d'Espagne cependant faisoit faire plainte en France de l'assistance qu'on donnoit au duc de Savoie. Son ambassadeur représente qu'il est raisonnable de lui faire connoître qu'il doit quelque déférence aux deux Couronnes, et qu'il ne va pas avec elles du pair; qu'il est prêt de lui accorder toutes les conditions qu'il plaira au Roi, pourvu qu'il paroisse que ce qu'il en fait est en considération de Sa Majesté, non qu'il y ait été contraint par l'audace dudit duc; et partant qu'il désiroit que Sa Majesté envoyât à Madrid un ambassadeur extraordinaire, lequel y recevroit incontinent entière satisfaction.

Leurs Majestés ne trouvèrent pas cette proposition déraisonnable, et jetèrent les yeux sur moi pour m'y envoyer. J'étois prêt à partir pour faire ce voyage, j'avois fait provision de beaucoup de gentillesses qui se trouvèrent en France, pour donner, et mon équipage étoit déjà emballé, lorsqu'il plut au Roi m'appeler en la charge de secrétaire d'Etat qu'avoit M. Mangot.

Le comte de La Rochefoucault fut destiné pour aller en ma place; mais les galanteries de la Cour, que possède l'esprit de ces messieurs, l'empêchant de partir au temps que la Reine désiroit, d'autant qu'il étoit engagé dans un ballet qu'il voulut danser, l'empêchèrent de partir du tout; car les brouilleries de ces princes l'échauffèrent contre le Roi, et nos propres affaires nous firent perdre pour lors le soin de celles d'autrui.

En cette année mourut le premier président de Harlay, qui, étant né d'une maison qui est la première des quatre anciennes baronnies de la Franche-Comté, ne fut pas moins illustre par sa vertu, pour laquelle il fut premièrement choisi par Henri III pour aller présider aux grands jours de Poitiers, puis fut par lui-même honoré de la charge de premier président du parlement de Paris, en laquelle il vécut de sorte que son nom y est encore en vénération. Il étoit si grave, que son seul regard retenoit chacun en son devoir. Lorsqu'une cause lui étoit recommandée par une personne puissante, il l'examinoit plus soigneusement, craignant qu'elle fût mauvaise puisqu'on y apportoit tant de précaution; et dès qu'en une visite de civilité on lui parloit d'une affaire, il reprenoit son visage austère, et ne retournoit plus à parler familièrement. M. de Guise l'étant venu voir le jour des barricades pour s'excuser de ce qui se passoit, il lui dit franchement qu'il ne savoit ce qui en étoit, mais qu'il étoit bien difficile qu'on en crût rien à son avantage, et que c'étoit une chose déplorable que le valet chassât le maître de sa maison. Quand Le Clerc, durant la confusion de la ligue, le mena avec le reste de la Cour dans la Bastille, les uns et les autres faisoient diverses plaintes; il ne proféra jamais une parole, mais s'en alla dans la prison avec la même gravité que s'il fût allé au parlement, portant les menaces sur le front, et une courageuse fierté en la tristesse de son visage, qui le rendoit immobile contre le mépris et les injures de ces mutins.

Entre plusieurs exemples de son intégrité et de son courage inflexible en la justice, celui-là est remarquable, que le Roi ayant envoyé vérifier au parlement un édit qui ne lui sembloit pas juste, il s'y opposa de tout son pouvoir, et le Roi lui reprochant un don qu'il lui venoit de faire d'une grande place dans l'île du Palais pour y faire bâtir, il lui en rendit aussitôt le brevet; mais le Roi admirant sa vertu le lui renvoya. A soixante-quinze ans étant devenu aveugle, le Roi lui permit de se défaire de sa charge, et d'en tirer vingt mille livres de récompense du président de Verdun. A quatre-vingts ans il mourut, plus plein d'années et d'honneur que de biens, que sa façon de vivre ne lui avoit pas donné lieu de laisser à ses enfans beaucoup plus abondans qu'il les avoit reçus de son père.

En la même année mourut aussi le cardinal de Gondy, frère du duc de Retz, créatures de la reine Catherine de Médicis, qui les éleva d'une très-basse naissance aux premières dignités de l'Eglise et de l'Etat. Il fut premièrement évêque de Langres, puis de Paris, et ensuite cardinal : homme de peu de lettres, mais de bon sens, qui montra néanmoins combien il est difficile qu'un cœur étranger s'accorde avec la fidélité qu'il doit au prince auquel il est redevable de tout ce qu'il est, en ce que le roi Henri III, son bienfaiteur, étant blessé à mort, il l'abandonna à l'heure même, et se retira en sa maison de Noisi, sans l'assister en ce besoin, ni lui rendre les derniers devoirs auxquels il étoit obligé, quand bien il n'eût point reçu de lui tant de grâces, dont il l'avoit rempli au-dessus de son mérite; montrant bien la vérité de l'ancien proverbe, qu'il ne faut pas aimer les étrangers, pour les éprouver avant que de les aimer. Il décéda âgé de quatre-vingt-quatre ans, et fut enseveli en l'église de Notre-Dame de Paris, en la chapelle où l'on voit les tombeaux de son frère et le sien, avec des inscriptions plus pleines de faste que de vérité.

TABLE DES MATIÈRES

CONTENUES

DANS LE DIXIÈME VOLUME.

MÉMOIRES DU CARDINAL DE RICHELIEU, sur le règne de Louis XIII, depuis 1610 jusqu'à 1620.

Avertissement. Pag. 3

Notice sur Richelieu et sur ses Mémoires. 13

Testament de son éminentissime Armand-Jean du Plessis, cardinal duc de Richelieu. 123

Mémoires du cardinal de Richelieu, années 1610 à 1616. 147

FIN DU TOME DIXIÈME.

www.ingramcontent.com/pod-product-compliance
Lightning Source LLC
Chambersburg PA
CBHW050559230426
43670CB00009B/1187